동방정교회의
역사와 신학

디모데 웨어 지음
이형기 옮김

한국장로교출판사

The Orthodox Church

by
Timothy Ware
ed. by
Hyung-Ki Rhee

Copyright © 1993, 1964, 1993 by Timothy Ware
Korean Edition Copyright © 1999 by Publishing House PCK

1999

Publishing House
The Presbyterian Church of Korea
Seoul, Korea

역자의 글

　지리적으로 말하면, 서방교회란 이탈리아의 로마를 포함한 서쪽에 있는 교회들을 말하고, 동방교회란 이탈리아의 동쪽에 있는 교회들을 일컫는다. 문화권의 유형에 따라, 일명 전자는 라틴교회로, 후자는 희랍교회로도 불린다. 대체로 동방교회는 330년대 로마제국의 수도가 로마로부터 콘스탄티노플로 천도한 이후, 동로마 제국의 수도인 콘스탄티노플 중심 교회를 동방교회라고 한다. 그러니까 지금의 터키 지역, 알렉산드리아, 팔레스타인 지역, 발칸 반도, 동유럽의 일부, 러시아 등이 동방교회들의 고전적인 소재지들이다. 공산혁명 이후, 동방교회 디아스포라들이 유럽과 미국 등지로 흩어졌지만 말이다.
　동방정교회를 '동방정통교회'(the Eastern Orthodox Church)의 약칭으로서, '정통교회'라고 부르는 이유는 고대 일곱 에큐메니칼 공의회들의 교리 결정들을 성경 다음으로 중요한 전통 교리로, 그리고 성경 해석의 가장 바른 길잡이로 여기기 때문이다. 예컨대, 니케아 공의회(325)의 삼위일체론, 니케아-콘스탄티노플 공의회의 성령론, 칼세돈 공의회의 기독론 등은 동방정통교회가 주옥같이 여기는 정통교리이다. 그런데, 이 동방정교회 안에는 451년 칼세돈 기독론과 약간 입장을 달리하여, 갈라져 나간 동방정교들이 있다. 예컨대, 이집트에 있는 콥틱 교회, 터키 극동쪽에 있는 쟈코바이트 교회 및 아르메니아 교회 등이 있는 바, 많은 교회사가들은 이 교회들을 "the lesser Oriental Churches"라고 이름 하기도 한다.

  선교 제2세기를 맞이하는 우리 한국교회는 동방정교회에 대해서 잘 알아야 한다. 우선 우리 한국 선교사들이 러시아를 비롯해서 동방정교 회들이 이미 자리하고 있는 나라들에 파송되어, 선교하는 상황에서 일 어나는 여러 가지 문제점들 때문이다. 본 저서가 밝히듯이, 저들은 전혀 이단이 아닌데, 우리 선교사들이 저들을 이단시하는 경우라든가 혹은 이미 저들이 기독교인들인데도 불구하고, 저들을 물질 공세로 개종 (proselytism)시키려는 경우 등이 문제이다. 나아가서 저들은 1920년경, 1919년에 생긴 '국제연맹'에 맞먹는 '교회들의 코이노니아'를 세계교회 들 앞에 제안함으로써, '세계교회협의회'(the World Council of Churches=WCC)를 탄생시키는 데에 기여하였고, 1927년 제1차 신앙과 직제 세계대회(로잔) 이래로 신앙과 직제운동에 크나큰 교리적 공헌을 하였으며, 1961년 제3차 뉴델리 WCC 총회에서는 정식 WCC 구성원이 되었다. 오늘날 에큐메니칼 운동에 있어서 저들의 참여와 보수화 경향 은 WCC의 방향을 가늠해 나가는 데 있어서 서방교회의 부족한 점들을 채워 주는 역할을 하고 있는 것으로도 보인다.

  우리 개신교회들은 사도적 복음과 사도적 신앙의 공동 표현들인 정통 삼위일체론과 정통 기독론을 로마 가톨릭교회 및 동방정교회와 함께 나 누고 있는 바, 우리는 저들과 에큐메니칼 관계를 가져야 하며, 봉사와 선교의 현장에서 공동증거(common witness)에 전력을 다해야 할 것이 다. 이런 의미에서 본 역서의 출판은 크나큰 역사적 의미를 지니기까지 한다. 특히, 저자는 영국 성공회로부터 동방정교회로 개종한 서방교회 출신으로서 동방교회에 대하여 매우 명쾌하게 이해하고 있다. 역자는 본 역서가 아무쪼록 한국교회의 동방정교회 이해와 에큐메니칼 정신함 양에 큰 도움이 되기를 기대한다.

동방정교회의 역사와 신학

차 례

역자의 글 / 3
서 론 / 7

제 1 부 역 사 17

1. 시 작 19
2. 비잔티움 Ⅰ : 일곱 공의회의 교회 27
3. 비잔티움 Ⅱ : 대분열 58
4. 슬라브족의 회심 93
5. 이슬람 지배하의 교회 110
6. 모스크바와 성 피터스버그 128
7. 20세기 Ⅰ : 그리스인과 아랍인 157
8. 20세기 Ⅱ : 동방정교회와 전투적 무신론자들 180
9. 20세기 Ⅲ : 디아스포라와 선교 211

제 2 부 신앙과 예배 235

10. 거룩한 전통 : 동방정교회의 신앙의 원천 237
11. 하나님과 인류 254
12. 하나님의 교회 289
13. 동방정교회의 예배 Ⅰ : 지상의 천국 320
14. 동방정교회의 예배 Ⅱ : 성례전들 332
15. 동방정교회의 예배 Ⅲ : 축일, 금식일, 그리고 개인적 기도 361
16. 동방정교회와 기독교인들의 재연합 372

부 록 더 읽기 397

* 본 지도는 동방정교회의 나라들과 도시들, 그리고 총주교좌(Patriarchate)들을 보여 주고 있다.

서 론

무명한 것 같으나 유명한(고후 6 : 9)

러시아 신학자 알렉시스 코미아코프(Alexis Khoiniakov)는 1846년 한 영국인 친구에게 보낸 편지에서 다음과 같이 기록하였다. "모든 개신교도들은 숨어 있는 교황주의자이다.", "…… 정확한 대수학 언어를 사용하면, 모든 서구인들은 단지 하나의 기지수(既知數)인 a만을 알고 있다. 즉, 로마 가톨릭 사람들은 이 a에다가 +를, 개신교 사람들은 이 a에 -를 붙이지만, 양진영의 공통점은 a이다. 이제 동방정교회에로의 이행은 진실로 과거로부터, 그리고 그것의 학문, 신조, 삶으로부터 하나의 배교처럼 보일 뿐만 아니라 하나의 새롭고 잘 알려지지 않은 세계로 달려가고 있는 것처럼 보인다."[1]

코미아코프가 기지수 a를 이야기했을 때, 그는 자유교회(Free Church : 개신교 - 역자주), 성공회 혹은 로마 가톨릭이든지 서방 기독교인들은 과거에 공통된 배경을 가지고 있다는 사실에 유의하였다. 그들

---

1. W. J. Birkbeck, *Russia and the English Church*, p. 67 속에 인쇄된 편지로부터.

이 항상 인정하는 것은 아니지만 그들은 서로 똑같이 동일한 사건들, 예를 들면 중세시대의 교황 중심주의와 스콜라주의, 르네상스 인문주의, 종교개혁과 반종교개혁 등에 의해 깊이 영향을 받았다고 하는 사실이다. 그러나 동방정교회의 회원들 - 그리스인, 러시아인, 그리고 그 나머지 - 뒤에는 매우 상이한 배경들이 놓여져 있다. 그들은 서방적 의미의 중세를 알지 못하며, 종교개혁과 반종교개혁을 경험하지 못하였다. 그들은 단지 16~17세기 서유럽을 변형시킨 문화적, 종교적 격변에 의해 간접적으로 영향을 받았다. 서방의 로마 가톨릭과 개신교도들은 비록 그 대답에 있어서는 불일치할지라도, 일반적으로 동일한 문제들을 질문함으로 시작한다. 그러나 동방정교회에서는 그 대답들이 다를 뿐만 아니라, 그 문제들 자체도 서방처럼 동일하지 않다.

동방정교회인들은 역사를 다른 전망에서 본다. 예를 들어, 서방의 종교적 논쟁에 대한 동방정교회인들의 태도를 생각해 보자. 서방에서는 일반적으로 로마 가톨릭주의와 개신교주의를 극단적으로 반대되는 것으로 생각한다. 그러나 동방정교회인에게 그들은 동일한 동전의 양면으로 나타난다. 코미아코프는 교황을 "첫 번째 개신교도", "독일 합리주의의 아버지"로 부른다. 그리고 그는 동일한 징표를 가지고 의심할 바 없이 크리스천 사이언스 사람을 괴짜 로마 가톨릭교인으로 생각하였을 것이다.[2] 1847년 옥스퍼드를 방문하여 한 고교회 성공회원으로부터 "어떻게 우리가 개신교주의의 유해한 영향들을 저지할 수 있는가?"라고 질문을 받자, 그는 다음과 같이 대답하였다. "당신의 로마 가톨릭주의를 떨어버리시오." 러시아 신학자의 눈에 이 둘은 손을 맞잡고 가고 있었다. 개신교주의는 로마 가톨릭이 낳은 달걀로부터 부화하였기 때문에 양자는 똑같이 동일한 전제들을 공유하였다.

---

2. P. Hammond, *The Waters of Marah*, p. 10을 비교하라.

새롭고 잘 알려지지 않은 세계 : 코미아코프가 이런 방식으로 동방을 말한 것은 옳았다. 동방은 교황 없는 일종의 로마 가톨릭주의가 아니라, 서방에 있는 종교적 체계와 상당히 다른 것이다. 그러나 이 '잘 알려지지 않은 세계'를 가까이서 보는 사람들은 그 안에 다양하지만 이상하게 친밀한 많은 것들을 발견할 것이다. "그러나 이것은 내가 항상 믿어 온 것이다!" 그리고 그들은 부분적으로 정당하다. 이러한 말은 동방정교회와 그들의 가르침에 관하여 보다 충분히 배우자마자 나타난 여러 사람들의 반응이다. 900년 이상 동방의 그리스와 서방의 라틴은 각자 자신의 방식을 따라 서로 떨어져서 착실하게 성장해 왔다. 그러나 기독교세계(Christendom)의 처음 세기들 속에서 양측은 공통의 배경을 발견할 수 있다. 아타나시우스와 바질은 동방에서 살았다. 그러나 그들은 또한 서방에 속하였다. 그리고 프랑스, 영국, 아일랜드에서 산 동방정교회인들은 그들의 관점에서 그들 땅의 민족적 성자들 – 알반(Alban)과 패트릭(Patrick), 쿠트베르트(Cuthbert)와 베드(Bede), 파리의 제네비에브(Genevieve)와 캔터베리의 어거스틴(Augustine) – 을 이방인으로서가 아니라 그들 자신의 교회의 구성원들로서 볼 수 있다. 모든 유럽은 오늘날 그리스와 러시아가 그런 것처럼 옛날에는 많은 부분이 동방이었다.

코미아코프가 1846년 그의 편지를 썼을 때, 사실상 양측에는 개인적 접촉으로 서로 알고 있는 사람들이 거의 없었다. 싼 가격에 구입할 수 있는 원고들을 찾아서 1830년대에 레반트를 걸쳐 여행하고 있던 로버트 쿠르존(R. Curzon)은 콘스탄티노플 총대주교가 캔터베리의 대주교에 대해 들어 보지 못했다는 사실을 발견하고 당황하였다. 상황들은 확실히 그때 이후로 변화하였다. 여행은 비교가 안 되게 쉬워졌고, 물리적 장애들은 제거되었다. 그리고 여행은 더 이상 필요하지 않게 되었다. 서방세계의 시민은 직접 동방정교회를 관찰하기 위하여 더 이상 자신의 나라를 떠날 필요가 없다. 특선품과 경제적 필요로 서방쪽으로 여행하는 그리스인들과 박해에 의해 서방쪽으로 내몰린 슬라브인들은 그들과 더불어 그들의 교회를 가져왔고, 전유럽, 미국, 오스트레일리아에 걸쳐 주교관구와 교구망, 신학대학과 수도원들을 세웠다. 무엇보다도 가장 중요한 것은 모든 기독교인들의 가시적 일치를 위한 강력하고도 전례없는 열망이 현세대의 수많은 여러 기독교 단체들 속에서 성장하고 있다는 것이다. 그리고 이것은 동방정교회 내에서 새로운 관심사로 떠오르고 있다. 서방 기독교인들이 재연합을 위한 그들의 관심 속에서 동방의 적절성을 의식하게 되고, 그것에 관해 더 배우기를 갈망하는 순간에 그리스-러시아 디아스포라들은 전세계에 흩어졌다. 연합을 위한 논의에서 동방정교회의 기여는 종종 예기치 않게 밝게 빛나는 것으로 증명되었다. 정확히 동방은 서방과는 다른 배경을 가지고 있기 때문에 그들은 신선한 사고의 지평을 열 수가 있고, 오래된 어려움들에 대하여 오랫동안 잊혀진 해결책들을 제안할 수 있다.

서방은 기독교세계에 대한 그들의 개념이 캔터베리, 제네바, 그리고 로마에 제한되어 있지 않는 사람들을 결코 결여한 적이 없다. 그러나 과거에 이러한 인물들은 광야에서 우는 소리였다. 서방은 이제 더 이상 그렇지 않다. 9세기 이상 지속된 소외의 결과들은 빠르게 풀려질 수는 없지만 적어도 시작은 이루어졌다.

'동방정교회'는 무엇을 의미하는가? 기독교세계의 현재의 분단을 야기한 분열들은 대략 500년 간격으로 세 가지 주된 단계들 속에서 일어났다. 분열에 있어서 첫 번째 단계는 오늘날 오리엔트 동방정교회들(the Oriental Orthodox Churches)로 알려진 교회들이 기독교의 주된 몸으로부터 나누어졌을 때인 5~6세기에 일어났다. 이 교회들은 두 그룹으로 나누어진다. 즉, **동방교회**(the Church of the East : 주로 오늘날 이란과 이라크에 있고, 종종 '앗시리안', '네스토리안', '칼디안', '동방 시리안' 교회로 불린다.)와 5개의 **비칼케도니안 교회들**(자주 '단성론자'라 불린다 : 안디옥의 시리아 교회〈소위 야곱교회〉, 인도의 시리아 교회, 이집트의 콥틱 교회, 아르메니아와 에디오피아 교회)로 나누어진다. 오늘날 동방교회는 비록 한때는 많았음에도 불구하고, 지금은 55만 명 정도이다. 비칼세도니안 교인들은 모두 약 27만 명 정도이다. 이 두 그룹들은 종종 함께 '작고'(lesser) '분리된'(separated) 동방교회(Eastern Churches)라 불려진다. 그러나 그것들이 가치판단을 함축하고 있기 때문에 우리는 이러한 명칭들을 피하는 것이 좋다.

복잡하게 동방 기독교인들을 다루려고 하지 않는 이 책은 비록 때때로 그들을 언급해야 할지라도 직접적으로 '오리엔트 정교회'(Oriental Orthodox)에 관심을 기울이지는 않을 것이다. 우리의 주제는 '오리엔트'(Oriental)가 아니라 **'동방정교회'**(Eastern Orthodox)라 불리는 기독교인, 다시 말하면 콘스탄티노플의 에큐메니칼 총주교와 연합 속에 있는 기독교인들이 될 것이다. 그리고 우리가 '동방정교회'를 언급할 때, 우리가 지니는 관점은 오리엔트가 아니라 동방정교회이다. 다행히 우리 시대에 이 두 기독교 가족들 – 오리엔트와 동방정교회 – 간의 충만한 화해를 위한 큰 희망들이 있다.

이 첫 번째 분열의 결과로서 동방정교회는 동쪽으로는 주로 그리스어를 말하는 세계로 제한되었다. 그후 두 번째 분열이 1054년에 형식상으로 일어났다. 이제 기독교인들의 주된 몸은 두 단체, 즉 서유럽에서는 로마 교황 아래 있는 로마 가톨릭교회, 비잔틴제국에서는 동방정교회로 나누어졌다. 동방은 이제 서쪽까지로 제한되었다. 16세기에 로마와 종교개혁자들 사이에 일어난 세 번째 분열은 여기에서 우리의 직접적인 관심은 아니다.

문화적이고 교회적인 분열이 어떻게 동시에 일어났는가를 지적하는 것은 흥미있는 일이다. 기독교는 선교에 있어서는 보편적(혹은 우주적)이었으나 실제로는 세 문화들 – 셈, 그리스, 라틴 – 과 연합하였다. 첫 번째 분열의 결과 시리아의 셈족적 기독교인들은 그들의 신학자들과 저술가들의 번영하는 학교와 더불어 기독교세계의 나머지로부터 벗어났다. 그후 2차 분열이 일어났다. 이 분열은 기독교세계에 있어서 그리스와 라틴 전통 사이의 분열이었다. 그래서 동방정교회 내에서 기본적인 문화적 영향은 그리스의 문화적 영향이 되었다. 그러나 시리아와 라틴 교부들이 또한 동방정교회의 풍요함 안에 하나의 위치를 지니고 있기 때문에, 동방정교회는 배타적인 그리스 교회 이외에 아무것도 아니라고 생각해서는 안 된다.

동방정교회는 먼저 동쪽으로, 그 다음에 서쪽으로 제한되는 동안 북쪽으로 확장하였다. 863년 슬라브족의 사도들인 성 시릴과 성 메토디우스는 선교사역을 수행하기 위해 비잔틴제국의 국경을 넘어 북쪽으로 여행하였다. 그리고 그들의 노력은 결과적으로 불가리아, 세르비아, 러시아의 개종으로 인도하였다. 비잔틴의 힘이 쇠약해지자 북쪽의 이 새로운 교회들은 중요성이 증가하였고, 1453년 터키인들에게 콘스탄티노플이 함락되자, 모스크바의 지위는 동방세계의 수호자인 비잔틴의 위치를 차지할 준비가 되어 있었다. 최근 2세기 동안 이러한 상황에 부분적 역전이 있어 왔다. 콘스탄티노플 자체는 아직도 터키인들의 손에 옛 영화의 창백한 그림자로 남아 있지만, 그리스의 동방 기독교인들은 1821년 그들의 자유를 다시 얻기 시작했다. 한편, 러시아 교회는 20세기에 호전적인 반기독교 정부의 통치 아래 70년 동안 고통을 당하였다.

이것이 동방정교회의 외적 발전을 결정지은 주된 단계들이다. 지리학적으로 동방정교회의 기본적 지역분포는 동부 유럽, 러시아, 그리고 동부 지중해 연안을 따라 놓여 있다. 동방정교회는 현재 다음과 같은 자치 혹은 '독립적인' (autocephalous) 교회들로 구성되어 있다.[3]

---

3. 각 교회 뒤에는 교회의 크기에 대한 대략적 평가가 되어 있다. 모든 교회적 통계와 마찬가지로, 이 숫자들은 조심스럽게 다루어져야 한다. 그리고 그들은 어떤 경우에 있어서는 단지 거칠게 비교할 수 있는 안내로 의도되었다. 대부분의 경우에 있어서 그 숫자는 그들의 동방정교회에 활동적으로 예배를 드리는 사람들이기보다는 세례받은 사람들의 수를 가리키기 때문이다.

(1) 4개의 고대 총대주교관구
    콘스탄티노플   (6백만 명)
    알렉산드리아   (350,000명)
    안디옥   (750,000명)
    예루살렘   (60,000명)

크기에 있어서 상당히 줄었을지라도 역사적 이유들 때문에 이 4개의 교회들은 동방정교회 내에서 중요한 위치를 차지하며, 명예에 있어서 첫 번째 위치에 있다. 이 교회들의 수장들은 **총대주교**(Patriarch) 명칭을 지닌다.

(2) 9개의 다른 독립적인 교회들
    러시아   (5000 - 8500만 명)
    세르비아   (800만 명)
    루마니아   (1,700만 명)
    불가리아   (800만 명)
    게오르기아   (500만 명)
    키프러스   (450,000명)
    그리스   (900만 명)
    폴란드   (750,000명)
    알바니아   (210,000명 - 1944년)

이 9개 교회들 중 2개 - 폴란드와 알바니아 - 를 제외하고, 나머지는 모두 기독교인의 인구가 완전히 혹은 현저하게 동방정교회인 나라들이다. 그리스와 키프러스의 교회들은 그리스인들이고, 나머지 중 네 개 - 러시아, 세르비아, 불가리아, 폴란드 - 는 슬라브인들이다. 러시아, 루마니아, 세르비아, 불가리아 교회들의 수장들은 **총대주교**라는 명칭으로 알려져 있다. 게오르기아 교회의 수장은 가톨릭 총주교(Catholicos -

Patriarch)로 불려지고, 다른 교회들의 수장들은 **대주교**(Archbishop) 또는 **메트로폴리탄**(Metropolitan)이라 불려진다.

(3) 여기에 더하여 대부분의 측면에서 자치적이나 완전한 독립을 소유하고 있지는 못하는 몇 개의 교회들이 있다. 이들은 '자치'(autonomous)나 '독립'(autocephalous)이라 불려지지는 않는다.

체코슬로바키아	(100,000명)[4]
시나이	(900명)
핀란드	(52,000명)
일본	(25,000명)
중국	(?10,000 - 20,000명)

(4) 여기에 더하여 서유럽, 북아메리카, 남아메리카, 그리고 오스트레일리아에 커다란 동방정교회 '디아스포라'들이 있다. 해외에 흩어져 있는 이 동방정교회인들의 대부분은 법적으로 총대주교관구(Patriarchates)나 독립(autocephalous)교회들 가운데 하나에 의존하고 있다. 그러나 몇몇의 지역들 내에서 자치를 향한 운동이 있다. 특별히 아메리카(1,000,000)에서 독립적인 동방정교회를 형성하기 위한 발걸음이 취해졌다. 그러나 이것은 아직 공식적으로 다른 대다수 동방정교회들에 의해 인정받지 못하고 있다.

그래서 동방정교회는 자치적인 교회들의 하나의 가족(family)이다. 동방정교회는 중앙집권화된 조직이나 전체 몸 위에 한 사람의 고위성직자가 휘두르는 권력에 의해서가 아니라, 신앙 안에서 일치와 성례전들 속에서 교제라는 이중적 결합에 의해 함께 모인다. 각각의 총대주교관구와 독립교회들은 독립적이지만, 모든 교리의 문제들에 있어서 나머지

---

4. 일부의 동방정교회들에 의해 독립적인 교회로 간주된다.

교회들과 충분한 동의 가운데 있으며, 그들 모두는 원칙적으로 충만한 성례전적 교제 가운데 있다(사실 교제에 있어서 특별한 불화는 있으나 - 특히 러시아와 우크라이나 정교회 가운데 - 이러한 상황은 예외적이며, 사람들은 특성상 일시적이기를 희망한다.). 동방정교회 안에는 로마 가톨릭교회 내의 교황과 동등한 위치를 지닌 사람은 존재하지 않는다. 콘스탄티노플의 총대주교는 '에큐메니칼'(보편적) 총대주교로 알려져 있다. 그리고 동방과 서방 사이의 분열 때문에 그는 모든 동방정교회 공동체들 가운데 특별한 명예를 지닌 위치를 지녀 왔다. 그러나 그는 다른 교회들의 내적인 사건들을 간섭할 권리를 가지지 않는다. 그의 위치는 세계 도처에 있는 성공회 연합 내에 캔터베리 대주교와 유사하다.

독립된 지역교회들의 지방분권화된 체계는 고도로 유연한 이점을 지니고 있으며, 쉽게 변화된 상황에 적응하였다. 지역교회들은 만들어질 수도 있고, 억압받을 수도 있다. 그리고 후에 교회의 전체적인 삶에 약간의 저해요소를 동반하여 다시 회복될 수 있다. 과거 동방국가들 내에 있는 교회와 국가는 일반적으로 밀접히 관련되어 있었기 때문에 대다수의 이 지역교회들은 또한 민족교회들이었다. 그러나 특정한 독립국가가 자주 자신의 독립적인 교회를 소유하고 있지만, 교회의 분열은 필수적으로 국가의 경계선과 일치하지는 않는다. 4개의 고대 총대주교관구 지역은 정치적으로 몇 개의 상이한 국가들 안에 나누어져 있다. 동방정교회는 **지역교회**들의 연합체이지, 모든 경우에 민족적 교회들의 연합체는 아니다. 동방정교회는 자신의 근거로서 국가교회의 정치적 원리를 지니지는 않는다.

이미 본 것처럼, 다양한 교회들 가운데에는 크기에 있어서 러시아와 시나이(Sinai) 교회 사이에 있는 것과 같은 극단적 편차가 있다. 다른 교회들 또한 나이에 있어서 다르다. 몇몇은 사도시대까지 올라가고, 한편 일부는 1세대에 불과한 것들도 있다. 예를 들어, 알바니아 교회는 1937년에서야 독립교회가 되었다.

동방정교회는 보편적이라고 주장한다 – 색다르고 오리엔탈적인 것이 아니고, 단일한 기독교이다. 인간의 실패와 역사의 사건들 때문에 동방정교회는 대부분 과거에 특정한 지리적 구역으로 위축되었다. 그러나 동방정교회인 자신들에게 그들의 교회는 지역별 교회들의 집단(a group of local bodies) 이상의 것이 되었다. '동방정교회'(Orthodoxy)라는 단어는 '올바른 믿음'과 '올바른 영광'(혹은 '올바른 예배')이라는 두 가지 의미를 지닌다. 그러므로 동방정교회는 우선 처음 보기에 놀라운 주장처럼 보이는 것을 만들어 냈다. 그들은 그들의 교회를 하나님에 대한 참된 신앙을 가르치고 인도하는 교회로서 간주하며, 올바른 예배로 그를 영화롭게 하는, 즉 **지상에서의 그리스도의 교회로서 간주한다**. 이러한 주장이 어떻게 이해되며, 동방은 그들의 교회에 속하지 않는 다른 그리스도인들을 무엇이라 생각하는가? 이것을 설명하는 것이 이 책의 목적이다.

제 1 부
역 사

1. 시 작 / 19
2. 비잔티움 Ⅰ : 일곱 공의회의 교회 / 27
3. 비잔티움 Ⅱ : 대분열 / 58
4. 슬라브족의 회심 / 93
5. 이슬람 지배하의 교회 / 110
6. 모스크바와 성 피터스버그 / 128
7. 20세기 Ⅰ : 그리스인과 아랍인 / 157
8. 20세기 Ⅱ : 동방정교회와 전투적 무신론자들 / 180
9. 20세기 Ⅲ : 디아스포라와 선교 / 211

시 작

 마을에는 땅 깊숙히 파고 자리잡은 예배당이 있고, 그 입구는 조심스럽게 위장되어 있었다. 이 곳은 사제가 은밀히 그 마을을 방문하였을 때, 성만찬(Liturgy)과 예배를 드리는 장소이다. 수상한 자가 나타나면 이를 알려주기 위해 밖에 남아 있는 파수꾼을 제외하고, 마을 사람들은 일단 자신들이 경찰의 감시로부터 안전하다고 믿으면 전체 주민들이 이 예배당에 모였다. 다른 때에는 예배가 이동하면서 행해졌다.……

 부활절 예배는 국가 공공기관의 한 아파트에서 드려졌다. 출입은 특별한 통로로만 가능했다. 나와 나의 작은 딸은 이 출구를 통하여 출입하였다. 약 30명의 사람들이 참석하였고, 그들 가운데 일부는 내가 아는 사람들이었다. 노인 사제는 내가 결코 잊을 수 없는 예배를 집례하였다. 우리는 "그리스도께서 승천하셨다."를 부드럽게 찬송하였지만, 기쁨으로 충만하였다.…… 내가 이 카타콤 교회의 예배에서 느꼈던 기쁨은 오늘날까지도 나에게 살아갈 힘을 제공해 주고 있다.

 위의 인용문들은[1] 제2차 세계대전이 일어나기 바로 직전, 러시아 교

---

1. 정기간행물 *Orthodox Life*(Jordanville, N. Y. 1959), no. 4, pp. 30-31에서 취하였다.

회의 삶에 관한 두 이야기이다. 이 이야기들은 네로나 디오클레티안의 통치 아래에서의 기독교인의 예배에 관한 묘사들로 쉽게 생각될 수 있다. 물론 약간의 변화들이 일어났지만 말이다. 이런 이야기들은 기독교 역사가 19세기를 지내오면서 어떻게 한 시대를 끝마쳤는가를 예증해 주고 있다. 오늘날 기독교인들은 그들의 조부모들보다 훨씬 더 초대교회와 가까이에 서 있다. 기독교는 지배적으로 비기독교적인 사회 속에서 실존하는 소수의 사람들의 종교로 시작하였다. 그런데 다시 한번 이러한 시대가 다시 도래하고 있다. 기독교는 그 초기에 국가로부터 구별되고 분리되었다. 그리고 지금 여러 나라에서 교회와 국가의 전통적인 동맹은 종말을 향해 가고 있다. 기독교는 무엇보다도 법적인 공인을 받지 못한 종교(a religio illicita)였다. 즉, 정부에 의해 금지되고 박해받는 종교였다. 오늘날 박해는 더 이상 과거의 사실만이 아니다. 그리스도의 십자가를 뒤따른 3백년보다 1918년과 1948년 사이의 30년 동안 더 많은 기독교인들이 그들의 신앙을 위해서 죽었다는 사실은 결코 과장이 아니다.

특별히 동방정교회의 회원들은 그들 가운데 다수가 아주 최근까지 반-기독교 공산주의 정부의 통치 아래 살아오고 있기 때문에 이러한 사실들을 매우 잘 알고 있다. 오순절 성령강림일로부터 콘스탄틴의 회심에 이르는 기독교 역사의 처음 기간은 오늘날의 동방정교회인들과 특별한 관련성을 지니고 있다.

"홀연히 하늘로부터 급하고 강한 바람 같은 소리가 있어 저희 앉은 온 집에 가득하며 불의 혀같이 갈라지는 것이 저희에게 보여 각 사람 위에 임하여 있더니 저희가 다 성령의 충만함을 받고 성령이 말하게 하심을 따라 다른 방언으로 말하기를 시작하니라"(행 2:2-4). 그래서 기독교회의 역사는 오순절기간 중 예루살렘에서 사도들 위에 성령이 강림함으로 첫 번째 성령강림주일을 시작하였다. 같은 날 성 베드로의 설교를 통하여 삼천 명의 남녀가 세례를 받았고, 예루살렘에서 처음 기독교 공동체가 형성되었다.

오래지 않아 예루살렘 교회의 구성원들은 성 스데반의 죽음 후에 일어난 박해로 흩어졌다. 그리스도께서는 "그러므로 너희는 가서 모든 족속으로 제자를 삼아……."(마 28 : 19)라고 말씀하셨다. 이러한 명령에 순종하여 그들은 어디를 가나 먼저 유대인에게, 또한 곧 이방인들에게 설교하였다. 이러한 사도적 여행에 관한 몇 개의 이야기가 성 누가에 의해 사도행전에 기록되었다. 다른 이야기들은 교회의 전통 속에 보존되었다. 놀랍게도 짧은 시간 안에 작은 기독교 공동체들이 로마제국의 모든 주요 지역들과 심지어 로마의 국경선 너머에 있는 장소들에서도 자라났다.

이 최초의 기독교 선교사들이 여행한 제국은 특별히 동부에 있는 제국도시들이었다. 이것은 원시교회의 행정적 구조를 결정하였다. 기본적 단위는 각 도시에 있는 공동체였으며, 그들 자신의 감독에 의해 통치되었다. 감독을 돕기 위해서 장로들 혹은 사제들, 그리고 집사들이 있었다. 도시 주변 사람들은 도시의 교회에 의존하였다. 감독, 사제, 그리고 집사의 삼중적 교역직을 지닌 이러한 패턴은 이미 1세기 말경 일부의 장소들에서 확립되었다. 우리는 이것을 안디옥의 감독 성(聖) 이그나티우스가 107년경 순교하기 위해 로마로 여행하고 있을 때에 기록한 7개의 편지에서 볼 수 있다. 이그나티우스는 특별히 감독과 성만찬(Eucharist)이라는 두 가지 사실을 강조하였다. 그는 교회를 계층질서적이고 성례전적으로 보았다. 그는 다음과 같이 기록하였다. "개교회 내에서 감독은 하나님의 위치에서 주재한다.", "감독 없이는 어느 누구도 교회와 관계된 그 어떤 일도 할 수 없다.…… 예수 그리스도가 계신 곳에 보편교회가 존재하듯이, 감독이 있는 곳에 하나님의 백성이 존재한다." 그리고 영생불멸을 위한 약(藥)인 성만찬을 집례하는 것은 감독의 기본적이고 구별되는 직무이다.[2]

---

2. *To the Magnesians*, vi, 1 ; *To the Smyrnaeans*, viii, 1 and 2 ; *To the Ephesians*, xx, 2.

오늘날 사람들은 교회를 각 지역별 교회가 보다 크고 좀더 포괄적인 전체의 한 부분을 형성하는 하나의 세계적인 조직체로 생각하는 경향이 있다. 이그나티우스는 이러한 방식으로 교회를 보지 않았다. 그에게 있어서는 지역공동체가 교회이다. 그는 교회를 성만찬 속에서 그리스도의 피와 살을 받으면서 주의 최후만찬을 기념할 때, 오로지 그것의 참된 본성을 실현하는 성만찬적 사회(a Eucharistic society)로 생각하였다. 그러나 성만찬은 감독을 중심으로 모인 각각의 특수한 공동체 안에서 지역적으로 행해지는 것이다. 그리고 모든 지역적 성만찬에는 단지 그의 한 부분이 아니라 **전체적** 그리스도가 현존한다. 그러므로 주일마다 성만찬을 거행할 때 각 지역공동체는 완전한 상태의 교회이다.

이그나티우스의 가르침은 동방전통에서 영구적인 위치를 차지하였다. 동방정교회는 아직도 교회를 성만찬적 사회로 생각한다. 교회의 외적인 조직은 필수적이기는 하지만, 교회의 내적이고 성례전적인 삶보다는 이차적이다. 그리고 동방정교회는 아직도 교회의 구조에서 지역공동체의 기본적인 중요성을 강조한다. 예배가 시작될 때 감독이 그의 무리들에게 둘러싸여 교회의 중앙에서 서 있을 때, 지역공동체 내에서 감독을 일치의 중심으로 생각하는 안디옥의 이그나티우스의 사상은 동방정교회의 성만찬(Pontifical Liturgy)[3]에 참여한 사람들에게 독특한 생동감을 일으킬 것이다.

그러나 지역공동체 이외에 또한 교회의 광범위한 일치가 있다. 이 두 번째 측면은 또 다른 순교자 감독인 카르타고의 성 키프리안(258년 사망)의 저술들에 나타나 있다. 키프리안은 모든 감독들이 하나의 감독직을 공유하고 있는 것으로 보았다. 그러나 각자는 한 부분이 아니라 전체를 소유하는 방식으로 하나의 감독직을 공유하고 있는 것으로 보았다. 그

---

3. The Liturgy : 이것은 성만찬(Holy Communion, Eucharist 혹은 Mass)을 언급하기 위해 동방정교회에 의해 보통 사용되는 용어이다.

는 다음과 같이 기록하였다. "감독직은 단일한 전체성(a single whole)이며, 이 단일한 전체성 속에서 각 감독은 충만한 소유권을 향유한다. 그래서 교회는 그것의 번식력의 증대를 따라 다수의 교회로 멀리 광범위하게 퍼져 나갈지라도 단일한 전체성이다."[4] 많은 교회들이 있지만 단지 하나의 교회가 있다 ; **많은 감독들**(many episcopi)이 있지만 단지 하나의 감독직(one episcopate)이 있다.

교회의 처음 3세기는 키프리안과 이그나티우스와 같이 그들의 삶을 순교로 마친 많은 사람들이 있었다. 사실 박해는 종종 지역적 특성이었으며, 일반적으로 지속성에 있어서 한계가 있었다. 그러나 로마 당국자들이 오랜 기간 동안 기독교에 커다란 관용을 베풀었음에도 불구하고 박해의 위협은 항상 존재하였다. 그리고 기독교인들은 항상 이 위협이 현실이 될 수 있다는 것을 알았다. 순교사상은 초기 기독교인들의 영적 전망에 있어서 중심적 위치를 지녔다. 그들은 그들의 교회가 그리스도의 피뿐 아니라 다른 작은 그리스도들의 피 위에 설립된 것으로 보았다. 교회가 확립되고 더 이상 박해를 받지 않는 이후의 세기들 속에서도 순교의 사상은 사라지지 않았다. 그러나 순교의 사상은 다른 형태를 취하였다. 예를 들면, 수도사적 삶은 종종 그리스 작가들에 의해 순교와 동등한 것으로 간주되었다. 이와 같은 접근은 또한 서방에서도 발견되어진다. 예를 들면, 7세기 한 아일랜드인의 설교인 켈틱 본문은 순교의 길을 심미적 삶과 비교하였다 :

> 이제 한 사람에게 하나의 십자가로 여겨지는 세 종류의 순교가 있다. 흰색의 순교, 녹색의 순교, 그리고 붉은 색의 순교이다. 흰색의 순교는 하나님을 위하여 사랑하는 모든 것을 포기하는 것으로 이루어진다.…… 녹색의 순교는 순교자가 금식과 노동으로 자신을 그의 악한 열정으로부터 자유케

---

4. *On the Unity of the Church.*

하거나 혹은 형벌과 회개 속에서 고생을 경험하는 것이다. 붉은 순교는 그리스도를 위하여 십자가나 죽음을 견디는 것으로 이루어진다.[5]

　동방정교회의 역사에 있어서 많은 기간 동안 붉은 순교의 가능성은 꽤 거리가 멀었고, 녹색과 흰색 순교의 형태가 지배적이었다. 하지만 무엇보다도 금세기에 들어와 동방정교회와 다른 기독교인들이 다시 한번 피의 순교를 경험하도록 부름받는 기회들이 있었다.
　키프리안이 강조했던 것처럼, 하나의 감독직을 공유하고 있는 감독들이 그들의 공통의 문제를 논의하기 위해 공의회(a council)에서 함께 만나야 하는 것은 자연스러운 일이다. 동방정교회는 항상 교회의 삶에 있어서 공의회의 위치를 매우 중요하게 여긴다. 동방정교회는 공의회는 하나님이 그의 백성을 인도하기 위해 선택한 주요한 기구라 믿으며, 보편교회를 본질적으로 **협의회적**(conciliar) 교회로 생각한다(사실 러시아에서 형용사인 **소보르니**〈soborny〉는 '보편적'〈가톨릭〉과 '**협의회**'의 두 가지 의미를 지닌다. 한편, 이에 상응하는 명사 **소보르**〈sobor〉는 '교회'와 '공의회' 양자를 의미한다.). 교회 내에서 독재나 개인주의는 존재하지 않고 조화와 만장일치가 존재한다. 교회의 구성원들은 자유롭지만 고립되어 있지 않다. 왜냐하면 그들은 사랑, 믿음, 그리고 성만찬적 교제 속에서 연합되어 있기 때문이다. 공의회에서 조화와 자유로운 만장일치의 사상이 실제로 이루어졌다. 참된 공의회에서 한 회원이 자의적으로 그의 뜻을 나머지 회원들에게 강요할 수 없으나, 다른 회원들과의 대화와 그들 모두가 자유롭게 '공동의 마음'을 만들어 내는 방식 속에서 그의 뜻을 강요할 수 있다. 공의회는 교회의 본질적 본성의 살아 있는 구현체이다.
　교회사에서 첫 번째 공의회는 사도행전 15장에 기록되어 있다. 사도들이 참석한 그 공의회는 이방인 회심자들이 어느 정도 모세의 율법에

---

5. J. Ryan, *Irish Monasticism*(London, 1931), p. 197에서 인용.

복종해야 하는가를 결정하기 위해 예루살렘에서 모였다. 그들이 마침내 그들의 결정에 도달하였을 때, 사도들은 다른 상황들에서는 주제넘을 것으로 보이는 말투로 말하였다. "성령과 우리는 이 요긴한 것들 외에 아무 짐도 너희에게 지우지 아니하는 것이 가한 줄 알았노니"(행 15 : 28). 이후의 공의회들은 동일한 확신을 가지고 위험을 무릅쓰고 말하였다. 소외된 개인은 "이것은 성령과 나에게 올바르게 보인다."라고 말하기를 주저하였을 것이다. 그러나 공의회로 모일 때 교회의 구성원들은 개인적으로 그들 중 어느 누구도 가지고 있지 않은 권위를 가지고 함께 주장할 수 있었다.

전체 교회의 지도자들이 모였던 예루살렘 공의회는 하나의 예외적인 모임이었다. 왜냐하면 예루살렘 공의회는 325년 니케아 공의회 때까지 필적할 만한 모임을 갖고 있지 않았기 때문이다. 그러나 키프리안시대까지 로마제국의 특별한 행정구역 내에 있는 감독들이 참석하는 지역공의회들은 흔하게 개최되었다. 이러한 유형의 지역공의회는 통상 지방의 수도에서, 메트로폴리탄이라는 이름이 주어지는 그 수도의 감독의 주재 아래 모였다. 제3세기가 지남에 따라 공의회들은 규모가 확장되었고, 하나가 아니라 여러 행정구역으로부터 온 감독들을 포함하기 시작하였다. 이러한 대규모 모임들이 알렉산드리아, 안디옥 같은 제국의 주요한 도시들에서 모이게 되었다. 그래서 어떤 대도시들의 감독들은 지방적 메트로폴리탄들보다 더 큰 중요성을 획득하기 시작하였다. 그러나 얼마 동안 이 커다란 교구들의 정확한 지위에 관하여 어떠한 결정도 없었다. 공의회들의 이러한 계속적인 팽창은 3세기에도 그것의 논리적 결론에 이르지 못하였다. 아직은 (사도적 공의회로부터 떠나) 단지 작거나 좀더 큰 정도의 지역적 공의회들이 있었으며, 전체 기독교세계로부터 감독들을 형성하고 전체 교회의 이름으로 주장하는 '보편적' 공의회는 없었다.

312년에 교회의 외적 상황을 완전히 변화시킨 사건이 일어났다. 콘스탄틴 황제가 그의 군대와 더불어 프랑스를 말을 타고 지나가고 있을 때,

그는 하늘을 쳐다보고 태양 앞에 있는 십자가 빛을 보았다. 십자가와 함께 거기에 비문이 있었다. 즉, 그것은 **"이 표징으로 정복하라."**(In this sign conquer)였다. 이 환상의 결과 콘스탄틴은 기독교 신앙을 받아들인 첫 번째 로마황제가 되었다. 그날 프랑스에서의 사건들의 연속은 교회사의 첫 번째 주요한 시기를 끝내고, 비잔틴 기독교제국의 창조를 가져오는 것이었다.

비잔티움 I
- 일곱 공의회의 교회 -

> 모든 사람들은 일곱 개의 거룩하고 에큐메니칼적인 공의회들이 있으며, 이것들은 하나님의 말씀에 대한 신앙을 떠받치고 있는 7개의 기둥들로서, 하나님께서는 말씀과 이 7개의 기둥들 위에 그의 거룩한 집인 보편적이고 에큐메니칼적 교회를 세우셨다는 사실을 공적으로 고백한다.
>
> -요한 2세, 러시아의 메트로폴리탄(1080-1089)

제국교회의 설립

콘스탄틴은 교회 역사상 분수령에 서 있다. 그의 회심과 더불어 순교와 박해의 시대는 끝나고, 카타콤의 교회는 제국의 교회가 되었다. 콘스탄틴이 지녔던 비전의 첫 번째 위대한 영향은 그와 그의 동료 황제 리키니우스가 313년 공포한바, 기독교 신앙의 공적인 관용을 선포한 소위 밀란 칙령이다. 그리고 콘스탄틴 황제가 처음에는 기독교에 대하여 관용(공인된 종교-역자주)만을 허락했음에도 불구하고, 그는 곧 로마제국 내에 있는 다른 관용된(합법화된-역자주) 종교들보다도 기독교에 더 큰 호감을 가졌음을 명백히 하였다. 콘스탄틴의 사후 50년 이내에 테오도시우스는 이 정책을 끝까지 수행하였다. 그의 법령에 의해 그는 기독교를 제국에서 가장 최고로 혜택받고 유일하게 공인된 종교로 만들었다. 교회는 이제 제국의 교회로 세워졌다. 로마 당국자들은 한때 기독교인들에게 이렇게 말하였다. "너희는 존재하는 것이 용납되지 않는다." 그러나 이제는 억압받는 것이 이교도들의 몫이 되었다.

콘스탄틴의 십자가 비전은 또한 그의 일생과 마찬가지로 이후 기독교 세계의 발전을 위하여 중대한 두 가지 결과들로 인도하였다. 첫 번째, 324년 그는 로마제국의 수도를 이탈리아에서 제국의 동쪽 보스포로스 해안으로 옮기기로 결심하였다. 그는 여기 그리스 도시인 비잔티움에 새로운 수도를 세우고, 후에 이 도시를 스스로 '콘스탄티노폴리스' (Constantine+polis=Constantinoupolis - 역자주)라고 명명했다. 이 천도 (遷都)의 동기는 부분적으로 경제적이고 정치적이었지만 또한 종교적이기도 하였다. 옛 로마는 너무 깊게 이교도에 더럽혀져 있어서, 그가 마음속에 지니고 있던 기독교제국의 중심을 형성할 수 없었다. 새 로마에서 상황이 달라질 것을 기대했던 것이다. 330년에 그 도시에 대한 장엄한 축성식이 있은 후, 그는 콘스탄티노플에서 이교 제의(祭儀)는 영원히 수행될 수 없다고 규정하였다. 콘스탄틴 황제의 새로운 수도는 동방정교회의 역사발전에 결정적인 영향을 주었다.

두 번째, 콘스탄틴은 325년 니케아에서 기독교회에 있어서 처음으로 보편적이고 에큐메니칼한 공의회를 소집하였다. 로마제국이 기독교제국이라면, 콘스탄틴은 유일한 정통신앙(the one Orthodox faith)에 확고하게 기초한 기독교제국을 보기 원하였다. 그 신앙의 내용을 정교하게 하는 것은 니케아 공의회의 의무였다. 그 무엇도 니케아 공의회의 외적 환경만큼 교회와 국가 사이의 새로운 관계를 명확하게 상징할 수 없었을 것이다. 본 회의에 함께 참석했던 가이사랴의 감독 유세비우스가 표현한 것처럼, 황제 자신은 "하늘에서 파송받은 하나님의 사자(使者)처럼"

회의를 주재하였다. 공의회의 말미에 감독들은 황제와 식사를 하였다. 이러한 일들(황제와 식사)에 의해서 감동되는 경향이 있는 유세비우스는 다음과 같이 기록하였다. "연회의 분위기가 형용할 수 없을 정도로 화려했다. 경호대와 다른 병력이 검을 가지고 궁전의 입구를 에워쌌으며, 이들을 지나 하나님의 사람들은 두려움 없이 황제의 방 가장 깊숙한 곳으로 들어갔다. 일부는 테이블에서 황제의 동료가 되었으며, 나머지는 한쪽에 정돈된 소파에 몸을 기대었다. 우리는 이것이 그리스도 왕국의 모습이며 현실이라기보다 하나의 꿈이라고 생각하였다."[1] 네로가 밤에 그의 정원을 밝히기 위하여 기독교인들을 살아 있는 횃불로 이용한 이래로 상황들은 확실히 변화하였다. 니케아는 일곱 개의 보편 공의회 중 첫 번째였다. 그리고 콘스탄티노플의 도시와 마찬가지로 이들 도시들도 동방정교회의 역사에 있어서 중요한 위치를 차지한다. 세 가지 사건 – 밀란 칙령, 콘스탄티노플의 설립, 니케아 공의회 – 은 도래하는 교회의 시대를 나타낸다.

처음 여섯 공의회들(325-681)

초기 비잔틴시대에 있어서 교회의 삶은 일곱 개의 보편적 공의회에 의해 지배되었다. 이 공의회들은 이중(二重)의 과제를 수행하였다. 첫째, 그들은 다섯 개의 대관구들 혹은 **총대주교관구**들의 위치를 구체화하여 교회의 가시적 조직을 분명하게 하였다. 둘째, 더 중요한 것은 공의회들이 삼위일체와 성육신과 같은 기독교 신앙의 기본적 교리들에 대한 교회의 가르침을 단호하게 규정하였다. 모든 교회들은 이러한 것들을 인간의 이성과 언어를 넘어서 있는 '신비들'로 간주하는 데 동의하였다. 감독들이 공의회에서의 기독교 신비에 대한 교리들을 정의하였을 때,

---

1. *The Life of Constantine*, iii, 10 and 15.

그들은 자신들이 신비를 설명하고 있다고 생각하지 않았다. 그들은 단지 신비에 관하여 말하고 생각하는 거짓된 방법들을 배제하고자 하였다. 오류와 이단에 빠지는 것으로부터 사람들을 보호하기 위하여 그들은 신비의 주변에 방어막을 세웠다.

항상 공의회에서의 논쟁은 추상적이고 관계가 먼 것처럼 들리지만, 공의회들은 인간 구원과 같은 매우 실제적인 목적에 의해 영감을 받았다. 신약성서가 가르치는 것과 마찬가지로, 인류는 죄에 의해 하나님으로부터 분리되었고, 인류의 죄악이 만든 분리의 벽을 인류의 노력을 통해서는 깨뜨릴 수 없다. 그러므로 하나님께서 주도권을 잡으셨다. 즉, 그는 인간이 되셨고, 십자가에 달려 돌아가셨으며, 죽은 자들로부터 다시 부활하셨다. 그리하여 죄와 죽음의 노예로부터 인류를 구원하셨다. 이것이 기독교 신앙의 중심 메시지이며, 이것이 공의회가 보호하기 위해 관심을 가졌던 구속의 메시지이다. 이단들은 신약성서를 손상시키고, 인류와 하나님 사이에 장벽을 세우고, 그리고 인류가 충만한 구원을 달성하지 못하도록 하기 때문에 그들은 위험스럽고 정죄할 필요가 있다.

성 바울은 **나눔**(sharing)이라는 용어로 이 구속의 메시지를 표현하였다. 그리스도는 우리가 그의 신성의 부요함을 공유하도록 하기 위하여 우리의 가난을 공유하셨다. "우리 주 예수 그리스도의 은혜를 너희가 알거니와 부요하신 자로서 너희를 위하여 가난하게 되심은 그의 가난함을 인하여 너희로 부요케 하려 하심이니라."(고후 8 : 9). 동일한 사상이 성(聖) 요한의 복음 속에 약간 다른 형태로 나타나 있다. 그리스도께서는 자신이 신적인 영광 속에서 그의 제자들에게 하나의 나눔(a share)을 주셨고, 제자들이 하나님과 연합을 이루도록 기도했다고 말씀하신다. "내게 주신 영광을 내가 너희에게 주었사오니 이는 우리가 하나된 것같이 저희도 하나가 되게 하려 함이니이다. 곧 내가 저희 안에, 아버지께서 내 안에 계셔 저희로 온전함을 이루어 하나가 되게 하려 함은 아버지께서 나를 보내신 것과 나를 사랑하심 같이 저희도 사랑하신 것을 세상으로 알게 하려 함이로소이다"(요 17 : 22 - 23) (개역). 희랍 교부들은 이 구절들과, 문자적 의미에서 이와 유사한 본문들을 취하여 대담하게 인간의 신성화(deification)를 말하였다(그리스어로 *theosis*). 그들이 주장하는 것처럼 만약 인간이 하나님의 영광을 공유한다면, 만약 그들이 완전하게 하나님과 하나가 된다면, 이것은 사실상 인류가 신성화되어야 함을 의미한다. 그들은 은혜에 의해 본질상 하나님이 되기 위해 불려졌다. 따라서 성 아타나시우스는 "하나님께서는 우리가 신(god)이 되도록 하기 위해 인간이 되셨다."[2]고 말함으로 성육신의 목적을 요약하였다.

이제 만약 인간이 신이 됨, 즉 **신성화**(theosis)가 가능하다면 구속자이신 예수는 완전한 인간과 완전한 하나님이 되어야만 한다. 하나님만이 인간을 구원하시기 때문이다. 그러므로 만약 그리스도가 구원한다면 그는 하나님이셔야만 한다. 그러나 그가 우리처럼 참으로 인간이라야 우리 인간들은 그가 우리를 위해 행하신 것에 참여할 수 있다. 인간이며 동시에 신이신, 성육신하신 그리스도에 의해 하나님과 인간 사이에 하나의 다리가 놓여졌다. 우리 주님께서 약속하셨다. "또 가라사대 진실로 진실로 너희에게 이르노니 하늘이 열리고 하나님의 사자들이 인자위에 오르락내리락하는 것을 보리라"(요 1 : 51) (개역). 천사들 뿐만 아니라 모든 인류가 그 사다리를 이용한다.

그리스도는 완전한 하나님과 완전한 인간이 되어야 한다. 각 이단들은 번갈아 이 생생한 확증의 일부를 훼손시켰다. 그리스도는 하나님보다 열등하게 만들어지지(아리우스주의) 않았으며, 그의 인성이 신성으로부터 나누어진 하나의 위격(네스토리우스) 대신에 두 위격(person)으로 되어 있으며, 그가 참 인간으로서 나타나지 않았다(단성론과 단의론)고 할 수 없음을 확정하였다. 각 공의회는 이 확증들을 방어하였다. 제4세기에 열렸던 처음 두 공의회는 첫 번째 부분(그리스도는 참 하나님이다.)에 집중

---

2. *On the Incarnation*, 54.

하였고, 삼위일체 교리를 공식화하였다. 5~7세기 중에 열린 나머지 4개의 공의회들은 두 번째 부분(그리스도의 인성의 충만함)에 관심을 돌렸고, 또한 어떻게 인성과 신성이 하나의 단일한 위격 속에서 연합될 수 있는지 설명하고자 했다. 성상에 대한 방어 속에 있는 제7차 공의회는 처음에 다소 떨어져 있는 것처럼 보이나, 처음 6개의 공의회처럼 궁극적으로 성육신과 인간의 구원에 관계된 것이었다.

325년 니케아 공의회의 주된 과제는 아리우스주의에 대한 정죄였다. 알렉산드리아의 사제였던 아리우스는 아들이 아버지보다 열등하다고 주장하고, 하나님과 피조물 사이에 경계선을 그음으로써 아들을 피조물들 가운데 위치시켰다. 가장 뛰어난 피조물, 그것은 사실이나 그럼에도 불구하고 피조물이었다. 의심할 바 없이 그의 동기는 하나님의 유일성과 초월성을 보호하였으나, 그의 주장의 결과는 그리스도를 하나님보다 열등하게 만들어 우리 인간의 신성화를 불가능하게 하였다. 공의회는 그리스도가 참 하나님이라야 그리스도께서 우리를 하나님과 연합시킬 수 있다고 답하였다. 왜냐하면 하나님 자신이 아니고서는 그 누구도 인간들에게 연합의 길을 열어 줄 수 없기 때문이다. 그리스도는 성부와 본질적으로 **동일본질**(homoousios)이시다. 그는 반신(半神) 혹은 최상의 피조물이 아니라, 성부가 하나님이라는 의미에서 하나님이다. 니케아 공의회는 공의회가 작성한 신조(信條) 속에서 "참 하나님으로부터 온 참 하나님", "피조된 것이 아니라 출생되어지신, 성부와 **본질상 하나**"를 선포하였다.

니케아 공의회는 또한 교회의 가시적 조직을 다루었다. 공의회는 세 개의 커다란 중심을 언급하기 위해 로마, 알렉산드리아 및 안디옥(제6항)을 뽑아내었다. 공의회는 또한 가이사랴의 메트로폴리탄에 소속되어 있는 예루살렘 교구는 영예에 있어서 이 세 개의 교구 다음의 위치를 차지해야 한다고 규정하였다(제7항). 콘스탄티노플은 5세기 후반까지 새로운 수도로서 공식적으로 축성되지 않았기 때문에 자연스럽게 언급되지 않았다. 콘스탄티노플은 종전처럼 계속 헤라클레아(Heraclea) 메트로폴리탄에 종속되었다.

니케아의 과제는 381년 콘스탄티노플에서 개최된 제2차 에큐메니칼 공의회에 의해 채택되었다. 이 공의회는 니케아신조를 확장시키고 개정하였다. 특별히 성부와 성자가 하나님인 것처럼 성령도 하나님이라고 확정하여 성령에 관한 가르침을 발전시켰다. 즉, "성부로부터 나오시고(proceeds), 성부와 성자와 더불어 함께 예배를 받으시고 영화되심을 받으시는 분." 또한 콘스탄티노플 공의회는 니케아의 제6조항을 개정하였다. 이제 제국의 수도인 콘스탄티노플의 지위는 더 이상 무시될 수 없었으며, 로마 다음과 알렉산드리아 바로 앞인 두 번째 위치를 차지하였다. "콘스탄티노플의 감독은 콘스탄티노플이 새로운 로마(제3항)였기 때문에 영예에 있어서 로마 감독 다음의 특권을 가지게 되었다."

콘스탄티노플 공의회의 규정들 배후에는 공의회가 이용한 용어들에 정확성을 제공한 신학자들의 노고가 있었다. 니케아신조에 있어서 핵심 개념의 충분한 의미를 제공한 것은 알렉산드리아의 성(聖) 아타나시우스의 주요한 업적이었다 : **동일본질**(homoousios), "본질상 혹은 실체상 하나, 혹은 하나의 실체를 공유하고 있는 하나"(One in essence or substance, consubstantial). 그의 작업에 대한 보충은 신학자 그레고리로 동방정교회에 알려진 나지안 쥬스의 성 그레고리(?329 - ?390), 대(大) 바질(?330 - 379), 그의 젊은 동생인 니싸의 그레고리(394년 사망) 등, 세 명의 갑바도기아 교부들에 의해 수행되었다.

한편, 아타나시우스는 성부 하나님과 아들의 연합 - 본질상 **하나**(ousia) - 을 강조하였으나, 갑바도기아인들은 하나님의 삼위성(threeness)을 강조하였다. 즉, 성부, 성자, 그리고 성령은 **삼 위격**이다(hypostasis). 하나님 안에 있는 삼위성과 단일성 사이의 미묘한 균형을 유지하면서, 그들은 삼위일체론의 고전적 요약 - **하나의 본질 속에 세 위격** - 에 충분한 의미를 주었다. 교회가 한 세대 속에서 이러한 능력을 가진 네 명의 신학자를 소유한 경우는 전에도 후에도 없었다.

381년 이후 아리우스주의는 일부의 서유럽지역을 제외하고, 곧 생명력을 상실하게 되었다. 공의회의 과제 중 논쟁적인 측면은 로마와 알렉산드리아가 똑같이 분개한 제3항에 놓여 있었다. 옛 로마는 새로운 로마의 주장이 어디에서 끝날 것인지 궁금하였다. 오래 전에 콘스탄티노플은 첫 번째 위치를 주장하지 않았던가? 그래서 로마는 감정을 상하게 하는 조항을 무시하기로 하였고, 라테란 공의회(1215) 때에서야 비로소 교황은 공식적으로 콘스탄티노플의 두 번째 위치에 대한 주장을 인정하였다(콘스탄티노플은 그 당시 십자군과 라틴 총대주교의 통치 아래에 있었다.). 그러나 그 조항은 동일하게 지금까지 동방에서 첫 번째 위치를 차지해 온 알렉산드리아에 대한 도전이었다. 그 다음 70년은 콘스탄티노플과 알렉산드리아 사이의 날카로운 투쟁을 증거한다. 이 투쟁 속에서 잠시 동안 승리는 알렉산드리아에 돌아갔다. 처음의 주요한 알렉산드리아의 성공은 알렉산드리아의 테오필루스(Theophilus)가 콘스탄티노플의 감독, 즉 "황금의 입을 가진 요한"으로 불리는 성 요한 크리소스톰(?334-407)의 파면과 추방을 얻어냈던 오크 대회(Oak Synod)에서였다. 유창하고 설득력 있는 설교가인 - 그의 설교는 종종 한 시간 혹은 그 이상 계속되었다 - 요한은 알렉산드리아와 갑바도기아인들에 의해 주장된 신학적 사상들을 대중적으로 표현하였다. 엄격하고 간소한 삶을 살아온 사람인 그는 가난한 자들에 대한 깊은 애정과 사회정의를 위한 타오르는 열정으로 충만해 있었다. 모든 교부들 가운데 그는 아마도 동방정교회 내에서 가장 사랑받는 사람이며, 그의 저작이 가장 넓게 읽혀지는 사람이다.

알렉산드리아의 두 번째 주요한 성공은 테오필루스의 조카이며 계승자인 알렉산드리아의 성 시릴(444년 사망)에 의해 획득되었다. 그는 431년 에베소에서 개최된 제3차 보편적(에큐메니칼 - 역자주) 공의회에서 콘스탄티노플의 다른 감독인 네스토리우스의 몰락을 가져오게 한 사람이다. 그러나 에베소에서는 두 대교구(로마와 콘스탄티노플 – 역자주) 사이의 경쟁보다 더 위태로웠다. 381년 이후 조용했던 교리적 문제들이 한번 더 나타났고, 이제는 삼위일체가 아니라 그리스도의 위격에 관하여 집중하였다. 시릴과 네스토리우스는 그리스도가 참 하나님이며, 삼위일체 중 한 분이심에 동의하였다. 그러나 그들은 그의 인성에 대한 묘사와 하나의 단일한 위격(a single person) 안에 신성과 인성의 결합을 설명하는 방법에 있어서 의견이 달랐다. 그들은 다양한 전통들과 신학 학파를 대표하였다. 안디옥 학파에서 성장한 네스토리우스는 그리스도의 인성의 완전성을 지지했으나, 인성과 신성 사이를 너무 명확하게 구별하여서 그는 결국 동일한 몸 안에 한 위격을 지닌 것이 아니라, 공존하는 두 위격을 지닌 것으로 보았다. 네스토리우스에 반대되는 전통교리의 주창자인 알렉산드리아의 시릴은 그리스도의 인성과 신성의 다양성보다 오히려 그리스도의 위격의 일치성으로부터 출발하였다. 그러나 그는 안디옥인들보다 덜 생생하게 그리스도의 인성에 대하여 말하였다. 만약 너무 지나치게 주장한다면, 이 둘의 접근방법은 이단이 될 수 있었기 때문이었다. 그러나 교회는 전체적인 그리스도의 균형잡힌 모습을 만들기 위하여 양자를 필요로 하였다. 이 두 학파가 서로 조화를 유지하지 않고 투쟁으로 들어간 것은 기독교세계에 있어서 하나의 비극이었다.

네스토리우스는 처녀 마리아를 "하나님의 어머니"(Theotokos)라고 부르기를 거절함으로 논쟁을 촉진시켰다. 이 제목은 이미 대중적 신앙 속에서 받아들여졌으나, 네스토리우스에게는 그리스도의 인성과 그의 신성의 혼동을 내포하고 있는 것으로 보였다. 그는 – 여기에서 그의 안디옥의 '분리주의'가 명백한데 – "마리아는 그녀가 단지 그리스도의 신성의 어머니가 아니라 인성의 어머니이기 때문에 단지 '사람의 어머니'(Mother of Man) 혹은 기껏해야 '그리스도의 어머니'(Mother of Christ)로 불려질 수 있다."고 주장하였다. 공의회에 의해 지지를 받은 시릴은 "말씀이 육신이 되어"(요 1 : 14)라는 본문을 가지고 대답하였다. "마리아는 육신이 되신 하나님의 말씀을 낳았기 때문에"[3] 하나님의 어머니이다. 마리아가 낳은 것은 하나님과 느슨하게 연합된 한 인간이 아니라, 동시에 하나님이시며 인간이신 하나의 단일하고 나누어지지 않는 인격이다. **하나님의 어머니**(Theotokos)라는 이름은 그리스도의 위격의 일치성을 안전하게 한다. 그녀에게 이 명칭을 부정하는 것은 성육신하신 그리스도를 둘로 나누는 것이며, 하나님과 인간 사이의 다리를 무너뜨리는 것이며, 그리스도의 위격 안에서 중간에 분리의 벽을 세우는 것이다. 그래서 우리는 신앙의 제목들 뿐만 아니라 구원의 참된 메시지가 에베소에서 관련되어 있음을 볼 수 있다. **본질상 하나**(homoousios)라는 단어가 삼위일체론에서 우선성을 차지하는 것처럼, **하나님의 어머니**(Theotokos)라는 단어가 성육신론에서도 우선성을 차지한다.

알렉산드리아는 449년 에베소에서 개최된 두 번째 공의회에서 또 다른 승리를 획득하였다. 그러나 이 모임은 - 대부분의 기독교세계에서 느낀 것처럼 - 알렉산드리아의 입장을 너무 멀리 밀고 갔다. 시릴의 계승자인 알렉산드리아의 디오스코루스(Dioscorus)는 그리스도 안에 단지 하나의 본성(physis)이 있다고 주장하였다. 구속주는 두 본성**으로부터** 존재하나, 그의 성육신 후에는 "하나님의 성육신하신 본성이신 말씀"만이 존재한다는 것이다. 이것은 일반적으로 '단성론' (Monophysite)이라 명명된 입장이다. 시릴 자신이 이러한 용어를 사용한 것이 사실이나, 디오스코루스는 시릴이 433년 안디옥인들에게 양보했던 균형잡힌 진술들을 생략하였다. 이것이 거의 확실하게 그의 입장에 대한 불공정한 해석이었음에도 불구하고, 많은 사람들에게 이것은 디오스코루스가 그리스도의 인성의 완전성을 부정하는 것처럼 보였다.

불과 2년 후인 451년, 황제 마르키안(Marcian)은 비잔틴 교회와 서방이 제4차 보편적 공의회로 간주한 감독들의 참신한 모임을 칼세돈에 소

---

3. Cyril's *Twelve Anathemas*의 첫 부분을 보라.

집하였다. 추(推)는 이제 안디옥 방향으로 돌아갔다. 공의회는 디오스코루스의 단성론적 입장을 거부하고, 그리스도는 단일하고(a single) 나누어지지 않은 위격(undivided person)이며, 그분은 두 본성**으로부터** 나왔을 뿐만 아니라 두 본성 **안에** 존재한다고 선포하였다. 감독들은 로마의 위대한 교황인 성 레오의「교서」(Tome)를 환영하였다. 이 교서 안에는 그리스도의 위격의 연합이 또한 강조되었음에도 불구하고, 두 본성 사이의 구별이 명백하게 진술되어 있었다. 신앙에 대한 그들의 선포 속에서 그들은 신성에 있어서 완벽하고 인성에 있어서 완벽한 참 하나님, 참 인간인 "하나의 동일한 아들(one and the same Son)에 대한 확신을 진술하였고, …… 혼동되지 않고(unconfusedly), 변하지 않고(unchangeably), 나뉠 수 없고(indivisibly), 분리될 수 없는(inseparably) **두 본성**을 인정하였다. 이 본성들 사이의 차이는 연합 때문에 결코 제거될 수 없다. 그러나 오히려 각 본성의 특수한 특성은 보존되어 있으며, 양자는 한 위격(one person 혹은 *hypostasis*) 안에서 결합하였다." 우리가 지적한 칼세돈의 정의는 단성론파(혼동되지 않고, 변하지 않는 두 본성들 안에) 뿐만 아니라, 또한 네스토리우스의 추종자들(나뉠 수 없고, 분리될 수 없는…… 하나의 동일한 아들)을 겨냥하였다.

그러나 칼세돈은 알렉산드리아 신학에게는 패배 그 이상이었다. 동방에서 최상의 지배권을 가지려는 알렉산드리아의 주장은 실패하였다. 칼세돈의 제28항은 콘스탄티노플의 제3항을 따르게 하였고, 새로운 로마에게 영예에 있어서 옛 로마 다음의 위치를 제공하였다. 그러나 동방은 늘 그것의 타당성을 인정해 왔지만 말이다. 공의회는 또한 예루살렘을 가이사랴의 사법권으로부터 해방시키고, 예루살렘에게 대교구들 중 다섯 번째 위치를 주었다. 후에 동방정교회들 가운데 5두정치(Pentarchy)로 알려진 이 제도는 교회 내에 다섯 개의 대교구들이 특별한 영예를 차지하고, 이전에 정착한 질서들이 그들 가운데 확립되어 있으므로 완벽하게 되었다. 순서상 로마, 콘스탄티노플, 알렉산드리아, 안디옥, 예루살렘이 된다. 이 다섯 개는 사도적 원천을 주장하였다. 앞에 있는 네 개는 로마제국 내에서 가장 중요한 도시들이다. 다섯 번째는 그리스도께서 십자가 위에서 고통을 받으시고 죽은 자들로부터 부활하신 장소이기 때문에 추가되었다. 이러한 도시들 내에서 감독들은 **총대주교**(Patriarch)라는 칭호를 받았다. 에베소 공의회에서 독립이 보장되었고, 그 이후 자치를 유지해 온 키프러스를 제외한 다섯 개의 총대주교들은 알려진 전체 세계를 사법관할권으로 분류하였다.

5두정치에 대한 동방정교회의 개념을 말할 때 피해야만 하는 두 가지 가능한 오해가 있다. 첫째로 총대주교와 메트로폴리탄의 체계는 교회조직의 문제이다. 그러나 만약 우리가 교회의 직제의 관점에서가 아니라 하나님의 정당한 요구의 관점에서 교회를 본다면, 우리는 모든 감독들은 이들 각자가 관장하고 있는 도시들이 비천하거나 존귀하거나 간에 본질적으로 동등하다고 말해야만 한다. 모든 감독들은 사도적 승계에 있어서 동일하고, 모두는 동일한 성례전적인 권능을 지니며, 모두가 동등하게 하나님에 의하여 신앙의 교사들로 임명받은 것이다. 교리에 관한 논쟁이 일어나면 총대주교들이 그들의 의견을 표현하는 것으로 충분하지 않다. 모든 교구감독들은 보편 공의회에 참석하여 말할 권리와 투표할 권리를 가지고 있다. 5두정치의 체계는 모든 감독들의 본질적인 특성을 손상시키지 않으며, 이그나티우스가 각 지역공동체에 할당한 중요성을 지역공동체로부터 빼앗지 않는다.

두 번째로 동방정교회는 다섯 개의 총대주교들 가운데 특별한 지위가 교황에게 속한다고 믿었다. 동방정교회는 1870년 제1차 바티칸 공의회의 신조들 안에 선포되고, 오늘날 로마 가톨릭교회 내에서 가르쳐지는 교황의 권위에 대한 교리를 받아들이지 않는다. 그러나 동시에 동방정교회는 거룩하고 사도적인 로마교황에게 모든 기독교세계로부터 오는 호소를 들을 권한(특정한 상태들 아래)과 더불어 **영예에 있어서 우선권**(a primacy of honour)이 있다는 사실을 부정하지 않는다. 우리가 '최상권'

(supremacy)이 아니라 '우선권'을 사용하였음을 주의하라. 동방정교회는 성 이그나티우스의 말을 적용하여 교황을 사랑 속에서 회의를 주재하는 감독으로 생각한다. 로마의 실수는 - 동방정교회가 믿는바 - 이 우선성과 '사랑의 사회권'(presidency of love)을 외적 능력과 최상의 사법 관할권으로 바꾸어 놓은 것이다.

로마가 향유했던 이 우선권은 세 가지 요소로부터 그 기원이 유래한다. 첫 번째, 로마는 성 베드로와 성 바울이 순교당하였으며, 베드로가 감독이었던 도시이다. 동방정교회는 베드로를 사도들 가운데 으뜸으로 인정한다. 동방정교회 신학자들이 현대 로마 가톨릭 주석가들과 같은 방식으로 동일하게 이 본문을 이해하지 않음에도 불구하고, 동방정교회는 복음서에 있는 유명한 '베드로 본문'(Petrine texts : 마 16 : 18 - 19, 눅 22 : 32, 요 21 : 15 - 17)을 잊지 않는다. 그리고 많은 동방정교회 신학자들은 로마 감독 뿐만 아니라 모든 감독들이 베드로의 계승자라고 이야기하며, 동시에 그들 중 대부분은 로마의 감독이 특별한 의미에서 베드로의 계승자라고 인정한다. 두 번째, 로마 교구는 또한 제국 내에서 차지하는 로마의 수도로서 로마 시의 지위에 그 우선권을 빚지고 있다. 로마는 고대세계의 수도이며 최고의 도시였다. 로마는 심지어 콘스탄티노플의 설립 이후에도 이러한 것을 얼마 동안 지속하였다. 세 번째, 교황들이 이단에 빠진 경우가 있었을지라도, 교회사의 처음 6세기 기간 동안 로마 감독은 교회의 신앙의 순수성을 위해 전체 교회에 의해 주목되었다. 다른 총대주교들은 커다란 교리논쟁 기간 중 흔들렸으나, 로마는 대부분의 기간 동안 확고했었다. 이단과의 투쟁 속에서 눌려 있을 때 사람들은 그들이 확신을 가지고 교황에게 의지할 수 있다고 느꼈다. 로마의 감독 뿐만 아니라 **모든** 감독들은 하나님에 의해 신앙의 교사로 임명되었다. 그러나 로마의 교황은 사실상 진리에 대한 현저한 충성을 가지고 신앙을 가르쳤기 때문에, 모든 사람들이 교회의 초기 세기(世紀)들에 있어서 안내를 호소한 것은 무엇보다도 로마였다.

그러나 교황도 총대주교들과 마찬가지이다. 로마에 할당된 우선권은 모든 감독들의 본질적 동등성을 전복시킬 수 없다. 교황은 교회 안에서 첫 번째 감독이다. 그러나 그는 **동등한 자 가운데 첫 번째이다**(primus inter pares = the first among equals).

에베소와 칼세돈은 동방정교회의 견고한 지반이었다. 그러나 그들은 또한 공격을 위한 장엄한 기초이기도 했다. 아리우스주의자들은 점차적으로 화해하였고, 지속적인 분열을 이루지는 않았다. 그러나 당시에 동방의 교회(the Church of the East)에 속하는 그리스도인들이 있었다(종종 잘못 오도되어 네스토리우스주의라고 불렸지만). 그들은 에베소의 결정들을 받아들이지 않았으며, 처녀 마리아에게 **하나님의 어머니**라고 부르는 것이 잘못된 것이라고 생각하였다. 그리고 당시에 디오스코루스의 단성론적 가르침을 추종하고 칼세돈의 정의와 레오의 「교서」를 거부하는 비-칼세돈주의자들이 있었다. 동방(East)의 교회는 거의 완전하게 비잔틴제국의 외곽에 놓여져 있었으며, 비잔틴 역사 속에서 더 이상 그 역사가 들려지지 않았다. 그러나 대다수 비-칼세돈주의자들은 특별히 이집트와 시리아에서 제국에 종속되어 있었고, 그들을 비잔틴 교회와 연합시키기 위한 노력들이 성공적이지는 못했으나 반복되었다. 종종 신학적 차이는 문화적, 민족적 긴장에 의한 것보다 더 심각하였다. 언어와 배경에 있어서 현저하게 비그리스적인 이집트와 시리아는 종교적인 문제에 있어서만이 아니라 정치적인 문제들에 있어서도 그리스-콘스탄티노플의 힘에 분개하였다. 그래서 교회의 분열이 정치적 분열에 의해 강화되었다. 만약 이러한 비신학적 요소들이 있지 않았다면 양측은 칼세돈 이후 신학적 이해에 도달하였을 것이다. 많은 현대 신학자들은 '비-칼세돈주의자들'과 '칼세돈주의자들' 사이의 차이는 기본적으로 신학적 차이가 아니라, 전문용어의 차이였다고 생각하는 경향이 있다. 이 두 분파는 다른 방식으로 '본성'(nature : *physis*)이라는 단어를 이해한다. 그러나 양자는 동일한 기본적 진리를 확정하고자 하였다. 즉, 구속자 그리스도는 참 하나님이며 참 인간이다. 그러나 그분은 둘이 아니라 하나이다.

칼세돈의 정의는 그후 콘스탄티노플에서 개최된 두 개의 공의회에 의해 보충되었다. 제5차 에큐메니칼 공의회(553)는 알렉산드리아 관점으로 칼세돈을 재해석하였고, 칼세돈이 사용했던 것보다 건설적인 용어로 어떻게 그리스도의 본성이 하나의 단일한 위격을 형성하도록 연합되는가를 설명하고자 했다. 제6차 에큐메니칼 공의회(680-681)는 그리스도가 두 본성을 가졌음에도 불구하고 그는 하나의 단일한 위격이기 때문에 단지 하나의 의지를 가졌다고 주장하는 단의론파를 이단으로 정죄하였다. 공의회는 만약 그리스도가 두 본성을 가졌다면, 그는 또한 두 의지(意志)를 가져야만 한다고 대답했다. 인간의 의지가 없는 인간적 본성은 불완전하고 단순한 추상이 될 수 있기 때문에 단성론파는 그리스도의 인성의 충만함을 훼손하였다고 느껴졌다. 그리스도는 참 하나님일 뿐만 아니라 참 인간이다. 그는 신적 의지 뿐만 아니라 인간적 의지를 가져야만 한다.

제6차 공의회의 모임이 개최되기 이전의 50년 동안 비잔티움은 이슬람의 등장이라는 갑작스럽고 놀라운 발전에 직면하였다. 이슬람의 팽창에 관한 가장 충격적인 사실은 팽창의 속도였다. 예언자(모하메드)가 632년에 사망하였을 때, 그의 권위는 헤자즈(Hejaz)를 넘어서지 못하였었다. 그러나 15년 내에 그의 아랍 추종자들은 시리아, 팔레스타인, 이집트를 유린하였다. 50년 이내에는 그들은 콘스탄티노플의 벽을 에워싸고 그 도시를 거의 점령하였다. 100년 이내에 그들은 북아프리카를 삼키고, 스페인을 통하여 전진하였으며, 포이투에르(Poitiers) 전투에서 서유럽으로 하여금 자신의 생명을 위해 싸우도록 하였다. 아랍의 침입은 "원심력적 팽창이라 불려지며, 식량, 약탈, 그리고 정복을 요구하면서 침략적인 작은 몸들을 모든 방향으로 움직였다. 옛 황제들은 그들에게 저항할 상태에 있지 않았다."[4] 기독교세계는 살아 남았으나 어려움에 직면하게 되었다. 비잔틴인들은 그들의 동쪽지역에 대한 소유권을 상실하였고, 알렉산드리아, 안디옥, 그리고 예루살렘, 세 개의 대관구는 이교도의 지배 아래 놓이게 되었다. 동쪽의 기독교제국 내에서 콘스탄티노플 총대주교는 이제 경쟁자가 없게 되었다. 이후로 비잔티움은 이슬람의 공격으로부터 오랫동안 자유롭지 못했으며, 8세기 이상(콘스탄티노플은 1453년에 함락 - 역자주) 지탱하였으나 끝내 굴복하였다.

성상들

그리스도의 위격에 대한 논쟁들은 681년 공의회에서 끝나지 않았고, 8~9세기에는 다른 형태로 확장되었다. 논쟁은 성상들(The Holy Icons), 그리스도의 모습, 하나님의 어머니, 그리고 교회와 개인의 집에서 숭배되던 성자(the saints)들에 집중되었다. 인간과 하나님을 묘사하는 종교예술을 의심하는 성상파괴론자 또는 성상분쇄론자들은 성상파괴를 요구하였다. 그 반대파인 성상론자 또는 성상숭배론자들은 격렬하게 교회의 삶 속에서 성상의 위치를 방어하였다. 투쟁은 단순히 기독교 예술에 대한 두 개의 개념들 사이의 투쟁이 아니라 그리스도의 인성의 특징, 물질에 대한 기독교의 태도, 그리스도의 구속의 참된 의미와 같은 보다 깊은 문제가 포함되어 있었다.

성상파괴론자들은 유대교와 이슬람의 사상에 의해 외부로부터 영향을 받았을 것이다. 그리고 비잔틴제국에서 성상파괴론이 처음으로 나타나기 3년 전에 이슬람의 칼리프 예지드(Yezid)는 그의 영역 안에 있는 모든 우상을 제거할 것을 명하였다. 그러나 성상파괴론은 단순하게 외부로부터 들어온 것은 아니다. 기독교 자체 내에 항상 성상을 비난하는 '순수한' 전망이 있어 왔다. 왜냐하면 기독교는 모든 이미지들 속에서

---

4. H. St. L. B. Moss, in Baynes and Moss, *Byzantium : an Introduction*(Oxford, 1948), pp. 11 - 12.

잠재적 우상숭배를 보아 왔기 때문이다. 아이소리안(Isaurian) 황제들이 성상을 공격했을 때, 그들은 교회 안에서 많은 지지자들을 발견하였다.

약 120년 동안 지속된 성상파괴 논쟁은 두 단계로 구분된다. 첫 번째 기간은 레오 3세가 성상들에 대하여 그의 공격을 시작했을 때인 726년에 시작되어, 여제(女帝) 아이레네(Irene)가 박해를 중지했을 때인 780년까지의 기간이다. 성상옹호론자들의 입장은 제1차 공의회처럼 니케아에서 모인 제7차 마지막 에큐메니칼 공의회에 의해 지지를 받았다. 제7차 공의회는 성상이 교회 안에서 보존되어야 하고, '고귀하고 생명을 주는 십자가'와 복음서와 같은 다른 물질적 상징들에게 제공되는 동일한 상대적 존경을 받아야 한다고 주장하였다. 성상에 대한 새로운 공격은 815년 아르메니아인 레오 5세에 의해 시작되어, 성상들이 또 다른 여제 테오도라에 의해 영구적으로 다시 복원된 때인 843년까지 계속되었다. 843년 성상에 대한 최종적 승리는 '동방정교회의 승리'로 알려졌으며, 사순절 첫 번째 주일인 '동방정교회 주일'에 거행된 특별한 예배 속에서 기념되었다. 첫 번째 기간에 성상론 주창자는 다마스커스의 성 요한(?675-749)이었으며, 제2차 기간에는 스토디오스(Stoudios)의 성 요한(759-826)이었다. 요한은 그가 비잔틴 정부의 영역으로부터 벗어나 이슬람의 영역에 거주하고 있었기 때문에 보다 자유롭게 일할 수 있었다. 이 때는 이슬람이 동방정교회의 보호자로 무의식적으로 행동했던 마지막 기간은 아니었다.

동방정교회의 특징적인 모습 가운데 하나는 동방정교회가 제공하고 있는 성상의 자리매김이다. 오늘날 동방정교회는 성상들로 가득 차 있다. 교회에는 건물의 몸체로부터 성소를 나누는 견고한 스크린, 즉 완전히 성상들로 덮여 있는 아이코노스타시스(iconostasis)가 있다. 한편, 다른 성상들은 교회 주변에 있는 특별한 성상 보관장소에 놓여 있다. 그리고 아마도 벽들은 프레스코나 모자이크로 된 성상들로 덮여 있을 것이다. 동방정교회인들은 이러한 성상들 앞에서 엎드리고, 그것들에 입맞추고, 그것들 앞에서 초를 불태운다. 그 초들은 사제들에 의해 불 피워지고 행진 속에서 운반된다. 이 제스처와 행동들은 무엇을 의미하는가? 성상이 의미하는 것은 무엇이며, 왜 다마스커스의 요한과 다른 사람들은 그것들을 중요하게 생각하였는가?

우리는 먼저 성상파괴론자들이 성상옹호론자들에 대항하여 제시한 우상숭배라는 비난, 그리고 교육의 한 수단으로서의 성상의 긍정적 가치, 그리고 마지막으로 그들의 교리적 중요성을 생각해야 한다.

(1) 우상숭배의 문제

동방정교회 교인이 성상에 입을 맞추거나 그 앞에 엎드릴 때, 그는 우상숭배에 대한 책임이 없다. 성상은 우상이 아니라 하나의 상징이다. 상징들에 주어지는 존경은 돌, 나무, 그림을 향하여 하는 것이 아니라, 그것들에 의하여 표현된 인물들에게 행해지는 것이다. 이것은 성상파괴 논쟁 이전에 네아폴리스의 레온티우스(Leontius of Neapolis, 약 650년경 사망)에 의해 잠깐 지적되었다 :

> 우리는 나무의 본성에 경의를 표시하지 않는다. 그러나 우리는 십자가에 달린 그분을 숭배하고 그분에게 경의를 표한다.…… 십자가의 두 기둥이 함께 연결되어 있을 때, 나는 십자가에 달리신 그리스도 때문에 그 모습을 경배한다. 그러나 만약 그 두 기둥이 분리되어 있다면, 나는 그들을 던지고 그들을 불태울 것이다.[5]

성상이 단지 상징이기 때문에 동방정교회는 그들을 **예배**하지(worship) 않고, 그들을 **존경**(reverence or venerate)한다. 다마스커스의 요한은 사

---

5. Migne, *Patrologia Graeca*(*P.G.*), xciv, 1 384D.

려 깊게도 물질적 상징들에게 표해지는 상대적 존경과 하나님께만 적합한 경배를 구별하였다.

(2) 교회 가르침의 부분으로서의 성상

레온티우스가 말했듯이, 성상은 우리가 "하나님을 회상하도록 하는 개방된 책들이다."[6] 그들은 교회가 신앙을 가르치기 위하여 고용한 수단들 가운데 하나이다. 신학책들을 배우거나 연구할 시간을 지니고 있지 않은 사람은 그의 앞에 있는 벽면에 펼쳐진 기독교의 모든 신비들을 보기 위해 교회에 들어와야 한다. 성상옹호론자들은 만약 어떤 이교도가 당신의 신앙을 보여 주기를 당신에게 간청한다면, 그를 교회 안으로 데리고 가서 그를 성상들 앞에 세워야 한다고 말하였다. 이러한 방식 속에서 성상들은 성스러운 전통의 한 부분을 형성한다.

(3) 성상들의 교리적 중요성

이제 우리는 성상파괴 논쟁의 실제적 의미에로 왔다. 성상들이 우상이 아니고 그것들이 가르침을 위하여 유용하다고 한다면, 그들은 허용될 만할 뿐만 아니라 필수적인 것인가? 성상을 지니는 것은 꼭 필요한가? 성상옹호론자들은 성상이 충분하고 적절하게 성육신론을 보호하기 때문에 꼭 필요하다고 주장했다. 성상파괴론자들과 옹호론자들은 하나님이 그의 영원한 본성에 있어서 묘사될 수 없다는 사실에 동의하였다. "어느 때에도 하나님을 본 사람은 없다"(요 1 : 18). 그러나 성상옹호론자들은 성육신이 전형적인 종교 예술을 가능하도록 하는 근거라고 주장하였다. 하나님은 자신이 인간이 되셨고 육체를 입으셨기 때문에 묘사될

---

6. *P.G.* xciv, 1276A.

수 있다. 다마스커스의 요한은 물질적 몸을 취하신 하나님을 물질적 상징들로 표현할 수 있다고 주장하였다 :

> 실체가 없고, 외형이 그려질 수 없는 옛 하나님은 도대체 묘사될 수 없다. 그러나 이제 하나님은 육체로 나타나 인간들 가운데 살았기 때문에, 나는 하나님에 대한 볼 수 있는 상징들을 만들 수 있다. 나는 물질을 숭배하지 않지만, 나를 위하여 물질이 되시고 물질 가운데 거하신, 물질을 통해 나의 구원을 이루신 물질의 창조자를 믿는다. 나는 나의 구원을 가져온 물질을 숭배함을 멈추지 않을 것이다.[7]

하나님에 대한 모든 묘사를 거부함으로 성상파괴론자들은 성육신에 대한 충분한 설명을 제공하는 데 실패하였다. 많은 청교도들이 하였던 것처럼 그들은 일종의 이원론에 떨어졌다. 물질을 오욕으로 간주함으로 그들은 물질적인 것과의 모든 접촉으로부터 종교적 자유를 원하였다. 왜냐하면 그들은 영적인 것은 비물질적이 되어야 한다고 생각했기 때문이다. 그러나 이것은 그리스도의 인간성, 그의 육체에 어떠한 역할도 허락하지 않으므로 성육신을 배반한 것이다. 이것은 우리의 영혼 뿐만 아니라 우리의 육체가 구원되어야 하고, 변형되어야 함을 잊은 것이다. 그래서 성상파괴 논쟁은 초기의 그리스도의 위격에 대한 논쟁과 밀접하게 연결되어 있다. 그것은 종교 예술에 대한 논쟁이 아니라 성육신, 인간구원, 전(全) 물질적 우주의 구원에 대한 문제였다.

하나님은 육체를 취하셨고, 그럼으로써 물질도 구속될 수 있음을 증명하셨다. 다마스커스의 요한은 "육신을 입으신 말씀은 그 육신을 신화시켰다."고 말하였다.[8] 하나님은 물질을 '신성화' 시키시고, 그 물질을 '영적 담지자'로 만드셨다. 그리고 만약 육신이 영의 전달수단이 된다

---

7. *On Icons*, I , 16(*P.G.* xciv, 1245A).
8. *On Icons*, I , 21(*P.G.* xciv, 1253B).

면, 다른 방식이지만 나무와 페인트도 될 수 있다. 성상에 대한 동방정교회의 교리는 하나님의 피조물 전체는 그것이 영적이든 물질적이든 구속될 수 있고, 영화될 수 있다고 하는 동방정교회의 신념과 결합되어 있다. 니콜라스 제르노브(Nicolas Zernov : 1898 - 1980)가 러시아인들에 관하여 말한 것은 모든 동방정교회인들에게도 마찬가지이다 :

> 성상은 러시아인들에게 단순히 그림이 아니다. 그들은 미와 예술을 통하여 피조물을 구속하는 인간의 영적 권능에 대한 역동적인 표현들이다. 성상의 색상과 선들은 본질을 흉내내고자 의도된 것이 아니다. 예술가들은 인간, 동물, 그리고 식물과 전우주가 그들의 현재의 타락상태로부터 구조될 수 있고, 그들의 적절한 '모습'이 회복될 수 있다는 설명을 목표로 한다. 성상은 타락된 피조물을 넘어 구속받은 피조물의 도래하는 승리에 대한 약속이다.…… 성상에 대한 예술적 완성은 단지 하늘의 영광에 대한 반영이 아니다. 성상은 그것의 근원적 조화와 아름다움으로 회복되고, 성령의 수단으로 봉사하고 있는 물질의 구체적인 모습이다. 성상은 변형된 우주의 한 부분이다.[9]

다마스커스의 요한이 지적한 것처럼,

> 성상은 성자들의 승리와 사단의 패배에 대한 승리의 노래이며, 계시이며, 지속적인 기념물이다.[10]

성상파괴 논쟁의 종결, 제7차 에큐메니칼 공의회의 모임, 843년 동방정교회의 승리, 이러한 것들은 동방정교회의 역사에 있어서 제2기, 곧 7 공의회 시대의 마감을 의미한다. 7개의 공의회들은 동방정교회에 대단히 중요하다. 동방정교회의 구성원들에게 있어서 7개의 공의회들에 대

---

9. *The Russians and their Church*, pp. 107 - 108.
10. *On Icons*, 11, 11(*P.G.* xciv, 1296B).

한 관심은 역사적일 뿐만 아니라 현대적이다. 7개의 공의회들은 학자와 성직자 뿐만 아니라 모든 신앙인들의 관심사이기 때문이다. 딘 스탠리(Dean Stanley)는 다음과 같이 말하였다. "스페인과 이탈리아에서 살면서도 콘스탄스와 트렌트라는 이름을 잘 알지 못하는 동방정교회의 무식한 농부들까지도 그들의 교회가 7개의 공의회 위에 기초하고 있음을 잘 인식하고 있으며, 그들은 아직도 그 시대의 악들이 일소될 제8차 보편적 공의회를 보기 위해 산다는 희망을 소유하고 있다."[11] 동방정교회는 종종 자신을 7개의 공의회들의 교회라고 부른다. 이것으로 그들은 동방정교회가 787년 이후로 창조적이기를 멈추었다는 것을 의미하는 것은 아니다. 그러나 그들은 공의회의 기간들 속에서 위대한 신학의 시대를 보았다. 동방정교회는 모든 세대들 속에서 일어나는 새로운 문제들에 대한 해결책을 구함에 있어서 공의회들을 성경 다음의 기준과 안내서로 삼고 있다.

성자들, 수도사들, 그리고 황제들

비잔티움은 이유없이 "천상의 예루살렘의 모습"이라고 불려지지 않는다. 종교는 비잔틴의 삶의 모든 영역으로 들어왔다. 비잔틴의 휴일은 종교적 축제일이었다. 경기장에서 일어나는 경기들은 찬양의 노래와 더불어 시작되었다. 무역계약서는 삼위일체 하나님께 가호를 빌었고, 십자가 표시로 날인하였다. 오늘날과 같은 비종교적인 시대에 있어서 당시의 성직자와 평신도, 법관과 학자, 가난한 자와 교육받지 못한 자, 그리고 사회의 모든 분야들이 종교적 문제들에 대하여 얼마나 불타는 관심을 지니고 있었는지를 깨닫는 것은 거의 불가능하다. 니싸의 그레고리는 제2차 보편 공의회 기간에 콘스탄티노플에서의 끝없는 신학적 논쟁

---

11. *Lectures on the History of the Eastern Church*(Everyman Edition), p. 99.

들을 다음과 같이 묘사하였다 :

> 전체 도시 - 광장, 시장, 교차로, 골목길 - 는 그것으로 꽉 찼다. 낡은 옷을 입은 사람들, 환전가, 음식판매자, 그들은 모두 바쁘게 논쟁하고 있다. 만약 당신이 누군가에게 돈을 환전해 주기를 요구하면, 그는 출생된 자(the Begotten)와 출생되지 않은 자(the Unbegotten)에 관해 철학적으로 설명한다. 만약 당신이 한 덩이의 빵의 가격에 관하여 묻는다면, 당신은 성부가 위대하고 성자는 열등하다는 방식으로 대답을 듣는다. 만약 당신이 나의 목욕통이 준비되었느냐고 묻는다면, 좋은 아들이 무로부터 창조되었다고 대답한다.[12]

이 이상한 이야기는 공의회들이 직면한 분위기를 나타낸다. 열정이 너무나 열렬하여 회의의 기간은 항상 규제되거나 위엄을 갖추지 못하였다. 나지안쥬스의 그레고리는 "나는 약간 멀리서 대회들과 공의회들에 경의를 표한다. 왜냐하면 나는 대회들과 공의회들이 얼마나 다루기 힘든지 알기 때문이다. 나는 두루미와 거위들의 모임에 결코 앉지 않을 것이다."[13]라고 건조하게 말하였다. 교부들은 항상 의심스러운 방법들로 그들의 주장을 지지하였다. 예를 들면, 알렉산드리아의 시릴은 네스토리우스에 대항한 그의 투쟁 속에서 재판관을 심하게 매수하였고, 사적인 수도승 군대로 에베소 시(市)를 위협하였다. 그러나 비록 시릴이 그의 방법에 있어서 난폭하였지만, 올바른 주장이 승리한 것은 그의 타는 듯한 열정 때문이었다. 그리고 비록 기독교인들이 항상 비판적이었지만, 그것은 그들이 기독교 신앙에 관하여 염려하였기 때문이다. 아마도 무질서는 무관심보다는 더 나았다. 동방정교회는 공의회들에 불완전한 인간들이 참석하였음을 인정하였으나, 이 불완전한 인간들이 성령에 의해

---

12. *On the Deity of the Son*(P.G. xlvi, 557B).
13. *Letter* 124 ; *Poems about Himself*, xvii, 91.

인도됨을 믿었다.

　비잔틴의 감독은 공의회에 참석한 두드러진 인물이었을 뿐만 아니라, 또한 여러 경우에 있어서 그의 백성에게 진실한 아버지이며, 어려움이 있을 때 백성들이 확신 있게 바라보는 친구요 보호자였다. 요한 크리소스톰이 주장한 가난한 자와 압제받는 자들에 대한 관심은 많은 다른 사람들 속에서도 발견된다. 예를 들면, 알렉산드리아의 총대주교인 자선가 성 요한(619년 사망)은 그의 교구의 모든 재산을 그가 '나의 형제자매인 가난한 자들'이라 부른 자들을 돕는 데 바쳤다. 그 자신의 재산이 떨어졌을 때 그는 다른 사람들에게 호소하였다. 그의 동시대인의 기록에 따르면, 그는 "누군가가 악의 없이 가난한 사람들에게 주기 위하여 부자들의 셔츠를 벗긴다면, 그는 잘못을 범하지 않은 것이다."[14]라고 말하곤 했다. 요한은 "나는 당신이 가난한 자, 거지라 부르는 사람들을 나의 주인이요 도움자라고 선포한다. 왜냐하면 그들이, 그들만이 진실로 우리를 도울 수 있으며, 우리에게 천국을 줄 수 있기 때문이다."[15]라고 말하였다. 비잔틴제국 내에서 교회는 교회의 사회적 의무들, 그리고 교회의 주된 기능 중 하나는 자선임을 간과하지 않았다.

　수도원주의는 모든 동방정교회 국가들에서처럼 비잔티움의 종교적 삶에서 결정적인 역할을 하였다. "동방정교회의 영성을 관통하는 최상의 길은 수도원주의를 통하여 들어가는 것이라고 하는 것은 적절한 이야기이다."[16] "영적 삶의 풍성한 형태들이 동방정교회의 영역 안에서 발견되지만, 수도원주의는 모든 것 가운데 가장 고전적이다."[17] 수도사적 삶은 4세기에 비로소 이집트와 시리아에서 한정적인 제도로 등장하였고, 거기에서부터 급속하게 기독교세계로 퍼져 나갔다. 수도원주의는

---

14. Leontius of Neapolis, *A Supplement to the Life of John the Almsgiver*, 21.
15. Leontius, *Supplement*, 2.
16. P. Evdokimov, *L'Orthodoxie*(Paris, 1959), p. 20.
17. V. Lossky, *The Mystical Theology of the Eastern Church*, p. 17.

박해가 끝나고 기독교가 유행하게 된 콘스탄틴의 회심 이후에 발전하였다고 말하는 것은 맞지 않다. 그들의 검소함과 더불어 수도사들은 피의 순교가 더 이상 존재하지 않던 시대에 순교자들이었다. 그들은 제도권 기독교세계와 균형을 이루었다. 비잔틴 사회 속에서 사람들은 비잔티움이 실재가 아니라 이미지와 상징임을 잊어버리는 위험 속에 있었다. 그들은 하나님의 왕국을 지상의 왕국과 동일시하는 위험을 지니고 있었다. 사회로부터 사막으로 은둔한 수도사들은 교회의 삶에 있어서 예언자적이고 종말론적 사역을 수행하였다. 그들은 기독교인들에게 하나님의 나라는 이 세상의 나라가 아님을 일깨워 주었다.

수도원주의는 세 가지 중요한 형태를 지니고 있다. 이들 세 가지 형태는 모두 350년 이집트에서 출현하였고, 아직도 오늘날 동방정교회 안에서 발견된다. 첫 번째로 **은둔자들**이 있다. 이들은 오두막이나 동굴, 그리고 심지어 무덤, 나뭇가지들 가운데 기둥 꼭대기에서 고독한 삶을 살아가는 금욕주의자들이다. 이 은둔자적 삶의 위대한 모델은 수도원주의의 아버지인 이집트의 성 안토니(Antony : 251 - 356)이다. 두 번째로 **공동체생활**이 있다. 이것은 수도사들이 공통된 규칙 아래, 그리고 합법적으로 세워진 수도원 속에서 함께 살아가는 것이다. 여기에서 위대한 개척자는 이집트의 성 파코미우스(Pachomius : 286 - 346)이며, 그가 저술한 규칙서는 후에 서방에서 성 베네딕트에 의해 이용되었다. 그의 금욕주의적 저작들이 동방의 수도원주의의 형성에 영향을 미친 대(大) 바질은, 비록 그가 방문한 파코미안의 집들보다 시리아에 의해 더 많은 영향을 받았음에도 불구하고 공동체생활의 강력한 변호자였다. 그는 수도원주의의 사회적 중요성을 강조하면서 종교적 집들이 병원들과 고아원을 세우고 병자들과 가난한 자들을 돌보아야 하고, 직접적으로 사회의 이익을 위해 일해야 한다고 주장했다. 그러나 일반적으로 동방의 수도원주의는 서방보다 활동적 사역에 훨씬 덜 관심을 기울였다. 동방에서 수도사의 제일의 과제는 기도의 삶이었으며, 그가 다른 자들을 섬기는 것은 기도를 통해서였다. 수도원제도의 중요성은 수도사가 그 문제들을 어떻게 행하는가에 있지 않고, 수도사는 어떻게 존재하여야 하는가에 달렸다.

마지막으로 앞의 둘 사이를 중개하는 수도원적 삶의 형태인 **반(半) - 은자적 삶**(the semi-eremitic life)이다. 이 중용의 길은 하나의 고도로 조직된 공동체 대신에 소수의 정착촌이 느슨하게 연합된 집단이다. 각 정착촌은 한 명의 연장자의 지도 아래 함께 살아가는바, 아마도 둘에서 여섯 명으로 구성되었다. 이집트에서 반-은둔적 삶의 큰 중심지는 니트리아(Nitria)와 세티스(Scetis)인데 이 곳은 4세기경 말까지 다수의 뛰어난 수도사들을 배출하였다. 니트리아의 설립자 아몬(Ammon), 이집트의 마카리우스(Macarius)와 알렉산드리아의 마카리우스, 본도의 에바그리우스(Evagrius), 대 아르세니우스(Arsenius the Great) 등이 뛰어난 수도사들이었다(이 반-은둔자적 제도는 동방 뿐만 아니라 멀리 서방의 켈트족 기독교에서도 발견된다.). 처음부터 수도사적 삶은 동방이든 서방이든, 남성 뿐만 아니라 여성에게도 하나의 소명으로 보였다. 그래서 비잔틴 세계 전역에 걸쳐 수많은 수녀공동체가 있었다.

수도사들 때문에 4세기에 이집트는 제2의 거룩한 땅으로 여겨졌으며, 예루살렘으로 여행하는 자들은 나일강변의 금욕주의적 집들을 포함시키지 않고서는 그들의 순례가 불완전한 것으로 느꼈다. 5~6세기에 수도원운동의 주도권은 위대한 성 유티미우스(Euthymius : 473년 사망)와 그의 제자 성 사바스(Sabas : 532년 사망)와 더불어 팔레스타인으로 옮겨졌다. 요르단 계곡에 성 사바스에 의해 설립된 수도원은 현재까지 지속되어 오고 있다. 다마스커스의 요한이 바로 이 공동체에 속한다. 현재까지 지속되는 또 다른 중요한 집은 시내산에 있는 성 캐더린 수도원으로 황제 저스티니안(527-565년 통치)에 의해 설립되었다. 팔레스타인과 시내산과 더불어, 아랍의 통치하의 비잔틴제국 내에서 가장 뛰어난 수도원은 9세기에 콘스탄티노플에 있는 스토디오스(Stoudios) 수도원이다.

799년 여기에서 수도원장이 된 성 테오도르(Theodore)는 공동체를 다시 활성화시켰으며, 그 규칙을 개정하고 수많은 수도사들을 끌어들였다.

10세기 이래로 동방정교회의 수도원주의의 중심은 아토스가 되었다. 이 산은 북그리스에서 에게해 쪽으로 돌출되어 있는 바위로 된 반도로, 그 정상은 해발 6,670피트에 달한다. '거룩한 산'으로 알려진 아토스는 20명의 지도급 수도사, 그리고 은둔자들의 방 뿐만 아니라 다수의 작은 집들을 포함하고 있다. 전체 반도는 전적으로 수도를 위한 정착지로 주어졌고, 그것이 최고로 확장되었을 때 거의 4만 명의 수도사가 거주한 것으로 전해진다. 20명의 지도급 수도사들 가운데 최고의 연장자인 대 라브라(Great Lavra)는 혼자서 26명의 총대주교와 144명 이상의 감독을 배출하였다. 이것은 동방정교회의 역사에 있어서 아토스의 중요성에 대한 몇 가지 생각들을 제공한다.

동방정교회의 수도원주의에 있어서 '직제'는 없었다. 서방에서 수도사는 Carthusian, Cistercian, 혹은 몇 개의 다른 직제에 속한다. 동방에서 물론 그가 특별한 수도원에 속해 있을지라도, 그는 단순히 모든 수도사와 수녀를 포함하는 하나의 커다란 친교의 구성원이다. 서방의 작가들은 종종 동방정교회 수도사들을 '바실리안 수도사들'(Basilian monks) 혹은 '바실리안 직제 수도사들'(monks of the Basilian Order)이라 언급한다. 그러나 이것은 정확하지 않다. 성 바질은 동방 수도원주의에서 중요한 인물이지만 그는 직제를 만들지 않았다. 그리고 그의 두 저작이 「긴 규칙들」(Longer Rules)과 「짧은 규칙들」(Shorter Rules)이라 알려졌지만, 이것들은 성 베네딕트의 규칙에 비교될 수 없다.

동방 수도원주의의 특징적 인물은 '장로' 또는 '연장자'이다(그리스어로 gerōn, 러시아어로 starets, 복수로 startsy). 장로는 영적으로 분별력 있고 지혜로운 수도사로 다른 사람들이 — 세상에 있는 수도사든 사람들이든 — 그들의 안내자와 영적 지도자로 택한 사람이다. 그는 때때로 사제였으나, 종종 평신도 수도사였다. 그는 장로직을 위해서 특별한 안수나 임명을 받지 않았으나, 성령의 직접적 영감에 의해 장로직으로 인도되었다. 남성 뿐만 아니라 여성들도 이 직무에 불려졌다. 그 이유는 동방정교회가 자신의 '영적 아버지들' 뿐만 아니라 '영적 어머니들'을 지니고 있기 때문이다. 장로는 구체적이고 실천적인 방식으로 그에게 상담하러 오는 각 개인과의 관계 속에서 하나님의 뜻이 무엇인지 본다. 이것은 장로의 특별한 선물 혹은 **은사**이다. 수도원적 **장로들** 중 가장 초기의, 그리고 가장 성스러운 자는 성 안토니 자신이었다. 18세부터 55세까지 초기의 그의 삶은 퇴거와 고독 속에서 보냈다. 그후 사막에서 살아가고 있었음에도 불구하고, 그는 엄격하게 닫혀진 삶을 버리고 방문자들을 받기 시작했다. 일군의 제자들이 그의 주위에 모였고, 이 제자들 이외에도 그의 충고를 듣기 위해 종종 먼 거리로부터 온 큰 무리의 사람들이 있었다. 안토니의 전기작가 아타나시우스가 지적한 것처럼, 방문자들의 행렬이 너무나 많아 안토니는 모든 이집트인의 의사가 되었다. 안토니는 다수의 후계자들을 가졌고, 그들의 대부분에게 있어서 **돌아오기 위한 퇴거**(a withdrawal in order to return)라고 하는 동일한 외향적 경향이 발견된다. 즉, 수도사는 먼저 퇴거하여 침묵으로 그 자신과 하나님에 관한 진리를 배워야만 한다. 그리고 고독 속에서 이 길고 혹독한 준비 후에 장로에게 요구되는 분별의 은사를 얻은 후, 그 장로는 그의 골방문을 열고 그가 전에 도피했던 세상을 들어오도록 허락한다.

　비잔티움의 기독교 정책의 중심부에 있던 황제는 평범한 통치자가 아니라 지상에서 하나님의 대리자였다. 만약 비잔티움이 천상적인 예루살렘에 대한 형상이라면, 황제의 지상적 통치권은 하늘에 있는 하나님의 통치권의 형상이나 상징이다. 교회에서 사람들은 그리스도의 형상 앞에서 엎드린다. 그리고 궁전에서 하나님의 살아 있는 형상인 황제 앞에서 엎드린다. 미로의 궁전, 정교한 의식을 가진 궁정, 기계 사자들이 으르렁대고 노래를 잘하는 모형 새들이 노래하는 왕의 침실, 이러한 것들은 하나님의 대리자로서 황제의 지위를 명백하게 하기 위해 고안되었다.

황제 콘스탄틴 7세 포르피로제니투스(Porphyrogenitus)는 "제국의 권세가 조화와 질서 가운데 있는 동안, 우리는 이러한 수단들을 통해 이 우주에 편만해 있는 창조자 하나님의 조화로운 운동을 나타낸다."[18]고 기록하였다. 황제는 교회의 예배에 있어서 특별한 지위를 지녔다. 그는 물론 성찬식을 집례하지 않았으나, 사제들처럼 성소 안에서 영성체(communion)를 받았고 – 축성된 빵을 그의 손으로 떼었으며, 그리스도의 피를 수저로 받는 대신에 잔으로부터 마셨다 – 그는 또한 설교를 하였고, 특별한 축일에 제단에 분향하였다. 동방정교회의 감독들이 지금 입고 있는 예복들은 한때 교회에서 황제가 입은 예복들이다.

비잔티움의 삶은 통일된 전체성을 형성하였고, 종교와 세속, 교회와 국가 사이의 엄격한 분리는 존재하지 않았다. 이 둘은 하나의 단일한 조직의 부분들로 보였다. 그러므로 황제가 교회의 사건들 속에서 활동적인 역할을 하는 것은 불가피하였다. 그러나 동시에 케사로 – 페이피즘(Caesaro – Papism : 교회의 감독권을 가진 황제가 교황이라는 뜻 – 역자주)의 비잔티움이 교회를 국가에 종속시킨다고 고발하는 것은 정당하지 않다. 교회와 국가가 하나의 단일한 조직체를 형성하였음에도 불구하고, 이 하나의 조직체 안에 성직(sacerdotium)과 제국의 권세(imperium)라는 두 개의 뚜렷한 요소들이 있었다. 밀접한 협력 속에서 함께 일하는 동안 각각의 이 요소들은 그 자체의 고유한 자치적 영역을 가지고 있었다. 이 둘 사이에 '합창'과 '조화'가 있었으나, 각 요소들은 상대방에 대하여 절대적인 지배권을 행사하지 않았다.

이것은 저스티니안의 통치 아래 작성된 비잔틴의 대법전 조항(제6항을 보라.) 속에서 설명되고, 다수의 다른 비잔틴 본문들 속에서 반복된 교리이다. 예를 들어, 황제 요한 티츠미세스(Tzimisces)의 말들을 취해 보자. "나는 성직과 황제의 두 권위를 인정한다. 세상의 창조자는 영혼의 치료

---

18. *Book of Ceremonies*, Prologue.

를 성직자에게 위탁하였고, 인간의 몸의 지배는 황제에게 위탁하였다. 세상이 번성하도록 하기 위해 권위가 공격을 받도록 하지 말자."[19] 그래서 공의회를 소집하고, 그 교리들을 성공적으로 다루는 것은 황제의 일이다. 그러나 이 교리들의 내용을 진술하는 것은 그의 권세를 넘어 있다. 참다운 신앙이 무엇인지 결정하는 것은 공의회에 모인 감독들에게 있다. 감독들은 하나님에 의해 신앙을 가르치도록 임명되었다. 반면에 황제는 신앙의 해설자가 아니라 보호자이다. 이론은 이러했으며, 또한 대부분의 경우 실천도 이러했다. 본의 아니게 황제가 근거 없이 교회적 문제들을 방해하는 많은 경우가 있었다. 그러나 진지한 원칙의 문제가 발생하였을 때, 교회 당국은 곧바로 그들이 그들 자신의 의지를 가지고 있음을 보여 주었다. 예를 들면 성상파괴는 전체 황제들에 의해 격렬하게 옹호되었다. 그러나 이러한 황제들의 성상파괴는 교회에 의해 성공적으로 거부되었다. 비잔틴 역사 속에서 교회와 국가는 밀접하게 상호 의존적이지만, 결코 서로에게 종속되어 있지는 않았다.

오늘날 동방정교회 안과 밖에 있는 많은 사람들이 매섭게 비잔틴제국과 그것이 지지하는 기독교 사회의 이상을 비판한다. 그러나 비잔틴인들이 전적으로 잘못되었는가? 그들은 한 인간으로 지상에서 사신 그리스도가 인간 실존의 모든 측면을 구속하였다고 믿는다. 그리고 그들은 인간 개인들 뿐만 아니라 사회의 전체적 정신과 조직을 세례주는 것은 가능하다고 주장한다. 그래서 그들은 비잔틴 정부의 원칙들과 매일의 삶 속에서 정책들을 전적으로 기독교적으로 만들고자 노력하였다. 사실상 비잔티움은 성육신의 충만한 의미들을 받아들이고 이것들을 삶에 적용하려는 하나의 시도이다. 확실히 이 시도는 위험성을 지니고 있다. 특별히 비잔틴인들이 종종 비잔틴의 지상적 나라를 하나님의 나라와 동일시하고, 그리스 사람들을 하나님의 백성과 동일시하는 오류에 빠졌었

---

19. N. H. Baynes, *Byzantine Studies*(London, 1955), p. 52.

다 – 오히려 '로마' 사람들이 그 용어를 사용하여 그들의 정체성을 표현하였다 – 확실히 비잔티움은 자신들이 생각한 고도의 이상을 매우 짧은 기간 동안 실현하였다. 그 실패는 종종 슬프고 재난과 같았다. 비잔티움의 이중성, 폭력성, 잔인성의 이야기는 너무 잘 알려져서 여기에서 반복할 필요가 없다. 그것들은 사실이지만 그러나 사실의 한 부분에 불과하다. 비잔티움의 결점 뒤에는 항상 비잔티움이 영감받은 위대한 비전, 즉 하늘에 있는 하나님 통치의 살아 있는 이미지를 여기 지상에서 세우기 위한 비전이 보여진다.

비잔티움 II
- 대분열 -

> 우리는 변화하지 않았다. 우리는 아직도 8세기의 우리와 동일하다.…… 오, 우리가 신앙과 성만찬(communion)으로 연합되어 있을 때, 당신은 다시 한번 예전의 당신이 되는 것에 동의할 수 있다!
>
> — 알렉시스 코미아코프

동방과 서방 기독교세계의 불화

콘스탄티노플의 성스런 지혜의 교회(the Church of the Holy Wisdom : 소피아 성당을 지칭 - 역자주)[1]에서 예배가 막 시작되고 있던 1054년 어느 여름 오후, 추기경 훔베르트와 두 명의 다른 교황 대리인들은 건물 안으로 들어가 성소에까지 나아갔다. 그들은 기도하기 위해 오지 않았다. 그들은 출교 교서를 제단 위에 올려놓고 한번 더 행진해 나아갔다. 그가 서쪽 문을 통과했을 때, 추기경은 다음과 같은 말과 더불어 그의 발의 먼지를 털었다. "하나님께서 보시고 심판하시리라." 한 부

---

1. 그리스어로 'Hagia Sophia' ; 영국 작가들에 의해 종종 'St. Sophia' 혹은 'Sancta Sophia'로 불린다.

제(副祭)가 큰 걱정 속에서 그를 뒤따라 나갔고, 그에게 교서를 가져가도록 간청하였다. 훔베르트는 거절하였다. 그리고 교서는 길거리에 떨어졌다.

이것은 전통적으로 동방정교회와 서방 라틴교회의 대분열의 시작으로 간주되는 사건이다. 그러나 역사가들이 지금 일반적으로 인정하는 것처럼, 분열은 사실 그 시작이 정확히 날짜로 정해질 수 있는 사건이 아니었다. 그것은 11세기 이전에 시작하여 그후 약간의 시간이 지나도 완성되지 않은, 점차적이며 오래고 복잡한 과정의 결과로서 일어난 사건이었다.

이 오래고 복잡한 과정 속에서 많은 다양한 영향들이 작용하였다. 분열은 문화적, 정치적, 그리고 경제적 요소들에 의해 이루어졌다. 그러나 분열의 근본적 원인은 세속적인 것이 아니라 신학적인 것이다. 최종적으로 동방과 서방이 싸운 것은 교리의 문제들이었다 - 특별히 두 가지 문제, 즉 교황의 주장들(Papal Claims)과 **필리오케**(Filioque : '성령이 아들에게서도' 라고 하는 구절로서 콘스탄티노플 신조의 성령론에 삽입 - 역자주) 문제들. 그러나 우리가 이 두 가지 주요한 차이들을 좀더 세밀하게 보기 전에, 그리고 우리가 분열의 실제적 과정을 살펴보기 전에 광범위한 배경에 관하여 이야기해야 한다. 동방과 서방 사이에 첫 번째 형식적인 분열이 있기 오래 전에, 양측은 서로서로에게 이방인이 되어 있었다. 기독교세계의 교제가 어떻게, 왜 깨어졌는가를 이해함에 있어서 우리는 이러한 점증하는 소외의 사실과 더불어 시작해야만 한다.

바울과 다른 사도들이 지중해세계를 두루 여행했을 때, 그들은 밀접한 정치적, 문화적 통일성(로마제국) 속에서 이동하였다. 제국은 종종 그들 자신의 언어와 방언을 가진 많은 다양한 민족적 집단들을 포함하였다. 그러나 이 모든 집단들은 동일한 황제에 의해 통치되었다. 제국 전역에 걸쳐 교육받은 사람들이 공유하는 광범위한 그레코 - 로마 문명이 있었다. 그리스어와 라틴어는 제국의 거의 모든 장소에서 이해되었고,

다수의 사람들이 이 두 언어를 말할 수 있었다. 이러한 사실들은 기독교의 선교사역에 있어서 초대교회에 상당한 도움을 주었다.

그러나 다음 세기들을 통해서 지중해세계의 통일성은 점차 사라졌다. 정치적 통일이 먼저 사라졌다. 이론적으로는 아직 하나였던 3세기 말부터 제국은 일반적으로 동방과 서방이라는 두 부분으로 나뉘었고, 각각 자신들의 황제 아래 있었다. 콘스탄틴은 이탈리아에 있는 옛 로마와 나란히 동방에 제2의 제국 수도를 세움으로 분열의 과정을 촉진시켰다. 그 후 5세기 초에 야만인들의 침입이 있었다. 이탈리아를 제외하고 오래 전부터 제국 안에 많은 야만인들이 거주하였다. 서방은 야만인 추장들에 의해 분할되었다. 비잔틴인들은 아우구스투스와 트라얀의 통치 아래 있는 로마에 대한 이상(理想)들을 결코 잊을 수가 없었고, 비잔틴인들은 아직도 그들의 제국을 이론상 우주적인 것으로 생각했다. 그러나 저스티니안은 이론과 현실 사이의 간격을 메우고자 진지하게 시도했던 마지막 황제였다. 그리고 서방에 있는 그의 정복지들은 곧 포기되었다. 동방 그리스와 서방 라틴의 정치적 통일은 야만인들의 침입에 의해 파괴되었으며, 영구적으로 회복되지 않았다.

6세기 후반과 7세기 중에, 동방과 서방은 발칸 반도에 있던 아바르족(the Avar)과 슬라브족(the Slav)의 침입으로 서로 더욱더 고립되었다. 하나의 다리로써 이용된 일리리쿰(Illyricum)은 동일한 방식으로 동방과 서방 사이의 하나의 장벽이 되었다. 이 단절은 이슬람의 등장에 의해 한 단계 더 높아졌다. 로마인들이 한때 '**우리의 바다**'(mare nostrum)라 부른 지중해는 이제 대부분 아랍의 지배 아래 넘어갔다. 동방 지중해와 서방 지중해의 문화적, 경제적 접촉은 결코 완전히 끊어지지는 않았지만, 그들의 접촉은 훨씬 더 어렵게 되었다.

성상파괴 논쟁은 비잔티움과 서방의 분열에 더욱더 기여하였다. 교황들은 성상옹호론자들의 입장을 지원하였고, 그래서 수십 년 동안 그들은 성상파괴론자인 황제와 콘스탄티노플의 총대주교와의 교제가 단절되었음을 발견하였다. 비잔티움과의 관계가 끊어지고 도움이 요청되는 상황 속에서, 교황 스테판은 754년 북쪽으로 관심을 돌려 프랑크족의 통치자인 페핀(Pepin)을 방문하였다. 이것은 교황이 관계된 가장 결정적인 방향전환에 있어서 첫 번째 발걸음을 나타낸다. 지금까지 로마는 다양한 방식으로 비잔틴세계의 일부가 되어 왔다. 그러나 이 방향전환의 결과들이 11세기 중반에서야 충분히 나타났지만, 이제 로마는 점차 프랑크족의 영향 아래로 들어갔다.

교황 스테판의 페핀 방문은 반세기 후에 보다 극적인 사건으로 이어진다. 800년 성탄절에 교황 레오 3세는 프랑크족의 왕 찰스(Charlemagne) 대제를 황제로 대관하였다. 샤를마뉴는 비잔틴에 있는 통치자로부터 인정을 받고자 하였으나 성공하지 못하였다. 왜냐하면 아직도 제국 통일의 원칙을 고수하고 있는 비잔틴인들은 샤를마뉴를 침입자로, 교황의 대관을 제국 분열의 행위로 생각하였기 때문이다. 유럽을 가까이 끌어당기는 대신에 신성로마제국을 탄생시킨 것은 동방과 서방을 이전보다 더욱더 소원하게 만들었다.

문화적 통일은 간신히 연명되었으나 대부분 약한 형태였다. 동방과 서방에서 학식 있는 사람들은 교회가 물려받아 자신의 것으로 만든 고전적 전통 안에서 아직 살아가고 있었다. 그러나 시간이 지남에 따라 그들은 점차 다양한 방법으로 이 전통을 방해하기 시작하였다. 언어의 문제에 의해 상황이 더욱 어렵게 되었다. 교육받은 사람들이 2개 국어를 하는 시대는 지나갔다. 450년경 서부 유럽에서 그리스어를 읽을 수 있는 사람은 극소수였다. 600년 이후 비잔티움이 아직 로마제국이라 불려졌음에도 불구하고, 로마인들의 언어인 라틴어를 말하는 비잔틴인은 드물었다. 9세기 콘스탄티노플의 가장 위대한 학자인 포티우스(Photius)는 라틴어를 읽을 수 없었다. 그리고 864년 비잔티움에 있는 '로마' 황제 미카엘 3세는 한때 버질이 기록한 언어를 "야만적이고, 스키틱(Scythic) 언어"로까지 오해했다. 만약 그리스인들이 라틴어 작품을 혹은 정반대로 라틴인들이 그리스어 작품을 읽기 원한다면 그들은 단지 번역으로만 읽을 수 있었고, 그들은 그렇게 하는 데에 어려움이 없었다. 11세기 저명한 그리스 학자인 셀루스(Psellus)는 라틴 문학에 대한 지식이 너무나 개략적이어서 그는 키케로(Cicero)와 카이저(Caesar)를 혼돈하였다. 그들은 더 이상 동일한 자료들을 사용하지도, 동일한 책들을 읽지도 않았기 때문에 동방 그리스와 서방 라틴은 더욱더 분리되어 표류하였다.

샤를마뉴 궁정에서의 문화적 부흥(the cultural renaissance)이 초기에 강력한 반(反) - 그리스적 편견에 의해 특징지어져야 했던 것은 불길하지만 의미 있는 전례이다. 4세기에 유럽에는 하나의 기독교 문명이 있었다. 13세기에 유럽은 두 개의 기독교 문명이 되었다. 아마도 문명의 분열이 처음으로 분명히 나타난 것은 샤를마뉴의 통치기간이다. 비잔틴인들은 그들 자신을 위하여 그들 자신의 세계라는 사상으로 뭉쳤고, 반쪽인 서방을 거의 만나지 않았다. 9세기와 그 다음 세기들에 있어서 그들은 일반적으로 서방이 가지고 있는 가치를 진지하게 배우는 데 실패하였다. 그들은 모든 프랑크족들을 야만인이나 그보다 더 못한 존재로 대충 생각하였기 때문이었다.

이러한 정치적, 문화적 요소들은 교회의 삶에 영향을 주지 않을 수 없었고, 종교적 일치를 유지하는 데 어렵게 만들었다. 문화적, 정치적 소외는 샤를마뉴의 경우에서 볼 수 있는 것처럼 너무 쉽게 교회적 논쟁으로 인도되었다. 비잔틴 황제에 의해 정치적 영역에서 인정을 받지 못하므로 샤를마뉴는 재빨리 비잔틴 교회를 이단으로 고소함으로 보복하였다. 그는 희랍인들이 니케아 - 콘스탄티노플신조(Creed)(우리가 잠시 좀더 이야기할) 안에 **필리오케**를 사용하지 않는다고 비난하였다. 그리고 그는 제7차 에큐메니칼 공의회의 결정들을 받아들이고자 하였다. 샤를마뉴는 단지 그것의 참된 의미를 심하게 왜곡시킨, 잘못된 번역을 통하여 이 결정들을 알았다는 것은 사실이다. 그러나 그는 어떤 경우에 있어서 반(半) - 성상파괴론자였던 것처럼 보인다.

동방과 서방의 서로 다른 정치적 상황들이 교회로 하여금 다양한 외적 형태(직제 – 역자주)들을 취하도록 하였고, 그 결과 사람들은 갈등관계 속에서 교회의 직제(order)를 생각하였다. 처음부터 동방과 서방 사이에 강조점의 차이가 있었다. 동방에서는 그 기초가 사도들에게 기원하는 많은 교회들이 있었다. 동방에는 모든 감독들의 동등성과 교회의 집단적이고 협의회적(collegial and conciliar) 본질에 대한 강력한 의미가 있었다. 동방은 교황을 교회 안의 첫 번째 감독으로 인정하였으나, 그를 동등한 자 가운데 첫 번째(the first among equals)로 보았다. 한편, 서방에서는 사도적 근거를 주장하는 유일한 하나의 위대한 교구(로마)만이 있었다. 그 결과 로마는 사도적 교구로서 간주되어졌다. 서방은 에큐메니칼 공의회의 결정들을 받아들였으나, 공의회들에서 매우 활동적인 역할을 수행하지는 않았다. 교회는 대학이라기보다 군주제 – 교황의 군주권 – 처럼 보였다.

  외관상 이러한 초기의 이탈은 정치적 발전들에 의해 더욱 분명하게 되었다. 자연스럽게 볼 때, 서방에서 야만인들의 침입과 그 결과로 일어난 제국의 붕괴는 서방 교회의 자치적 구조를 상당히 강화시켰다. 동방에는 시민질서를 지탱하고, 법률을 집행하는 강력한 세속적 우두머리인 황제가 있었다. 야만인들의 침입 이후 서방에는 모두 약간은 찬탈자들인 다수의 전사(戰士) 제후들만이 있었다. 대부분 서유럽의 영적 정치적 삶에 있어서 연속성과 안정성의 요소로서, 일치의 구심점으로서 행동할 수 있었던 것은 오로지 교황권이었다. 이러한 상황으로 교황은 그의 교회적 추종자들과 더욱이 세속통치자들에게 명령을 함으로써 그리스의 총대주교가 할 수 없었던 역할을 감당하게 되었다. 서방 교회는 점차 동방의 4개의 총대주교좌(아마도 이집트를 제외하고) 어디에도 알려지지 않은 지위를 얻었다. 서방에서는 군주제(monarchy), 동방에서는 집단지도체제(collegiality).

  이것은 야만인들의 침입이 교회의 삶에 가져온 유일한 결과는 아니다. 비잔티움에는 신학에 활발한 관심을 갖는 다수의 교육받은 평신도들이 있었다. 평신도 신학자들은 항상 동방정교회에서 받아들여진 인물이 되었다. 몇몇의 가장 박식한 비잔틴 총대주교들은 - 예를 들면, 포티우스 - 그들이 총대주교에 임명되기 전에 평신도였다. 그러나 서방에서 암흑기를 통하여 살아 남은 유일한 효과적인 교육은 교회에 의해 성직자들에게 제공된 것이다. 대부분의 평신도들은 글을 읽을 수 없었고, 더군다나 신학 논의의 전문용어들을 이해할 수 없었기 때문에 신학은 사제들의 영역이 되었다. 감독들에게 특별한 가르침의 지위를 제공하는 동안, 동방정교회는 중세 서방에서 일어난 성직자와 평신도 사이의 이 날카로운 구별을 알지 못하였다.

동방과 서방 기독교세계 사이의 관계는 또한 공통된 언어의 결핍으로 더 어렵게 되었다. 양측은 더 이상 서로 쉽게 교제할 수 없었기 때문에, 그리고 각자가 더 이상 상대방이 기록한 것을 읽을 수 없었기 때문에 오해는 보다 쉽게 일어났다. 공유할 수 있는 논쟁의 영역은 점차적으로 사라졌다.

동방과 서방은 서로에게 이방인이 되어 갔고, 양측은 이것을 쉽게 경험하게 되었다. 초대교회에서는 신앙 안에서 일치와 신학적 학파의 다양성이 있었다. 처음에 그리스인들과 라틴인들은 그들 자신의 방식 속에서 각자 기독교적 신비에 접근하였다. 약간의 지나친 단순화의 위험을 무릅쓰면 라틴적 접근은 조금 더 실천적이었고, 그리스는 조금 더 사변적이라고 이야기할 수 있다. 라틴적 사고는 법적 사상들, 로마법의 개념들에 의해 영향을 받았다. 한편, 그리스인들은 신학을 예배의 맥락과 거룩한 성만찬의 빛(the light of the Holy Liturgy) 속에서 이해하였다. 삼위일체에 관하여 생각할 때 라틴인들은 신성(Godhead)의 통일성을 가지고 시작하였고, 그리스인들은 위격의 삼위성을 가지고 시작하였다. 십자가에 달린 예수에 관하여 생각할 때 라틴인들은 그리스도를 기본적으로 희생자로, 그리스인들은 그리스도를 승리자로 생각하였다. 라틴인들은 구속을, 그리스인들은 신화를 더 생각하였다. 동방 내에 있는 안디옥과 알렉산드리아 학파의 경우처럼, 이 두 뚜렷한 접근방법들(예컨대 동방의 신화와 서방의 구속 - 역자주)은 스스로 모순되는 것은 아니다. 각자는 서로를 보충하였고, 충만한 가톨릭 전통(the fullness of Catholic tradition) 속에서 자신의 위치를 지녔다. 그러나 이제 양측은 서로에게 이방인이 되어 갔다. 정치적 통일성은 없었고, 문화적 유대는 적었으며, 공통의 언어를 가지지 못하였다. 양측이 다른 견해 속에 있는 가치를 잊어버리고, 고립 속에서 자신의 접근방법을 좇아 끝까지 그것을 고수한 것은 하나의 위험이었다.

우리는 동방과 서방에 있어서의 서로 다른 교리적 접근들에 관하여 말하였다. 그러나 양측이 더 이상 서로 보충하지 못하고, 직접적 투쟁으로 들어간 두 가지 교리적 관점 - 교황의 주장들과 **필리오케** - 이 있었다. 우리가 이전 장에서 언급했던 이 요소들은 그 자체로 기독교세계의 통일성 위에 심각한 흠집을 내기에 충분하였다. 그러나 이 모든 것에도 불구하고, 만약에 다음에 논할 두 가지 난점들이 없었더라면 아직도 통일성은 유지되었을 뻔했다. 우리는 이제 그것들을 논할 차례이다. 불일치의 충만한 정도가 처음으로 적절하게 공개된 것은 9세기 중반이었으며, 이 두 차이는 상당히 초기로 거슬러 올라간다.

동방과 서방의 서로 다른 정치적 상황들을 말할 때, 우리는 이미 교황권에 대하여 언급하였다. 그리고 우리는 서방 교회의 중앙집권화되고 군주적 구조가 야만인들의 침입에 의해 어떻게 강화되었는지 보았다. 교황이 서방에서만 유일한 절대적 권력을 행사할 수 있다고 주장하는 한, 비잔티움은 반대를 하지 않았다. 교황이 동방에서 방해하지 않는 한, 비잔틴인들은 서방 교회가 중앙집권화되든 되지 않든 신경을 쓰지 않았다. 그러나 교황은 그의 사법관할권에 대한 직접적 권력을 서방 뿐만 아니라 동방에까지 확대할 수 있다고 믿었다. 그가 동방 총대주교좌 내에 이 법적 관할권에 대한 주장을 실행하고자 하자 싸움이 일어났다. 그리스인들은 교황에게 명예에 있어서 우선권을 인정하였으나, 교황이 그의 직무로서 생각한 보편적 수위권(the universal supremacy)은 인정하지 않았다. 교황은 무오류성을 그 자신의 특권으로 보았다. 그리스인들은 신앙의 문제에 있어서 최종적 결정은 교황에게만 의존하는 것이 아니라 교회의 모든 감독들을 대표하는 공의회에 의존한다고 주장하였다. 여기에서 우리는 가시적 교회조직의 두 가지 다른 개념을 가지고 있다.

교황권에 대한 동방정교회의 태도는 20세기의 저술가이며 니코메디아의 대주교, 니케타스(Nicetas)에 의해 경이롭게 표현되었다 :

> 나의 친애하는 형제여! 우리는 로마 교회를 다섯 개의 자매 총대주교좌들 가운데 최고임을 부정하지 않는다. 그리고 우리는 에큐메니칼 공의회에서 가장 영예로운 자리에 대한 그녀의 권리를 인정한다. 그러나 그녀가 교만하게도 그녀의 지위에 속하지 않는 군주권을 취하였을 때, 그녀는 그녀 자신의 행동에 의해 우리로부터 자신을 분리하였다.…… 우리와 논의하지 않고 심지어 우리의 승인 없이 그녀로부터 문서화된 교령을 우리가 어떻게 받아들일 수 있겠는가? 만약 그의 높은 영광의 보좌 위에 앉은 로마의 제사장이 우리를 호통치고자 한다면, 소위 높은 곳에서 우리에게 그의 명령을 던진다면, 그리고 만약 그가 우리와 대화하지 않고 그 자신의 자의적 즐거움으로 우리를 심판하고, 심지어 우리와 우리의 교회를 다스리고자 한다면 어떤 종류의 형제애, 혹은 어떤 종류의 부성애가 이와 같겠는가? 우리는 이러한 교회의 아들이 아니라 노예가 되어야 하고, 로마 교구는 아들의 경건한 어머니가 아니라 노예의 거칠고 오만한 여주인이다.[2]

이러한 이야기는 모든 문제가 백일하에 드러나게 되던 12세기에 동방정교회인들이 느끼는 방식이었다. 초기의 세기들에 있어서도 교황권에 대한 그리스인들의 태도는 기본적으로 동일하였다. 그것이 아직 논쟁으

---

2. S. Runciman, *The Eastern Schism*, p. 116.

로 첨예화되지 않았음에도 불구하고, 850년까지 로마와 동방은 교황권에 대한 공개적 갈등을 피하였다. 그러나 관점들의 차이는 부분적으로 감추어진 것에 대하여 심각하였다.

두 번째 커다란 어려움은 성령의 **발출**(Filioque) 문제였다. 그 논쟁은 니케아-콘스탄티노플신조 내에서 성령에 관한 언어들을 포함하였다. 근본적으로 그 신조는 "나는 **성부로부터 나시고**, 성부와 함께, 그리고 성자와 더불어 예배를 받고, 함께 영광스럽게 되신 생명의 시여자시며 주님이신 성령을 믿습니다."라고 기록되었다. 이 기본적 형식은 오늘날까지 동방에 의해 변함없이 인용된다. 그러나 서방은 본문에는 없었던 구절인 "그리고 아들로부터"(라틴어로 Filioque)를 삽입하였다. 그 결과 니케아-콘스탄티노플신조는 이제 "성부와 성자로부터 출원하신 분"이라고 읽는다. 이 추가구절이 처음 만들어졌을 때와 장소에 대해서는 분명치 않으나, 그것은 아리우스주의를 막아내는 안전장치로서 스페인에서 기원한 것으로 보인다. 어쨌든 그 이전이 아니라면, 스페인 교회는 제3차 톨레도 공의회에서 **필리오케**를 삽입하였다. 스페인에서부터 그 추가구절은 프랑스로 퍼졌고, 그 이후에는 샤를마뉴에 의해 환영되고 반(半)성상파괴 프랑크푸르트 공의회(794)에서 독일로 퍼졌다. 샤를마뉴의 궁정에서 그리스인들이 원래의 형태대로 니케아-콘스탄티노플신조를 재인용하였기 때문에, 그들을 이단으로 정죄하면서 처음으로 **필리오케**를 논쟁점으로 만든 사람들은 샤를마뉴의 궁정에 있는 신학자들이었다. 그러나 전형적인 보수주의 때문에 로마는 11세기의 초기까지 **필리오케** 없이 계속적으로 니케아-콘스탄티노플신조를 사용하였다. 808년 교황 레오 3세는 그 자신이 **필리오케**는 교리적으로 건전하다고 믿었음에도 불구하고, 아직도 그는 그 신조의 원문을 함부로 고치는 것은 실수로 생각한다는 편지를 샤를마뉴에게 보냈다. 레오는 사려 깊게 **필리오케** 없이, 은으로 장식된 판에 새긴 니케아-콘스탄티노플신조를 가졌으며, 성 베드로 성당 안에 세웠다. 당분간 로마는 프랑크족과 비잔티움의 중재자로 행동하였다.

  850년에야 비로소 그리스인들은 **필리오케**에 많은 관심을 보였다. 그러나 일단 그들이 그렇게 하자, 그들의 반작용은 매우 비평적이었다. 동방정교회는 두 가지 이유로 니케아-콘스탄티노플신조에 대한 이러한 추가구절을 반대하였다(그리고 지금도 반대한다.). 우선, 그 신조는 전체 교회의 공통의 소유이다. 그리고 만약 그 누구든지 그 신조에 무엇을 삽입하거나 고치려면 이것은 단지 에큐메니칼 공의회에 의해서 이루어질 수 있다. 동방과 협의 없이 신조를 바꿈으로, 서방은(코미아코프가 표현한 것처럼) 형제살해죄와 교회일치를 반대하는 죄를 범한 것이다. 두 번째, 대부분의 동방정교회는 **필리오케**가 신학적으로 틀렸다고 생각했다. 그들은 성령은 성부에게서만 출원한다고 주장하였으며, 성령이 성자에게서도 출원한다고 말하는 것을 이단으로 생각하였다. 그러나 **필리오케** 본질적으로 이단적이지는 않고, 만약 그것이 적절히 이해된다면 하나의 교리가 아니라 하나의 신학적 견해로 허용할 수 있다고 생각하는 몇몇의 동방정교회인들이 있었다. 그러나 이것을 주장하는 사람들마저도 **필리오케**를 아직 권위를 가지지 못한 추가구절로 생각하였다.

  교황권과 **필리오케**라는 두 가지 주요한 문제들 이외에, 동방과 서방 사이에 갈등을 야기시키는 교회의 예배와 훈련이라는 보다 낮은 차원의 문제들이 분명히 있었다. 그리스인들은 결혼한 성직자를 인정하였으나, 라틴인들은 제사장적 독신을 주장하였다. 양측은 금식에 대하여 다른 규칙들을 가지고 있었다. 그리스인들은 성만찬에서 발효한 빵을 사용하였고, 라틴인들은 발효하지 않은 빵 혹은 '무교병'(azymes : 유대인들이 유월절에 쓰는 빵)을 사용하였다.

  850년경까지 동방과 서방은 아직 서로 충분한 교제 가운데 있었고, 하나의 교회를 구성하고 있었다. 문화적이고 정치적 분열들은 점증하는 소외와 결합되었으나 아직 대분열을 야기시키지는 않았다. 양측은 교황권에 대한 다른 개념을 가지고 있었고, 다른 형태로 니케아-콘스탄티노플신조를 인용하였다. 그러나 이러한 문제들은 아직 충분히 분열을 가져오지는 않았다.

그러나 1190년 안디옥의 총주교이며 교회법의 권위자인 테오도르 발자몬(Theodore Balsamon)은 문제들을 매우 다르게 바라보았다 :

> 여러 해 동안(그는 얼마나 되었는가를 이야기하지 않았다.) 서방 교회는 다른 4개의 총주교관구와 영적 교제에 있어서 나누어져 있었고, 동방정교회와 소외되어 있었다.…… 그래서 라틴 교회는 자신을 우리로부터 분리하는 교리들과 관습들을 삼가하고, 동방정교회와의 교제 속에서 교회법(the Canons of the Church)에 따를 것을 먼저 선포하지 않는 한 교제는 이루어질 수 없다.[3]

발자몬의 눈으로 볼 때 교제는 깨어졌다. 동방과 서방 사이에는 확실한 분열이 존재하였다. 둘은 더 이상 하나의 가시적 교회를 형성할 수 없었다.

소원에서부터 분열로의 변천 속에서 4개의 사건들이 특별히 중요하다. 포티우스와 교황 니콜라스 1세 사이의 싸움(일반적으로 포티우스주의자들의 분열로 알려졌다 : 동방은 그것을 "니콜라스의 분열"로 부르기를 좋아한다.), 1009년 총대주교들의 생사자 명부(Diptychs : 둘로 접는 인명 기록판으로서 살아 있는, 그리고 세상을 떠난 총주교들의 이름을 기록한 것 - 역자주)의 사건, 1053~1054년 화해의 시도와 그것의 비참한 결과 및 십자군.

소원으로부터 분열까지 : 858~1204년

테오도라 치하에서 성상주의자들이 승리한 후 15년이 지난 858년, 동방정교회에 위대한 성 포티우스로 알려진 포티우스가 콘스탄티노플의

---

3. Runciman, *The Eastern Schism*, p. 139에서 인용.

새로운 총대주교로 임명되었다. 그는 콘스탄티노플 총대주교좌에 올랐던 사람들 가운데 "가장 뛰어난 사상가, 가장 두드러진 정치가, 가장 노련한 외교가"[4]로 불려진다. 그의 즉위 후 곧 그는 교황 니콜라스 1세와 논쟁에 휘말리게 되었다(858-867). 그 이전의 총대주교인 성 이그나티우스는 황제에 의해 추방되었고, 추방기간 중 강압 아래 사임하였다. 이 사임을 유효한 것으로 생각하기를 거부하는 이그나티우스의 지지자들은 포티우스를 찬탈자로 생각하였다. 포티우스가 교황에게 그의 즉위를 선언하는 편지를 보냈을 때, 니콜라스는 포티우스를 인정하기 전에 새로운 총대주교와 이그나티우스파 사이의 투쟁을 좀더 조사할 것을 결심하였다. 따라서 861년 그는 콘스탄티노플에 사절단을 보냈다.

포티우스는 교황과 논쟁할 마음이 없었다. 그는 사절단을 커다란 경의를 가지고 대하였고, 이그나티우스와 자신 사이의 문제를 해결하고자 열린 콘스탄티노플 공의회에서 그들이 사회를 보도록 초청하였다. 사절단들은 동의하였고, 그들은 공의회의 나머지 사람들과 더불어 포티우스가 합법적인 총대주교라고 결정하였다. 그러나 그의 사절단이 로마에 돌아왔을 때, 니콜라스는 그들은 그들의 권한을 벗어났다고 선언하고 그들의 결정을 부인하였다. 그후 그는 로마에서 그 사건을 스스로 재심리하였다. 863년 그의 주재 아래 열린 공의회는 이그나티우스를 총대주교로 인정하였고, 포티우스는 모든 사제적 권위로부터 퇴위된다고 선포하였다. 비잔틴인들은 이 선고에 주목하지 않았고, 교황의 편지에 답장을 하지 않았다. 그래서 로마와 콘스탄티노플의 교회들 사이에 깊은 골이 생겼다.

이 논쟁은 명백히 교황의 법적 관할권을 포함하였다. 니콜라스는 그의 교황좌의 특권들에 대한 부풀은 생각을 지닌 위대한 개혁적인 교황이었다. 그리고 그는 이미 서방에서 모든 감독들 위에 절대적인 권력을

---

4. G. Ostrogorsky, *History of the Byzantine State*, p. 199.

확립하기 위해 많은 것을 행하였다. 그러나 그는 이 절대적 권력을 동방에까지 확장할 수 있다고 믿었다. 그가 865년의 편지에서 그것을 주장한 것처럼, 그는 "모든 지상, 즉 모든 교회 위에" 권위를 부여받았다고 주장하였다. 이것은 정확하게 비잔틴인들이 허락할 준비가 되어 있지 않은 것이었다. 포티우스와 이그나티우스 사이의 논쟁을 대면한 니콜라스는 그가 보편적 사법관할권에 대한 그의 주장을 강화할 황금의 기회를 보았다고 생각했다. 그는 양쪽 모두 그의 중재에 복종하도록 만들었다. 그러나 그는 포티우스가 교황의 사절단에 의한 조사에 자발적으로 복종하였으나, 그의 행동이 교황의 수위권에 대한 인정으로 여겨질 수 없다는 사실을 깨달았다. 이것이(다른 이유들 가운데) 니콜라스가 그의 사절단의 결정들을 취소한 이유이다. 비잔틴인들은 자기들 편에서 기꺼이 로마에 호소하기를 허락했으나, 사르디카 공의회(the Coucil of Sardica)의 교회법 제3장을 조건으로 해서만 그렇게 했다. 이 교회법은 만약 한 주교(감독)가 유죄선고 아래 있다면 그는 로마에 호소할 수 있고, 교황은 원인을 살펴보고 재심을 명할 수 있다고 진술한다. 그러나 재심은 로마에서 교황 자신에 의해 행해지는 것이 아니라, 유죄선고 받은 감독의 교구와 인접한 지역의 감독들에 의해 행해진다. 그래서 비잔티움인들은 그의 사절단의 결정들을 바꾸고 로마 자체에 재심을 주장하는 니콜라스가 이 교회법의 규정을 넘어가고 있다고 느꼈다. 그들은 그의 행동을 다른 총대주교의 사건들을 부당하고 비교회법적으로 간섭하는 것으로 간주하였다.

곧 교황의 법적 관할권에 대한 주장들과 **필리오케**가 논쟁 속에 연루되었다. 비잔티움과 서방(주로 독일인들)은 모두 슬라브족들에게 모험적인 선교에 착수하였다.[5] 동방과 서방으로부터의 두 선교적 진출은 곧 만나게 되었다. 그리고 그리스와 독일인 선교사들이 스스로 동일한 대륙

---

5. 이 책의 pp. 93-97을 보라.

에서 사역하고 있음을 발견하였을 때, 두 선교단체들이 광범위하게 다른 원칙들 위에서 운영되었기 때문에 충돌을 피할 수 없었다. 충돌은 자연적스럽게 니케아-콘스탄티노플신조에서 그리스인이 아니라 독일인들에 의해 사용된 **필리오케**의 문제를 전면으로 가져왔다. 투쟁의 요지는 로마와 콘스탄티노플이 불가리아를 서로 그들의 사법권의 영역에 추가하고자 했던 것이다. 칸 보리스(The Khan Boris)는 처음에는 독일 선교사들에게 세례를 요청하는 경향이 있었다. 그러나 비잔틴인들의 침입과 더불어 위협을 받게 되자, 그는 그의 정책을 변경하여 865년경에는 그리스 성직자들로부터 세례를 받았다. 그러나 보리스는 불가리아에서 교회가 독립되기를 바랐다. 그리고 콘스탄티노플이 교회의 자치권을 거부하자, 그는 좀더 나은 조건이라는 희망 속에서 서방에 호소하였다. 불가리아에 자유로운 손(자치권)을 제공한 라틴 선교사들은 비잔틴적 실천이 그들 자신의 것과 다른 것들(결혼한 성직자, 금식의 규례, 그리고 무엇보다도 **필리오케**)을 지적하면서 신속하게 그리스인들에게 격렬한 공격을 시작하였다. 로마에서 **필리오케**는 아직 사용되지 않았으나, 니콜라스는 독일인들이 불가리아에서 그것의 삽입을 주장하였을 때 그들에게 충분한 지지를 제공하였다. 808년 프랑크족과 그리스인 사이를 중재했던 교황은 이제 더 이상 중립적이지 않았다.

포티우스는 당연히 비잔틴제국의 경계에 있는 발칸 반도에서 독일인들의 영향력이 확장되는 것에 깜짝 놀랐다. 그러나 그는 이제 강제적으로 그의 주목을 끌게 한 **필리오케** 문제에 의해 더욱 놀랐다. 867년 그는 행동을 취하였다. 그는 결국 **필리오케**를 비난하고 그것을 사용하는 사람들을 이단으로 정죄하는 회람서신(an Encyclical Letter)을 동방의 다른 총대주교들에게 보냈다. 포티우스는 종종 이 편지 때문에 비난을 받아 왔다. 심지어 위대한 로마 가톨릭 역사가이며, 포티우스에게 상당히 동정적인 프란시스 드보르니크(Francis Dvornik)도 이 경우의 그의 행동을 무익한 공격이며, "그 실책은 경솔하고 성급하였으며, 치명적인 결과를 가져왔다."⁶⁾고 말하였다. 그러나 만약 포티우스가 정말로 **필리오케**를 이단적이라고 생각하였다면, 그의 마음을 털어놓지 않고 그가 그밖의 무엇을 할 수 있었을까? **필리오케**를 논쟁점으로 처음으로 만든 사람은 포티우스가 아니라 60년 전 샤를마뉴와 그의 학자들이었음을 기억해야만 한다. 최초의 침략자는 동방이 아니라 서방이다. 포티우스는 그의 편지에 따라 콘스탄티노플에 공의회를 소집하였다. 이 공의회는 교황 니콜라스를 출교하고 그를 "주님의 포도원을 약탈한 자"로 선언하였다.

이 논쟁의 이 결정적인 지점에서 전체 상황이 갑자기 변하였다. 같은 해(867) 포티우스는 황제에 의해 총대주교좌로부터 폐위되었다. 이그나티우스가 다시 총대주교가 되었고, 로마와의 교제가 회복되었다. 869~870년 반(反)-포티우스 공의회로 알려진 또 다른 공의회가 콘스탄티노플에서 열렸고, 867년 결정을 바꾸어 포티우스를 정죄하고 파문하였다. 후에 서방에서 제8차 에큐메니칼 공의회로 간주된 이 공의회는 인상적이지 못한 총 12명의 감독들로 개회되었다. 비록 이어지는 회의들에서 감독들의 수가 103명으로 늘어났지만 말이다.

그러나 도래하는 많은 변화들이 있었다. 869~870년 공의회는 황제가 불가리아 교회의 지위를 해결하도록 요청하였고, 놀라웁게도 그는 그것이 콘스탄티노플의 총대주교에게 주어져야 한다고 결정하였다. 로마가 비잔틴보다 그에게 자치권을 덜 허락한다는 사실을 깨달은 보리스는 이 결정을 받아들였다. 그래서 870년부터 독일 선교사들은 추방되었고, 필리오케는 더 이상 불가리아에서 들려지지 않았다. 이것이 전부가 아니었다. 콘스탄티노플에서 이그나티우스와 포티우스는 서로 화해하였고, 이그나티우스가 877년 죽자, 포티우스는 다시 그를 계승하여 총대주교가 되었다. 879년 그러나 다른 공의회가 콘스탄티노플에서 열렸다. 이 공의회는 10년 전 빈약했던 반(反)-포티우스 모임과는 현저히

---

6. F. Dvornik, *The Photian Schism*, p. 433.

다르게 383명의 감독들이 참석하였다. 869년 공의회는 정죄되었고, 포티우스에 대한 모든 정죄는 사라졌다. 이 결정들은 로마에서 저 항 없이 받아들여졌다. 그래서 포티우스는 승리를 장식했고 로마에 의해 인정되었으며, 교회적으로 불가리아의 주인이 되었다. 최근까지 제2차 포티우스의 분열이 있었다고 생각되었으나, 드보르니크 박사는 강력한 증거를 가지고 이 제2차 분열이 하나의 신비라고 주장한다. 포티우스의 재위 후기에 콘스탄티노플과 교황 사이에 교제가 유지되었다. 이 당시 교황 요한 8세(872-882)는 프랑크족들과 친하지 않았으며, **필리오케** 문제를 강압적으로 밀고 나가지 않았고, 그는 동방에 대한 교황의 법적 관할권을 강화시키려고도 하지 않았다. 아마도 그는 니콜라스의 정책이 얼마나 심각하게 기독교세계의 일치를 위협했는지 알았다.

그래서 분열은 외적으로 치료되었다. 그러나 니콜라스와 포티우스 사이에 논쟁이 일어나도록 강요했던 두 가지 커다란 차이점에 관한 실질적 해결이 이루어지지는 않았다. 문제들이 미봉책으로 수습되었다. 그것이 전부였다.

포티우스가 항상 동방에서는 성자, 교회의 지도자, 그리고 신학자로 존경을 받았으나, 서방에서는 그가 분열의 주인공으로 간주되어 과거에 덜 열광적으로 혹은 전혀 존경을 받지 못했다. 하지만 지금은 그의 좋은 성품들이 좀더 광범위하게 인정되고 있다. 그래서 드보르니크 박사는 그의 기념비적인 연구에서 다음과 같이 끝맺었다. "만약 나의 결정이 옳다면, 우리는 다시 포티우스를 그의 적들을 용서하기에 충분한 관용을 지닌 위대한 교회지도자, 박식한 인도주의자, 그리고 진정한 기독교인으로 인정하고 화해를 향한 첫 발걸음을 시작하여야 할 것이다."[7]

11세기 초에 **필리오케**에 대한 논란이 다시 일어났다. 마침내 교황은 그 추가구절(filioque-역자주)을 채택하였다. 1014년 로마에서 거행된

---

7. The Photian Schism, p. 432.

황제 헨리 2세의 대관식에서 그 신조는 삽입된 형식으로 찬미되었다. 4년 전인 1009년 새롭게 선출된 교황 세르기우스 4세는 비록 확실하지 않지만, **필리오케**를 포함하고 있을 편지를 콘스탄티노플에 보냈다. 이 유야 어떠했든지 간에, 또한 세르기우스라 불리는 콘스탄티노플의 총대주교는 새로운 교황의 이름을 총대주교들의 생사자 명부(Diptychs) 속에 포함시키지 않았다. 그것은 각 총대주교들에 의해 보존되는 목록으로서 살아 있거나 죽었거나 정통으로 인정받는 다른 총대주교들의 이름을 포함하였다. 그 총대주교들의 생사자 명부는 교회일치의 가시적 표지였으며, 사려 깊게 그것으로부터 개인의 이름을 생략하는 것은 그와 친교 속에 있지 않다는 선언과 같았다. 1009년 이후 교황의 이름은 콘스탄티노플의 총대주교들의 생사자 명부 속에 다시 나타나지 않았다. 그러므로 기술적으로 로마와 콘스탄티노플 교회들은 그때부터 친교 속에 있지 않았다. 그러나 이와 같은 기술적인 내용을 너무 내세우는 것은 어리석은 짓이다. 총대주교들의 생사자 명부는 빈번히 불완전하였고, 그래서 교회관계에 관한 오류 없는 안내를 형성하지 못하였다. 1009년 이전 콘스탄티노폴리탄 목록들은 단순히 그들의 회기 중에 새로운 교황들이 자신을 동방에 알리는 데 실패하였기 때문에 종종 교황의 이름을 빠뜨렸다. 1009년의 이 생략은 로마에서 논평을 하지 않도록 야기시켰고, 콘스탄티노플에서도 사람들은 곧 교황의 이름이 총대주교들의 생사자 명부에서 왜, 그리고 언제 빠졌는지 잊어버렸다.

11세기가 지나가자, 새로운 요소들이 교황과 동방 총대주교들 사이의 관계를 더 위기로 몰아넣었다. 이전 세기는 로마 교구에게는 중대한 불안정성과 혼돈의 시기였다. 추기경 바로니우스가 10세기를 교황권의 역사에 있어서 철과 납의 시대였다고 부른 것은 옳다. 독일의 영향 아래 로마는 이제 자신을 개혁하고, 힐데브란트(교황 그레고리 7세)와 같은 사람의 통치를 통하여, 로마는 서방에서 결코 이전에 성취해 보지 못한 권력을 획득하였다. 개혁된 교황은 자연적으로 니콜라스가 만든 보편적 사법관할권에 대한 주장들을 부활시켰다. 비잔틴인들은 자신들의 편에서 대부분 약하고 조직화되지 않은 교황권을 다루는 데에 익숙해져 있었다. 그래서 그들은 새로운 상황에 적응하는 데에 있어서 어려움을 느꼈다. 비잔틴 이탈리아에서 노르만족의 군사적 침입, 그리고 11~12세기 중에 동부 지중해에 속한 이탈리아 해안도시들에 대한 상업적 침입과 같은 정치적 요소들에 의해 사태는 더욱더 악화되었다.

 1054년 혹독한 싸움이 있었다. 노르만족은 비잔틴 이탈리아에 있는 그리스인들에게 라틴 관습에 순응할 것을 강요하고 있었다. 그러자 이번에는 콘스탄티노플의 총대주교, 미카엘 셀루라리우스(Michael Cerularius)는 대신에 콘스탄티노플의 라틴 교회들이 그리스 관습들을 채택할 것을 주장하였다. 1052년 그들이 거부했을 때, 그는 그들(교회)을 폐쇄했다. 이것은 아마도 거칠었으나 총대주교로서 그는 이러한 방식으로 행동하기에 충분한 권리가 있었다. 미카엘과 그의 지지자들이 특별히 반대했던 관습들 가운데에는 성만찬에서 라틴인들의 무교병 혹은 누룩을 넣지 않은 빵의 사용이었다. 이 문제는 9세기의 논쟁 가운데에는 없었다. 그러나 1053년 세루라리우스는 좀더 화해적인 태도를 취하고, 교황 레오 9세에게 편지를 써 총대주교들의 생사자 명부에 교황의 이름을 회복시키겠다고 제안하였다. 이 제안에 답하여, 그리고 논점이 되고 있는 그리스와 라틴 관습에 대한 문제들을 해결하기 위하여 1054년 레오는 세 명의 사절단을 콘스탄티노플에 보냈다. 그들 가운데 실바 칸디다의 감독인 훔베르트가 우두머리였다. 추기경 훔베르트의 선택은 불행한 일이었다. 왜냐하면 그와 셀루라리우스는 고지식하고 비타협적인 성질의 사람이었으며, 그들의 상호 만남은 기독교인들 가운데 선한 뜻을 증진시키지 못하였다. 사절단이 셀루라리우스를 방문하였을 때, 그들은 좋은 인상을 만들지 못하였다. 교황이 준 편지를 그에게 내밀고 일반적 인사도 없이 물러갔다. 레오에 의해 서명되었음에도 불구하고 편지 자체는 사실상 훔베르트에 의해 작성되었고, 특별히 음조에 있어서 불친절하였다. 그후 총대주교는 사절단들과 더 만나기를 거부하였다. 결과적으로 훔베르트는 인내를 상실하였고, 성 소피아 성당의 제단 위에 셀루라리우스에 대한 파문교서를 올려놓았다. 이 문서 속에 다른 나쁜 요소들도 있었으나, 특히 훔베르트는 그리스인들이 니케아-콘스탄티노플신조로부터 **필리오케**를 **생략**한 것을 저주하였다. 훔베르트는 즉각 그의 행동에 대한 어떤 해명도 없이 콘스탄티노플을 떠났다. 그리고 이탈리아에 돌아오자마자 그는 모든 사건을 로마교황 관할구의 위대한 승리로 묘사하였다. 셀루라리우스와 그의 대회(Synod)는 훔베르트를 파문함으로 보복하였다(그러나 로마 교회 자체를 파문한 것은 아님). 화해의 시도는 이전보다 문제를 더 악화시켰다.

그러나 1054년 이후에도 동방과 서방의 친절한 관계는 지속되었다. 기독교세계의 두 부분은 아직 그들 사이에 커다란 분열의 심연은 심각하지 않았고, 양측의 사람들은 아직까지는 많은 어려움 없이 오해들이 일소될 수 있으리라 희망하였다. 그 논쟁은 동방과 서방에서 일반 기독교인들이 대부분 인식하지 못하는 것으로 남아 있었다. 분열을 무한정으로 만든 것은 십자군이었다. 그들은 증오스럽고 쓸쓸한 새로운 정신을 도입하였고, 전체 문제를 대중적 차원으로 가져갔다.

그러나 군사적 관점으로 십자군은 대성공으로 시작하였다. 안디옥은 1098년, 예루살렘은 1099년에 터키인들의 수중에 떨어졌다. 첫 번째 십자군은 비록 피로 물든 것이었으나[8] 빛나는 성공이었다. 십자군들은 안디옥과 예루살렘에 라틴 총대교구를 세우기 위해 나아갔다. 이것은 그 당시에 예루살렘 교구가 비어 있었기 때문에 이해할 만하였다. 지난 몇 년간 키프러스에 추방되어 살고 있는 그리스 총대주교가 예루살렘을 관

---

8. 아르길레스의 레이몬드(Raymond of Argiles)는 다음과 같이 기록하였다. "솔로몬의 성전과 현관에서 사람들은 그들의 무릎까지 차는 피 속에서 말을 몰고 말의 고삐를 당기었다.…… 도시는 시체와 피로 가득 찼다"(A. C. Krey, *The First Crusade* 〈Princeton, 1921〉, p. 261).

할하였음에도 불구하고, 팔레스타인 자체 내에서 라틴인 뿐만 아니라 그리스인 모든 백성들은 처음으로 라틴 총대주교를 그들의 수장으로 받아들였다. 1106~1107년 예루살렘에 온 러시아 순례자인 대수도원장 다니엘 Tchernigov는 성스런 불(Fire)의식에서 그리스 등불이 기적적으로 빛을 발하고, 라틴 등불이 그리스로부터 점화되는 것을 보고 만족스럽게 기록하였지만, 그리스인과 라틴인들이 성스런 장소에서 협력하여 함께 예배하는 것을 발견하였다. 그러나 안디옥에서 십자군들은 실제적으로 이 곳에 거주하고 있는 그리스 총대주교를 발견하였다. 곧바로 그는 콘스탄티노플로 도망갔으나, 그 지역의 그리스인들은 십자군들이 그들의 장소에 세운 라틴 총대주교를 기꺼이 인정하지 않았다. 그래서 1100년부터 사실상 안디옥에는 지역적 분열이 존재하였다. 1187년 이후 살라딘(Saladin)이 예루살렘을 포위하자 성스러운 땅에서의 상황이 나빠졌다. 팔레스타인 내에 거주하는 두 경쟁자들은 이제 그들 가운데 있는 기독교인들을 양분하였다 – 아크레(Acre)에 라틴 총대주교, 그리고 예루살렘에 그리스 총대주교. 안디옥과 예루살렘에서 이러한 지역적 분열은 불길한 발전이었다. 로마는 매우 멀었다. 만약 로마와 콘스탄티노플이 싸운다면, 그것은 시리아와 팔레스타인의 일반 기독교인들에게 어떤 실제적 차이를 만들겠는가? 그러나 두 경쟁적 감독들이 동일한 권좌를 주장하고, 두 적대적인 집단들이 같은 도시에 존재하자 일반 신자들도 이 분열에 직접적으로 연루되었다. 논쟁을 단지 교회지도자들에게만 아니라 기독교 회중들의 것으로 전환시킨 것은 십자군이었다. 십자군은 분열을 지역적 차원으로 끌어내렸다.

그러나 1204년 제4차 십자군기간 중 콘스탄티노플을 함락시킴으로 상황이 더욱더 악화되었다. 십자군들은 원래 이집트를 향하여 갈 예정이었으나, 비잔틴의 폐위된 황제 이삭 안젤루스(Isaac Angelus)의 아들, 알렉시우스(Alexius)에 의해 설득되어 그와 그의 아버지를 권좌에 복위시키기 위해 콘스탄티노플로 길을 돌렸다. 비잔틴 정치에 대한 서방의 간섭은 불행하였으며, 결국 그리스인들을 표리부동하다고 보는 십자군들은 인내를 상실하고 그 도시를 약탈하였다. 동방 기독교세계는 소름끼치는 이 3일 간의 약탈을 결코 잊을 수가 없다. 니케타스 쵸니아테스(Nicetas Choniates)는 다음과 같이 저항하였다. "어깨에 그리스도의 십자가를 진 이 사람들과 비교하면 차라리 사라센인들이 더 자비롭고 친절하였다." 스티븐 룬시만(Steven Runciman) 경은 "십자군들은 평화를 가져온 것이 아니라 검을 가져왔다."[9]고 말하였다. 이 오랜 교리적 불일치는 이제 강렬한 민족적 증오, 서방의 침략과 신성모독에 저항하는 원한과 분노에 의해 그리스인들에게 강화되었다. 1204년 이후 동방과 서방 기독교가 둘로 나뉘어졌다는 것은 의심할 수 없는 사실이다.

동방정교회와 로마는 각각 그들 사이에 일어난 교리적 논쟁들에 있어서 자신들이 정당하고 상대편이 잘못이라고 믿었다. 그리고 분열 이후 로마와 동방정교회는 각각 자기를 참 교회라고 주장하였다. 그러나 각자는 자신들의 주장의 정당성을 믿는 반면, 슬픔과 회개함으로 과거를 돌이켜보아야 한다. 양측은 그들이 분열을 방지할 수 있었고, 해야만 했다는 정직한 인식 속에 있어야 한다. 양측은 인간적 차원에서 실수를 저질렀다. 예를 들어, 동방정교회는 비잔틴기간 동안 서방을 경멸하고 교만했던 사실에 대하여 스스로 반성하여야 한다. 콘스탄티노플의 많은 라틴 거주자들이 비잔틴 사람들에 의해서 대량 학살되었던 1182년 폭동과 같은 사건에 대하여 그들은 자신들을 자책해야 한다(그럼에도 불구하고 비잔틴측에서 볼 때 1204년의 약탈과 비교될 수 있는 행동은 없다.). 그리고 각측은 유일한 참 교회라고 주장하는 대신에, 인간적 차원에서 교회가 분리에 의해 심하게 손상되었음을 인정하여야 한다. 동방 그리스인들과 서방 라틴인들은 서로서로를 필요로 하였고 지금도 필요로 한다. 양측에게 대분열은 커다란 비극으로 증명되었다.

---

9. *The Eastern Schism*, p. 101.

두 차례의 일치 시도 : 헤시케스트 논쟁

1204년 십자군은 콘스탄티노플에 짧은 기간 동안 라틴 왕국을 세웠다. 이 왕국은 그리스인들이 그들의 수도를 재탈환한 1261년 말까지 지속되었다. 비잔티움은 2세기 이상(1453년 콘스탄티노플이 함락될 때까지)을 살아 남았고, 이 시간은 훌륭한 문화적, 예술적, 그리고 종교적 부흥기였다. 그러나 정치, 경제적으로 회생한 비잔틴제국은 불안정한 상태에 있었고, 동방으로부터 비잔틴제국 위에 밀어닥친 터키 군대에 직면하자 더욱 희망이 없는 것 같았다.

두 가지 중요한 시도가 13세기에 처음으로, 그리고 14세기에 두 번째로 동방과 서방 기독교 사이에 재결합을 확보하기 위해 취해졌다. 이 첫 번째 시도 배후에서 움직이는 정신은 콘스탄티노플을 재탈환한 황제 미카엘 8세(1259-1282년 재위)였다. 그가 의심할 바 없이 종교적 바탕 위에서 기독교 일치를 진지하게 갈망하는 동안에도 그의 동기는 정치적인 것이었다. 시실리의 통치자인 앙주의 찰스에 의해 공격을 받자, 그는 교황의 지지와 보호를 필사적으로 필요로 하였다. 그는 이 교황의 지지와 보호에 의해서 동서교회의 재연합이 가장 잘 확보될 수 있다고 보았다. 이 재연합 공의회가 1274년 리용에서 열렸다. 참석한 동방 사절단은 교황의 주장들을 인정하였고, **필리오케**를 지닌 니케아-콘스탄티노플신조를 암송하였다. 그러나 그 재연합은 지면상의 동의에 불과하였다. 왜냐하면 그 동의는 불가리아와 다른 동방정교회 국가들 뿐만 아니라, 비잔틴 교회 내의 압도적인 다수 성직자와 평신도에 의해 거부되었기 때문이다. 리용 공의회에 대한 일반적 반작용은 황제의 여동생에 의해 언급된 말들 속에 요약된다. "동방정교회의 순수성이 소멸하느니, 차라리 나의 오빠의 제국이 소멸하는 것이 더 낫다." 리용의 재연합은 미카엘의 계승자들에 의해 거부되었고, 미카엘 자신도 그의 '배교' 때문에 기독교적 방식으로 장례되지 않았다.

한편, 동방과 서방은 그들의 신학과 기독교적 삶을 이해하는 그들의 전체적 방식에 있어서 계속적으로 사이가 벌어졌다. 비잔틴은 4세기 그리스 교부들의 사상과 언어를 사용함으로 교부적 분위기에서 계속 살았다. 그러나 서유럽에서는 교부들의 전통이 스콜라주의에 의해 대치되었다 – 철학과 신학에 대한 이 훌륭한 종합은 12~13세기에 이루어졌다. 서유럽 신학자들은 이제 새로운 사상 범주, 새로운 신학적 방법, 그리고 동방이 이해하지 못한 새로운 전문용어를 사용하였다. 양측은 영구적으로 증가하는 범위에까지 공통된 '담화의 세계'(universe of discourse)를 잃어 가고 있었다.

비잔티움은 그 나름대로 또한 이 과정에 기여하였다. 여기에는 또한 비록 스콜라적 혁명만큼 급진적인 것은 없었음에도 불구하고, 서방이 참여하거나 공유하지 못한 신학적 발전들이 있었다. 이 신학적 발전들은 주로 **헤시케스트(Hesychast) 논쟁**과 연관되어 있었는데, 이 논쟁은 14세기 중반에 비잔티움에서 일어난 것으로, 동방정교회에서 사용된 하나님의 본성과 기도의 방법론에 관한 것이었다.

헤시케스트 논쟁을 이해하기 위하여 우리는 잠시 동방 신비신학의 초기 역사에로 돌아가야 한다. 이 신비신학의 주된 모습들은 알렉산드리아의 성 클레멘트(215년 사망)와 갑바도기아 교부들 중 특별히 니싸의 성 그레고리에 의해 4세기에 발전된 알렉산드리아의 오리겐(253/4년 사망)의 사상, 그리고 이집트 사막에서 수도승이었으며 갑바도기아인들의 제자였던 본도의 에바그리우스(Evagrius)에 의해 만들어졌다. 이 신비적 전통은 특별히 클레멘트와 그레고리의 경우에 있어서, 하나님이 긍정적 용어들보다 부정적 용어로 묘사되는 부정적(apophatic) 접근법의 강력한 사용에 의해 특징지어진다. 하나님은 인간의 정신으로 적절하게 이해될 수 없기 때문에 그에게 적용되는 모든 언어는 불가피하게 부정확하다. 그러므로 하나님에 관하여 긍정적이기보다 부정적 언어를 사용하는 것 – 하나님이 무엇인가를 말하기를 거부하고, 단순히 그가 아닌 것을 진술하는 것 - 이 오류에 빠지게 하지 않는다. 니싸의 그레고리는 다음과 같이 말하였다. "우리가 추구하는 것은 모든 지식을 넘어 있기 때문에 그분은 불가시적이고 불가해성의 어둠에 의해 전적으로 분리되어 있다. 그러므로 하나님에 관한 참된 지식과 비전은 이 방식 속에서 존재한다."[10]

부정적 신학은 소위 '디오니시안'의 저술들 속에서 그 고전적 표현을 나타낸다. 수세기 동안 이 책들은 아테네에서 바울의 회심자(행 17:34)인 아레오바고 사람, 성 디오니시우스의 작품으로 여겨졌다. 그러나 그것들은 사실상 아마도 5세기 말경 시리아에서 살았고, 비-칼세돈주의에 동정적인 학파(circles)에 속하였을 무명의 저자에 의한 것이다. 고백자 성 막시무스(662년 사망)는 디오니시우스주의 저술들에 관한 논평을 작성하여 그들에게 동방정교회 신학 속에서 영구한 지위를 보증해 주었다. 디오니시우스는 또한 서방에 강력한 영향력을 주어 왔다. 디오니시우스는 토마스 아퀴나스에 의해 「숨마」(Summa)에서 1,760번 인용된 것으로 계산된다. 한편, 13세기 영국 역대기 작가는 디오니시우스의 **신비신학**이 '야생사슴' 처럼 영국을 통과하여 질주하였다고 기록하였다. 디오니시우스의 부정적 언어는 수많은 사람들에 의해 반복되었다. 다마스커스의 요한은 "하나님은 무한하며 불가해적이며, 그에 관하여 이해할 수 있는 모든 것은 그의 무한성과 불가해성이다.…… 하나님은 실존하는 것들의 계층에 속하지 않는다. 그는 존재하지 않는 것이 아니라, 그는 모든 존재하는 것들 너머에, 심지어 존재 그 자체를 넘어 존재한다."[11]라고 기록하였다.

하나님에 대한 이해불가능성에 관한 이 강조는 첫 번째로 하나님에 관한 어떠한 직접적 경험도 배제하는 것처럼 보인다. 그러나 사실 부정

---

10. *The Life of Moses*, 11, 163(377A).
11. *On the Orthodox Faith*, 1, 4(P.G. xciv, 800B).

적 접근법을 사용한 다수의 사람들은 그것을 단지 하나님의 완전한 초월성을 지적하기 위한 철학적 고안물로서가 아니라, 보다 더 본질적으로 기도를 통하여 그분과 연합하고자 하는 하나의 수단으로 보았다. 부정들(negations)은 하나님에 관한 긍정적 진술들을 제한하는 데 봉사할 뿐만 아니라, 신비신학자가 모든 그의 혹은 그녀의 존재의 충만함을 가지고 하나님의 살아 있는 신비 안으로 도약하고자 할 때 쓰이는 도약판 혹은 트램폴린(trampoline : 도약을 위해 쓰이는 운동기구)으로 역할을 한다. 이것이 예를 들면, 니싸의 그레고리, 디오니시우스, 그리고 막시무스를 포함한 그들 모두가 부정적 접근법을 과중하게 이용하게 된 이유이다. 그들에게 '부정의 길'은 동시에 '연합의 길'이었다. 그러나 우리는 어떻게 완전히 초월적인 그분과 얼굴과 얼굴을 마주보는 만남을 가질 수 있겠는가? 하나님은 어떻게 동시에 알 수도 있고, 알 수 없을 수도 있도록 존재하는가?

이것은 14세기 헤시케스트들이 직면한 문제들 가운데 하나였다(이 이름은 그리스 단어, **헤시키아**〈hesychia〉에서 유래하였고, 내적 침묵을 의미한다. 헤시케스트는 가능한 한 모든 이미지들, 단어들, 그리고 산만한 생각을 제거한 침묵의 기도에 헌신했던 사람이다.). 이 첫 번째 질문과 관련된 또 다른 하나의 질문이 있다. 즉, 기도 가운데 육체는 어디에 있는가? 오리겐처럼 에바그리우스는 종종 너무 지나치게 플라톤주의로부터 빌려 왔다. 그는 기도를 지적 용어 속에서 전인이라기보다는 정신의 활동으로 기록하였다. 그리고 그는 구속과 신화의 과정 속에서 인간 육체에 대한 긍정적 역할을 허락하지 않는 것 같다. 그러나 정신과 육체 사이의 불균형은 또 다른 저술, 「마카리안 호밀리스」(Macarian Homilies) 속에서 시정되었다(이것은 전통적으로 이집트의 성 마카리우스〈?300 – 390〉로 추정된다. 그러나 지금은 이것들이 380년대에 시리아나 아마도 소아시아에서 기록된 것으로 생각된다.). 마카리안 호밀리스는 인간의 인격에 대한 보다 더 성서적인 생각을 지지하였다 : 영혼이 육체 속에 갇혀 있는 것(그리스 사상처럼)

이 아니라, 영혼과 육체가 함께 단일하고 연합된 전체로 · 에바그리우스가 **정신** 혹은 **지성**(그리스어로 nous)을 말할 때, 마카리우스는 마음에 대한 히브리적 사상을 사용하였다. 강조의 변화는 중요하다. 왜냐하면 **마음**(the heart)은 **전인**, 즉 지성 뿐만 아니라 의지, 감정, 심지어 몸까지 포함하기 때문이다.

마카리안적 의미에서 '마음'을 사용한 동방정교회는 종종 '마음의 기도'(prayer of the heart)에 관하여 말한다. 이 구절은 무엇을 의미하는가? 누군가가 먼저 입술을 사용하여 기도를 시작할 때, 그 사람은 말해진 것의 의미를 알기 위해 의식적으로 지적 노력을 하여야 한다. 그러나 만약 이 기도하는 사람이 회상하면서 기도로서 견디어 낸다면 지성과 마음은 연합되어진다. 영은 '마음이라는 장소'를 발견함으로 '마음속에 내주하는 힘'을 얻는다. 그래서 기도는 '마음의 기도'가 된다. 이것은 단지 입술에 의해 이야기된 것, 지성에 의해 생각된 것 뿐만 아니라, 우리의 전존재 - 입술, 지성, 감성, 의지, 그리고 육체에 의해 자연발생적으로 제공된 것이다. 그 기도는 완전한 의식으로 충만해 있고, 더 이상 강제되지 않고 스스로 말한다. 이러한 마음의 기도는 단지 우리 자신의 노력으로 얻어지는 것이 아니라 하나님의 은혜에 의해 주어진 선물이다.

동방정교회 저술가들이 '마음의 기도'라는 용어를 사용할 때, 그들은 일반적으로 하나의 특별한 기도인 예수의 기도(the Jesus Prayer)를 마음에 간직하고 있다. 그리스의 영성주의적 저술가들 가운데, 먼저 포티스(Photice)의 디아도쿠스(Diadochus : 5세기 중반)와 후에 시나이 산의 성 요한 클리마쿠스(Climacus, ?579-?649)는 특별히 가치 있는 기도의 형식으로 '예수'라는 이름을 끊임없이 반복하거나 회상할 것을 추천하였다. 시간의 과정 속에 그 이름에 대한 초대는 예수의 기도로 알려진 짧은 문장으로 구체화된다 : **하나님의 아들 주 예수 그리스도여, 나에게 자비를 베푸소서.**[12] 13세기경 (만약 그 이전이 아니라면) 예수의 기도를 암송하는 것은 특정한 육체적 운동과 관계되었고, 집중을 돕기 위하여 고안되었다. 호흡은 조심스럽게 그 기도에 맞춰져 규칙적으로 이루어졌다. 그리고 특별한 몸의 자세 – 즉, 머리는 숙이고, 턱은 가슴에 기대고, 눈은 심장에 고정시킴 – 가 추천되었다.[13] 이것은 종종 '헤시케스트 기도법'으로 불려지나, 헤시케스트들에게 이 운동은 기도의 본질을 구성하는 것으로 생각되어서는 안 된다. 그들은 그 자체를 하나의 목적이 아니라 집중을 돕는 것, 일부에게만 부수적으로 유용하나 모든 사람들에게는 필수적이 아닌 것으로 생각하였다. 헤시케스트들은 하나님의 은혜를 얻는 데에 기계적 수단은 없으며, 자동적으로 신비적 상태에로 인도하는 기술은 존재하지 않는다는 사실을 알았다.

비잔틴의 헤시케스트들에게 신비적 경험의 절정은 신적이고 창조되지 않은 빛(Divine and Uncreated Light)에 대한 환상이었다. 신약신학자이며 비잔틴 신비신학의 거장인 성 시메온(Symeon, 949–1022)의 저작들은 이 '빛의 신비주의'(Light mysticism)로 충만하였다. 그가 그 자신의 경험을 기록하였을 때, 그는 누차 신적인 빛에 관하여 말하였다. "그는 그것을 시작도 없고 비물질적인, 창조되지 않고 비가시적인 빛, 진실로 신적인 빛"이라 불렀다. 헤시케스트들은 자신들이 경험한 것이 세 명의 제자들이 타볼 산 위에서 예수의 변형시에 본 그분을 둘러싸고 있던 창조되지 않은 그 빛과 동일한 것으로 믿었다. 그러나 신적인 빛의 환상이 어떻게 초월적이고 접근할 수 없는 하나님에 관한 부정적인 교리와 조화될 수 있을까?

하나님의 초월성, 기도에 있어서 육체의 역할, 그리고 신적인 빛과 관계된 이 모든 질문들은 14세기 중반에 정상에 도달하였다. 헤시케스트들은 이탈리아 출신의 학식 있는 그리스인이며, 극단적 형태로 하나님

---

12. 근대 동방정교회의 관습 속에서 기도는 때때로 "······ 죄인인 저에게 자비를 베풀어 주소서."로 끝난다(눅 18 : 13의 공적 기도와 비교해 보라.).
13. 헤시케스트 방법과 힌두교의 *Yoga* 혹은 이슬람의 *Dhikr* 사이에는 흥미있는 유사점들이 있다. 그러나 유사점들은 너무 지나치게 강조되어서는 안 된다.

의 '타자성'과 불가해성(unknowability) 교리를 주장한 카리브안 발람(Barlaam the Calabrian)에 의해 공격을 받았다. 종종 발람이 그 당시에 서방에서 유행한 유명론 철학에 의해 영향을 받았음이 주장되지만, 아마도 그는 그의 가르침을 그리스 자료들로부터 끌어내었다. 그는 디오니시우스에 대한 일방적인 해석에서 출발하여 하나님은 단지 **간접적으로만** 알려질 수 있다고 주장하였다. 그래서 그는 다음과 같이 주장한다. 헤시케시즘이 하나님에 대한 직접적 경험을 이야기하는 것은 잘못이다. 왜냐하면 이러한 경험은 현재의 삶 속에서 불가능하기 때문이다. 헤시케스트들이 사용한 육체적 훈련을 근거로 하여, 발람은 기도에 대하여 엉뚱하게 물질적 개념을 주장하는 그들을 고발하였다. 그는 또한 신적이고 창조되지 않은 빛의 환상을 얻는다는 그들의 주장에 대해 분개하였다. 여기에서 다시 그는 그들이 엉뚱한 물질주의로 떨어뜨린다고 비난하였다. 어떻게 사람들이 그의 육체적 눈을 가지고 하나님의 본질을 볼 수 있을까? 그의 관점에서 볼 때 헤시케스트들이 주장하는 그 빛은 신의 영원한 빛이 아니라 일시적이고 창조된 빛이었다.

헤시케스트들의 방어는 데살로니가의 대주교인 성 그레고리 팔라마스(Palamas, 1296-1359)에 의해 취해졌다. 그는 기도에 있어서 육체적 훈련의 사용을 허락한 인간의 인격론을 지지하였고, 발람에 반대하여 헤시케스트들은 참으로 타볼 산의 신적이며 창조되지 않은 빛을 경험하였다고 주장했다. 이것이 어떻게 가능한가를 설명하기 위해서 그레고리는 하나님의 본질(essence)과 에너지(energies) 사이에 구별을 발전시켰다. 전체적인 동방신학 안에 그것을 통합함으로 확고한 교리적 근거 위에 헤시케시즘을 확립한 것은 그레고리의 업적이다. 그의 가르침은 1341년과 1351년 콘스탄티노플에서 열린 두 공의회에 의해 확정되었다. 이 공의회들은 비록 에큐메니칼적이지 않고 지역적이었으나, 7개의 일반적 공의회에 거의 열등하지 않은 교리적 권위를 동방신학 내에서 지녔다. 그러나 비록 수많은 서방 기독교인들이 개인적으로 팔라마스의 신학을 받아들였음에도 불구하고, 서방 기독교세계는 결코 공식적으로 이 두 공의회를 인정하지 않았다.

그레고리는 인간 인격과 성육신에 관한 성서적 교리를 다시 긍정함으로써 시작하였다. 인간 존재는 단일한, 연합된 전체이다. 인간 정신과 **전인격**은 하나님의 형상으로 창조되었다. 우리의 육체는 우리의 영혼의 적이 아니라 동반자요 협력자이다. 성육신에서 인간의 육체를 취하심으로 그리스도께서는 "**육체**를 무진장한 성화의 원천으로 만드셨다."[14] 여기에서 그레고리는 마카리아의 설교학과 같은 초기 저술들 속에서 암시된 사상을 취하고 발전시켰다. 우리가 본 것처럼, 인간의 육체에 대한 동일한 강조가 성상에 대한 동방정교회의 교리 배후에 놓여 있다. 그레고리는 인격에 대한 이 교리를 헤시케스트의 기도방법에 적용하여 나아갔다. 그래서 그는 기도 중에 있는 육체를 동일하게 강조함으로써 헤시케스트들이 거친 물질주의를 범한 것이 아니라, 하나의 일치로서 성서적 인간론에 충실하게 남아 있었다고 주장하였다. 그리스도는 인간의 육체를 취하시고 전인간을 구원하셨다. 그러므로 육체와 영혼이 함께 있는 **전인**이 하나님께 기도한다.

이것으로부터 그레고리는 주요한 문제, 즉 우리 인간이 하나님을 알고, 하나님은 본질적으로 알 수 없다는 두 주장들을 결합하는 방법에 관심을 돌렸다. 그레고리는 다음과 같이 응답하였다 : 우리는 하나님의 **본질**이 아니라 그의 **에너지들**(energies)을 안다. 하나님의 본질(ousia)과 그의 에너지 사이의 이 구별은 갑바도기아 교부들에게로 소급된다. 성 바질은 다음과 같이 기록하였다. "우리는 그의 에너지로부터 우리 하나님을 안다. 그러나 우리가 그의 본질에 가까이 접근할 수 있다고 주장할 수 없다. 왜냐하면 그의 에너지는 우리에게 내려오지만, 그의 본질은 접근할 수 없게 존재하기 때문이다."[15] 그레고리는 이 구별을 받아들였다.

---

14. Homily 16(P.G. cli, 193B).

그는 부정의 신학에 대한 어떤 해설보다도 강조적으로 하나님은 본질상 절대적으로 알려질 수 없다고 주장하였다. 그는 다음과 같이 기록하였다. "하나님은 자연이 아니다. 왜냐하면 그는 모든 자연 위에 존재하기 때문이다. 그는 하나의 존재가 아니다. 왜냐하면 그는 모든 존재들 위에 계시기 때문이다.…… 창조된 모든 것들 가운데 그 어느 하나도 최상의 본질과 결코 교제를 가질 수 없고, 그것에 가까이 갈 수도 없다."[16] 그러나 그의 본질상 우리와는 멀리 떨어져 있지만, 그의 에너지 속에서 하나님은 자신을 우리에게 계시하신다. 이 에너지들은 하나님과 동떨어져 존재하는 어떤 것이 아니며, 하나님이 인간들 위에 주신 선물이 아니다. 그것들은 행동하시는 하나님 자신이며, 세상을 향한 계시이다. 하나님은 각각의 그의 신적 에너지들 속에서 완벽하고 완전하게 존재하신다. 게라르트 맨레이 홉킨스(Gerard Manley Hopkins)가 말했듯이, 세상은 하나님의 위엄으로 차 있다. 모든 피조물들은 하나님의 말할 수 없이 경이로운 에너지들의 불에 의해 소실되지 않고 침투된 거대한 타는 숲이다.[17]

하나님은 이 에너지들을 통하여 인간과의 직접적이고 즉각적인 관계로 들어간다. 우리 인간과 관계하여 이 신적 에너지는 사실상 **하나님의 은혜**이다. 은혜는 단지 하나님의 '선물', 또는 하나님이 인간들에게 주신 단순한 사물이 아니라 살아 있는 하나님 자신의 직접적인 표현, 또는 피조물과 창조자의 인격적 만남이다. "은혜는 그것이 인간과 교통하는 한에 있어서 신적 본질의 모든 풍부함을 의미한다."[18] 우리가 성자들은 하나님의 은혜에 의해 변형되거나 '신성화' 되었다고 말할 때, 우리가 의미하는 것은 그들이 하나님에 대한 직접적 경험을 가지고 있다는 것이다. 말하자면, 그들은 그의 본질이 아니라 그의 에너지 속에 계시는 하

---

15. *Letter* 234, 1.
16. *P.G.* cl, 1176C.
17. Maximus, *Ambigua*, *P.G.* xci, 1148D와 비교해 보라.
18. V. Lossky, *The Mystical Theology of the Eastern Church*, p. 162.

나님을 **안다**.

하나님은 빛이시다. 그러므로 하나님의 에너지들에 대한 경험은 빛의 형태로 얻는다. 팔라마스가 주장했듯이, 헤시케스트들이 받아들인 환상은 약간의 피조된 광채가 아니라 타볼 산에서 그리스도를 둘러싼 것과 같은 신성 자체의 빛이다. 이 빛은 어떤 사람이 신성화되었을 때 영혼뿐만 아니라 그의 육체적 기능들도 변형되기 때문에 감각이고 물질적인 빛은 아니다. 그러나 이 빛은 변화사건 속에서 제자들에게 보여진 것과 같이 그것은 육체적 눈으로 볼 수 있다. 그러므로 빛에 대한 헤시케스트들의 환상은 그의 신적인 에너지들 속에서 하나님에 대한 참된 환상이다. 그리고 그들이 그것을 피조되지 않은 타볼 산의 빛과 동일시함은 아주 정확하였다.

그러므로 팔라마스는 하나님의 초월성을 보존하고, 부주의한 신비주의가 쉽게 인도할 수 있는 범신론을 피하였다. 그러나 그는 세상 속에서 하나님이 계속적으로 현존하시기 때문에 하나님의 내재성을 허락하였다. 하나님은 '전적인 타자'로 계신다. 그러나 그는 하나님 자체인 그의 에너지들을 통하여 세상과 직접적 관계로 들어가신다. 이 하나님은 살아 있는 하나님이시며, 그리스도 안에서 성육신하신 역사의 하나님, 성서의 하나님이시다. 하나님에 대한 모든 직접적 인식을 거부하고 신적인 빛은 피조된 것이라고 주장하면서, 발람은 하나님과 인간 사이의 간격을 넓혀 놓았다. 그러므로 발람을 반대하는 그레고리의 근본적인 관심은 아타나시우스와 보편적 공의회들의 관심과 동일한 것이었다. 즉, 하나님에 대한 우리의 직접적 접근을 보호하고, 우리의 충만한 신화와 완전한 구속을 지지하는 삼위일체, 그리스도의 위격, 그리고 거룩한 성상에 관한 논쟁을 밑에 깔고 있는 구원론은 또한 헤시케스트 논쟁의 심장부에 놓여져 있다.

돔 그레고리 딕스(Dom Gregory Dix)는 "6세기 이후 그 어떤 신선한 충격이 밀폐된 비잔틴세계로 들어오지 않았다.…… 9세기에…… 아마도 그보다 이른 6세기에 잠이 시작되었다."[19]고 기록하였다. 14세기의 비잔틴의 논쟁들은 이러한 주장의 허위성을 충분하게 증명하는 것이었다. 확실히 그레고리 팔라마스는 혁명적 혁신가가 아니라 과거의 전통에 확고히 뿌리를 두고 있었다. 그러나 그는 첫 번째 반열의 창조적인 신학자였으며, 그의 작품은 동방정교회 신학이 8세기와 7세기 에큐메니칼 공의회 이후에 활동적이었다는 것을 보여 준다.

그레고리 팔라마스와 동시대인들 가운데 그 논쟁에 깊게 연루되어 있지 않음에도 불구하고, 헤시케스트들에게 동정적이었던 평신도 신학자인 성 니콜라스 카바실라스(Cabasilas)가 있었다. 카바실라스는 이 주제에 관한 고전적인 동방의 작품이 된「성만찬 예식에 대한 논평」(Commentary on the Divine Liturgy)의 저자이다. 그는 또한 **"예수 그리스도 안에서의 삶"**이라 명명된 성례전(sacraments)에 관한 논문을 기록하였다. 카바실라스의 작품들은 특별히 두 가지 특징을 지니고 있다. 하나는 그가 주장한 것처럼 "우리 자신의 영혼보다도 우리에게 가까운"[20] 구원자, 그리스도의 위격에 관한 생생한 느낌이요, 다른 하나는 성례전에 관한 끊임없는 강조였다. 그에게 신비적 삶은 본질적으로 그리스도 안에서의 삶이며, 성례전 속에서의 삶이다. 신비주의는 그리스도 안에 있는 역사적 계시와 성례전을 가진 교회의 공동체적 삶과 동떨어질 경우에 사변적이고 개인주의적일 위험이 있다. 그러나 카바실라스의 신비주의는 항상 그리스도 중심적이고, 성례전적이고 교회적이다. 그의 작품은 신비주의와 성례전적 삶이 얼마나 밀접하게 비잔틴 신학에서 함께 관련되어 있는가를 보여 준다. 팔라마스와 그의 학파는 신비적 기도를 정상적인 제도적 교회의 삶을 우회하는 수단으로 생각하지 않았다.

제2차 연합공의회가 1438~1439년 플로렌스에서 열렸다. 황제 요한

---

19. *The Shape of the Liturgy*(London, 1945), p. 548.
20. *P.G.* cl, 712A.

8세(재위기간 1425-1448)가 다른 동방정교회의 대표들 뿐만 아니라, 콘스탄티노플의 총대주교와 비잔틴 교회의 대부분의 대표단들과 함께 개인으로 참석하였다. 논쟁들이 장기화되었고, 커다란 논쟁점들에 관한 참된 합의에 도달하기 위한 시도들이 양측에 의해 만들어졌다. 동시에 그리스인들은 정치적 상황이 이제 절망적이 되었다는 사실 - 즉, 서방의 도움으로 터키인들을 격퇴시키려는 유일한 희망 - 을 알았기 때문에, 그들에게 있어 침착하게 신학을 논의하는 것은 불가능하였다. 결과적으로 **필리오케**, 연옥, 무교병(azymes), 그리고 교황의 법적 관할권들을 포함하는 연합문서(a formula of union)가 작성되었다. 그리고 이것은 후에 동방정교회에 의해 성인으로 추앙된 에베소의 대주교 마크(Mark) 한 사람을 제외하고는 공의회에 참석한 모든 동방정교회에 의해 서명되었다. 플로렌스의 연합은 교리문제에 있어서 만장일치와 각 교회가 고유하게 지니고 있는 합법적인 제의들(rites)과 전통들에 대한 존중이라는 두 가지 원칙에 근거하고 있다. 그래서 교리문제에 있어서 동방정교회는 교황의 주장들을 받아들였다(비록 여기에서 연합문서의 문구들이 몇 가지 측면에서 모호하고 불합리하더라도). 그들은 비록 그들이 성만찬 예배에서 사용되는 니케아-콘스탄티노플신조에 **필리오케**를 삽입하도록 요구받지는 않았음에도 불구하고, 성령의 이중적 발현에 관한 교리를 받아들였다. 그들은 연옥에 관한 로마 교회의 가르침을 받아들였다(이것이 동방과 서방 사이에 하나의 공적 논쟁이 된 것은 겨우 13세기에 와서였다.). 그러나 무교병에 관계되어서는 그리스인들은 발효한 빵을 사용하는 것이 허락되었고, 반면에 라틴인들은 발효하지 않은 빵을 계속 사용하는 것이 허락되었기 때문에 만장일치가 필요하지 않았다.

그러나 플로렌스의 연합은 서유럽 전역에서 경축되었음에도 불구하고 - 잉글랜드의 모든 교구교회들에서 벨이 울렸다 - 전에 있었던 리용 공의회보다 동방에서는 현실성이 없는 것으로 증명되었다. 요한 8세와 그의 승계자이며, 비잔틴의 마지막 황제이며, 대(大) 콘스탄틴 황제 이후

18번째 왕위계승자인 콘스탄틴 11세는 연합에 충실하였다. 그러나 그들은 그들의 백성들에게 그것을 강요하기에는 힘이 없었고, 1452년까지 콘스탄티노플에서 감히 그것을 선포하지 못하였다. 플로렌스에서 날인한 다수의 사람들이 그들의 집에 돌아왔을 때 그들의 서명을 취소하였다. 공의회의 교령들은 소수의 비잔틴 성직자와 평신도들에 의해서도 결코 받아들여지지 않았다. 그랜드 공작 루카스 노타라스(Lucas Notaras)는 리용 이후 황제의 여동생의 말을 되풀이하면서, "나는 시의 중심에 라틴 주교관보다 오히려 이슬람의 모자를 보기 원한다."고 말하였다.

요한과 콘스탄틴은 플로렌스의 연합이 서방으로부터 그들에게 군사적 도움을 확보해 주기를 바랐으나, 그들이 실제로 받은 도움은 작았다. 1453년 4월 7일 터키인들은 육지와 바다로 콘스탄티노플을 공격하기 시작했다. 20대 1로 열세였던 비잔틴인들은 7주 동안 찬란하지만 희망없는 방어를 지속하였다. 5월 29일 이른 시간에 마지막 기독교 예배가 성 소피아 대성당에서 열렸다. 이것은 이 위기의 순간에 플로렌스 연합의 지지자들과 반대자들이 그들의 차이를 잊었기 때문에 동방과 로마 가톨릭의 연합예배가 되었다. 황제는 성만찬을 받은 후 나갔고, 성벽 위에서 싸우다 죽었다. 같은 날 늦게 그 도시는 터키인들에게 함락되었고, 기독교세계의 대부분의 영광스러운 교회들은 이슬람 사원이 되었다.

이것이 비잔틴제국의 종말이었다. 그러나 이것은 콘스탄티노플 총대주교의 종말은 아니었으며, 동방정교회의 종말은 더욱이 아니었다.

슬라브족의 회심

> 은혜의 종교가 지상에 퍼졌고 마침내 러시아 국민들에게 전해졌다.…… 모든 다른 나라들을 돌보시는 은혜로우신 하나님은 이제 더 이상 우리를 경홀히 여기시지 않으신다. 우리를 구원하고 우리를 지성(reason)으로 인도하는 것은 그분의 뜻이다.
> —힐라리언, 러시아의 메트로폴리탄(1051-?1054)

시릴과 메토디우스

콘스탄티노플에게 9세기 중반은 강렬한 선교활동의 시기였다. 성상파괴주의자들에 대항한 오랜 투쟁으로부터 마침내 자유하게 된 비잔틴 교회는 그들의 열정을 제국의 경계를 넘어 북쪽과 북서쪽에 있는 이교도 슬라브인들—불가리아인들, 세르비아인들, 그리고 러시아인들—의 회심에로 방향을 돌렸다. 포티우스는 이들 슬라브족들 가운데 대규모로 선교사업을 시작한 콘스탄티노플의 첫 번째 총대주교였다. 그는 이 사업을 위하여 데살로니가 출신의 그리스인 두 형제 콘스탄틴(826-869)과 메토디우스(Methodius : ?815-885)를 선택하였다. 동방정교회 내에서 콘스탄틴은 일반적으로 그가 수도사가 될 때 사용한 시릴(Cyril)이라는 이름으로 불려진다. 초기의 삶 속에서 철학자 콘스탄틴으로 알려진 그는 포티우스의 학생들 가운데 가장 능력 있는 사람이었으며, 히브리어, 아랍어, 그리고 심지어 사마리아 방언을 포함한 여러 언어에 능숙하였다. 그러나 그와 그의 동생이 지닌 특징은 슬라브인들에 대한 그들의 지식이었다. 어린 시절 그들은 데살로니가 주변에 있는 슬라브 방언을 배웠으며, 그들은 그것을 유창하게 구사할 수 있었다.

시릴과 메토디우스의 첫 번째 선교여행은 860년경 코카서스지역의 북쪽에 살고 있는 카자흐인들에게로의 짧은 여행이었다. 이 탐험은 영구적인 결과를 지니지 못하였고, 몇 년 후 카자흐인들은 유대교를 택하였다. 이들 형제들의 실질적 사업은 그들이 모라비아(대략 현대의 체코슬로바키아에 해당)를 향해 출발하였던 863년에 시작되었다. 그들은 그 지역의 군주 로치슬라브(Rostislav)로부터 온 호소에 응답하여 갔다. 그는 그들 자신의 언어로 백성들에게 설교를 하고 슬라브어로 예배를 인도할 수 있는 기독교 선교사를 보내 달라고 요청하였다. 슬라브어 예배는 슬라브어로 된 성경과 슬라브 예배모범을 필요로 하였다. 그들은 모라비아로 출발하기 전에 이미 이 거대한 번역작업에 착수하였다. 그들은 우선 적절한 슬라브 알파벳을 발명하여야 했다. 그들의 번역 속에서 이 형제들은 어린 시절부터 그들에게 친숙했던 슬라브어 형태인, 데살로니가 주변의 슬라브인들에 의해 말해진 마케도니아 방언을 사용하였다. 이 방식 속에서 마케도니아 슬라브인들의 방언은 현재까지 러시아와 다른 슬라브 동방정교회들의 예배 언어로 남아 있는 **교회 슬라브어**(Church Slavonic)가 되었다.

우리는 동방정교회의 미래를 위해서 시릴과 메토디우스가 미지의 북쪽을 향해 비잔틴을 떠날 때 가지고 간 슬라브 번역판의 중요성을 아무리 높이 평가해도 부족하다. 교회의 선교사에 있어서 그렇게 중요한 사건들은 거의 없다. 출발부터 슬라브 기독교인들은 서유럽의 어떤 민족도 그 당시에 누리지 못한 귀중한 특권을 향유하였다. 그들은 그들이 이해할 수 있는 언어로 복음을 들을 수 있었고, 교회의 예배를 이해할 수 있었다. 라틴어에 대한 고집을 지닌 서방의 로마 교회와는 달리, 동방정교회는 결코 언어문제에 있어서 완고하지 않았다. 그들의 일반적 정책은 그 민족의 언어로 예배를 드리는 것이었다.

불가리아에서와 마찬가지로 모라비아에서도 그리스인들의 선교는 곧 동일한 지역에서 사역하는 게르만 선교사들과 충돌하였다. 이 두 선교 단체는 다른 총대주교에 소속되었을 뿐만 아니라 다른 원칙들에 의해 사역하였다. 시릴과 메토디우스는 그들의 예배의식에 있어서 슬라브어를 사용하였고, 게르만인들은 라틴어를 사용하였다. 시릴과 메토디우스는 최초의 형태로 된 니케아-콘스탄티노플신조를 암송하였고, 게르만인들은 **필리오케**를 삽입하였다. 시릴은 게르만인들의 방해로부터 그의 선교를 자유롭게 하기 위해 선교사업을 교황의 직접적인 보호아래 놓기로 결심하였다. 로마에 호소하는 시릴의 행동은 그가 포티우스와 니콜라스 사이의 심각한 싸움을 고려하지 않은 것을 보여 준다. 그에게 동방과 서방은 아직도 하나의 교회로 연합되어 있으며, 그가 교회예배에서 슬라브어를 계속 사용할 수 있는 한, 그가 콘스탄티노플 혹은 로마에 의존하고 있는가 하는 문제는 가장 중요한 문제가 아니었다. 이 두 형제는 868년 개인적으로 로마로 여행하였고, 호소에 완전히 성공하였다. 로마에서 니콜라스 1세의 승계자인 하드리안 2세는 그들을 호의적으로 받아들였고, 모라비아지역의 예배 언어로 슬라브어를 사용하도록 확정함으로써 그리스인들의 선교사업을 크게 지원하였다. 그는 그 형제들의 번역을 승인하였고, 그 도시의 주요한 교회들의 제단 위에 슬라브어로 된 예배모범책의 사본을 올려놓았다.

시릴은 로마에서 죽었으나(869), 메토디우스는 모라비아로 돌아갔다. 슬프게도 게르만인들은 교황의 결정을 무시하였고, 모든 가능한 방법을 가지고 메토디우스를 방해하였고, 심지어 그를 1년 이상 감옥에 가두었다. 메토디우스가 885년 죽었을 때 게르만인들은 모라비아로부터 그의 추종자들을 추방하였고, 그들 중 상당수를 노예로 팔았다. 슬라브 선교의 흔적들은 2세기 이상 모라비아에서 사라지지 않았으나 결국은 근절되었다. 그리고 라틴 문화와 라틴어(물론 **필리오케**)를 지닌 서방적인 형태의 기독교가 보편화되었다. 모라비아지역에서 슬라브 민족교회를 세우고자 하는 시도는 무위로 끝났다. 시릴과 메토디우스의 작업은 실패로 끝난 것같이 보였다.

그러나 사실 이것은 실패가 아니었다. 이 두 형제가 직접 설교하지 않은 다른 나라들도 그들의 사역으로부터 혜택을 입었으니 가장 두드러진 나라들은 불가리아, 세르비아, 그리고 러시아였다. 우리가 본 것처럼 불가리아의 왕 보리스는 잠시 동안 동방과 서방 사이에서 주저하였다. 그러나 마침내 콘스탄티노플의 관할권을 받아들였다. 그러나 불가리아에서 시릴과 메토디우스의 비전을 결여하고 있는 비잔틴 선교사들은 처음에는 교회예배에서 일반 불가리아인들에게 라틴어만큼이나 알 수 없는 언어인 그리스어를 사용하였다. 그러나 모라비아로부터의 추방 이후 메토디우스의 제자들은 자연스럽게 불가리아로 방향을 돌렸고, 여기에서 모라비아 선교에서 사용된 원칙들을 도입하였다. 그리스어는 슬라브어에 의해 대체되었고, 비잔틴의 기독교 문화는 그들이 동화할 수 있는 슬라브 형태로 불가리아인들에게 소개되었다. 불가리아 교회는 급속히 성장하였다. 926년경 위대한 짜르 시메온(Tsar Symeon the Great : 893-927년 재위)의 통치기간 중 독립된 불가리아 총대주교관구가 만들어졌고, 이것은 927년 콘스탄티노플의 총대주교에 의해 인정되었다. 보리스의 꿈-그 자신의 독립교회-은 그의 죽음 이후 반세기 내에 현실이 되었다. 불가리아는 슬라브족의 최초의 민족교회였다.

비잔틴 선교사들은 마찬가지로 세르비아로 나아갔고, 세르비아는 9세기 중반인 867~874년경 기독교를 받아들였다. 세르비아 또한 동방과 서방의 경계선 위에 놓여 있었다. 그러나 불확실한 기간이 지난 후, 모라비아가 아닌 불가리아의 예를 따라 콘스탄티노플의 권한 아래로 들어갔다. 여기에서 또한 슬라브 예배모범책이 도입되었고, 슬라브-비잔틴 문화가 성장하였다. 세르비아 교회는 성 사바 아래 부분적 독립을 얻었다. 성 사바(St. Sava : 1176-1235)는 1219년 니케아에서 세르비아의 대주교로 서임되었고, 세르비아 민족 성자들 중 가장 위대한 인물이었다. 1346년 세르비아 총대주교관구가 만들어졌고, 1375년 콘스탄티노플 교회에 의해 인정되었다.

러시아의 회심은 또한 간접적으로 시릴과 메토디우스의 사업에 기인한다. 그러나 우리는 이것을 다음 장에서 보다 상세히 말할 것이다. 불가리아, 세르비아, 그리고 러시아인들을 그들의 영적인 자녀로 지닌 데살로니가 출신, 두 그리스인은 충분히 '슬라브인들의 사도'라고 하는 칭호를 받을 만한 가치가 있다.

발칸 반도에서 다른 동방 민족인 루마니아는 더욱 복잡한 역사를 지니고 있다. 루마니아인들은 비록 그들의 이웃인 슬라브인들에 의해 영향을 받았으나, 원래 언어와 인종적 특징이 라틴인들이었다. 근대 루마니아에 해당하는 다키아(Dacia)는 106~271년 어간에 로마의 지역이었다. 그러나 이 기간 중 거기에 설립된 기독교공동체는 로마인들의 철수 이후 사라진 것처럼 보였다. 로마 국민들의 일부가 분명히 9세기 후반과 10세기 초에 불가리아인들에 의해 기독교로 회심하였다. 그러나 왈라키아(Wallachia)와 몰다비아(Moldavia)의 두 로마인 공국의 완전한 회심은 14세기가 되어서야 일어났다. 동방정교회를 배타적으로 '동방'으로, 그리고 특성상 그리스인과 슬라브인으로 생각하는 사람들은 오늘날 두 번째로 큰 동방정교회인 루마니아 교회가 민족적 정체성에 있어서 뛰어난 라틴인이라는 사실을 간과하지 말아야 한다.

비잔티움은 슬라브족들에게 두 개의 선물, 즉 기독교 교리의 충분히 분명한 체계와 충분히 발전한 기독교 문명을 주었다. 슬라브인들의 회심이 9세기에 시작되었을 때, 위대한 교리적 논쟁기-7개의 공의회 시대-가 끝났다. 신앙의 중요한 윤곽-삼위일체와 성육신 교리-이 이미 완결되어 정식화된 형태로 슬라브인들에게 전달되었다. 아마도 이것이 슬라브 교회들이 소수의 기본적 신학자들도 생산하지 못한 이유이다. 한편, 슬라브지역에서 일어난 종교적 논쟁들은 일반적으로 특성상 교리적이지 않았다. 그러나 삼위일체와 성육신에 대한 신앙은 공백의 상태로 존재하지 않았다. 전체 기독교 문화와 문명은 기독교 신앙과 더불어 나아갔고, 그리스 선교사들은 비잔틴으로부터 기독교 신앙을 가지고 왔다. 슬라브인들은 동시에 기독교화되었고 문명화되었다.

그리스인들은 이 신앙과 문명을 이방인으로서가 아니라 슬라브인들의 문화의 옷(여기에서 시릴과 메토디우스의 번역이 가장 중요하다.)을 통하여 전달하였다. 슬라브인들이 비잔틴으로부터 빌려온 것을 그들은 그들 자신의 것으로 만들었다. 만약 처음에 주로 통치계급에게만 제한되었다면, 비잔틴 문화와 동방정교회의 신앙은 조만간 전체 슬라브 민족들의 일상적 삶의 한 부분이 되었을 것이다. 교회와 국민간의 관계는 독립된 민족교회들을 만드는 제도에 의해 확고해졌다.

확실히 동방정교회와 국민의 삶과의 이 밀접한 동일화는 불행한 결과들을 지니게 되었다. 교회와 민족이 너무 밀접하게 연합되었기 때문에 동방의 슬라브인들은 종종 이 두 개를 혼동하였고, 민족적 정책 목표를 섬기도록 하였다. 그들은 때때로 그들의 신앙을 주로 세르비아인, 러시아인, 혹은 불가리아인으로 생각하고 신앙이 원래 동방정교회와 가톨릭적이라는 사실을 잊는 경향이 있었다. 이것은 또한 근대시대에 그리스인들에게 하나의 유혹이 되어 왔다. 민족주의는 지난 10세기 동안 동방정교회의 재앙이었다. 그러나 교회와 국민의 통합은 결국 막대한 이익이었음이 증명되었다. 슬라브족들 가운데 기독교는 사실 전국민의 종교, 최고의 의미에 있어서 대중적 종교였다.

러시아의 세례 : 키예프 시대(Kievan period : 988-1237)

포티우스 또한 러시아의 슬라브족들을 회심시킬 계획들을 만들었다. 864년경 그는 러시아에 감독을 보냈다. 그러나 이 첫 번째 기독교 이식은 878년 키예프(이 당시 주요한 러시아 도시)에서 권력을 지녔던 올렉(Oleg)에 의해 근절되었다. 그러나 러시아는 비잔틴, 불가리아, 그리고 스칸디나비아로부터 기독교의 유입을 계속적으로 경험하여 945년에는 키예프에 명백히 교회가 있게 되었다. 러시아의 여제(女帝)인 올가(Olga)는 955년에 기독교인이 되었으나, 그녀의 아들 스브야토슬라브(Svyatoslav)는 그녀의 전례를 따르기를 거부하였고, 만약 자신이 기독교 세례를 받는다면 그의 수행원이 자신을 비웃을 것이라고 말하였다. 그러나 988년경 올가의 손자 블라디미르(Vladimir : 980-1015년 재위)가 기독교로 회심하여 비잔틴 황제의 여동생 안나와 결혼하였다. 동방정교회는 러시아의 국교가 되었고, 이것은 1917년까지 유지되었다. 블라디미르는 그의 영토를 열심히 기독교화하였다. 사제(priests), 성자들의 유골(relics), 성스러운 그릇, 그리고 성상들이 수입되었다. 거대한 세례의 식이 강에서 행해졌다. 교회법정이 세워졌고, 교회적 십일조도 제정되었다. 은으로 된 머리와 금으로 된 콧수염을 지닌 거대한 페룬(Perun) 신상이 키예프의 가장 높은 언덕에서 굴욕적으로 아래로 굴려졌다. "천사의 트럼펫과 복음의 번개가 모든 도시에 울려퍼졌다. 하늘은 하나님을 향하여 올라가는 향으로 거룩하게 되었다. 수도원들이 산 위에 세워졌다. 남녀노소, 모든 사람들이 거룩한 교회들을 채웠다."[1] 그래서 메트로폴리탄 힐라리온(Hilarion)은 60년 후에 이 사건을 의심할 바 없이 약간 이상화하여 묘사하였다. 왜냐하면 키예프 러시아인들이 갑자기 완벽하게 기독교로 개종하지는 않았으며, 교회는 처음에 주로 도시에 제한되

---

1. G. P. Fedotov, *The Russian Religious Mind*, Vol. 1, p. 410에서 인용.

었고, 대다수의 시골은 14~15세기까지 이교로 남아 있었기 때문이다.

블라디미르는 요한(John the Almsgiver)만큼 기독교의 사회적 의무를 강조하였다. 일찍이 그가 그의 궁정에서 축연을 베풀었을 때, 그는 음식을 가난한 자들과 병든 자들에게 나누어 주었다. 중세 유럽에서 이렇게 고도로 조직화된 사회적 봉사들은 10세기에 키예프 말고는 어디에도 없었다. 키예프 러시아에서 다른 통치자들은 블라디미르의 예를 좇았다. 블라디미르 모노마코스(Monomachos : 1113-1125) 왕은 그의 **유언** 속에서 그의 아들에게 "무엇보다도 가난한 자들을 잊지 말며, 그들을 방법이 허락하는 한 도우라. 고아를 구제하고, 과부를 보호하라. 그리고 어떤 사람도 파괴할 수 없는 힘을 지녀라."[2]고 기록하였다. 블라디미르는 또한 깊게 기독교의 자선법을 인식하였고, 그가 키예프에서 비잔틴 법체계를 도입하였을 때, 그는 그 법의 미개하고 잔인한 특성들을 완화시키도록 주장하였다. 키예프 러시아에는 사형, 다수의 형벌, 고문이 없었다. 신체적 형벌은 거의 사용되지 않았다.[3]

동일한 고상함을 블라디미르의 두 아들-보리스와 그레브-에 관한 이야기 속에서 볼 수 있다. 1015년 블라디미르가 죽자, 그들의 형 스브야토폴크(Svyatopolk)는 그들의 공국을 빼앗고자 했다. 그들은 비록 쉽게 저항할 수 있었으나, 복음의 명령들을 문자적으로 해석함으로써 저항하지 않았다. 그리고 이들 각자는 차례로 스브야토폴크의 신복들에 의해 살해당하였다. 만약 피가 흘려진다면, 보리스와 글레브는 그 피가 그들 자신의 것이기를 더 좋아하였다. 비록 그들은 신앙의 순교자가 아니라 정치적 투쟁의 희생자였음에도 불구하고 그들은 모두 성인으로 추대되었고, '고난의 사자들' 이라는 특별한 명칭을 받았다. 그들은 천진스럽고

---

2. G. Vernadsky, *Kievan Russia*(New Haven, 1948), p. 195에서 인용.
3. 비잔티움에서 사형은 존재하였으나 적용된 경우는 거의 없었다. 그러나 수족 절단의 형벌은 비참하게도 빈번히 사용되었다.

자발적 고통으로 그리스도의 고난을 함께하였다. 러시아인들은 항상 기독교인의 삶 속에 고난의 위치를 크게 강조한다.

비잔틴과 중세 서방처럼 키예프의 러시아에서도 수도사들은 중요한 역할을 감당하였다. 그들 모두의 강력한 영향력은 키예프에 있는 동굴 수도원인 *Petchersky Lavra*였다. 아토스 산에서 살았던 러시아인 성 안토니에 의해 반-은둔적 형제애로 세워진 그 수도원은 콘스탄티노플의 스토디우스 수도원을 따라 그 곳에 완전한 공동체 삶을 도입한 안토니의 후계자 성 테오도시우스에 의해 재조직되었다. 블라드미르와 같이 테오도시우스는 기독교의 사회적 중요성을 인식하고 있었고, 서방에서 아씨시의 성 프란시스가 한 것처럼 자신을 가난한 자들과 밀접히 일치시키면서 급진적 형태로 그들에게 적용하였다. 보리스와 글러브는 희생적 죽음을 죽으신 그리스도의 뒤를 따랐다. 테오도시우스는 그의 삶과 가난, 그리고 자발적 '자기 비움'(케노시스)을 취하신 그리스도의 뒤를 따랐다. 귀족으로 출생한 그는 어린 시절에 거친 형겊으로 된 옷을 입었고, 노예들과 함께 들판에서 일하기를 좋아했다. "우리 주 예수 그리스도는 자신을 하나의 모범으로 삼으사 가난하고 비천하게 되셨다. 그러므로 우리는 그의 이름으로 우리 자신을 비천하게 하여야 한다. 모욕당하신 그분은 우리의 구원을 위해 침뱉음을 당하셨고, 매맞음을 당하셨다. 우리는 그리스도를 얻기 위하여 어떻게 고통을 받아야 하는가?"[4] 수도원장 시절에 그는 가장 초라한 종류의 옷을 입었고, 권세에 대한 모든 외적 표시들을 거부하였다. 그러나 동시에 그는 귀족과 제후들의 존경받는 친구요 충고자였다. 자기 비하의 겸손과 같은 이상은 다른 사람들 속에서도 보이는데, 예를 들면 블라디미르의 연대기에 블라디미르의 감독 누가(Luke of Vladimir : 1185년 사망)는 "여기에 있는 도시를 가지는

---

4. Nestor, "Life of Saint Theodosius", in G. P. Fedotov, *A Treasury of Russian Spirituality*, p. 27.

것이 아니라 미래의 도시를 추구함으로 그리스도의 겸손을 지닌 자"라고 기록하였다. 이것은 러시아 민족전승과 톨스토이나 도스토예프스키 같은 작자들의 작품 속에서 종종 발견되는 이상이다.

블라디미르, 보리스와 글레브, 그리고 테오도시우스는 모두 복음의 실천적 의무와 강력하게 관련되어 있었다. 블라디미르는 사회정의에 대한 그의 관심과 사랑으로 범죄자들을 다루고자 하는 그의 열심 속에서, 보리스와 글레브는 자발적인 고난과 죽음 속에 계시는 그리스도를 따르고자 하는 그들의 결심 속에서, 테오도시우스는 자신을 겸비와 일치시킴으로써이다. 이 네 명의 성인들은 키예프 기독교에 있어서 가장 매력적인 특징들을 형성시켰다.

키예프 기간 동안 러시아 교회는 콘스탄티노플에 종속되어 있었고, 1237년까지 러시아의 메트로폴리탄은 일반적으로 그리스인이었다. 메트로폴리탄이 비잔틴으로부터 왔던 시절에 대한 기억 속에서 러시아 교회는 감독을 환영하는 장엄한 인사말을 그리스어로 계속 노래하였다 [eis polla eti, despota("unto many years, O master")]. 그러나 나머지 감독들 가운데 절반은 키예프 기간 동안 순수한 러시아인이었다. 한편, 한 명은 심지어 회심한 유대인이었고, 다른 한 명은 시리아인이었다.

키예프는 비잔틴 뿐만 아니라 서유럽과도 밀접한 관계를 가졌다. 그리고 초기 러시아 교회의 조직 가운데 교회의 세금제도와 같은 몇 가지 모습들은 비잔틴이 아니라 서방적이었다. 비잔틴 달력에는 나타나지 않는 다수의 서방 성인들이 키예프에서 존경을 받았다. 11세기에 러시아에서 만들어진 성 삼위일체에 대한 한 기도서는 알반(Alban)과 보톨프(Botolph)와 같은 영국 성자들과 투우르의 마틴(Martin of Tours) 같은 프랑스 성자들을 기록하고 있다. 몇몇의 작가들은 심지어 1054년까지 러시아 기독교는 그리스만큼 라틴적이었다고 주장하였다. 그러나 이것은 커다란 과장이다. 러시아는 피터 대제의 통치까지 어떤 다른 때보다 키예프 기간에 서방과 가까웠다. 그러나 러시아 교회는 라틴 문화보다는 헤아릴 수 없을 정도로 비잔틴에 힘입고 있다. 나폴레옹은 그가 러시아 황제 알렉산더 1세를 '열등한 제국의 그리스인' 이라고 불렀을 때 역사적으로 정당했다.

러시아가 비잔틴의 충만한 영적 유산과 동화하기에는 너무 적은 시간이 주어졌다는 것은 러시아에게 커다란 불행이었다고 말해져 왔다. 1237년 키예프 러시아는 몽골의 침입으로 갑작스럽고 폭력적인 종말을 맞이하였다. 키예프는 약탈당하였고, 러시아 땅은 북쪽 노브고로도를 제외하고 모두 유린당하였다. 1246년 몽고 궁정을 방문한 한 사람은 그가 러시아지역에서 도시나 마을을 결코 볼 수 없었고, 단지 폐허와 헤아릴 수 없이 많은 두개골을 보았다고 기록하고 있다. 그러나 비록 키예프가 파괴되었지만, 키예프의 기독교는 하나의 생생한 기억을 보존하고 있었다:

> 키예프 러시아는 어린 시절의 황금기같이 결코 러시아 민족의 기억 속에서 사라지지 않았다. 원하는 사람은 누구나 러시아 문학작품의 순수한 원천 속에서 그의 종교적 목마름을 해소시킬 수 있다. 그는 러시아의 존경스러운 작가들 속에서 근대세계의 복잡성을 뚫고 그의 길을 발견할 수 있다. 키에프 기독교는 프쉬케이 러시아의 예술적 의미를 위해서 지니는 가치처럼 러시아 종교정신을 위하여 동일한 가치를 갖는다. 키예프 기독교는 기준, 황금과 같은 척도 및 왕도의 가치를 가지고 있다.[5]

몽고 지배하의 러시아 교회(1237-1448)

러시아에 대한 몽고의 타르타르족의 종주권은 1237년부터 1480년까지 지속되었다. 그러나 러시아인들이 마침내 개방된 싸움에서 그들의 압제자들과 마주쳐 실제적으로 그들을 패배시키던 쿨리코보(Kulikovo :

---

5. Fedotov, *The Russian Religious Mind*, Vol. 1, p. 412.

1380)의 대전투 이후 몽고의 지배권은 상당히 약화되었다. 1450년까지 몽고 지배권은 대부분 유명무실하였다. 무엇보다도 교회가 후에 터키의 지배 아래 그리스인들의 일치감을 보존한 것처럼 13~14세기에도 교회가 러시아의 민족의식을 되살렸다. 몽고의 통치기간에 출현한 러시아는 외적 모습에 있어서 상당히 변화된 러시아였다. 키예프는 1237년 함락된 후 다시는 회복되지 않았고, 키예프의 지도력은 모스크바 공국에 의해 14세기에 빼앗겼다. 몽고에 저항할 것을 고무시키고 쿨리코보에서 러시아를 지도한 사람은 모스크바의 대(大) 공작이었다. 모스크바의 등장은 교회와 밀접하게 연관되어 있었다. 도시가 아직 작고 상대적으로 중요하지 않았을 때, 1308년부터 1326년까지 러시아의 메트로폴리탄이었던 피터는 그 곳에 정착하기로 결심하였다. 이것은 결국 두 메트로폴리탄, 하나는 모스크바와 다른 하나는 키예프 사이의 러시아 교회의 분열로 인도하였다. 그러나 이러한 구별은 고착화 되지 않았고, 15세기 중반까지 지속되지 않았다.

몽고의 지배기간 동안 러시아 교회의 역사에 있어서 세 인물이 특별한 주의를 끈다. 이들 모두는 성인들이다. 알렉산더 네브스키(Alexander Nevsky), 페름의 스테반(Stephen of Perm), 그리고 라도네츠의 세르기우스(Sergius of Radonezh)이다.

러시아의 위대한 전사 성자들 가운데 한 사람인 알렉산더 네브스키(1263년 사망)는 그 당시 서방의 프랑스 왕인 성 루이와 비교되어진다. 그는 1237년에 러시아에서 해를 입지 않은 유일한 주요 공국인 노브고로드(Novgorod)의 제후였다. 그러나 타르타르의 침입 이후 곧 알렉산더는 서방으로부터 오는 다른 적들—즉, 스웨덴, 독일, 그리고 리투아니아인들—에 의해 자신이 위협받고 있음을 발견하였다. 동시에 두 전선에서 싸우는 것은 불가능하였다. 알렉산더는 타르타르의 지배권 아래 복종하여 조공을 바칠 것을 결심하였다. 그러나 그는 서방 적대자들과 대항하여 격렬한 저항을 하였고, 그들에게 두 개의 결정적 패배를 안겨 주었

다 : 1240년 스웨덴과 1242년에 튜튼 기사들. 서방보다 타르타르족과 화해한 이유는 주로 종교적인 것이었다. 타르타르족은 조공을 받았지만 교회의 삶을 방해하는 것은 삼가하였기 때문이다. 반면에 튜튼족 기사들은 그들의 공공연한 목적으로 러시아 분파주의자들을 정복하여 교황의 관할권 밑에 넣으려는 것이었다. 이것은 라틴 총대주교가 콘스탄티노플에서 통치했을 때를 가리키며, 마치 그들의 추종자 십자군들이 남쪽에서 1204년에 동방 콘스탄티노플을 쳐부순 것처럼, 북쪽에서 게르만 십자군들이 동방 노브고로드를 쳐부수는 것을 목적하였다.

그러나 몽고의 위협에도 불구하고 알렉산더는 어떠한 종교적 타협도 거부하였다. 그는 교황으로부터 온 사절단에게 다음과 같이 응답한 것으로 보도되었다. "우리의 교리들은 사도들에 의해 선포된 것들이다. 우리는 7개의 공의회의 성스러운 교부들의 전통을 세심하게 지키고 있다. 당신들의 말에 관하여 말한다면, 우리는 당신들의 말을 듣지 않으며, 당신들의 교리를 원하지 않는다."[6] 2세기 후, 플로렌스 공의회 이후의 그리스인들은 동일한 선택을 하였다. 그들이 느낀 것은 로마 교회에 영적 포로가 되기보다 이교도들에게 정치적 복종을 하는 것이 오히려 낫다는 것이었다.

페름의 스테반은 우리에게 몽고 지배하에서의 교회의 삶의 또 다른 측면-즉, 선교사업-을 제공한다. 몽고의 지배 초기부터 러시아 교회는 선교적 교회였다. 그리고 러시아인들은 그들의 이교 정복자들에게 선교사들을 보내는 데 신속하였다. 1261년 어떤 미트로반 사람(Mitrophan)이 선교감독으로 볼가에 있는 타르타르의 수도 사라이(Sarai)로 갔다. 다른 사람들은 몽고인들에게는 아니었지만, 러시아 대륙의 북동쪽과 그보다 더 먼 북쪽에 사는 원시 이교 종족들에게 복음을 전하였다. 시릴과

---

6. 알렉산더 네브스키의 13세기의 삶으로부터; Fedotov, *The Russian Religious Mind*, Vol. 1, p. 383.

메토디우스의 모범에 충실하였던 이들 선교사들은 성서와 교회예식을 그들이 사역한 민족의 언어와 방언으로 번역하였다.

페름의 감독 성 스테판(?1340-1396)은 지리안족(Zyrian) 가운데서 사역하였다. 그는 번역작업이 좀더 적합하도록 하기 위해 원주민 방언 뿐만 아니라 그리스어를 공부하면서 수도원에서 13년을 보냈다. 한편, 시릴과 메토디우스가 슬라브어의 번역에 있어서 변형된 그리스 알파벳을 채택한 반면, 스테판은 원주민의 문자를 이용하였다. 그는 성상 화가였으며, 하나님을 단지 진리의 하나님으로서가 아니라 미의 하나님으로 설명하고자 했다. 그는 다수의 다른 초기 러시아 선교사들처럼 군사적이고 정치적인 정복의 결과가 있은 후에 선교지로 간 것이 아니라, 정복에 한발 앞서 선교지로 나아갔다.

러시아의 위대한 민족 성자, 라도네츠의 세르기우스(Sergius of Radonezh)는 14세기에 땅의 재발견과 깊게 연관되어 있다. 그의 삶의 외적 패턴은 이집트의 성 안토니의 삶을 회상시킨다. 성년 초기에 세르기우스는 숲(이집트 사막에 견줄 만한 북쪽)으로 은둔하였고, 여기에서 그는 성 삼위일체께 헌신할 은둔지를 발견하였다. 7년 간의 고립 후 그의 은둔장소가 알려졌고, 제자들이 그의 주변에 모여들었다. 그리고 그는 영적 지도자, '장로'(an elder) 혹은 *starets*로 성장하였다. 마침내(그리고 여기에서 안토니의 목표와 동일하게) 그는 그의 제자집단을 정규적 수도원으로 만들었다. 이 수도원은 그의 전생애 가운데에 지상에 있는 가장 위대한 종교적 집이 되었다. 동굴수도원이 키예프 러시아에 있었던 것처럼, 모스크바에는 성 삼위일체 수도원이 있었다.

세르기우스는 테오도시우스와 동일한 **자기 비움**(Kenosis)과 사려 깊은 자기 겸비를 실천하였고, 농부(귀족 출신임에도 불구하고)처럼 살았으며, 허름한 옷을 입었다. "그의 복장은 오래되고 해어졌으며, 세탁을 하지 않아 땀으로 범벅이 되고, 심하게 헝겊으로 기운 거친 농부 모전(毛氈)으로 만들어진 것이었다."[7] 큰 공동체의 수도원장으로 그의 명성이 최고에 달하였을 때, 그는 아직도 부엌에서 일하였다. 종종 그는 방문자들에게 발견되었을 때, 그들은 그가 실제로 거룩한 세르기우스임을 믿을 수 없었다. 어떤 사람이 혐오스럽게 외쳤다. "나는 예언자를 보기 위해 왔다. 그런데 너희는 나에게 거지를 보여 주고 있다."[8] 테오도시우스처럼 세르기우스는 정치에서 활동적 역할을 하였다. 모스크바의 대(大) 공작의 절친한 친구였던 그는 그 도시가 확장되는 것을 격려하였다. 쿨리코보의 전투 후, 러시아 권력의 지도자이며 제후인 디미트리 돈스코이(Dimitry Donskoy)가 특별히 그의 축복을 확보하기 위해 세르기우스에게 온 것은 의미심장하다.

그러나 테오도시우스와 세르기우스의 삶 속에 많은 동일한 점들이 있지만, 중요한 두 가지 차이점이 지적되어야 한다. 우선 키예프 러시아에 있는 대부분의 수도원들처럼 동굴수도원은 그 도시의 변두리에 있었던 반면, 성 삼위일체 수도원은 문명세계로부터 떨어져 있는 광야에 세워졌다. 세르기우스는 그의 방식으로 문명의 경계선을 앞으로 밀고 나가며, 숲을 문명세계로 바꾸는 탐험가요 식민주의자였다. 그가 당시 식민주의적 수도사의 유일한 본보기는 아니었다. 다른 사람들도 그처럼 숲으로 가 은둔자가 되었다. 세르기우스의 경우와 마찬가지로 그들의 경우에 있어서도 은둔자의 집으로 출발하여 곧 담 너머의 문명세계를 지닌 정규적 수도원으로 성장하였다. 그후 전과정이 다시 시작되었다. 고립된 삶을 추구하는 새로운 수도사 세대가 좀더 먼 숲에서 그들의 길을 만들어 갔고, 그들의 제자들이 뒤를 따랐다. 새로운 공동체들이 형성되었고, 새로운 땅이 경작을 위하여 개간되었다. 식민주의 수도사들의 이 꾸준한 발전은 14~15세기 러시아의 가장 특징적인 모습 가운데 하나였

---

7. St. Epiphanius, "The Life of Saint Sergius", in Fedotov, *A Treasury of Russian Spirituality*, pp. 69-70.
8. Epiphanius, in Fedotov, op. cit., p. 70.

다. 라도네츠와 다른 중심들로부터 광대한 종교적 집들의 연결망이 빠르게 백해(the White Sea)와 북극권까지의 북러시아 전체에 걸쳐 퍼졌다. 50여 개의 공동체들이 세르기우스의 제자들에 의해 세르기우스의 생애 동안 세워졌고, 40개 이상이 그 다음 세대에 그의 추종자들에 의해 세워졌다. 이들 탐험수도사들은 식민주의자들이었을 뿐만 아니라 선교사들이었다. 그들은 훨씬 북쪽으로 통과하여 그들을 둘러싸고 있는 숲 속에서 사는 거친 이교 종족들에게 기독교를 전파하였다.

두 번째, 테오도시우스의 종교적 경험 속에는 특별히 신비적이라고 부를 수 있는 것이 없었으나, 세르기우스에게는 영적 삶의 새로운 차원이 명백하게 있었다. 세르기우스는 그레고리 팔라마스와 동시대인이었다. 그는 비잔틴 내에 있었던 헤시케스트운동의 일부를 알고 있었다. 어쨌든 그의 전기작가 에피파니우스(Epiphanius)가 기록한 대로 기도 속에서 세르기우스에게 주어진 몇 가지 환상은 신비적 의미에서만 해석될 수 있다.

세르기우스는 '러시아의 설립자'로 불려졌다. 그는 세 가지 의미에서 그러하였는데, 정치적으로 그는 모스크바의 등장과 타르타르에 대한 저항을 고무시켰기 때문이고, 지리적으로 수도사들을 숲으로 나아가도록 하는 영감을 그 누구보다도 그가 불어넣어 주었으며, 영적으로 러시아 교회의 내적 삶을 심화시킨 그의 신비적 기도의 경험을 통하여서이다. 아마도 다른 러시아 성자들보다도 그는 수도원주의의 사회적 신비적 측면을 조화시키는 데 성공하였다. 그와 그의 추종자들의 영향 아래 1350~1550년까지의 두 세기는 러시아 영성에 있어서 황금시기로 증명되었다.

이 두 세기는 또한 러시아 종교 예술에 있어서 황금기이다. 이 기간 동안 러시아의 화가들은 그들이 비잔틴으로부터 전수받은 초상화법적 전통을 완성하였다. 성상 그리기가 성 세르기우스의 영적 자녀들 가운데 번창하였다. 예술적 관점에서 모든 동방정교회의 성상들 중 가장 우수한 것-성 앤드류 류브레브(Rublev : ?1370-?1430)에 의해 만들어진 성 삼위일체-은 성 세르기우스에 대한 경의를 표하기 위해서 그려지고, 그것이 라도네츠에 있는 그의 수도원에 있다는 사실은 우연이 아니다.

  세르기우스의 사후 61년이 지나 비잔틴제국은 터키에 의해 멸망하였다. 쿨리코브의 모습을 따라 만들어지고, 성자 자신(세르기우스-역자주)이 건설하기 위하여 그렇게도 많은 일을 행한 새로운 러시아는 이제 동방세계의 보호자로서 비잔틴의 위치를 대신하는 소명을 받았다. 하지만 러시아는 이 소명을 받아 감당할 자격이 있기도 하고, 없기도 한 것으로 증명되었다.

이슬람 지배하의 교회

> 터키에 의해 놓여진 억압과 유혹, 그리고 이 세상의 유혹과 기쁨에도 불구하고, 우리 시대에 그리스 교회의 견고한 보전은 기독교의 초기에 나타났던 기적과 능력들에 못지않게 우리에게 확신을 주는 확증이다. 진실로 무지하고 가난한 사람들이 그들의 신앙을 어떠한 불변성, 결심, 그리고 단순성을 가지고 지켰는가를 보고 생각하는 것은 감탄할 만하다.
>
> —폴 리코트(Rycaut) 경, 그리스 아르메니안 교회의 현재의 상태(1679)

제국 안에 있는 제국

에드워드 브라운(Edward Browne)은 콘스탄티노플의 영국대사관 전속신부로 도착한 직후 1677년 이렇게 기록하였다 : "십자가가 그렇게 오래도록 의기양양하게 서 있던 모든 장소에 회교의 깃발(터키계 이슬람을 상징하는 초승달 모양)이 게양되는 것을 보는 것은 비위를 크게 상하게 하였다." 1453년 그리스인들에게도 그것은 크게 비위를 상하게 하는 것이었음에 틀림없었을 것이다. 천 년 이상 사람들은 비잔틴의 기독교제국을 세상에 대한 하나님의 섭리 속에 있는 영구적인 요소로 당연히 생각하였다. 이제 하나님의 보호하에 있는 도시는 무너졌고, 그리스인들은 이교도의 지배 아래 있었다.

이것은 쉬운 변화가 아니었다. 그러나 이 변화는 그들의 기독교 신민을 매우 관대하게 다루었던 터키인들에 의해 어렵지 않게 이루어졌다. 15세기의 이슬람교는 서유럽 기독교가 종교개혁기와 17세기에 서로를 향해 관대했던 것보다 기독교에 대하여 훨씬 관대하였다. 이슬람은 성경을 거룩한 책으로, 예수 그리스도를 예언자로 생각하였다. 더욱이 이슬람의 눈으로 볼 때 기독교는 몇 가지 틀린 점이 있었지만 완전히 거짓은 아니었으며, '성서의 백성'인 기독교인들을 단순히 이교도들과 같은 차원에서 다룰 수는 없었다. 이슬람의 가르침에 따라 기독교인들은 박해를 경험하지 않았다. 그러나 기독교인들은 그들이 조용히 이슬람의 권력에 복종하는 한에 있어서, 간섭 없이 그들의 신앙을 계속 지킬 수가 있었다.

이것이 콘스탄티노플의 정복자 슐탄 모하메드 2세를 인도한 원칙들이었다. 도시의 함락 전에 그리스인들은 그를 "적그리스도의 선구자와 제2의 Sennacherib"로 불렀다. 그러나 그들은 사실상 그의 통치가 특성상 다르다는 것을 발견하였다. 총대주교좌가 비어 있음을 알고, 모하메드는 수도사 겐나디우스를 불러 그에게 총대주교좌를 주었다. 수도사가 되기 전에 조지 스콜라리우스(George Scholarios)로 알려진 겐나디우스(Gennadius : ?1405 - ?1472)는 당대에 여러 작품들을 기록한 작가였으며, 지도적인 그리스 신학자였다. 그는 로마 교회에 대해 단호하게 반대하였으며, 총대주교로의 그의 임명은 플로렌스 연합의 최종적 포기를 의미하였다. 의심할 바 없이 정치적 이유로 슐탄은 사려 깊게 반라틴적 확신을 지닌 사람을 선택하였다. 총대주교에 겐나디우스를 임명함으로 로마 가톨릭 세력들로부터 비밀스런 원조를 구하는 그리스인들은 더 이상 있을 수가 없었다.

비잔틴의 독재군주들이 이전에 행한 것처럼, 슐탄은 총대주교를 스스로 임명하고, 의식을 통해서 그에게 그의 목회적 지휘봉을 주었다. 이 행동은 상징적인 것이었다. 이슬람의 전사, 정복자 모하메드는 또한 이전에 기독교 황제들이 행사한 역할을 인계받아 동방정교회의 보호자가 되었다. 그래서 기독교인들은 터키의 사회질서 속에서 일정한 위치를 보증받았다. 그러나 그들이 곧 깨닫게 되었을 때 허락된 것은 열등한 위치였다. 이슬람 지배하에서의 기독교는 두 번째 계층의 종교였으며, 그 신자들은 두 번째 계층의 신민이었다. 그들은 무거운 세금을 지불하였고, 구별되는 옷을 입었고, 군대에서 봉사하는 것이 허락되지 않았으며, 이슬람 여인과 결혼하는 것이 금지되었다. 교회는 선교사역이 허락되지 않았으며, 이슬람인들을 기독교 신앙으로 개종시키는 것은 범죄였다. 기독교인들로 하여금 기독교를 배교하고 이슬람교로 변절하도록 하기 위하여 만든 모든 것은 물질적 관점으로 인한 것이었다. 직접적 박해가 종종 교회를 강화시키는 데 기여했으나, 오토만제국 아래서 그리스인들은 일반적으로 그들의 신앙을 단순히 수사학적 방법으로 변호하기를 거부하였다. 그리고 무자비한 사회적 억압을 받는 대신에 타락한 결과들에 굴복하였다.

이것이 전부는 아니었다. 콘스탄티노플의 함락 이후 교회는 콘스탄틴 황제의 회심 이전의 상황으로 바뀌도록 허락되지 않았다. 충분히 역설적으로, 이제 가이사의 것들은 일찍이 전에 그랬던 것보다 더욱 밀접히 하나님의 것들과 연합되어 갔다. 왜냐하면 이슬람교도들은 종교와 정치 사이의 구별을 이끌어 내지 않았기 때문이다. 그들의 관점에서 볼 때, 만약 기독교가 독립적인 종교적 신앙으로 인정되어야 한다면, 기독교인들이 독립된 정치적 단위로 – 제국 안에 있는 하나의 제국 – 인정되어야 하는 것은 필수적이었기 때문이다. 그러므로 동방정교회는 종교적 기구일 뿐만 아니라 시민적 기구가 되었다. 동방정교회는 *Rum Millet*, 즉 '로마 국가'(Roman nation)로 변화하였다. 교회적 구조는 전적으로 세속의 행정기구 안으로 인계되었다. 감독들은 행정관료가 되었고, 총대주교는 그리스 동방정교회의 영적 우두머리일 뿐만 아니라, 그리스 국가의 시민적 우두머리 – **행정장관**(the ethnarch) 혹은 *millet-bashi*-가 되었다. 이 상황은 1923년까지 터키에서 계속되었고, 키프러스에서는 대주교 마카리오스 3세(1977)가 죽을 때까지 계속되었다.

*millet*체계는 하나의 매우 귀중한 봉사를 수행하였다. *millet*체계는 4세기 동안의 외국의 지배를 통하여 독특한 단위로 그리스 국가의 생존을 가능케 하였다. 그러나 그것은 교회생활 위에 두 가지 침울한 결과를 가져왔다. 그것은 첫째로 동방정교회와 민족주의 사이에 슬픈 혼란을 가져왔다. 그들의 시민적, 정치적 삶이 완벽하게 교회 주변을 둘러싸고 조직되었기 때문에 그리스인들이 교회와 국가를 구별하는 것은 거의 불가능하였다. 보편적인 동방정교회의 신앙은 하나의 민족, 문화, 혹은 언어에 제한되지 않았다. 그러나 터키제국의 그리스인들에게 '헬레니즘'과 동방정교회는 그들이 일찍이 비잔틴제국 속에서 경험했던 것보다 훨씬 더 해결할 수 없을 정도로 서로 뒤얽혀 있게 되었다. 이 혼란의 결과들은 현재까지 계속되고 있다.

두 번째, 교회의 고위관직은 부패와 매관매직의 불명예스러운 체계에 휩싸이게 되었다. 그들은 외적인 사건들과 정치적인 문제들에 연루되자, 감독들은 야망과 재정적 탐욕에 희생되었다. 각각의 새로운 총대주교들은 그가 직무에 취임하기 전에 술탄으로부터 **베레트**(berat)를 필요로 하였고, 이 문서를 위하여 그는 어쩔 수 없이 과중하게 지불하여야 했다. 총대주교는 각 감독들을 그의 교구에 임명하기 전에 사례를 강요함으로써 그의 지출을 감독들로부터 만회하였다. 감독들은 또다시 교구 성직자들에게 세금을 부과하였고, 성직자들은 그들의 양무리에게 세금을 부과하였다. 한때 교황이 행사하던 교권이 터키 지배하에 에큐메니칼 총대주교좌에 의해서도 행사되었다. 모든 것이 매매행각을 위한 것이었다.

총대주교 권좌를 위해서 여러 후보가 있을 때, 터키는 사실상 그것을 최고의 입찰자에게 판매하였다. 그리고 그들은 **베레트**(berat)를 판매할 기회를 증가시키기 위해 가능한 한 자주 총대주교를 바꾸는 것이 그들의 재정에 유익이 된다는 사실을 재빨리 간파하였다. 총대주교들은 제거되고, 끊임없이 변화하는 신속함으로 복위되었다. "15세기와 20세기 사이에 총대주교좌에 오른 159명 중, 터키는 그들의 권좌로부터 105명의 총대주교를 내어쫓았다. 종종 본의아니게 양위를 한 경우도 27명이나 되었고, 6명의 총대주교들은 목졸리거나, 독살되거나, 익사당하는 무자비한 죽음을 당하였다. 단지 21명만이 그가 직무를 수행하는 동안 자연사하였다."[1) 때때로 동일한 인물이 4~5개의 다른 직책에서 일을 수행하였고, 보통 추방지에서 권좌로 돌아올 기회를 애타게 바라보는 몇몇의 국외로 추방된 총대주교들이 있었다. 총대주교의 극단적 불안정성은 자연히 성회(聖會)에서 그를 계승하기를 희망하는 거룩한 대회의 메트로폴리탄들 가운데 끊임없는 음모들을 야기시켰다. 교회지도자들은 일반적으로 심하게 적대적인 당파로 분리되어 있었다. 17세기 레반트에 거주한 어느 영국인은 다음과 같이 기록하였다. "모든 훌륭한 기독교인은 한때 영광스럽던 교회가 눈물을 흘리며, 자신의 내장을 잡아찢고, 독수리들과 갈가마귀, 그리고 세상의 광폭한 피조물들에게 음식으로 자신을 내어주는 것을 슬프고 비통하게 바라보아야 했다."[2)

그러나 비록 콘스탄티노플의 총대주교가 내적으로 쇠퇴를 경험하였으나, 외적으로 그 권세는 이전에 결코 없었던 팽창을 경험하였다. 터키인들은 콘스탄티노플의 총대주교를 그들의 영역 내에서 모든 동방정교회인들의 머리로 간주하였다. 역시 오토만제국 안에서 나머지 총대주교

---

1. B. J. Kidd, *The Churches of Eastern Christendom*(London, 1927), p. 304.
2. Sir Paul Rycaut, *The Present State of the Greek and Armenian Churches*(London, 1679), p. 107.

들 – 알렉산드리아, 안디옥, 예루살렘 – 은 이론적으로는 독립적이었으나 사실상 종속되어 있었다. 불가리아와 시리아의 교회들은 – 터키의 지배 아래서와 마찬가지로 – 점차적으로 모든 독립성을 상실하였고, 18세기 중반경 직접적으로 에큐메니칼 총대주교의 관할 아래로 넘겨졌다. 그러나 터키의 권력이 쇠퇴하던 19세기에 총대주교의 영역은 축소되었다. 터키로부터 자유를 얻은 국가들은 교회적으로 터키의 수도에 거주하고 터키의 정치적 체계와 밀접하게 연관된 총대주교에 복종하는 것이 실제적이지 못함을 깨달았다. 총대주교는 그가 할 수 있는 한 저항하였으나 각 경우에 있어서 그는 결과적으로 피할 수 없는 운명에 굴복하였다. 여러 민족교회들이 총대주교관구로부터 분할되었다 : 그리스 교회(1833년 조직되어 1850년 콘스탄티노플의 총대주교에 의해 공인됨) ; 루마니아 교회(1864년 조직되어 1885년 공인됨) ; 불가리아 교회(1871년 재조직되어 1945년 콘스탄티노플에 의해 공인됨) ; 세르비아 교회(1879년 회복되어 공인됨). 총대주교관구의 감소는 주로 전쟁의 결과로 현세기까지 계속되었고, 발칸 반도에서의 동방정교회 구성원들은 이제 겨우 오토제국의 번성기에 존재하였던 것의 조그만 파편에 불과하다.

  터키의 점령은 교회의 지적인 삶 위에 두 가지 상반되는 결과를 가져왔다. 그것은 한편으로는 거대한 보수주의의 원인이었고, 다른 한편으로는 서구화의 원인이었다. 터키하의 동방정교회는 자신들이 방어적이라고 느꼈다. 동방정교회의 큰 목적은 **생존**이었다. 다가올 보다 좋은 날을 희망하면서 모든 것이 현상유지되어 가길 바랐다. 그리스인들은 그들이 비잔티움으로부터 전수받은 기독교 문명에 대하여 기적적인 끈기를 지니고 집착하였다. 그러나 그들은 이 문명을 창조적으로 발전시킬 기회를 거의 가지지 못하였다. 충분히 이해할 수 있으나, 그들은 일반적으로 받아들여진 규범들을 반복하거나, 그들이 과거로부터 전수받은 입장에서 자신들의 입장을 견고히 하는 데 만족하였다. 그리스 사상은 사람들이 후회할 수밖에 없는 화석화와 경직화를 경험하였다. 하지만 보수주의도 장점들을 가지고 있었다. 어둡고 어려운 시대 속에서 그리스인들은 사실상 본질적으로 손상되지 않은 동방 전통을 유지하였다. 이슬람 지배하의 동방정교회인들은 그들의 인도자로 디모데에 대한 바울의 말씀을 부여잡았다. 네게 부탁한 것을 지키라(딤전 6 : 20). 그들이 결국에 가서 좀더 나은 모토를 선택할 수 있었겠는가?

그러나 이 전통주의와 나란히 17~18세기의 동방정교회의 신학은 또 다른, 그리고 반대되는 흐름을 가지고 있다 - 서구의 침투의 흐름. 오토만의 지배 아래 동방정교회인들이 높은 수준의 학문성을 유지할 수 있는 것은 불가능하였다. 높은 교육을 바랐던 그리스인들은 어쩔 수 없이 비동방세계, 이탈리아와 독일, 파리, 그리고 심지어 옥스퍼드까지 여행하였다. 터키시대의 뛰어난 그리스 신학자들 가운데 소수가 스스로 배웠으나, 압도적 다수는 로마 가톨릭 혹은 개신교 대가들로부터 서방에서 훈련을 받았다.

불가피하게 이것은 그들이 동방정교회의 신학을 해석하는 방식에 영향을 주었다. 그리스 학생들이 명백히 서방에서 교부들을 읽었지만, 그들은 단지 그들이 비-동방 교수들에 의해 존경하도록 배운 교부들과 친하게 되었다. 그래서 그레고리 팔라마스는 그의 영적인 가르침 때문에 아토스의 수도사들에 의해서만 읽혀졌고, 터키시대의 대부분의 학식 있는 그리스 신학자들에게 그는 전혀 알려져 있지 않았다. 그 시대의 가장 유능한 그리스 신학자 유스트라티오스 아르겐티(Eustratios Argenti : ?1758년 사망)의 작품 속에는 팔라마스의 글로부터 단 하나의 인용문도 없었다. 그리고 그의 경우는 전형적이다. 팔라마스의 주요한 작품 가운데 하나인「거룩한 헤시케스트들을 방어하기 위한 삼인조」(The Triads in Defence of the Holy Hesychasts)가 대부분 1959년까지 출판되지 않았다는 사실은 지난 4세기 동안에 그리스 동방정교회의 학문의 상태를 상징한다.

충분히 그들 자신의 교회에 의도적으로 충성하였을지라도, 서방에서 공부한 그리스인들이 그들의 동방정교회의 정신성을 상실하고 살아 있는 전통인 동방정교회로부터 단절된 것은 사실상 위험스러운 것이었다. 그들은 서구의 안경으로 신학을 바라볼 수밖에 없었다. 의식적이든 무의식적이든, 그들은 그들 자신의 교회와 관계가 먼 논쟁방식과 결정론을 사용하였다. 동방정교회의 신학은 러시아 신학자 플로로브스키(Fr. Georges Florovsky : 1893 - 1979)가 적절하게 명명한 **이상변이**(pseudomorphosis)를 경험하였다. 터키시대의 종교사상가들은 대부분 두 진영으로 갈라졌다 - '라틴주의자'(Latinizers)와 '개신교주의자'(Protestantizers). 그러나 이 서구화의 범위는 과장되지 말아야 한다. 그리스인들은 그들이 서방에서 배운 외적인 형식들을 사용하였으나, 그들의 사상의 본질에 있어서 대다수는 근본적으로 동방적이었다. 전통은 여러 번 전혀 맞지 않는 틀로 억지로 변형됨으로써 왜곡되었으나 완전히 파괴되지는 않았다. 보수화와 서구화의 이중의 배경을 명심하고, 종교개혁과 반종교개혁이 동방세계에 미친 도전들을 생각해 보자.

종교개혁과 반-종교개혁 : 그들의 이중적 영향

종교개혁의 영향들은 그들이 러시아와 터키제국의 국경선에 도달하였을 때 잠시 멈추었고, 그 결과 동방정교회는 종교개혁이나 반종교개혁을 경험하지 않았다. 그러나 이 두 운동이 동방정교회에 전혀 영향을 주지 않았다고 결론을 내리는 것은 잘못이다. 무수한 접촉점들이 있었다. 우리가 본 것처럼 동방은 서방에서 공부해 갔다. 동부 지중해로 파송받은 예수회와 프란시스칸들은 동방정교회에서 선교사역을 수행하였다. 예수회는 또한 우크라이나에서 사역하였다. 콘스탄티노플의 외국대사관 - 로마 가톨릭과 개신교 세력 - 들은 정치적 역할 뿐만 아니라 종교적 역할을 수행하였다. 17세기 중에 이들의 접촉은 동방정교회의 신학에 있어서 의미 있는 발전으로 인도하였다.

동방과 개신교 사이의 첫 번째 중요한 관점의 변화는 튜빙겐으로부터 온 루터교 신학자 대표단이 야콥 안드레아스와 마틴 크루시우스의 안내를 받아 콘스탄티노플을 방문하고 총대주교 예레미야스 2세에게 그리스어로 번역한 아우구스부르크 신앙고백서의 사본을 준 1573년에 시작되었다. 의심할 바 없이, 그들은 그리스인들 가운데에 일단의 종교개혁이 시작되기를 희망하였다. "만약 그들이 그들의 영혼의 영원한 구원을 생각하기를 원한다면, 그들은 우리와 연합하여야 하고, 우리의 가르침을 받아들여야 한다. 그렇지 않으면 영원히 소멸할 것이다." 그러나 예레미야스는 튜빙겐 신학자들에 대한 그의 응답(1576, 1579, 1581년) 속에서 엄격하게 전통적 동방정교회 입장을 고수하였고, 개신교주의에 대하여 그 어떤 좋아함도 보이지 않았다. 그의 처음 두 편지에서 루터파들에게 응답을 보냈다. 그러나 총대주교는 그의 세 번째 편지 속에서 문제들이 벽에 부딪쳤음을 느끼면서 서신왕래를 끝냈다 : "당신들의 길을 가시오. 더 이상 교리적 문제들을 기록하지 마시오. 만약 당신들이 편지를 쓰기 원한다면, 그 때에는 친교를 위해서만 쓰시오." 이 모든 사건은 동방정교회에 대한 종교개혁자들의 관심을 보여 준다. 총대주교의 **응답**은 동방정교회의 관점으로부터 종교개혁자들의 교리에 대한 첫 번째 **명백하고** 권위 있는 비평으로서 중요하다. 예레미야스에 의해 논의된 주된 문제들은 자유의지, 은혜, 성경, 전통, 성만찬, 죽은 자를 위한 기도, 그리고 성자들의 소명이었다.

튜빙겐 신학자들의 방문기간 중 루터파와 동방정교회는 서로에게 커다란 존경심을 보여 주었다. 그러나 매우 다른 정신이 동방정교회와 반-종교개혁 사이의 첫 번째 중요한 접촉을 특징지었다. 이것은 터키 제국의 경계선 밖에 있는 우크라이나에서 일어났다. 타르타르에 의해 키예프 권력이 파괴된 후, 키예프 시를 포함하여 남서러시아의 대부분의 지역은 리투아니아와 폴란드에 의해 흡수되었다. 러시아의 남서부는 통상 '작은 러시아' 혹은 우크라이나로 알려졌다. 폴란드와 리투아니아의 국민들은 1386년까지 한 통치자 아래 연합되어 있었다. 그래서 인구의 대다수와 더불어 연합지역의 군주는 로마 가톨릭 신자였으며, 그들 국민들 중 소수만이 러시아인과 동방정교인이었다. 우크라이나에서 이들 동방정교인들은 곤란한 곤궁 속에 있었다. 그들이 속한 콘스탄티노플 총대주교는 폴란드에서 매우 효과적인 지배를 행사할 수 없었다. 그들의 감독들은 교회에 의해서가 아니라 폴란드의 로마 가톨릭 왕에 의해 지명되었고, 종종 영적 자질을 결여한 간신들이었다.

16세기 말경에 로마를 향한 운동이 우크라이나의 동부 기독교인들 가운데 발전하였다. 1596년 브레스트-리토브스키(Brest-Litovsk) 공의회에서 키예프의 메트로폴리탄 미카엘 라고자(Ragoza)를 포함하여, 참석한 8명의 감독 중 6명이 로마와 연합하는 데 찬성하기로 결정하였다. 비록 수도사와 교구 대표단들의 중요한 구성원들과 더불어 두 명의 감독들이 동방정교회에 남기로 선택하였음에도 불구하고. 그래서 날카로운 분열이 일어났다. 한편에는 기존의 동방정교회파, 다른 한편은 - 이들은 다양하게 유형화되었다 - '그리스 가톨릭파', '동방 제의를 소유한 가톨릭파'(Catholics of the Eastern rite) 혹은 'Uniates'. 그리스 가톨릭파가 플로렌스 공의회에서 선언된 원칙들을 받아들였다. 그들은 교황의 수위권을 인정하였으나 성직자의 결혼과 같은 그들의 전통적 실천사항들은 유지하도록 허락되었다. 비록 시간의 경과 속에서 서구적 요소들이 그것들 속으로 들어와 있지만 말이다. 그러므로 외적으로는 동방 제의를 소유한 가톨릭파를 동방정교회로부터 거의 구별할 수 없다. 우리는 교육받지 않은 농부들이 과연 이 논쟁이 무엇에 관한 것인가를 어느 정도까지 이해하였는지 궁금하다.

폴란드 우크라이나에 있는 기존의 동방정교회는 로마 가톨릭 당국으로부터 심한 억압을 받았다. 의심할 바 없이 브레스트 연합은 1596년부터 현재까지 동방정교회와 로마 사이의 관계를 한층 더 비참하게 하였다. 그러나 박해는 여러 방면에서 고무적인 결과를 낳았다. 평신도들은 동방정교회를 방어하기 위하여 동맹을 맺었고, 고위성직자들이 로마에 변절했던 여러 장소에서 형제단(Bratstva)으로 알려진 힘있는 평신도 연합에 의해 동방정교회의 전통이 지탱되었다. 예수회의 선전에 대응하기 위하여 그들은 인쇄기를 가지고 동방정교회를 변호하기 위하여 책들을 발행하였다. 그들은 예수회의 영향력에 대항하기 위하여 그들 자신의 동방정교회 학교들을 조직하였다. 1650년까지 우크라이나에서 배우고자 하는 수준은 동방세계의 어느 곳보다도 높았다. 이 당시에 모스크바로 여행온 키예프 출신 학자들은 대(大) 러시아에서 지적 수준을 높이기 위하여 크게 공헌하였다. 배움에 대한 이러한 부흥 속에서 특별히 찬란한 부분이 1633년부터 1647년까지 키예프의 메트로폴리탄이었던 모길라의 피터에 의해 수행되었다. 우리는 잠시 후에 그에게 눈을 돌려야만 한다.

  1596년 브레스트 공의회에 시릴 누카리스(Lukaris : 1572-1638)라 불리는 젊은 그리스 사제가 콘스탄티노플 총대주교좌의 대표들 가운데 있었다. 우크라이나에서의 그의 경험의 결과이든지, 아니면 그가 그후 콘스탄티노플에서 사귄 친구들 때문이었든지, 그는 그 이후의 삶에서 로마 교회에 대한 강력한 적의를 나타냈다. 그는 에큐메니칼 총대주교가 되자마자 그의 충만한 정력을 터키제국에서 로마 가톨릭의 영향력과 싸우는 데 헌신하였다. 아마 불가피하였음에도 불구하고, '교황의 교회'(그리스인들이 부른 것처럼)와의 투쟁 속에서 그가 깊게 정치에 관계하게 되었던 것은 불행한 일이었다. 그를 반대하는 예수회 사람들은 로마 가톨릭 당국의 외교대표자들을 이용하는 동안, 그는 자연히 콘스탄티노플에 있는 개신교 대사관들에 도움을 요청하였다. 개신교 외교사절단에게 정치적 도움을 호소하는 것 이외에, 시릴은 또한 신학적 문제에 있어서 개신교의 영향력 아래로 떨어졌다. 그래서 1629년 제네바에서 처음으로 출판된 그의 「신앙고백서」[3)는 상당 부분의 가르침에 있어서 두드러지게 칼빈주의적이었다.

총대주교로서 시릴의 통치는 격렬한 음모의 오랜 연속이었고, 오토만의 지배 아래 에큐메니칼 총대주교좌(콘스탄티노플 총주교좌-역자주)의 고통받는 상태에 대한 무시무시한 본보기를 보여 주었다. 여섯 번 지위가 폐위당하였고 여섯 번 다시 지위가 회복되었던 그는 마침내 터키의 병사들에 의해 교살되어 그의 몸은 보스포루스 강에 던져졌다. 그가 성 포티우스시대 이래로 총대주교좌를 수행한 가장 명석한 사람이었기 때문에 결국 그의 경력은 매우 비극적인 것이었다. 그가 정치적 음모들로부터 자유한, 오로지 행복한 상태 아래 살았었다면 그의 비범한 재능들은 좀더 훌륭하게 사용되었을 것이다.

시릴의 칼빈주의는 그의 동료 동방정교인들에 의해 신랄하고 재빠르게 평가되었고, 그의「신앙고백서」는 1638년에서 1691년까지 6개의 지역 공의회들에 의해 정죄되었다. 두 명의 다른 동방정교회의 고위성직자 모길라의 피터와 예루살렘의 도시테우스는 시릴에 대한 직접적인 반작용으로 그들 자신의 신앙고백서를 만들었다. 1640년 기록된 피터의 동방정교회의「신앙고백서」(Orthodox Confession)는 로마 가톨릭의 의식서들에 직접적으로 근거하였다. 그것은 루마니아(1642)의 쟈시 공의회에 의해 승인되었다. 그러나 곧 그것은 메레티우스 시리고스(Meletius Syrigos)라는 그리스인에 의해 개정되었는데, 그는 특히 성만찬에서 봉헌(피터는 이것을 오로지 제정의 말씀으로 돌렸다.)과 연옥에 관한 조항들을 바꾸었다. 개정판에서조차도 모길라의 신앙고백서는 여전히 동방정교회의 공식적 공의회에 의해 일찍이 채택된 라틴 문서이다. 1699년부터 1707년까지 예루살렘의 총대주교였던 도시테우스 또한 심하게 라틴 자료에 의존하였다. 예루살렘 공의회(또는 베들레헴 공의회로 알려짐)에 의해 1672년 인준된 그의「신앙고백서」는 시릴의「신앙고백서」에 간단명료

---

3. 이 문맥에서 '신앙고백서'(Confession)라는 것은 신앙의 진술을 의미한다. 즉, 유일한 종교적 신념의 선포.

하게 일일이 답하였다. 시릴과 도시테우스가 의견이 갈리는 중요한 문제들은 네 가지이다. 즉 자유의지, 은총, 그리고 예정에 관한 문제, 교회론, 성례의 수와 본질, 그리고 성상에 대한 존경이다. 성만찬에 대한 진술 속에서 도시테우스는 라틴어 **화체설**(transubstantiation) 뿐만 아니라, **실체**(substance)와 **우연한 속성들**(accidents)[4] 사이의 스콜라적 구별을 채택하였다. 그리고 죽은 자를 위한 기도를 변호하면서, 그는 실제적으로는 연옥 교리를 사용함 없이 로마의 연옥 교리와 매우 가까워졌다. 그러나 한편 도시테우스의「신앙고백서」는 모길라의 것보다는 덜 라틴적이었으며, 확실히 17세기 동방정교회의 신학사에 있어서 일차적으로 중요한 문서로 간주되어져야 한다. 누카리스의 칼빈주의에 직면한 테오도시우스는 손에 가까운 무기(라틴 무기들)를 사용하였다(그 상황 아래서 그것은 아마도 그가 할 수 있었던 유일한 일이었다.). 그러나 그가 이 라틴 무기들을 가지고 방어한 신앙은 로마 가톨릭적이 아니라 동방정교회적이었다.

17세기에 우크라이나 밖에서 동방과 로마 가톨릭 사이의 관계는 종종 친밀하였다. 동부 지중해 연안의 많은 지역에서, 특별히 베네치아의 지배 아래 있는 그리스 섬들 가운데에서 그리스인과 라틴인들은 예배를 함께 드렸다. 우리는 심지어 동방 성직자들이 제복을 입고 양초와 기를 들고 억지로 참석한 로마 가톨릭의 축복된 성만찬(Blessed Sacrament)의 행렬에 대하여 읽는다. 그리스 감독들은 라틴 선교사들을 초대하여 그들의 양떼들에게 설교하고 신앙고백서를 듣도록 하였다. 그러나 1700년 이후 이 친밀한 접촉은 감소하였고, 1750년경에는 그들은 접촉을 대부분 중지하였다. 1724년 안디옥에 있는 동방정교회 총대주교좌의 대부분은 로마에 복속하였다. 이후 동방정교회 당국은 동일한 일이 터키제국 내의 다른 지역에서도 일어날 것을 두려워하면서 로마 가톨릭을 대

---

4. 이 책의 p. 344, 각주 6을 보라.

하는 데 있어서 훨씬 엄격해졌다. 반로마 감정의 정점은 콘스탄티노플, 알렉산드리아, 그리고 예루살렘의 총대주교들이 라틴의 세례가 전적으로 무가치하다고 선언하고, 동방정교회로 회심한 모든 자들은 새롭게 세례를 받아야 한다고 주장한 1755년이었다. 교령은 다음과 같이 진술하였다. "이단의 세례는 거부되고 멸시되어야 한다. 그것들은 이익을 줄 수 없는 물이며,······ 그것을 받을 때 그 어떤 성화를 제공하지 못하며, 전혀 죄를 씻는 방식에 이용될 수 없는 물이다." 이러한 평가는 11세기 말까지 그리스세계에 유효하게 존속되었으나 그것이 러시아 교회에까지 확장되지는 않았다. 러시아인들은 일반적으로 1441년과 1667년 사이 로마 가톨릭 회심자들에게 세례를 주었다. 그러나 1667년 이래로 그들은 일반적으로 그렇게 하지 않았다.

17세기의 동방정교회는 로마 가톨릭, 루터파, 그리고 칼빈주의자들 뿐만 아니라 영국 성공회와도 접촉하였다. 시릴 누카리스는 캔터베리의 대주교 겸 수도원장과 서신왕래를 시작하였다. 미래의 알렉산드리아 총대주교 메트로파네스 크리토포로스(Metrophanes Kritopoulos)는 1617년부터 1624년까지 옥스퍼드에서 공부하였다. 크리토포로스는 광범위하게 동방정교회에서 사용된「신앙고백서」의 저자인데, 그것은 약간 개신교적인 색깔을 띠었다. 1694년경, 심지어 옥스퍼드(지금은 보르체스터〈Worcester〉대학)의 글로체스터 홀(Gloucester Hall)에 '그리스 대학'을 설립할 계획이 있었다. 그리고 약 10명의 그리스 학생들이 실제로 옥스퍼드에 보내졌다. 그러나 이 계획은 예산부족으로 실패하였다. 그리스인들은 음식과 숙박이 너무 열악함을 깨닫고 그들 중 대부분은 달아났다. 1716년부터 1725년에 가장 흥미있는 교제(일치)가 동방정교회인들과 비-선서자(Non-Jurors : 찬탈자 오렌지의 윌리엄에게 충성을 맹세하기보다, 1688년 영국 교회의 주된 몸체에서 분리해 나간 일단의 성공회원들) 사이에 유지되었다. 비-선서자들은 동방정교회와의 교제를 확립할 희망 속에서 4개의 동방정교회의 총대주교들과 러시아 교회 모두에 접근하였다. 그러나 비-선서자들은 성만찬에서 그리스도의 현현에 관한 동방정교회의 가르침을 받아들일 수 없었다. 그들은 또한 동방정교회에 의해 하나님의 어머니, 성자들, 그리고 성상들에게 표현된 존경심에 대해 당황스러웠다. 결과적으로 교제는 어떠한 동의에 도달함 없이 중단되었다.

모길라(Moghila)와 도시테우스의 작품, 쟈시와 예루살렘 공의회, 그리고 비-선서자들과의 교제에로 되돌아가 보면, 우리는 이 시대에 그리스 신학의 한계성으로 인해 충격을 받는다. 우리는 충분하게 동방정교회의 전통을 발견할 수 없다. 그럼에도 불구하고 17세기의 공의회들은 동방정교회에 영구적이고 건설적인 기여를 하였다. 종교개혁 논쟁은 에큐메니칼 공의회나 후기 비잔틴제국의 교회들이 직면하지 못하였던 문제들을 야기시켰다. 17세기에 동방정교회는 성례와 교회의 본질과 권위에 대하여 더욱 깊게 생각하도록 강요받았다. 동방정교회가 이러한 주제들에 대하여 자신의 생각을 표현하고, 서방에서 일어난 새로운 가르침들과 관계하여 자신의 입장을 정의하는 것은 중요하다. 이것은 17세기 공의회가 성취한 업적이다. 이 공의회들은 지역적이었으나 그들의 결정의 본질은 전체 동방정교회에 의해 받아들여졌다. 3백 년 전의 헤시케스트 공의회처럼 17세기 공의회들은 창조적인 신학작업이 에큐메니칼 공의회들의 시대 이후에 동방정교회 내에서 끝나지 않았다는 사실을 보여 준다. 이러한 교리들은 모든 동방정교회인들이 그들의 신앙의 통합적 부분으로 기꺼이 받아들인 보편공의회들에 의해 정의되지 않은 중요한 교리들이다.

터키의 통치기간 내내 헤시케시즘의 전통들은 특별히 아토스 산에서 살아 남았다. 여기에서 18세기 후반기의 그 효과가 오늘날까지도 느껴질 수 있는 중요한 영적 갱신운동이 일어났다. 콜리바데스(Kollyvades)로 알려진 그 구성원들은 너무 많은 다수의 동료 그리스인들이 서구의 계몽주의의 영향 아래 떨어지고 있는 방식에 대하여 경고를 하였다. 콜리바데스들은 서방에서 유행하는 세속적 사상을 수용함으로써가 아니라, 동방 기독교의 참된 진리 – 교부신학과 동방의 제의적 삶의 재발견을 통하여 – 로 돌아감을 통해서만 그리스 국가의 부흥이 도래할 것이라고 확신하였다. 특별히 그들은 이 당시에 비록 대부분의 동방정교회가 일 년에 세 번 혹은 네 번만 성만찬을 하였음에도 불구하고, 가능하다면 매일 성만찬이 있어야 할 것을 주장하였다. 이 때문에 콜리바데스는 거룩한 산과 그 밖의 장소에 의해 맹렬히 공격을 받았으나, 1819년 콘스탄티노플에서 개최된 공의회가 그들의 입장을 존중하고, 원칙상 적절히 준비가 된다면 신자들이 모든 성만찬의식에서 성만찬을 받을 수 있다고 확정하였다.

이 영적 갱신의 가장 유명한 결실들 가운데 하나는 14~15세기까지 거슬러 올라가는 금욕적이고 신비적 본문의 광대한 선집인 「필로칼리아」(Philokalia)의 출현이었다. 1782년 베니스에서 출판된 이 선집은 2절판으로 약 1,207페이지의 두꺼운 책이다. 콜리바데스운동의 지도적 인물들인 이 편집자들은 고린도 교회의 메트로폴리탄(1731-1805)인 성 마카리우스(노타라스)와 "그의 시대의 아토스 학파의 백과사전"으로 명명된 거룩한 산(The Hagiorite, 1748-1809)의 성 니코데무스(Nicodemus)였다. 편집자들에 의해 수도사 뿐만 아니라 세속에서 살아가는 평신도들을 위하여 의도된 「필로칼리아」는 특별히 내적 기도의 이론과 실천, 특별히 예수의 기도(the Jesus Prayer)에 집중되어 있다. 초기에 그리스에서 그것의 영향력은 제한적이었고, 그것이 다시 발행되기까지 한 세기 이상이 지나갔다. 그러나 1793년에 모스크바에서 출판된 슬라브 번역이 19세기 러시아 영성의 르네상스에 결정적으로 기여하였다. 한편, 최근에 1950년대부터 더 많은 관심이 그리스인들에 의해「필로칼리아」에 주어지고 있다. 번역들은 또한 서방 언어로도 나타나기 시작하였다. 이들은 놀라웁게 광범위한 대중에 어필하였다. 실로「필로칼리아」는 영적 '시한폭탄'으로 작용하였다. 왜냐하면「필로칼리아」의 참 '시대'는 18세기 후반이 아니라 20세기 후반이 되었기 때문이다.

니코데무스는 수많은 다른 본문들, 가장 주목할 만하게는 새로운 신학자 시메온의 저작들의 편집을 희망하였다. 그리고 그는 이것이 출판되지 않았음에도 불구하고 그레고리 팔라마스에 대한 편집을 준비하였다. 이 당시 그리스인들의 강한 반-가톨릭 정서의 관점에서 볼 때 다소 놀랍지만, 그는 또한 로마 가톨릭의 경건한 문학들을 이용하였고, 그리스 동방정교회의 독자들을 위하여 로렌조 스쿠폴리(Lorenzo Scupoli)와 예수회의 설립자 이그나티우스 로욜라(Ignatius Loyola)의 작품들을 채택하였다.

18세기 아토스 산의 또 다른 수도사 애톨리안(Aetolian) 성 코스마스(Kosmas)는 책을 통해서가 아니라 선교적 설교를 통해서 그리스 사람들의 부흥에 기여하였다. 그의 사역은 요한 웨슬리의 사역과 비슷하였다. 이 당시 터키의 지배 아래 그리스인들의 종교적, 문화적 삶이 여러 곳에서 쇠퇴하여 가라앉고 있을 때, 그는 그리스 주요 지역과 섬들을 관통하는 일련의 사도적 여행을 통하여 수많은 군중들에게 연설하였다. 그는 그리스 정통신앙과 그리스 언어를 통합적으로 관계된 것으로 보았다. 그리고 그는 어디를 가든지 그리스 학교들을 세웠다. 결국 그는 오토만 당국에 의해 처형되었다. 그는 터키시대에 그들의 신앙 때문에 고통을 받은 수많은 '새로운 순교자들' 가운데 하나였다.

터키의 지배기간 중 동방정교회의 국가 내에 많은 안타까움이 있지만, 또한 감탄할 만한 것이 많이 있다고 정당하게 주장되어져 왔다. 헤이릴 수 없는 많은 절망에도 불구하고, 오토만의 지배 아래 동방정교회는 결코 중심을 상실하지 않았다. 물론 이슬람에 배교하는 많은 경우들이 있었다. 그러나 어쨌든 유럽에서 기대했던 것만큼 빈번하지는 않았다. 교회의 고위성직자들 가운데 부패는 평범한 기독교인의 일상적 삶 위에 거의 영향을 주지 못하였다. 비록 그것이 평범한 기독교인들을 억압했지만 말이다. 그럼에도 불구하고 평범한 기독교인들은 여전히 그의 교구교회에서 주일마다 예배를 드릴 수 있었다. 무엇보다도 그 암흑시대에 동방 정교회를 살아 있도록 한 것은 성만찬(the Holy Liturgy)이었다.

모스크바와 성 피터스버그

> 나는 하나님의 존재하심-즉, 초자연적 존재에 대한 의식이 다른 서방 국가들의 삶에서보다 러시아인들의 삶 속에 더욱더 완벽하게 관통하고 있다고 생각한다.
> -1867년 러시아 방문 후 H. P. Liddon이 쓴 성 바울의 교회법 중에서

제3의 로마, 모스크바

콘스탄티노플이 터키에 의해 1453년에 함락된 후에 동방의 기독교세계에서 주도권을 장악한 유일한 나라가 있었다. 불가리아, 세르비아와 루마니아의 대부분은 벌써 터키에 의해 정복당했고, 나머지는 오래 전에 병합되었다. 키예프의 메트로폴리아는 폴란드와 리투아니아의 로마 가톨릭 통치자들의 관할로 양도되었다. 모스크비(Muscovy)만이 홀로 남겨졌다. 비잔틴제국의 시대가 끝났을 바로 그 때에 모스크바인들이 그들 자신이 드디어 타르타르(Tartar)의 종주권의 잔재로부터 마침내 벗어났다고 생각한 것은 결코 우연의 일치가 아니었던 것 같다. 그들은 하나님께서 자신들을 비잔틴 기독교의 승계자들로 삼기 위하여 선택하셨기

때문에 자신들에게 자유를 주신 것이라고 생각했다.

　모스크바의 영토와 마찬가지로 동시에 모스크바 교회도 계획된 의도에 의해서보다는 우연히 독립을 얻게 되었다. 지금까지 콘스탄티노플의 총대주교는 러시아 교회의 수장인 메트로폴리탄을 임명했다. 플로렌스 공의회에서 메트로폴리탄은 이시도레(Isidore)라는 그리스인이었다. 로마와의 연합의 주도적 지지자였던 이시도레는 1441년에 모스크바로 되돌아와 플로렌스의 교령을 선언하였다. 그러나 그는 모스크바인들에게서 지지를 얻지 못했다. 그는 대공국의 군주에 의해 투옥되었으나 석방된 후에 이탈리아로 되돌아갔다. 그래서 이 중요한 교구는 공석이 되었다. 그러나 러시아인들은 총대주교에게 새로운 메트로폴리탄을 요구할 수 없었다. 왜냐하면 1453년까지 콘스탄티노플에서 공적인 교회(official Church)는 플로렌스 연합을 계속 받아들였기 때문이다. 러시아인들은 자신들이 조치를 취하는 것을 꺼려 했기 때문에 이것을 몇 년 동안 연기하였다. 결국 1448년 모스크바에서 러시아 감독들의 공의회가 콘스탄티노플과는 상관없이 메트로폴리탄을 선출하는 일에 착수했다. 1453년 이후 플로렌스 연합이 콘스탄티노플에서 포기되어졌을 때 총대주교와 러시아 사이의 교제가 회복되었다. 그러나 러시아는 계속해서 그들의 주요 성직자를 임명했다. 이후로 모스크바 교회는 독립교단이 되었다. 그러나 키예프의 메트로폴리아는 1686년까지 콘스탄티노플의 관할하에 있다가 모스크바에 양도되었다. 이 일은 에큐메니칼 총대주교의 허락없이 일어났다.

　모스크바를 비잔티움의 계승자로서 보는 생각은 결혼에 의해 뒷받침되어진다. 1472년에 대(大) 이반 3세(1462년부터 1505년까지 통치)는 마지막 비잔티움 황제의 질녀인 소피아와 결혼했다. 소피아에게 오빠들이 있어 그녀가 왕위를 이어받을 합법적 계승자가 아니었음에도 불구하고, 그 결혼은 비잔티움과 왕조적 인연을 확립하는 데 역할을 했다. 모스크바의 대(大) 공작은 '전제군주', 그리고 '독재자'(Tsar : 로마 시이저에 해당)라는 비잔틴제국의 칭호를 사용하기 시작했고, 그의 국가의 상징으로 비잔틴제국의 머리가 둘 달린 독수리를 사용하였다. 사람들은 모스크바를 '제3의 로마'로 생각하게 되었다. (그래서 그들이 주장하기를) 첫 번째 로마는 야만인들에게 멸망하여 이단으로 전락하였다. 차례로 두 번째의 로마인 콘스탄티노플은 플로렌스 공의회에서 이단으로 정죄되었다. 그리고 터키에 의해 형벌을 받았다. 그래서 모스크바는 동방정교회 기독교세계의 중심지로 세 번째이자 마지막 로마로서 콘스탄티노플을 계승했다. 프스코브(Pskov)의 수도사 필로테우스(Philothe us)는 황제 바질 3세(Basil Ⅲ)에게 1510년에 준 유명한 편지에서 이와 같은 경향의 주장을 하였다 :

> 나는 우리의 통치자인 현재의 동방정교회 제국의 황제에 관하여 몇 마디 덧붙이기를 원한다. 그는 지상에서 기독교인의 유일한 황제이고, 로마나 콘스탄티노플에서는 존재하지 않으나 축복받은 도시 모스크바에서는 존재하는 사도적 교회의 지도자이다. 모스크바는 홀로 태양보다도 더 밝게 온 세계를 비추고 있다. 모든 기독교제국들은 타락하였고, 그들을 대신하여 우리 제국의 통치자만이 예언서에 따라 홀로 남아 있다. 두 로마는 타락하였으나 제3은 서 있고, 제4는 존재하지 않을 것이다.[1]

모스크바를 제3의 로마로 보는 생각은 황제에 적용하여 볼 때 어떤 타당성을 갖게 된다. 비잔티움의 황제는 한때 동방정교회의 옹호자이며 후원자로서 행동하였다. 그리고 지금 러시아의 전제군주는 같은 임무를 수행하도록 요구되어졌다. 그러나 종교적 영역에 있어서 이러한 적용은 더욱더 제한적이 된다. 왜냐하면 러시아 교회의 우두머리는 콘스탄티노플의 총대주교를 결코 대신한 적은 없었지만, 항상 동방정교회의 지도자들 중에서 예루살렘의 총대주교 다음인 다섯 번째의 위치를 차지하였

---

1. Baynes and Moss, *Byzantium : an Introduction*, p. 385.

기 때문이다.

성 세르기우스가 이루려 노력했던 꿈 - 타르타르(Tartar)로부터의 러시아의 독립 - 이 현실이 되자, 그의 영적 후계자들 사이에는 슬프게도 분파가 생겼다. 세르기우스는 수도원생활의 신비로운 측면과 사회를 연결시켰다. 그러나 그의 계승자에 와서는 이 두 가지 측면들이 분리되었다. 그 첫 번째 분리는 1503년에 있었던 교회공의회에서 드러났다. 즉, 이 공의회가 끝나갈 무렵, 볼가 강 너머 숲속의 먼 은신처에서 온 수도사인 소라(Sora)의 성 닐루스(Nilus : Nil Sorsky? : 1433-1508)가 일어나 수도원들의 토지소유권에 관하여 공격했다(이 당시 수도원들이 소유한 땅은 러시아에서 약 1/3이었다.). 볼로칼람스크의 수도원장 성 조셉(St. Joseph, Abbot of Volokalamsk : 1439-1515)은 수도원의 토지보유에 관하여 변호의 답변을 했다. 공의회의 대다수는 조셉을 지지했다. 그러나 러시아 교회에 닐누스에 동의하는 사람들 - 주로 볼가 강 너머에서 그와 같이 살던 은둔자들 - 도 있었다. 조셉의 지지자들은 토지소유자들로, 닐누스와 볼가 강 너머의 은둔자들은 토지를 소유하지 못한 자들로 알려졌다. 그후 20년 동안 두 그룹 사이에는 상당한 긴장이 감돌았다. 마침내 1525~1526년에 땅을 소유하지 않은 자들이 황제 바질 3세(Basil Ⅲ)가 그의 아내와 불공정하게 이혼한 것에 대해 공격을 했다. (동방정교회는 타당한 이유일 때는 이혼을 허락한다.) 그때 황제는 비토지소유자들 중 주동자를 투옥시키고 볼가 강 너머의 은둔지들을 폐쇄했다. 성 닐누스의 전통은 비밀히 쫓겨났다. 그것은 결코 완전히 사라지지 않았지만, 러시아 교회에서 그것의 영향은 매우 제한되어졌다. 무엇보다도 소유자들의 전망이 대단히 지배적이었다.

수도원의 재산에 관한 질문의 배후에는 수도원의 삶에 대한 두 가지 상이한 생각과 궁극적으로 교회와 세상과의 관계에 관한 두 가지 다른 견해가 놓여져 있다. 토지소유자들은 수도원제도의 사회적 의무를 강조했다. 병든 자, 가난한 자를 돌보는 것, 친절하게 대하고 가르치는 것은 수도사들의 임무에 속한다. 효과적으로 이와 같은 일들을 행하기 위해 수도원들은 돈이 필요하다. 그래서 그들은 토지를 소유해야만 한다. 수도사들은 (그들이 주장하는 것처럼) 그들의 재산을 자신을 위해 사용하지 않으며, 다른 사람의 이익을 위해 그것을 보관하는 것이다. 조셉의 추종자들 사이에 격언이 하나 있었다. "교회의 부는 가난한 자의 부이다."

다른 한편으로는 비토지소유자들은 자선행위를 신자의 의무라고 주장하였다. 반면에 수도사의 주된 임무는 다른 사람들을 위해 기도하고 모범을 보임으로써 도움을 주는 것이라고 했다. 철저히 위와 같은 것을 행하기 위해서 수도사는 세상으로부터 분리되어져야만 한다. 그리고 가난을 타파하겠다고 서약한 사람만이 진정한 분리를 이룰 수 있다. 토지소유자들인 수도사들은 세속적 욕망의 함정에 빠지는 것을 피할 수가 없게 된다. 그리고 그들이 세속적 관심사에 몰두하게 되기 때문에 그들은 세속적인 방식으로 행동하고 생각한다. 닐누스의 제자인 수도사 바시안(Vassian : 파트리키예프의 왕자)의 글을 보면 다음과 같다 :

> 복음서, 사도들, 그리고 교부들의 전통 어느 곳에 수도사들이 사람이 사는 마을들을 얻도록 지시되었으며, 농부들을 노동단체의 노예로 만들어도 된다고 되어 있나?…… 우리는 부자들의 소유에 눈독을 들여 그들로부터 작은 마을이라도 하나를 얻어내려고 비굴하게 아첨을 한다. 그들을 치켜세워 그들에게서 조그마한 몇 개의 마을을 얻어낸다. 우리의 형제, 기독교인들을 학대하고 약탈하고 그들을 판다. 우리는 그들을 야생동물처럼 회초리로 고문한다.[2]

고문과 징벌에 대한 바시안(Vassian)의 항의는 양측이 일치를 보지 못한 이단자 취급에 관한 두 번째 문제를 우리에게 상기시킨다. 조셉은 그 당시 기독교세계의 보편적인 관점을 지지했다. 즉, 이단자들이 반항을

---

2. B. Pares, *A History of Russia*(3rd edn., London?, 1936), p. 93.

한다면 교회는 시민의 힘을 빌려야 하고, 감옥에, 그리고 고문에 호소해야 하고, 필요하다면 화형에까지도 처해야 한다는 것이다. 반면에 닐누스는 이단자에 대한 억압과 폭력의 어떤 형태든지 옳지 않다고 보았다. 종교개혁기 동안 서부 유럽에서 개신교도와 로마 가톨릭교회가 서로를 어떻게 여겼는지 기억해야만 한다. 그리고 닐누스가 어느 정도 예외적으로 인간의 자유를 용인하고 존중하였는지를 깨달아야 한다.

역으로 이단자에 관한 문제는 교회와 국가 사이의 관계라는 좀더 광범위한 문제와 연루되어져 있다. 닐누스는 이단을 정신적인 문제로 간주하고 국가의 간섭 없이 교회가 처리해야 한다고 여겼다. 조셉은 세속 권세의 도움을 요청하였다. 일반적으로 닐누스는 가이사의 일과 하나님의 일 사이에 조셉보다 더 명백한 입장을 가졌다. 토지소유자들은 모스크바를 제3의 로마로 여기는 생각에 대한 큰 지지자들이었다. 교회와 국가 사이에 긴밀한 협조를 믿기 때문에 그들은 세르기우스가 했었던 것처럼 정치에 적극적인 참여를 했다. 그러나 아마도 그들은 교회가 국가의 종이 되는 것을 막는 데 있어서 세르기우스보다 주의를 적게 기울였다. 비토지소유자들로서는 수도원에 관한 예언자적이고 내세의 증거에 대해 좀더 예리한 인식을 가지고 있었다. 조셉파는 하나님의 나라와 현세의 왕국을 동일시하는 위험에 처했다. 닐누스는 지상의 교회는 늘 순례길의 교회와 같아야만 한다고 여겼다. 조셉과 그의 파벌은 위대한 애국자와 민족주의자들인 반면에, 비토지소유자들은 교회의 보편성과 공교회성에 대해 더 많은 생각을 했다.

양측 사이의 의견 불일치가 여기서 끝나지 않았다. 그들은 또한 그리스도인의 경건과 기도에 대해서도 상이한 생각을 가지고 있었다. 조셉은 규칙들과 훈련의 역할을 강조했고, 닐누스는 하나님과 영혼의 은밀하고 인격적인 관계에 역점을 두었다. 조셉은 예배에 있어서의 아름다움을 강조하였고, 닐누스는 아름다움이 우상이 될지도 모른다며 우려했다. (닐누스가 주장한 것처럼) 수도사는 외부의 가난 뿐만 아니라 완전히 자신을 비우는 데 전념해야 한다. 그리고 수도사는 아름다운 성상이나 교회 음악에 대한 헌신이 그와 하나님 사이에 오지 않도록 주의해야 한다. (아름다움에 대한 이와 같은 의심 속에서 닐누스는 러시아 영성에서 가장 이례적인 청교도주의 - 성상파괴주의 - 를 보여 준다.) 조셉은 공동예배와 예배기도의 중요성을 깨달았다 :

> 누구든 기도를 자신의 방에서 할 수 있다. 그러나 자신의 방에서 기도하는 것은 많은 찬양의 목소리가 화합하여 하나님께 향하여 올라가고, 모든 사람들이 사랑의 일치 속에서 하나의 생각과 하나의 목소리를 가지게 되는 교회에서 기도하는 것과 같지 않다.…… 높은 곳에서 세라빔은 **트리사기온**(the Trisagion)을 외치고, 여기 낮은 곳에서는 인간들이 동일한 찬송을 올린다. 하늘과 땅은 함께 잔치를 벌일 것이고, 감사와 행복과 기쁨으로 하나가 될 것이다.[3]

한편, 닐누스는 주로 예배식의 기도가 아니라 신비적 기도에 흥미가 있었다 : 그가 소라(Sora)에 정착하기 전에 그는 아토스 산에서 수도사로 살았었다. 그는 비잔티움의 헤시케스트의 전통을 직접 배웠다. 러시아 정교회는 조셉과 닐누스 양쪽의 가르침에 있어서 좋은 점을 정확하게 발견했다. 그리고 그 둘 모두를 인정했다. 각각은 성 세르기우스의 전통의 일부를 이어받은 것이다. 그러나 그것은 일부에 지나지 않는다. 러시아는 조셉파와 볼가 강 너머의 수도원체제 형태를 필요로 했다. 왜냐하면 각각은 서로를 보충해 주기 때문이었다. 양쪽이 서로 대립되었다는 것과 닐누스의 전통이 크게 억압되어졌다는 것이 실로 슬픈 일이다. 비토지소유자가 없는 러시아 교회의 영적인 삶은 일방적이며 불균형을 이

---

3. 정기간행물 Irènikon, Vol. 24(1956), p. 29에 있는 J. Meyendorff의 "Une controverse sur le rôle social de l'Église. La querelle des biens=ecclésiastiques au xvièsiecle en Russie"에서 인용.

루게 되었다. 하지만 조셉파들이 지지했던 교회와 국가 사이의 밀접한 통합, 그들의 러시아 국가주의, 예배의 외면적인 형식에 대한 그들의 헌신, 이런 것들이 다음 세기에서 문제를 일으키기도 하였다.

토지소유자와 비토지소유자의 논의에 있어서 가장 흥미있는 참가자 중의 하나는 그리스인 성 막시무스(Maximus : ?1470 - 1556)이다. '교량적 인사'(bridge figure)인 그의 기나긴 삶은 르네상스의 이탈리아, 아토스 산, 그리고 러시아라는 세 개의 세계에 걸쳐 있다. 태생이 그리스인인 그는 피코 델라 미란돌라(Pico della Mirandola)와 같은 휴머니스트 학자들의 친구로서 플로렌스와 베니스에서 초기 성년의 몇 년을 보냈다. 또한 그는 사보나롤라의 영향 아래 있었고, 2년 동안 도미니크파의 수도사였다. 1504년 그리스로 되돌아온 후 그는 아토스에서 수도사가 되었다. 1517년 러시아 황제는 그리스 작품을 슬라브어로 번역하게 하기 위하여, 그리고 수많은 잘못으로 훼손되어진 러시아 예배모범책들을 바로잡기 위해 그를 러시아에 초청하였다. 러시아에 도착하자마자 비토지소유자와 운명을 함께했다. 그는 나머지 사람들과 함께 고통을 받았고, 1525년부터 1551년까지 26년 동안 투옥되었었다. 그가 예배모범책들에서 제안했던 변화들에 대하여 지독하게 공격을 받았으며, 개정판의 작업은 중단되어 미완성으로 남겨졌다. 러시아인들이 이익을 볼 수 있었던 그의 뛰어난 학문의 재능이 그가 투옥됨으로 크게 낭비되었다. 그는 자아를 비우는 일과 영적 빈곤에 대한 그의 요구에 있어서 닐누스만큼 완고했다. 그는 다음과 같이 기록하였다. "당신이 십자가에 못박히신 예수 그리스도를 진정으로 사랑한다면, …… 국적도 없으며 이름도 없는 알려지지 않은 이방인이 되어라. 당신의 친족과 아는 사람들, 그리고 친구들 앞에서 침묵해라. 당신이 가진 모든 것을 가난한 사람들에게 나누어 주어라. 그리고 당신의 오랜 습관들과 당신 자신의 의지 모두를 희생시켜라."[4]

토지소유자의 승리가 교회와 국가상에 긴밀한 동맹이 생긴 것을 의미한다 할지라도 교회는 모든 독립을 빼앗지 않았다. 가공할 만한 권력자 이반의 권력이 그 정점에 있을 때, 모스크바의 메트로폴리탄 성 필립(St. Philip : 1569년에 사망)은 감히 황제의 유혈참사와 부정에 공공연히 항의하였으며, 공적인 예배의식에서 황제를 면전에서 비난했다. 이반은 그를 투옥시키고 후에 목졸라 죽였다. 이반을 날카롭게 비판했던 또 다른 사람은 '예수 안에서의 바보' 였던 성 바질(1552년에 사망)이다. 비잔티움에서 발견된 거룩함의 한 형태는 그리스도를 위하여 바보스러워지는 것이다. 이것이 중세적인 러시아에서는 특히 현저했다. '바보'(Fool)는 자기 비하(self-stripping)와 겸손에 관한 이상을 모든 지적 재능과 온갖 형태의 세상적 지혜를 부인함으로써, 그리고 기도함으로써 십자가에 대한 열망을 자발적으로 가장 광범위하게 전했다. 이와 같은 바보들은 종종 귀중한 사회적 역할을 수행했다. 단지 그들이 바보들이었기 때문에 그들은 그 어떤 누구도 감히 사용하지 못했던 진솔함으로 권력에 있는 자들을 비판할 수 있었다. 그래서 황제의 살아 있는 양심인 바질이 그러하였다. 이반은 바보(Fool)의 매서운 비난을 듣고 그를 어느 정도 벌한 후, 현저한 존경심을 가지고 그를 대우했다.

1589년에 콘스탄티노플의 총대주교의 동의로 러시아 정교회의 수장은 메트로폴리탄으로부터 총대주교의 위치로 승격되어서 예루살렘 이후 5번째 총주교좌의 지위를 얻었다. 하지만 사태의 진전을 보면 모스크바의 총대주교직은 1세기 이상 지속되지 않았다.

구 신자들의 분열

러시아는 17세기를 혼동과 재앙으로 시작하였으며, 영토는 내분으로 나뉘어지고 외부의 적들에게 희생의 제물이 되었다. 그러므로 17세기는

---

4. E. Denissoff, *Maxime le Grec et l' Occident* (Paris, 1943), pp. 275-276.

분쟁의 시대로 알려졌다. 그러나 1613년 이후 러시아는 갑작스럽게 회생(回生)했으며, 다음 40년 동안은 국가 삶의 여러 부분에 있어서 재건축과 개혁의 시기를 맞이했다. 재건축의 활동 중에서 교회가 크나큰 역할을 하였다. 교회 내의 개혁운동은 처음에는 '삼위일체 - 성 세르기우스 수도원'의 수도원장 디오니시우스(Dionysius)와 1619년부터 1633년까지 모스크바의 총대주교였던 필라레트(Philaret : 그는 황제의 아버지였다.)에 의해 지도되었다. 1633년 이후 지도권은 결혼한 교구성직자의 그룹으로 양도되었으며, 특별히 대사제 존 네로노브(the Archpriests John Neronov)와 아바쿰 페트로비치(Avvakum Petrovitch)에게 양도되었다. 그리스인 막시무스에 의해 16세기에 시작되었던 예배모범서를 교정하는 작업은 지금 조심스럽게 다시 시작되었다. 당국자들이 너무 많은 격렬한 변경을 하고자 모험을 하지는 않았지만, 총대주교의 인쇄소가 모스크바에 세워졌고, 좀더 정확한 교회의 책들이 출판되었다. 교구차원에서 개혁가들은 성직자와 평신도 간에 양쪽 모두에게 같은 도덕적 기준을 높이기 위해 그들이 할 수 있었던 모든 것을 했다. 그들은 술주정뱅이와 싸웠다. 그들은 금식이 지켜져야만 한다고 주장했다. 그들은 제의(Liturgy : 성만찬 예배 - 역자주)와 다른 예배들은 교구교회들 내에서 생략 없이 경건한 마음으로 찬양되어져야만 한다고 요구했다. 그들은 설교를 자주 듣도록 장려했다.

 개혁을 추진하는 그룹은 볼로카람스크(Volokalamsk)의 성 조셉의 전통에 있는 가장 바람직한 것을 잘 나타냈다. 조셉같이 그들은 권위와 훈련을 신뢰했다. 그리고 기독교인의 삶을 금욕주의의 규칙들과 제의적 기도의 견지에서 보았다. 그들은 수도사들 뿐만 아니라 교구성직자와 평신도 - 남편, 부인, 아이들 - 들이 금식을 지키고, 교회에서 혹은 그들 자신의 가정의 성상 앞에서 매일 기도할 때 오랫동안 기도할 것을 바랐다. 그들의 프로그램은 인간의 나약함에 굴복하지도 않았다. 그러나 너무도 야심적이어서 완전하게 실현되지는 않았다. 그럼에도 불구하고

1650년쯤 모스크바는 '성 러시아'(Holy Russia)라는 명칭을 훨씬 더 정당화시켰다. 동방정교회인들은 모스크바를 방문했던 터키황제로부터 금식의 준엄성, 예배의 길이와 웅장함을 듣고 놀랐다. (그리고 종종 당황으로 가득 찼었다.) 국가 전체가 '하나의 거대한 종교적 집'[5]으로 살아가는 것으로 나타났다. 1654년부터 1656년까지 러시아에 머물렀고, 안디옥의 총대주교 출신으로 아랍정교회(Arab Orthodox) 교인인 알렙포(Aleppo)의 대부제 바울(Paul)은 황실연회 때 음악이 아니라 수도원의 식사 때처럼 성자들의 삶이 낭독된다는 것을 알게 되었다. 7시간 혹은 그 이상으로 지속되는 예배는 황제와 모든 황실 사람들이 참석하였다. "아이들의 머리를 희게 할 만큼 가혹하고, 황제, 총대주교, 대공(grandees), 공주들, 숙녀들에 의해 아침부터 저녁까지 온종일 꼿꼿이 서서 너무 엄격하게 준수되었던 이 의무들에 관해서 우리가 지금 무엇을 말할 수 있겠는가? 그래서 그들이 사막의 독실한 은둔자의 도를 넘어서야만 했다고 누가 믿겠는가?"[6] 아이들도 이와 같은 엄격한 준수에서 제외되지 않았다. "우리를 가장 놀라게 했던 것은 소년들과 어린아이들이 모자를 쓰지 않고 움직임 없이 서 있는 것을 보았던 것이며, 그들은 참을 수 없는 어떤 조그만 행동도 나타내지 않았다."[7] 바울은 러시아인의 엄격성이 그의 기호에 맞지 않는다는 것을 알았다. 그는 그들이 환희, 웃음, 그리고 농담, 음주, 아편 사용, 그리고 '담배를 피우는 특정 범죄로 인해 그들이 인간을 죽음에 이르게 할 수 있다는 이유'[8]로 흡연을 허락하지 않은 것에 대하여 불평했다. 바울과 다른 방문자들이 러시아에 선사한 인상적인 그림이 있다. 그러나 아마도 형식을 너무도 강조했을 것이다. 한

---

5. N. Zernov, *Moscow the Third Rome*(London, 1937), p. 51.
6. "The Travels of Macarius," in W. Palmer, *The Patriarch and the Tsar*, Vol. 2(London, 1873), p. 107.
7. *The Travels of Macarius*, ed. Lady Laura Ridding(London, 1936), p. 68.
8. Ibid., p. 21.

그리스인이 귀국해서 모스크바의 종교는 주로 타종법(bell-ringing) 속에 존재하는 것처럼 보여졌다고 말했다.

　1652~1653년에 개혁그룹과 새 총대주교 니콘(Nikon : 1605-1681) 사이에 피할 수 없는 싸움이 시작되었다. 태생이 농부인 니콘은 아마도 러시아 정교회의 우두머리가 될 수 있었던 사람 중 가장 똑똑하고 재질이 있는 사람이었을 것이다. 그러나 그는 횡포하고 권위주의적인 기질로 고통을 받았다. 니콘은 그리스 문물에 대한 열렬한 숭배자였다. 그는 다음과 같이 말하곤 했다 : "나는 러시아인이고 러시아인의 아들이다. 그러나 나의 신앙과 종교는 그리스적이다."[9] 그는 러시아적 실천들이 모든 점에 있어서 고대의 4개 총대주교관구의 기준에 완전히 순응하도록 되어져야만 하고, 러시아 예배모범서들은 그리스의 것과 다를 때마다 바뀌어져야만 한다고 요구했다. 특히 그가 주장하기를 러시아인들이 옛날 방식으로 두 손가락을 사용하여 만드는 십자가의 표시는 이제부터는 그리스인들이 지금 하는 것처럼 세 손가락으로 만들어야만 한다고 했다.

　이 정책은 조셉 전통의 계승자들에게 원망을 샀다. 그들은 모스크바를 제3의 로마로, 그리고 러시아를 동방정교회의 거점과 기준으로 여겼다. 그들은 비잔티움의 모교회에 대한 기억을 중요시하였으며, 러시아는 비잔티움 모교회로부터 신의를 받았었다. 그러나 그들은 동시대의 그리스인들에게는 같은 경의를 느끼지 못했다. 그들은 플로렌스에서 그리스 성직자들이 어떻게 믿음을 배반했는지를 기억했다. 그리고 그들은 터키의 통치 아래 콘스탄티노플의 총대주교관구 내에서 일어난 부패에 관하여 당연히 알고 있었다. 이 모든 것은 그들이 새로운 그리스 관례들을 독창성 없이 모방하는 것을 내키지 않도록 했다. 특히 그들은 러시아의 실천이 사실 더 고대적인 이 때에, 러시아인들이 왜 그리스식으로 십

---

9. Ibid., p. 37.

자가 표시를 해야만 하는지 그 이유를 알지 못했다. 십자가 표시에 관한 문제가 사소한 것처럼 보일 수도 있다. 그러나 그것이 일반적으로 동방정교회에서 얼마나 큰 중요성을 갖는지 기억되어져야만 한다. 그리고 특별히 러시아인들은 그리스인의 내적 믿음이 표현되는 곳에 상징적 행동들, 예전적인 행동들을 덧붙였었다. 다수의 견지에서 볼 때 상징에서의 변화는 믿음에서의 변화를 조성했다. 십자가 표시에 관한 계속된 불일치는 그리스 정교회와 러시아의 모든 논쟁을 특별한 방법으로 구체화하는 데 도움을 주었다.

  니콘이 서서히, 그리고 재치있게 계속 진행했다면 모든 것은 잘되고 있었을 것이다. 그러나 불행하게도 그는 재치있는 사람이 아니었다. 그는 네로노브(Neronov)와 아바쿰(Avvakum : 1620-1682)의 반대에도 불구하고 교구성직자, 수도사들, 그리고 평신도들과 함께 그의 개혁적 프로그램을 밀어붙였다. 니콘식 개혁의 반대자들은 가혹하게 박해받았으며, 추방되고 투옥되었으며, 어떤 경우에는 죽기까지 하였다. 네로노브가 마침내 굴복했고, 아바쿰은 양보하지 않았다. 그리고 추방당한 지 10년, 그리고 투옥된 지 22년~22년 중 12년은 형무소 지하독방에서 보냈다-후에 그는 마침내 화형에 처해졌다. 그의 지지자들은 그를 믿음의 순교자로서 여겼다. 그의 생생하고 특별한 자서전에서 그의 모든 고통들에 관하여 상세하게 이야기를 남겼다. 그의 자서전은 러시아 종교문학의 고전 중의 하나가 되었다.

  니콘과 개혁의 반대자 사이의 논쟁은 결국 영구적인 분열이라는 결과를 낳았다. 니콘식 예배모범서를 거부한 사람들은 **라스콜니키**(Raskolniki : 분파주의자) 또는 **구 신자들**(Old Believers)이라고 알려지게 되었다. 그들은 '구 예전파'(Old Ritualists)의 사람들로 불리워지는 것이 더 정확하지만 말이다. 그래서 17세기에 국교반대자들의 운동이 러시아에서 일어났다. 그러나 만약 같은 기간에 일어난 영국 국교회로부터의 분리운동과 비교한다면, 우리는 두 가지 큰 차이점을 알게 된다. 첫째로, 구 신자들(Old Believers) - 러시아 비국교도들 - 은 공적인 교회들과 교리에서 다른 것이 아니라 주로 예배에 있어서 달랐다. 둘째, 영국 국교회로부터의 분리는 급진적이었다 : 개혁을 충분히 실행에 옮기지 못한 공적 교회들에 대한 항의. 그러나 러시아 국교반대자들은 그들의 눈에 개혁을 실행에 옮겼던 공적 교회에 대항하는 보수주의자들의 항의였다. 구 신자들의 분파는 오늘날까지 계속되었다. 1917년 이전에 그들의 수는 공식적으로 2백만 명으로 평가되었다. 그러나 실제의 수는 5배를 훨씬 넘었을 것이다. 그들은 중요한 두 그룹으로 나뉘어진다. **포포비치**(Popovtsy), 이들은 사제들을 보유하고 있었으며, 1846년 이후에는 감독들의 승계에 대한 그들 자신들의 권한까지 가지게 되었다. **베즈포포비치**(Bezpopovtsy)는 성직자를 가지고 있지는 않았다.

중세적 러시아인의 경건의 전통 속에서 훌륭한 것들을 많이 구체화시킨 구 신자들에게 감탄할 만한 것이 많이 있다. 그러나 그들은 전통의 한 면만을 나타냈기 때문에 그 전통의 귀중함을 모두 포함하지 못했다. 그들은 단지 토지소유자들의 견해를 나타냈다. 구 신자들의 단점들은 조셉파에서 두드러졌었던 결점들이다. 너무도 편협한 국수주의, 예배형식에 관한 지나친 강조. 그의 헬레니즘에도 불구하고 니콘 역시 결국에는 조셉의 계승자였다. 그는 예배의 외적 형식에 있어서 완벽한 통일을 요구했으며, 토지소유자들처럼 그는 모든 종교적 반대자를 제압하기 위해서 자유로이 국가의 군대의 도움을 간청했다. 박해의 힘을 빌린 것은 분열을 결정적으로 만들게 된 도화선이 되었다. 만약 1550년과 1650년 사이에 러시아 교회의 삶의 발전이 편파적이지만 않았다면, 아마도 영구적인 분리는 피할 수 있었을 것이다. 만약 사람들이 박해 대신에 관용과 자유에 관하여 좀더 생각했더라면(닐누스가 했던 것처럼) 화해가 있었을지도 모른다. 그리고 만약 그들이 영적 기도에 좀더 주의를 기울였었다면 그들이 예배에 관하여 지독하게 논쟁하지 않았을 것이다. 17세기의 분열의 뒤에는 16세기의 논쟁이 놓여 있다.

니콘은 러시아에서 그리스적 실천들을 정착시켰을 뿐만 아니라, 그는 교회가 국가를 관장하도록 하는 두 번째 목표를 추구했다. 과거에 교회와 국가 사이의 지배관계 이론은 비잔티움에서처럼 러시아에서도 같았다. 즉, 각각의 영역에서 최고이며, 상호 조화를 이룬 **사제주의**(sacerdotium)와 **제국주의**(imperium)라는 양두정치 혹은 이 둘의 조화였다. 사실상 교회는 키예프와 몽골의 기간 동안에 상당한 독립과 그 영향력을 향유하였다. 두 동등한 힘에 관한 이론이 똑같이 남아 있었을지라도, 모스크바 황제의 지위 아래서는 사실상 시민의 힘이 점점 더 교회를 지배하게 되었다. 조셉파의 정책은 자연적으로 이런 경향을 조성하게 되었다. 니콘은 그 상황을 바꾸려 시도하였다. 그는 총대주교의 권한이 종교적인 문제에서 절대적이어야 한다고 주장했을 뿐만 아니라, 사회문제를 중재할 수 있는 권리 또한 요구했다. 그리고 지금까지 황제에게만 유일하게 보유되었던 '대군주'(Great Lord) 칭호를 총대주교에게도 주어야 한다고 주장하였다. 황제 알렉시스(Alexis)는 니콘을 깊이 존경하였고, 처음에는 그의 지배에 복종하였다. 1654년에 모스크바를 방문했었던 Olearius는 다음과 같이 썼다. "총대주교의 권위가 너무도 커서 어느 정도 통치권을 대(大)공작과 나누어 가졌다."[10]

그러나 얼마 후에 알렉시스는 니콘이 세속적인 일에 간섭하는 것을 불쾌하게 여기기 시작하였다. 1658년 니콘은 아마도 그의 영향력을 회복하려는 희망에서 특이한 조치를 취했다. 그는 반-은퇴의 상태로 들어갔으나 총대주교직은 사직하지 않았다. 왜냐하면 황제의 요청으로 알렉산드리아와 안디옥의 총대주교들이 의장을 맡았던 대공의회가 1666~1667년에 모스크바에서 열렸을 때까지, 8년 동안 러시아 정교회는 영향력 있는 우두머리 없이 존속하고 있었기 때문이다. 공의회는 니콘의 **개혁**에 찬성하는 결정을 하였으나 그의 **인품**에는 반대하였다. 예배모범

---

10. Palmer, *The Patriarch and the Tsar*, Vol. 2, p. 407.

서들에서 니콘의 교정과 무엇보다도 십자가 표시에 관한 그의 주장이 확인되었다. 그러나 니콘 자신은 면직되고 추방당했으며, 새로운 총대주교가 그의 자리에 임명되었다. 그래서 공의회는 러시아 정교회에 그리스적 실천을 강요한 니콘 정책의 승리를 의미했다. 그러나 총대주교를 황제보다 높은 위치에 두려는 그의 시도에 대해서는 실패하였다. 그 공의회는 상호 의존하는 두 가지 힘(sacerdotium과 imperium)의 조화에 관한 비잔티움의 이론을 거듭 주장했다.

그러나 교회와 국가의 관계에 관한 모스크바 공의회의 결정들은 오래 유효하지 못했다. 니콘이 너무나 한 방향으로 밀고 나갔던 추는 배가된 힘으로 강화되어 반대쪽으로 움직였다. 니콘이 너무도 열심히 강화 확대하려 노력했던 총대주교의 직무는 피터 대제(1682-1725년 재위)에 의해 억압되었다.

대회기간(The Synodical period : 1700-1917)

피터는 더 이상 니콘과 같은 사람들이 없어야 한다고 결심했다. 총대주교 아드리안(Adrian)이 죽었을 때인 1700년에 피터는 후계자 임명에 어떠한 조치도 취하지 않았다. 1721년에 그는 총대주교직은 폐지되어야 한다고 선언하는 유명한 「성직자 규칙」(Spiritual Regulation)을 출판하기에 이르렀다. 그는 총대주교직 대신에 성직자 회의(the Spiritual College) 혹은 거룩한 대회(Holy Synod) 등으로 불리는 하나의 위원회를 세웠다. 이것은 12명의 구성원으로 되어져 있는데 그 중 3명은 감독들이었고, 나머지는 수도원의 우두머리들 혹은 결혼한 성직자들로부터 뽑혔다.

대회의 구성은 동방정교회의 교회법에 기초한 것이 아니고, 독일의 개신교 교회대회(the Protestant ecclesiastical synods)로부터 모방하였다. 대회의 구성원은 교회에 의해서 선택되어지는 것이 아니라 황제에 의해 지명된다. 또한 지명했던 황제는 자신의 뜻대로 그들을 해임시킬 수 있다. 총대주교는 평생 직무에 종사하면서 아마도 황제에게 도전할 수 있었던 반면에, 거룩한 대회의 구성원은 영웅이 될 만한 기회가 주어지지 않았다. 그는 단순히 퇴임될 뿐이었다. 황제가 '교회의 수장'으로 불려지지는 않았으나, '성직자 회의(the Spiritual College)의 최고 심판관'이라는 호칭을 받았다. 대회의 모임들은 황제가 직접 참석하지 않았고 최고행정관(Chief Procurator)이라는 관리가 참석했다. 이 최고행정관이 다른 테이블에 앉아 토론에 참가하지 않을지라도, 그는 사실상 교회의 사건들에 상당한 힘을 휘두름으로써 이름뿐으로가 아니라 실질적으로 '종교장관'이었다.

「성직자 규칙」은 교회를 신적 기관으로 본 것이 아니라 국가의 일부분으로 보았다. 그 규칙서는 주로 세속적 가정(假定)들에 근거하여 영국의 종교개혁시에 '구속자의 왕적 권리들'(the Crown rights of the Redeemer)로 명명된 것들을 허락하지 않았다. 이것은 교회의 더 높은 통치 뿐만 아니라 교회의 다른 많은 지배를 위한 준비이다. 어떤 사제가 참회자의 고백성사를 듣는 동안 정부가 반란으로 생각하는 그 어떤 회책을 알게 되면, 그는 고해성사의 비밀을 어기고 경찰에게 이름과 상세한 것을 알려 주도록 명령되어진다. 수도원주의는 통명스럽게 말한다면 수많은 무질서와 혼란의 근거로 불려짐으로써 많은 제약을 받게 된다. 그리하여 새 수도원들은 특별허가 없이는 설립될 수 없다. 수도사들이 은둔자로 사는 것은 금지되었다. 50세 미만의 여자들이 수녀로서 서약하는 것은 허락되지 않는다.

이 시대까지 러시아에서 사회적 일(social work)의 중심이었던 수도원들에 가해진 이런 제약 뒤에는 사려 깊은 목적이 있었다. 총대주교직의 폐지는 더 넓은 과정 중의 일부분이다. 피터는 교회지도권을 박탈했을 뿐만 아니라, 교회가 사회적 일에 참여하지 못하도록 하였다. 피터의 후계자들도 더욱더 철저히 수도원들의 일을 규제하였다. 엘리자베스(1741-1762년 재위)는 수도원의 재산 대부분을 몰수했으며, 캐더린 2세

(CatherineⅡ : 1762-1796 재위)는 수도원의 반 이상을 폐지했다. 반면 그녀는 자신이 수도사들의 숫자를 엄격히 제한한 수도원은 폐지하지 않았다. 수도원의 폐쇄는 러시아의 먼 지방에서는 재앙에 가까웠다. 러시아에서 수도원은 사실상 유일한 문화와 자선의 중심지를 형성했었다. 그러나 교회의 사회적 역할이 대단히 제한받았을지라도 결코 완전히 멈춘 것은 아니었다.

피터의 종교적 개혁은 러시아에서 상당한 반향을 불러일으켰다. 그러나 그것은 무자비하게 가라앉혀졌다. 존경할 만한 도시테우스가 강력하게 러시아 밖에서 항의했다. 그러나 터키 지배하에 있던 동방정교회들은 효과적으로 간섭할 만한 입장이 아니었다. 그리고 1723년 고대의 4개의 총대주교직은 모스크바의 총대주교직의 폐지를 받아들였고, 거룩한 대회의 설립을 인정했다.

피터 대제가 설립한 교회의 통치체계는 1917년까지 실시되었다. 러시아 정교회의 역사 중 대회의 기간(Synodical period)은 대개 쇠퇴의 시기로, 그리고 국가에 전적으로 종속하는 교회로 상징되어진다. 18세기를 피상적으로만 훑어보아도 이 의견이 틀림없는 사실임이 확인될 것이다. 이 시기는 교회의 미술, 교회음악과 신학에 있어서 무분별한 서구화의 시대였다. 신학대학들의 건조한 스콜라주의에 반대했던 사람들은 비잔티움과 고대 러시아의 가르침에 의존하지 않고, 동시대 서양에서 일고 있던 종교적 혹은 위-종교적 운동(pseudo-religious)쪽으로 향하였다. 예컨대 개신교의 신비주의, 독일의 경건주의, 프리메이슨리(Freemasonry)[11]와 기타 등등. 모스크바와 칼루가(Kaluga)의 대주교 암브로시우스(Zertiss-Kamensky)와 같은 궁중 고위성직자들은 고위성직자 중에서도 뛰어났다. 암브로시우스는 1771년에 죽었을 때(많은 다른 토지소유자들 사이에서) 252개의 훌륭한 린넨 셔츠들과 금으로 만들어진

---

11. 동방정교회인들은 출교의 수단을 통해 Freemasons가 되는 것을 엄격하게 금했다.

9개의 안경을 남겼다.

　그러나 이것은 18세기 정세의 한 측면일 뿐이다. 그러나 거룩한 대회는 이론적 구성에 있어서 반대를 받을 만하였지만 사실상 유효하게 통치하였다. 사려 깊은 성직자들은 피터의 개혁의 단점들을 잘 알고 있었다. 그리고 그들과 반드시 부합되지는 않았지만 그것들에 복종했다. 신학이 서구화되었으나 학문의 수준은 높았다. 서구화의 외관 뒤에는 러시아 정교회의 진정한 삶이 중단없이 계속되었던 것이다. 암브로시우스 제르티스-카멘스키는 러시아 감독의 전형을 나타냈다. 그러나 보로네츠(Voronezh)의 감독이며 자돈스크(Zadonsk)의 성 티콘(1724-1783)과 같은 매우 다른 성격의 다른 감독들, 진정한 수도사들, 그리고 목사들도 있었다. 위대한 설교자이며 글재주가 있는 작가 티콘은 특히 대부분의 동시대인들처럼 서양에서 많이 차용하였으나, 동시에 동방정교회의 고전적 영성의 전통에 굳게 뿌리를 내린 사람의 표본으로 흥미를 끌고 있다. 그는 독일과 영국 국교의 헌신에 관한 책을 썼다. 그리스도의 육체적 고통에 관한 그의 상세한 명상은 동방정교회보다 로마 가톨릭의 형태이다. 기도생활 중 그는 십자가의 성 요한과 같은 서양 신비론자에 의해 묘사되었던 영혼의 어두운 밤과 유사한 경험을 하였다. 그러나 티콘은 전망에 있어서 테오도시우스와 세르기우스, 닐누스와 비토지소유자들의 견지에 가깝다. 그는 다수의 러시아 성자들-평신도와 수도사-처럼 가난한 사람들을 돕는 것을 특별히 기뻐했다. 그리고 순수한 사람들-농부, 거지, 심지어 범죄자조차도-과 이야기를 나눌 때 가장 행복해 했다.

　대회기간의 두 번째 부분인 19세기는 러시아 교회에서 쇠퇴의 시기이기는커녕 위대한 부흥이 일어난 시기였다. 사람들은 동시대 서양에서 일었던 종교적, 그리고 위-종교적 운동에 불찬성을 나타냈다. 그리고 동방정교회의 진정한 영적 힘에 다시 한번 의존했다. 영적 삶에서 일어난 이 부흥과 더불어 선교사역에 대한 새로운 열정이 일어났다. 그리고 동방정교회는 영성에서처럼 신학에서 서양에 대한 독창성 없는 모방에서 벗어났다.

이와 같은 종교적 부흥의 진원지는 아토스 산이었고, 이것이 성 페이씨 벨리치코브스키(Paissy Velichkovsky : 1722-1794)의 업적과 증거들을 통해서 확산되었다. 그는 우크라이나에서 태어나 키예프의 신학대학에서 연구하는 동안 세속적 경향의 가르침에 큰 거부반응을 일으켜, 그는 아토스 산으로 은둔하여 수도사가 되었다. 그는 1763년에 루마니아로 건너가서 니아메츠(Niamets) 수도원의 수도원장이 되었다. 그리고 그 곳을 500명 이상의 형제들이 모이는 커다란 영적 중심지로 만들었다. 그의 인도 아래 그 공동체는 특별히 그리스 교부들을 슬라브어로 번역하는 작업에 몰두했다. 아토스에서 페이씨는 처음으로 헤시케스트 전통에 대해서 배웠고, 그와 동시대인인 니코데무스와 밀접한 관계를 가지고 있었다. 그는「필로칼리아」를 슬라브어로 번역했고, 1793년 모스크바에서 출판했다. 페이씨는 계속적인 기도-무엇보다도 예수 기도-의 실행과 장로나 starets에 대한 복종의 필요성을 매우 강조했다. 그는 닐누스와 비토지소유자들에게 깊은 영향을 받았으나 조셉파의 수도생활 형태의 좋은 요소를 간과하지 않았다. 그는 닐누스가 예배기도와 사회적인 일들에 허용했던 것보다 더 많은 것을 허용했고, 세르기우스와 같이 그는 이러한 방식으로 수도원생활의 공동체적이고 사회적 측면을 신비주의적인 것과 결합하고자 시도했다.

페이씨 자신은 러시아로 결코 돌아가지 않았으나, 그의 제자 중 많은 수가 루마니아로부터 그쪽으로 여행했다. 그리고 그들의 감화 아래 수도원의 부흥이 러시아 전역으로 번졌다. 남아 있는 수도원 건물들이 되살려졌고, 새로운 수도원들이 많이 만들어졌다. 1810년에 러시아에서 수도원이 452개였던 것에 반해, 1914년에는 1,025개가 되었다. 이 수도원운동이 밖을 주시하고 세상에 봉사하고자 관심을 갖는 동안, 16세기 이래로 광범위하게 억압받던 무소유자들의 전통적 삶이 교회 중심적 삶으로 역시 재건되었다. 이것은 특별히 영적 방향의 실행에 있어서 큰 발전을 보여 주었다. '장로'가 동방정교회 역사의 여러 시대에 걸쳐 특성 있는 인물로 활동해 온 것이 사실이지만, 특히 19세기의 러시아는 starets들의 **탁월한** 시대였다.

19세기의 처음이자 가장 위대한 startsy(장로 - 역자주)는 아마도 비 - 동방정교회인에게 가장 즉각적으로 관심을 끄는 러시아의 성자들 중의 한 사람인 사로브(Sarov)의 성 세라빔이었다. 19세에 사로브의 수도원에 들어간 세라빔은 처음 16년 동안 공동체에서 평범한 삶을 보냈다. 그후 그는 다음 20년을 은둔생활에 들어갔다. 처음에는 숲속 오두막에서 생활했고, 다음에 그의 발이 부어서 더 이상 쉽게 걸어다니지 못할 때 수도원의 독방에서 생활하였다. 이것은 장로의 직무를 위한 훈련이었다. 마침내 1815년에 그는 그의 방문을 열었다. 새벽부터 밤까지 그는 도움을 청하는 모든 사람에게 도움을 주었고, 병자를 고치고, 충고를 해주고, 가끔씩 전에 어떤 질문이라도 했던 방문자들에게 적절한 대답을 해주었다. 가끔씩 하루에 수십, 수백 명이 그를 만나기 위해 오기도 했다. 세라빔의 외견상 생활은 15세기 전 이집트의 안토니를 상기시킨다. 이 두 인물 사이에는 세상에의 참여를 위한 은둔생활이 공통점이었다. 세라빔은 러시아적 특성을 지닌 성자(a saint)로 간주되는 것이 정당하지만, 또한 그는 러시아 동방정교회의 최선의 것들의 나머지가 비잔티움과 여러 시대를 거친 보편적 동방정교회의 전통과 얼마나 공통점을 갖는가를 보여 주는 두드러진 본보기였다.

세라빔은 자신에게는 유독 엄격했다(그의 생애의 한 시점에서, 그는 쉬지 않고 기도하면서 천일 밤을 성공적으로 보냈다. 긴 시간 동안을 어두움 속에서 바위에 움직임 없이 선 채로 보냈다.). 그러나 다른 사람들에게는 온화했다. 그렇다고 감상적이거나 너무 관용적인 것은 아니었다. 금욕주의는 그를 우울하게 만들지 못했다. 그리고 성인의 삶이 영원히 기쁨으로 빛난다면 그것은 세라빔의 삶인 것이다. 그의 경우에 있어서 타볼 산의 신적 빛의 비전은 그의 몸을 외적으로 변형시키는 가시적 형태였다. 세라빔의 '영적인 아들' 중의 하나인 니콜라스 모토빌로프(Nicolas Motovilov)는 어느 겨울날 둘이서 함께 숲속을 거닐면서 이야기한 것에 관하여 기술하였다. 세라빔은 성령을 받을 필요성에 대해 이야기를 하였고, 모토빌로프는 어떻게 해야 '하나님의 영 속에 존재' 하고 있다는 것을 확신할 수 있는지를 물었다 :

> 그때 세라빔 신부는 내 어깨를 툭툭 치면서 이렇게 말했다 : "아들아, 우리는 지금 하나님의 영 안에 있다. 나를 보지 않겠니?"
> "신부님의 눈이 번개처럼 빛나고 있기 때문에 전 볼 수 없어요, 신부님. 신부님의 얼굴은 태양보다 더 밝기 때문에 아버지를 보았다간 제 눈이 다 칠 것만 같아요."
> "두려워 말아라. 바로 이 순간에 너 자신도 나처럼 밝아질 수 있단다. 넌 지금 성령으로 충만해 있어. 만약 그렇지 않았다면 날 볼 수도 없었을 거야." 그리고 나서 나에게 그의 머리를 갖다 대며, 내 귀에 부드럽게 속삭였다. "하나님께 감사해라. 우리를 향한 그분의 무한하신 사랑을……. 그런데 아들아, 넌 왜 내 눈을 쳐다보지 못하니? 두려워 말고 쳐다보기만 해라. 하나님이 우리와 함께하신다."
> 이 말이 끝났을 때, 나는 그의 얼굴을 힐끔 쳐다보았다. 그러자 훨씬 더 위대한 경외심이 나를 엄습했다. 태양의 중심에서, 그리고 광명의 눈부신 빛 가운데서 당신에게 말하고 있는 한 사람의 얼굴을 상상해 보라. 당신은 그 입술의 움직임과 그 눈의 변화를 볼 것이며, 그의 목소리를 듣고 누군가가 당신의 어깨를 잡고 있다는 느낌을 받을 것이다.
> 그러나 당신은 그의 손을 보지 못할 것이다. 심지어 당신 자신이나 그의 몸조차 보지 못할 것이다. 그러나 눈으로 깔아놓은 양탄자와 같은 빛이 숲속을 뒤덮고, 눈조각들이 끊임없이 떨어지는 듯한 그러한 빛이 수십 야드까지 뻗어 있음을 볼 수 있을 것이다.
> "어떠니?" 세라빔 신부가 물었다.
> "측량할 수 없을 만큼 좋은데요." 나는 말했다.

"하지만 뭐가 좋으냐? 너의 느낌을 좀더 정확히 말해 보렴?"

"평온함, 영혼의 평안 같은 느낌이 들어요. 말로는 표현할 수 없는 그런 기분 말이에요."

"이것은 예수께서 제자들에게 말씀하신 평화니라 : 평화를 너에게 주노라 세상이 줄 수 없는 것을 나는 너에게 주노라(요 14 : 27). 이 평화는 모든 지각에 뛰어난 것이다(빌 4 : 7).…… 그밖에 무엇을 느끼느냐?"

"가슴속에서 무한한 기쁨을 느낍니다."

그리고 나서 세라빔이 계속 말했다. "성령이 인간에게 내려올 때와 하나님의 영의 충만함으로 그를 보호할 때에 그가 만지는 모든 것에 성령이 기쁨으로 채워 주시기에 그 사람의 영혼은 형용할 수 없는 기쁨으로 넘치게 된다."[12]

이렇게 대화는 계속되어진다. 이 전체의 구절은 신성화(deification), 하나님과의 연합에 관한 동방정교회의 교리를 이해함에 있어서 엄청난 중요함을 가진다. 이것은 동방정교회의 신성화에 대한 사상이 얼마나 육체를 포함하는지 보여 준다. 이것은 세라빔(혹은 Motovilov)의 영이 아니라 하나님의 은혜로 변화된 육체 전체이다. 우리는 세라빔, 모토빌로프 둘 다 황홀경의 상태에 있지 않았던 것을 알 수 있다. 둘 다 일관성 있는 방법으로 말할 수 있었고, 밖의 세상을 계속 의식한다. 그러나 둘 다 성령이 충만했고, 앞으로 올 세대의 빛에 의해 둘러싸여 있었다.

세라빔은 지도해 주는 선생님을 가지고 있지 않았고 후계자도 없었다. 그가 죽은 뒤 그의 연구는 다른 옵티노의 은둔자 집단에 의해 이어졌다. 1829년부터 1923년 볼셰비키에 의해 수도원이 문을 닫을 때까지 startsy의 후계자들은 여기에서 봉사했으며, 그들의 영향력은 세라빔의 영향력과 같이 러시아 전역으로 확장시켰다. 가장 알려진 옵티노의 장로는 레오니드(Leonid : 1768 – 1841), 마카리우스(Macarius : 1788 –

---

12. Fedotov, *A Treasury of Russian Spirituality*, pp. 273 – 275.

1860), 암브로스(Ambrose : 1821-1891) 등이다. 이들 장로들이 모두 페이씨 학파에 속해 예수의 기도에 전념해 있는 동안, 그들 각자는 모두 자신의 강한 특성을 가졌다. 예를 들면, 레오니드는 단순하고 힘차고 직접적으로 특별히 농부와 상인에게 호소하였다. 반면에 마카리우스는 교부학자로 학식이 높았고, 그 시대의 지식인운동과 밀접한 관련이 있었다. 옵티노는 고골(Gogol), 코미아코프, 도스토예프스키, 솔로비예프(Soloviev), 그리고 톨스토이와 같은 수많은 작가들에게 영향을 끼쳤다.[13] 도스토예프스키가 쟈돈스크의 성 티콘의 삶에 의해 기본적인 영감을 받았다고 말할지라도, 도스토예프스키의 「카라마조프의 네 형제들」에서 장로 죠시마(Zossima)의 두드러진 모습은 부분적으로 옵티노의 마카리우스 신부나 암브로스 신부에 기초를 두고 있었다.

Slavophil Ivan Kireyevsky는 다음과 같이 기록하였다 : "모든 가능한 책들과 사상보다 더 중요한 것이 있다. 당신의 생각을 내놓기 전에, 당신 자신의 의견을 듣지 않고 거룩한 교부들의 판단을 들을 수 있게 해주는 동방정교회의 *startsy*를 찾는 것이다. 이러한 *startsy*가 러시아에서 사라지지 않기 때문에 하나님은 찬송을 받으신다."[14]

수도원의 부활은 *startsy*를 통해서 많은 평신도의 삶에 영향을 주었다. 그 시대의 영적 분위기는 작자 불명의 책인 「순례자의 길」에서 생생하게 표현되었다. 이것은 이곳저곳을 다니며 예수의 기도를 실천하는 러시아 농부의 경험을 묘사한 것이다. 이것은 거의 다른 모든 것을 배제하고 하나님의 거룩한 이름을 부르는 것만을 강조한 다소 편향된 것임

---

13. 동방정교회와 톨스토이의 관계는 매우 슬프다. 생애의 말년에 그는 교회를 커다란 폭력으로 공격하였고, 성스러운 대회는 약간의 주저 후에 그를 출교하였다(1901년 2월). 그가 아스타포브에 있는 철도역장 - 그를 보기 위해 여행을 했던 옵티노의 장로들 가운데 한 사람 - 의 집에서 죽어 가고 있었을 때, 그의 가족들은 입장이 허락되지 않았다.
14. *L' Église orthodoxe*(Paris, 1952), p. 219. (베를린과 서유럽의) 메트로폴리탄 세라빔에 의해 인용.

에도 불구하고, 그 자체의 단순성이 가장 흥미를 주는 작은 작품이다. 이러한 책의 목적은 예수의 기도가 수도자들에게만 국한되지 않고 모든 형태의 삶에 있어서, 모든 이들에 의해 사용되어질 수 있음을 보여 주는 것이다. 순례자들은 그들이 여행할 때, 페이씨에 의해 슬라브어로 번역된 것으로 생각되는 「필로칼리아」 사본을 가지고 다녔다. 성 테오판(St. Theophan the Recluse : 1815-1894)은 1876년부터 1890년까지 슬라브어가 아니라 러시아어로 크게 확장된 5권으로 된 「필로칼리아」 번역본을 발행했다.

우리는 주로 수도원운동에 집중된 운동에 대하여 말해 왔다. 그러나 19세기에 러시아 교회의 위대한 인물들 중에는 크론스타트의 성 요한(1829-1908)같이 결혼한 교구성직자들이 있었다. 그는 성 피터스버그의 외곽 해군기지인 크론스타트에서 그의 모든 생애를 보냈다. 그는 가난한 사람과 병든 자를 방문하고, 자선봉사를 조직하고, 그의 교구의 아이들에게 신앙을 가르치고, 계속적으로 설교하고, 무엇보다 그의 양무리를 위해 기도하는 교구의 일에 전적으로 매달렸다. 그는 기도의 힘을 강하게 인식했고, 성만찬예배(Liturgy)를 드릴 때 신비체험에 압도되었다. "그는 미리 기록된 성만찬예배의 음조를 지킬 수가 없었다. 그는 하나님을 불렀다. 소리쳤다. 골고다와 부활의 형상이 갑자기 파편을 맞듯이 그에게 나타났을 때, 그는 눈물을 흘렸다."[15] 이와 같은 체험은 「그리스도 안에서의 나의 삶」이라는 그의 영적 자서전의 매장 곳곳에서 느낄 수 있다. 그는 세라빔과 같이 병고침과 통찰력, 그리고 영 분별의 은사를 소유했다.

성 요한은 그 당시 러시아의 평신도들이 1년에 3~4번 이상 모이는 것이 일상적이지 않았음에도 불구하고 자주 친교할 것을 주장했다. 그는 성만찬 준비를 위해 오는 모든 사람들의 개인적인 고백성사를 들을

---

15. Fedotov, *A Treasury of Russian Spirituality*, p. 348.

시간이 없었기 때문에, 모든 사람이 동시에 그들의 죄를 고백하는 공적인 회개형식을 만들었다. 그는 성상 칸막이를 낮게 만듦으로써 예배를 통해 제단과 집례자가 보이도록 했다. 그는 보다 빈번한 성만찬을 강조하고, 교회당 칸막이를 좀더 고대적인 형태로 복귀시킴으로써, 그는 오늘날 시대에 동방정교회의 예배의식의 발전을 예기했다.

19세기 러시아에서 충격적인 선교사역의 부흥이 있었다. 사라이(Sarai)의 미트로판과 페린의 스테판시대 이래로 러시아인들은 활동적인 선교사들이었고, 모스크바의 힘이 동쪽으로 진보해 가자 대평원이 원주민들과 이슬람교도들인 몽골인들 사이에서 복음전도를 위해 개방되었다. 그러나 교회가 이방인들을 위해 선교사를 보내는 것이 결코 중단되지 않았음에도 불구하고, 17세기와 18세기 선교결과는 특히 러시아 여제 캐더린에 의해 수도원들이 문을 닫은 후에 다소 시들했다. 그러나 19세기에 선교적 도전은 신선한 힘과 열정으로 가득 차 있었다. 카잔(Kazan)의 학원이 1842년에 문을 열었고, 특별히 선교공부에 관심을 가졌다. 현지 수도사를 훈련시켰고, 성경과 성만찬예배가 폭넓은 언어로 번역되었다. 카잔지역에서만 예배의식이 22가지의 다른 언어나 방언으로 거행되었다. 선교부흥의 선두주자 가운데 한 사람인 아르키만드리트 마카리우스(Archimandrite Macarius : Glukharev, 1792-1847)는 헤시케즘의 제자였고, 페이씨 벨리쵸코브스키의 제자들을 알았는데 이것은 의미 있는 일이다. 선교부흥은 영적 삶의 부흥에 그 뿌리를 지녔다. 19세기 선교사들 중 가장 위대한 사람은 오늘날 수백만의 미국 동방정교회인들에게 그들의 중심 '지도자'로 존경받는 알라스카의 감독 성 이노센트였다(John Veniaminov : 1797-1879).

19세기 러시아는 신학면에서 서구에 의존하던 것에서 크게 이탈하였다. 이것은 슬라브계의 지도자이자 러시아 교회사 중 첫 번째 신학자였던 알렉시스 코미아코프(Alexis Khomiakov : 1804-1860)의 노력 때문이었다. 지주이자 퇴역한 기병대의 대장이었던 코미아코프는 동방정교회에서 늘 존재했던 전통적인 평신도 신학자에 속했다. 코미아코프는 모든 서구 기독교세계-구교이든 신교이든-가 동일한 전제들을 공유하고 동일한 근본적 관점을 나타낸다는 것을 주장했다. 반면에 동방정교회는 이와는 거리가 멀다는 것을 주장했다. 그렇기 때문에 코미아코프는 계속해서, 그들이 비록 16세기 이래로 해 왔지만 동방정교회가 서방으로부터 그들의 신학을 빌리는 것은 불충분하다고 주장하였다. 구교에 대항한 신교의 주장, 신교에 대항한 구교의 주장을 사용하는 대신에 동방정교회는 그들 자신의 믿을 만한 원천에로 돌아가야 하며, 기본적인 전제들에 있어서 로마적이거나 개혁교회적이 아닌, 독특한 참된 동방정교회의 전통을 재발견해야 한다. 그의 친구였던 사마린(G. Samarin)이 이렇게 지적했다. "코미아코프 이전에 우리 동방정교회 신학수업은 라티니즘이나 프로테스탄티즘을 정의하는 입장에 있지 않았다. 왜냐하면 동방정교회는 동방정교회 자신의 입장과 동떨어진 상태에서 견해차이로 둘로 나누어져 있었고, 이들 반쪽은 각자 실로 그들의 반대자들(동방정교회 내의 반쪽)에 **반대되는 입장**, 즉 라틴 혹은 개신교의 입장을 취하였기 때문이다. 즉, 동방정교회는 라틴 혹은 개신교의 입장을 **능가할** 수 없었다. **교회**의 관점으로, 더욱이 **고도**의 입장으로 라티니즘과 프로테스탄티즘을 처음으로 직시한 사람은 코미아코프였다. 그리고 이 고도의 입장이 그가 그들(서방)을 정의할 수 있었던 이유이다."[16) 코미아코프는 교회론, 즉 교회의 단일성과 권위에 특별한 관심을 가졌고, 이 점에서 그는 동방정교회 신학에 영속하는 공헌을 했다.

코미아코프는 그의 일생 동안 학회나 신학교들에서 신학적인 어떤 훈련이나 영향을 거의 받지 않았으니, 바로 여기에 서방으로부터의 독립이 있었던 것이다. 1900년까지 러시아의 학문적 신학은 최고도에 이르렀고, 서방에서 학문적 훈련을 받은 다수의 신학자, 역사가, 예배학자들

---

16. Birkbeck, *Russia and the English Church*, p. xlv.

이 있었다. 그러나 그들은 그들의 동방정교회를 왜곡하는 서양의 영향을 허용하지는 않았다. 1900년을 지나면서 또한 신학교 밖에서 중요한 지적 부흥이 있었다. 피터 대제 이래로 러시아인들의 '지식인들' 가운데 무신론이 보편적이었으나, 지금은 다수의 사상가들이 다양한 루트를 통해서 교회로 돌아가는 길을 발견했다. 세르기우스 불가코프(Sergius Bulgakov : 1871-1944, 후에 사제로 임명됨)와 니콜라스 베르쟈예프(1874-1948) 같은 일부의 사람은 이전에 공산주의자들이었지만, 그들 둘 다 후에 파리로 이주한 러시아인들의 삶에 있어서 두드러진 역할을 했다.

티콘과 세라빔의 삶, 옵티노의 *startsy*와 크론스타트의 존, 19세기 러시아 신학과 선교를 곰곰이 생각해 볼 때, 대회기간을 단순히 쇠퇴기로 간주되는 것이 얼마나 불공정한가를 보여 준다. 러시아 교회사 학자의 대가 중 한 사람인 카르타셔(Kartashev : 1875-1960) 교수는 다음과 같이 말했다 :

> 체제에 대한 복종은 기독교인들의 내면에서 나오는 겸손에 의해서 품위가 높아졌다.…… 러시아 교회는 정치제도의 짐 아래 고통받았으나 그것을 기독교적 겸손으로 극복했다. 교회는 성장했고 전파되었으며, 여러 다양한 방식으로 번창했다. 그래서 거룩한 대회기간은 러시아 교회의 역사상 가장 밝고 영광스러운 시기로 불려질 수 있다.[17]

1917년 8월 15일 니콜라스 2세가 퇴위되고 6개월이 지나 임시정부가 권력을 잡았을 때, 모든 러시아 교회 공의회는 모스크바에서 회집하였다. 이 공의회는 마침내 다음해 9월까지 산회하지 않았다. 대표자들의 반 이상이 평신도였다 – 참석한 감독들과 성직자들은 250명, 평신도

---

17. 정기간행물 *The Christian East*, Vol. xvi(1936), pp. 114-115에 있는 논문.

314명 - 그러나 (교회법이 요구하는 것처럼) 특별한 종교적 문제에 관한 최종적 결정은 감독들에게만 유보되어져 있었다. 공의회는 개혁의 광범위한 제안을 통하여 피터 대제에 의해 설립된 대회적 통치형태(the Synodical form of government)를 폐기하고, 총대주교직을 회복하는 주요한 행동을 수행하였다. 총대주교의 선출은 1917년 11월 5일 일어났으며, 모스크바의 메트로폴리탄 성 티콘이 선출되었다.

외부의 사건들이 공의회의 결정들에 긴박감을 제공하였다. 첫 회기에 회원들은 볼셰비키의 대포소리를 들을 수 있었다. 그리고 새로운 총대주교의 선출 이틀 전에 레닌과 그의 추종자들이 모스크바의 주권을 완전하게 얻었다. 교회는 개혁작업을 공고히 할 시간이 없었다. 공의회가 1918년 여름에 폐회되기 전에, 회원들은 볼셰비키들에 의해 키예프의 메트로폴리탄 성 블라디미르가 잔인하게 살해당하는 것을 두렵게 목도하였다. 박해는 이미 시작되었다.

20세기 I
- 그리스인과 아랍인 -

교회는 시간 속에 있는 영원의 살아 있는 형상이다.

-게오르그 플로로브스키

    오늘날 동방정교회는 다섯 개의 서로 다른 상황들 속에서 존재한다. 첫째로, 이슬람교도가 우세한 지중해 동쪽 지역 안에서 소수로서 살아가는 동방정교회인들이 있다. 이들은 기본적으로 콘스탄티노플, 알렉산드리아, 안디옥, 예루살렘으로 이루어진 4개의 고대 총대주교관구들의 상황이다(이 중 마지막 대관구는 물론 이스라엘이 아니라 요르단에서 이슬람의 지배 아래 존재한다.). 둘째는, 비록 약화된 형태이지만 비잔틴 유형의 교회-국가 연합이 여전히 존재하는 키프러스와 그리스, 두 동방정교회가 있다. 셋째로, 동유럽에 있는 동방정교회들이다. 이들은 여전히 다소 엄격한 성격의 종교적 박해에 직면해 있으며, 최근까지 공산주의 지배 아래 살고 있다. 이들은 러시아, 세르비아, 루마니아, 불가리아, 게오르기아, 폴란드, 알바니아, 그리고 체코슬로바키아의 교회들을 포함하며, 5개의 동방정교회 그룹들 중 가장 크다. 그리고 이들은 오늘날 동방정교회의 전회원의 85퍼센트 이상을 차지하고 있다. 넷째로, 주로 이주자, 망명자, 그리고 그들의 후손으로 구성되었고, 또한 일부 서방의 회심자들을 포함하고 있는 서방에서 살아가는 디아스포라 공동체가 있다. 다섯째와 마지막으로 동아프리카, 일본, 중국, 한국, 그리고 그 외 지역들 안에 있는 공동체들과 더불어 동방정교회 내에 몇몇의 작은 선교운동들이 있다. 모두 이 다섯 개 그룹은 대략 1억~1억 4천만 명으로 추산되는데 그 중 아마 5천~8천만 명은 특별한 기준 아래 그들의 신앙을 활동적으로 실천하고 있다.

이번 장에서는 다섯 그룹들 중 첫 번째와 두 번째, 이슬람 환경에서 살아가는 그리스 정교회인들과 아랍 정교회인들, 그리고 '국가-교회들'에 여전히 그 기초를 두는 그리스인들에 대하여 다룰 것이다. 다음 장에서 현재는 사라진 철의 장막 아래 제2세계라는 용어로 쓰이고 있는 동방정교회에 대하여 살펴볼 것이다. 세 번째 장에서는 동방정교회인들의 분산과 동방정교회 내에서의 오늘날의 선교활동에 대하여 알아보고자 한다.

(1) **콘스탄티노플의 총대주교관구**. 10세기에 624관구를 가지고 있던 콘스탄티노플의 총대주교관구는 오늘날 그 규모에 있어서 엄청나게 줄어들었다. 현재 총대주교의 관할권 안에 있는 곳은

    (i) 터키
    (ii) 크레타 섬과 도데카인
    (iii) 다른 나라로 이주해서 살고 있는 일단의 러시아인, 우크라이나인, 폴란드인, 알바니아인들 및 흩어져 살고 있는 모든 그리스인들(이들에 관하여는 9장을 보라.)
    (iv) 아토스 산
    (v) 핀란드

이들은 모두 합해서 6백만 명 정도로 추정되는데, 이들 중 절반 이상이 북아메리카에 거주하고 있는 그리스인들이다.

금세기 초엽에 터키는 콘스탄티노플(이스탄불) 안에 25만 명의 번영하는 공동체를 포함하여, 거의 2백만 명의 그리스 정교회인들을 가지고 있었다. 그러나 1922년 소아시아에서 그리스 군대의 참혹한 패배에 의하여 그리스인들 대부분은 대량 학살당하였으며, 특별히 스미르나에서 그러하였다. 그러나 더욱 심각한 것은 그 다음이었다. 1923년 7월 로잔 조약의 요구 아래, 인구 교환에 의하여 모든 동방정교회인들은 그리스로 쫓겨났다. 그러나 국외(그리스) 추방기간 동안 수천 명이 여행 도중에 죽었다. 이스탄불에 있는 그리스인들과 주변지역에 있는 사람들만이 살아남도록 허락되었다. 여기에서도 그들은 규제 속에서 살아갔다. 총대주교 자신은 별개로 하고, 동방정교회 성직자들은 그들의 복장을 거리에서 드러내는 것을 금지당했다(그러나 동일한 규칙이 이슬람 성직자들에게도 적용되었다.).

이스탄불 안에서 그리스 정교회 신자들의 지위는 1950년대에 이르러 더욱더 나빠졌다. 왜냐하면 키프러스에서 일어난 키프러스 그리스인들과 그리스와의 연합운동이 터키인들의 분노를 샀기 때문이었다. 1955년 9월 6일의 폭력적인 반-그리스인(반-그리스도인) 폭동으로 도시 안에 80개의 동방정교회 성당 중 60개가 약탈당했거나 파괴당했다. 헤아릴 수 없는 피해가 약탈의 확산과 생명의 피해와 더불어 그리스도인들의 재산에 가해졌다. 여러 시간 동안 터키 당국자들은 폭동자들에게 실제적으로 자유를 주었고 간섭하지 않았다. 수년이 흐른 뒤, 다수의 그리스인들이 공포에 질려 이스탄불을 떠났고, 나머지는 강제로 추방당했다. 1990년 초엽 그리스 공동체는 거의 3~4천 명으로 감소했으며, 그 남은 이들은 거의 늙거나 가난한 자들이었다. 총대주교관구의 인쇄소는 1960년 초 터키 당국자들에 의해 문을 닫아야만 했다. 그리고 모든 간행물들은 중지되었다. 1971년 이스탄불 근처 할키 섬에 있는 유명한 신학교도 강제로 문을 닫아야 했다. 총대주교관구 자체는 터키에서 쫓겨날 것이라는 소문이 있었으나 사실 이러한 일은 일어나지 않았다. 그러나 1980년대에 상황이 약간 개선되었다. 터키인들은 1941년 사고로 불타 버린 총대주교관구의 주요 건물을 완전히 재건립할 수 있도록 허가를 내주어 드디어 1987년 다시 문을 열었다. 터키인들에 의해 약 20년 동안 여행을 엄격히 제한당했던 총대주교와 감독들은 또한 해외로 여행을 자유롭게 할 수 있도록 허락되었다.

할키(Halki) 섬의 폐쇄 이래로 총대주교관구는 크레타, 밧모, 아토스, 북아메리카, 오스트레일리아에 있는 신학교에 의존해야만 했다. 총대주교관구는 그리스에서 두 개의 활동적인 재단을 운영하고 있다. 1968년에 문을 연 데살로니카의 블라타돈 수도원에 있는 '총대주교 교부연구소'(the Patriarchal Institute for Patristic Studies)는 학술저널지 「클레로노미아」(Kleronomia)를 발행한다. 그리고 또한 1968년에 고니아와 크레타에 동방정교회 아카데미가 설립되었는데, 특히 사회학적이고 생태학적 연구에 관련되어 있다. 게다가 총대주교관구 아래에는 샹베시(Chambesy : 스위스의 제네바와 가까움)에 동방정교회센터가 있다. 이것은 특히 동방정교회 상호간의 관계 증진을 위한 책임을 맡고 있다.

제2차 대전 이래 에큐메니칼 총대주교좌에 있었던 가장 유명한 사람은 총대주교 아테나고라스(1948-1972년)였다. 대담한 비전의 소유자로서 그는 두 가지 일에 특히 전념했다. 즉, 하나는 로데스 회의(the Rhodes conferences)[1]를 통해 서로 다른 동방정교회들 사이의 강력한 연대를 추진하는 것이었고, 다른 하나는 세계적인-광범위한 기독교 연합을 증진하는 것이었다. 이 두 번째 영역에서의 그의 주도권과 특히 로마와의 친교 회복을 위한 그의 시도는 그리스와 그 이외의 지역에서 많은 보수적인 동방정교회에 의해서 날카롭게 공격당했다. 평화와 기도의

---

1. 이 책의 p. 229를 보라.

사람인 그의 계승자 총대주교 디미트리오스(1972 - 1991년 재직)는 신뢰 회복에 심혈을 기울였고, 기독교 일치를 위한 그의 사역에서 기본적으로 동일한 정책을 추구하였다. 로마에서 공부한 교회법 전문가 총대주교 바톨로메우(Bartholomew : 1991년 선출)는 서방 기독교세계와 밀접한 관계를 유지했다.

지난 천년 동안 동방정교회 수도원주의의 주거점인 아토스 산은 그리스적일 뿐만 아니라 국제적이다. 20개의 지도적인 수도원들 가운데 현재 17개는 그리스인, 하나는 러시아인, 하나는 세르비아인, 하나는 불가리아인들로 구성되어 있다. 비잔틴시대에는 20개 중의 하나는 게오르기아인들의 것이었다. 그리고 이탈리아 아말피(Amalfi)로부터 온 수도사들을 포함한 하나의 라틴 수도원도 있었다. 지도적인 수도원 이외에 몇 개의 다른 커다란 수도원들과 **스케테스**(sketes)와 **켈리아**(kellia)로 알려진 셀 수 없을 정도의 작은 정착지들도 있었다. 거기에는 또한 은둔자들이 있는데, 그들 대부분은 반도의 남쪽 끝에 있는 오싹하는 절벽에 오직 부패한 사닥다리에 의해서 접근할 수 있는 오두막과 동굴 속에서 살고 있다. 이리하여 4세기 이집트로 거슬러 올라가는 세 가지 형태의 수도원적 삶이 - 공동체 삶, 반 - 은둔자적인 삶, 그리고 은둔자 삶 - 오늘날에도 거룩한 산 위에서 나란히 계속되고 있다. 이것이 동방정교회의 연속성에 대한 놀라울 만한 실례이다.

1914년부터 1960년대 중반에 이르는 기간 동안은 거룩한 산을 향한 삶들이 쇠퇴하던 기간이었다. 수적으로 놀랄 만한 감소가 있었다. 금세기 초에 약 7,500명의 수도사들이 있었으며, 그들의 거의 절반은 러시아인들이었다. 성 판텔라이몬(Panteleimon : Roussikon)의 러시아 수도원은 거의 2,000명이나 되었다. 밧모 섬의 정신적인 아버지였던 수도사 암필로키오스(Fr. Amphilochios)는 그가 1912년경 성 판텔라이몬을 방문했을 때, 그리스인인 그가 러시아 노래에 의해 받은 감동을 나에게 말해 주곤 했다. 그 곳은 그가 알고 있는 '지상의 천국'에 가장 가까운 곳이었다. 그러나 제1차 대전 이후 더 이상 수도수사들은 러시아에서 올 수 없었고, 반면에 조금씩 이주해 오는 러시아 이주민들로부터 모집되었다. 1960년대에 이르러 로시콘의 수도사는 60명도 채 안 되었다. 1945년 이후 루마니아, 불가리아, 세르비아로부터의 수도수사의 공급도 눈에 띄게 격감되었다. 동시에 매우 적은 수의 젊은 그리스인들이 아토스로 갔다. 1950년대 후반에 이르러서는 매년 대략 40명에서 50명의 수도사가 정기적으로 감소하고 있다. 1971년에는 전체 수도원 인구는 1,145명으로 감소했다. 이들 중 거의 대부분이 노인이었다. 인간적인 측면에서 거룩한 산의 미래는 불확실해 보였다. 수도사의 몇 안 되는 비율만이 제대로 된 교육을 받았다. 대체로 아토스는 그리스 안에서 또는 세계적으로 광범위하게 퍼진 동방정교회 안에서 효과적인 영적 영향을 거의 미치지 못하고 있다.

그러나 아토스나 수도원 중심지를 숫자나 혹은 학문으로 판단하는 것은 잘못된 것이다. 사실 판단기준은 규모나 학문이 아니라 영적 삶의 질이다. 외적으로 타락한 이 시대에서도 높은 기준들이 일부 수도원들에서 유지하고 있다. 그 중에서도 거의 50년 동안 수도원장으로 있던 수도사 가브리엘(Fr. Gabriel : 1886-1983)의 지도 아래 있던 디오니시우(Dionysiou) 수도원이 두드러진다. 이곳 수도사들 중 한 사람인 수도사 테오클리토스(Theoklitos : 여전히 활동중)는 "천국과 땅 사이에"라고 명명된 수도원적 삶에 관한 놀랄 만한 연구논문을 기록하였다. 이것은 안토니적(Athonite) 영성의 끊임없는 생명력을 명백히 보여 주었다. 숨겨지고 순수한 방법으로 아토스 산은 동방정교회의 고전적 전통 안에서 형성된 성자, 수도사, 기도자를 양육해 나가고 있었다. 이러한 경우를 거친 이들 가운데 한 사람은 러시아인들의 성 판텔라이몬 수도원에 있었던 성 실로안(Silouan : 1866-1938 : 1988년에 성자로 불려짐)이었다. 농부 시절, 보잘 것없고 비천한 남자였던 그의 삶은 표면상 평온 무사했다. 그러나 그는 문체에 있어서 시적이고, 그의 신학적 비전에 있어서도 깊이가 있어서 사람들을 깊게 감동시키는 명상록을 남겼다. 이것은 그의 문하생이고 대수도원장인 소프로니(Sophrony)에 의해 편집되었고, 많은 다른 언어로 출판되었다. 또 다른 이런 종류의 수도사로 조셉(Fr. Joseph : 1959년 사망)이 있었다. 그는 **노에라 프로세비치**(noera prosevchi : '마음의' 또는 '내적인' 기도, 특히 주기도문을 의미함)의 실천에 헌신할 제자그룹을 그의 주변에 모으고, 뉴스케트(New Skete)에서 반-은둔자적 삶을 살았다. 아토스가 성 실로안과 조셉과 같은 사람들을 계속적으로 생산하는 한, 아토스는 그의 사역에 있어서 결코 실패한 것이 아니었다.

갑작스럽게, 그리고 뜻밖에 외형적인 퇴보의 반세기가 지난 후 1960년대 후반에 안토스파 역사의 새로운 장이 시작되었다. 신선한 삶의 표지들이 분명히 나타났다. 처음엔 희미하고 머뭇거렸으나 1980년대에 이르러 분명해지고 명백해졌다. 우선 새로운 수도사들의 유입이 있었다. 1971년 1,145명의 수도사들로 최저선으로 낮아진 후 숫자는 천천히 증가하였다. 1990년에 이르러서는 아토스 산에 거주하는 수도사가 대략 1,500명에 이르렀다. 본질적으로 이 현상 그 자체로는 매우 두드러진 진보인 것 같지는 않다. 더욱 중요한 것은 세대양식(the age-pattern)에 있어서의 변화이다. 1971년 대다수의 사람들은 60살을 넘었다. 1990년대에 오면 대다수의 사람들은 40대 이하이다. 많은 수도원에서의 변화는 더 이상 극적이지 못했다. 1971년에 말없이 침체해 가던 수도원들에는 12명 정도의 노년층 거주자들이 살았고, 이들 중 절반 정도만이 예배에 참석할 수 있었는데 10년 혹은 15년도 못되어서 젊고 활동적인 구성원들로 꽉 차 있었으니, 이들 중 흰수염이 난 사람은 하나도 보이지 않았다.

새로이 도착한 사람들의 양보다 더 중요한 것은 그들의 질이다. 그들 가운데 대다수는 높은 수준의 교육을 받았을 뿐만 아니라 영적인 은사들을 받았다. 일부는 작가로 재능을 지녔고, 나머지는 영적 아버지와 신앙의 증거자의 재능을 지녔다. 아토스 산 위에는 기도의 갱신된 감각이 있었다. 종종 얼마 전까지 형식적인 방식으로 수행된 성만찬적 예배들이 요즈음은 경청함과 기쁨이 넘치는 예배가 되었다. 그리고 수도사들도 훨씬 더 빈번히 성만찬을 받는다. 찬양도 크게 개선되었다. 이러한 새로운 수도사 세대를 통하여 아토스는 자신의 경계선 밖에서 존경스럽게 들렸던 명료한 목소리를 한번 더 들을 수 있게 되었다. 그리고 그것은 다시 한번 전체 동방정교회를 위한 봉화불과 발전소의 역할을 했다.

이 현저한 변화의 이유들은 무엇인가? 그것은 간단히 말할 수 있는 것이 아니다. 그러나 한 요인은 의심할 여지없이 여러 공동체 내에 '장로직'의 은사를 가지고 있는 대수도원장의 존재이다. 특별한 수도원에 새로운 구성원들을 끌어들이는 것은 대체적으로 개인적 지도를 제공할 수 있는 영적인 아버지의 존재이다. 대수도원장들 중에 특히 **제론테스**(gerontes) 또는 장로들이라고 지칭받는 이가 있는데 이들 중에는 다음과 같은 이들이 있었다. 폭넓게 읽혀지고 연구되는 「입례송」(Hymn of Entry)의 저자 아비론의 바실레이오스(Vasileios of Iviron : 이전에 스타브로니키타)와 시모노스 페트라스의 아이밀리아노스(Aimilianos of Simonos Petras), 그리고리오의 게오르게 경(George of Grigoriou), 그리고 최근까지 뉴스케트의 조셉(Joseph of New Skete)의 제자로 필로테오(Philotheou)의 대수도원장이었던 에프라임(Ephraim) 등이다.

문제들은 여전히 남아 있다. 비-그리스 정교회 수도원들은 수적으로 계속적으로 줄어들고 있다. 그리고 그리스 시민 당국자들은 - 종종 아토스의 법적 구성의 정신과 조문을 위반하는 - 새로운 회원들이 루마니아와 슬라브계 국가에서 오는 것을 매우 어렵게 만들었다. 몇몇 중대한 화재가 일부는 수도원 안에서, 또 일부는 숲 주변에서 있었다. 아토스의 고요는 끊임없이 증가하는 도로망, 운송수단의 수적 증가, 그리고 끊임없이 증가하는 방문자들의 홍수(주로 외국인보다는 그리스인)에 의해서 서서히 손상되어 가고 있다. 일부 수도사들 중에는 편협하고 열광적인 정신을 가진 이들이 있다. 이러한 정신은 그들로 하여금 비-동방정교회 기독교인들과의 교제를 적대적이게 만들었으며, 그들의 동료-정교회인들을 거룩한 전통에 대한 반역자로서 비난하는 데 지나치게 열심을 지니도록 한다. 그러나 여러 가지 어려움에도 불구하고 이것은 아토스를 위한 희망의 시간이다. 거룩한 산 위에 있던 러시아 **장로**(starets)인 카로니아의 수도사 니콘(Nikon of Karoulia : 1875 - 1963)의 말에 따르면 "여기 모든 돌들이 기도로 호흡하고 있다."고 하였다. 이 말은 과거와 마찬가지로 오늘날에도 사실이다.

아토스의 밖에 있지만 여전히 콘스탄티노플의 사법적 관할권 안에 있는 밧모 섬에는 신학자(복음전도자) 성 요한의 유명한 수도원이 있다. 이곳은 1088년 성 크리스토둘로스에 의해 설립되었다. 금세기에 이 곳에 특출난 수도사 중 한 명이 있었는데, 그가 바로 이미 성자로 널리 존경받고 있는 수도사 암필로키오스(Amphilochios : 1888 - 1970)이다. 나 자신이 생생하게 상기하는 그의 가장 두드러진 성격은 온화함과 정열적인 연민이었다. 그의 영적 자녀 중 하나는 "그는 사랑의 언어로 말했었다."고 증언한다. 그는 주님의 기도에 깊은 가치를 두고 있으며, 또한 생태학이 유행하기 오래 전부터 이미 생태학자였다. 그는 "나무를 사랑하지 못하는 사람은 그리스도를 사랑하지 않는다."고 말하곤 했다. 그에게 고해성사를 하기 위해 온 농부에게 보속형벌을 부과한다면, 그는 그들에게 둘 또는 세 그루의 나무를 심으라는 것이었다. 그가 밧모 섬에서 설립한 여성들의 공동체인 수태고지 수도원(the Monastery of the Annunciation)은 이제 그 인원이 50명이 넘었으며, 로데스(Rhodes)와 칼림노스(Kalymnos) 섬 위에 딸들의 수도원들을 가지고 있다.

핀란드의 동방정교회는 라도가 호수(Lake Ladoga)에 있는 러시아인들의 발라모(Valamo) 수도원에서 온 수도사로부터 유래한다. 이 수도사들은 중세기 동안 카렐리아(Karelia) 지방의 이교도인 핀란드의 부족들에게 전도를 한 사람들이다. 핀란드의 동방정교회는 혁명 이전까지 러시아 교회에 의존하였다. 그러나 1923년 이래로 그들은 콘스탄티노플의 총대주교관구의 정신적 보살핌 아래 있었다. 러시아 교회가 1957년까지 이러한 상태를 받아들이지는 않았지만 말이다. 핀란드 사람들의 대다수는 루터교도들이다. 52,000명의 동방정교회 신자들은 이 나라 인구의 1.5% 미만이다. 발라모 수도원의 전통들은 핀란드의 중심인 하이나베시(Heinävesi)에 위치한 새로운 발라모(New Valamo) 수도원에 의해 오늘날까지 이어지고 있다. 가까이 린탈라(Lintula)에 여성들의 공동체가 있다. 조엔슈(Joensu)에 신학교가 있다. 교구 안의 구성원들이 대부분 이름뿐인 사람들이기는 하지만, 동방정교회 상호간의 접촉과 에큐메니칼적 접촉들에 참여하는 많은 활동적인 젊은이들의 운동이 있다. 핀란드 교회의 현재의 수장인 대주교 요한(1987년에 선출됨)은 원래 루터교인이었다. 그는 지역적인 동방정교회의 수장이 된 첫 번째 서구의 개종자이다. 서구를 향해 얼굴을 돌린 것과 러시아 역사에 깊이 내린 뿌리들에 의해 핀란드의 동방정교회는 '전통적인' 동방정교회 구역과 새로이 설립된 동방정교회 디아스포라 사이의 다리와 중재자로서의 특별한 역할을 할 수 있다.

알렉산드리아의 총대주교관구는 이집트에 있는 압도적 대다수의 기독교인들이 칼세돈 공의회의 결정을 거부했던 451년 이래로 작은 교회로 존속하여 왔다. 지역적으로 그것은 아프리카 대륙 전체를 포함한다. 금세기 초에 카이로와 알렉산드리아에는 번영하는 그리스인 공동체가 있었으나 현재 이주를 통해서 많이 감소했다. 대부분의 알렉산드리아인들은 오늘날 토착 아프리카 정교회운동이 일어난 케냐와 우간다,[2] 그밖에 남아프리카에 살고 있다. 현재 알렉산드리아 총대주교관구의 수장인 교황 파르테니오스 3세(Pope Parthenios Ⅲ : 1987년에 선출됨)[3]는 지적

---
2. 이 책의 pp. 230–231을 보라.
3. 동방정교회에서 교황(Pope) 타이틀은 로마의 감독에 한정되지 않고, 또한 알렉산드리

으로 동방정교회 지도자들 중 모험을 매우 즐기는 이들 중 한 명이며, 여성 사제직의 안수례를 찬성한다고 주장하기도 한다.

안디옥의 총대주교관구는 그것의 보호 아래 있는 시리아와 레바논 정교회를 가지고 있다. 안디옥 관구의 수는 레바논에서 오랫동안 지속된 전쟁에 기인한 이주로 감소하였다. 그러나 안디옥 관구는 여전히 활동적인 디아스포라를 가지고 있으며, 특별히 북아메리카에서 그러하다. 총대주교는 고대 안디옥에서가 아니라(지금은 터키 경계 안에 있음) 다마스커스에 살고 있다. 1724~1898년 동안 총대주교와 다수의 고위성직자들은 그리스인이었다. 그러나 오늘날 그들은 전적으로 아랍인들이다. 현세기 초에 총대주교는 '잠자고 있는' 교회의 모든 징표들에 대해서 짜증을 냈다. 그러나 이들은 그때 이후로 특별히 1942년 창립된 동방정교회 청년운동(the Orthodox Youth Movement ; Mouvement de la Jeunesse Orthodoxe)에 기인해 깨어나고 있다. 오늘날 평신도들로 형성된 우세한 지도력을 가진 약 7,000여 명에 이르는 MJO는 언제나 기독교교육에 대한 우선권을 인정받고 있다. MJO는 「안-누르」(An-Nour)라는 정기간행물을 발행하고 있으며, 이미 120권을 넘게 발행했다. MJO는 또한 사회적이고 의료사역, 그리고 가난과의 투쟁을 확고하게 수행하고 있다. 그들의 주도권은 전쟁기간 중 레바논에서 특별히 가치가 있었다. MJO의 후원으로 남성과 여성을 위한 수도원적 삶의 부활이 있었다. MJO의 구성원 가운데 일부는 현재의 총대주교 이그나티우스 4세(1979년 선출됨)와 레바논 산의 메트로폴리탄 게오르게 코드레(George Khodre)를 포함하여 제도권 내에서 고위성직을 가지고 있다. 1970년에 총대주교관구는 발라만트(Balamand : 레바논의 트리폴리에 가까움)에 있

아의 총대주교에 의해서도 태어났다. 그의 다른 명예스러운 타이틀 가운데에는 '목자들의 목자', '13번째 사도', '우주의 심판자' 들이 있다.

는 다마스커스의 성 요한 신학아카데미를 설립했다.

예루살렘의 총대주교관구는 언제나 교회의 특별한 자리를 차지해 왔다. 결코 수적으로 많지는 않지만, 그것의 우선적 사역은 거룩한 장소들을 지키는 일이었다. 예루살렘 총대주교관구의 영역은 이스라엘과 요르단을 포함한다. 안디옥에서와 같이 아랍인들이 대부분이다. 그들은 오늘날 약 6만 명 정도를 헤아리지만, 발칸 반도(Near East)에 있는 그 밖의 장소와 마찬가지로 이주로 인해 감소하고 있다. 1948년의 전쟁 이전에 총대주교관구 안에는 약 5,000명의 그리스인들이 있었으나, 현재는 그 수보다 더 적어졌다(500명도 안 된다.). 그러나 예루살렘의 총대주교는 여전히 그리스인이다. 거룩한 장소들을 돌보고 있는 '거룩한 묘의 형제단'(the Brotherhood of the Holy Sepulchre)은 여전히 그리스인 지배하에 있다. 이러한 상태는 지난 70년 동안의 중요한 긴장의 원인이 되었다. 불행하게도, 현재의 총대주교 디오도로스(1981년 선출됨)는 총대주교관구의 내부적 문제를 해결하려는 그의 노력에 있어서 실패에 직면하였다.

볼셰비키 혁명 이전의 팔레스타인 동방정교회의 삶의 놀라운 특징은 매년 러시아 순례자들의 유입이었는데, 이들은 종종 거룩한 도시에 1만여 명이 동시에 머무르곤 했다. 대부분의 경우 그들은 순례여행이 그들의 생애의 가장 놀라운 사건이 되는 늙은 농부들이었다. 아마도 러시아를 가로질러 수천 마일을 걸은 뒤 그들은 크림 반도에서 배를 탔으며, 가능하다면 부활절에 맞춰 예루살렘에 도착하기 위해 오늘날 우리로선 믿을 수 없는 불편한 여행을 견디어 내었다.[4] 팔레스타인에서의 러시아인들의 영적 선교는 러시아 순례자들을 돌볼 뿐만 아니라, 아랍 정교회

---

4. 스테판 그라함의 충격적인 증언인 With the Rusian Pilgrims to Jerusalem (London, 1913)을 보라. 러시아어에 유창한 저자는 스스로 순례자 중의 한 사람으로 여행하였다.

인들 속에서 가장 가치 있는 목회적 사역을 감당하였고, 다수의 학교들을 운영하였다. 이러한 러시아의 선교는 자연스럽게 1917년 이래로 그 규모가 슬프게도 감소했다. 그러나 완전히 사라진 것은 아니다. 여전히 예루살렘에는 3개의 러시아 수도원이 있다. 그들 중 2개는 아랍의 소녀들을 초신자로서 받고 있다. 러시아에서의 최근의 변화와 함께 러시아 순례자들은 거룩한 도시에 다시 나타나기 시작했다. 한편, 1980년대에는 그리스 순례자의 수가 놀라울 정도로 증가하였다.

시나이 교회는 현재 총대주교 다미아노스(Damianos : 1973년 선출됨)에 의해 인도되고 있으며, 때때로 독립적인(autocephalous) 교회로 분류된다. 그러나 그 지도자가 예루살렘의 총대주교에 의해 성직에 수임되기 때문에 더 정확하게는 자치적인(autonomous) 교회로 분류된다. 시나이 교회는 시나이 반도의 모세의 산 기슭에 위치한 성 캐더린 수도원 하나로 이루어져 있다. 그리스인으로 그 수가 약 20명인 수도사들은 그 지역에서 기독교 베두인 가족들과 근처에 있는 여성수도원을 목회적으로 돌보고 있다. 성 캐더린 수도원은 성상논쟁 이전의 시대로 거슬러 올라가는 유명한 서고와 독특한 성상수집품들을 소장하고 있다. 이것들은 시나이가 비잔틴제국 바깥쪽에 떨어져 위치하여 있었기 때문에 파괴를 모면하였다. 슬프게도 수도원의 미래는 그 지역을 여행자 공원으로 발전시키려는 이집트 정부의 계획에 의해 위협받고 있다.

키프러스 교회는 에베소 공의회(431) 이래로 독립(autocephalous) 교회이다. 키프러스 교회는 1974년 터키의 침략으로 인하여 커다란 손실로 고통을 겪었으나 여전히 부유하고 잘 조직되어 있다. 약 550명의 성직자를 가진 450개의 교구들, 그리고 50명이 넘는 수도사와 120명의 수녀들을 가진 16개의 수도원들이 있다(또한 아토스 산 위에는 150명의 키프러스 수도사들이 있다. 20개의 수도원 중 3개가 키프러스인을 수도원장으로 모시고 있다.). 니코시아에는 신학교가 있다. 교회의 수장이 '행정장관' (ethnarch) 또는 '그리스 기독교인의 시민지도자'로 간주되는 터키제국의 체제는 영국인들이 섬을 인계한 1878년까지 영국인들에 의해 계속되었다. 이것은 교회적이고 시민적인 두 가지 역할을 말하고 있는데, 이것은 대주교 마카리오스 3세(1950-1977 재임)에 의해 시행되어졌다. 하지만 이것은 1950년대에 독립을 위한 그리스 키프러스인들의 투쟁기간 동안 영국 시민들에 의해 널리 잘못 이해되었다. 마카리오스가 정치적으로 불필요하게 간섭하는 성직자라고 간주했던 이들은 그가 오랜 역사적 전통의 후계자인 것을 식별하지 못했다. 그러나 그의 후계자 대주교 크리소스톰(1977년에 선출됨)은 종교적인 지도자로서만 행동하였다.

그리스 교회는 제2차 세계대전 이래 다량의 세속주의와 무관심의 유입에도 불구하고, 국가의 전체적인 삶에 있어서 중추적인 위치를 계속 차지하고 있다. 1951년 인구조사 때는 7,500,000명의 전체 인구 중 무신론자는 약 121명이었다. 오늘날에는 무신론자의 수가 의심할 여지 없이 증가하였으나 그렇게 극적이지는 않다. 대부분의 그리스인들은 그들의 신앙을 실천하는 데 활동적이든 그렇지 않든 여전히 동방정교회를 그들의 그리스 정체성의 통합적 부분으로 간주한다. 최근 평가서에 따르면 인구 중 97%가 기독교인으로 세례를 받았고, 이들 중 약 96.5%가 동방정교회에 속해 있다. 소수의 비-동방정교회 기독교인들 내에 가장 큰 모임은 약 45,000명을 지닌 로마 가톨릭 사람들이며, 그들 가운데 약 2,500명이 동방적 제의의 가톨릭교인들(Catholics of the Eastern rite)이다. 그리스에는 또한 약 120,000명의 이슬람교도가 있다. 그리스에서 과거에 극도로 가까웠던 교회와 정부의 관계가 요즈음 들어 꾸준히 약화되어 가고 있다. 동방정교회의 종교교육은 지금 국립학교 교과목에서 작은 역할을 하고 있다. 1980년대에 정부가 교회 밖에서의 결혼과 합법적인 낙태를 도입하였다. 이 두 조치 중 두 번째 것은 특히 교회가 맹렬히 비난했다. 그러나 효과는 없었다. 한편, 교회는 강력한 교회 자치권을 얻었다. 정치인들이 감독의 임명에 간섭하는 일이 줄었다. 그러나 그리스 내의 극소수 사람들은 교회와 정부 사이의 완전한 분리를 마음에 그리고 있다. 미래의 성직자 육성을 위한 신학교들이 정부에 의해 재정적으로 계속 도움을 받고 있으며, 국가 교육제도의 부분을 형성하고 있다. 그리고 여전히 정부가 성직자에게 월급을 주고 있다.

초대교회와 마찬가지로 오늘날 그리스 감독의 관구들은 작다. 약 900만 인구에 81개 감독관구가 있다(1917년 전 1억 신자에 67관구인 러시아와 비교했을 때). 가장 큰 그리스 관구는 247교구 정도를 포함하고 있다. 한편, 반 이상은 100개 이하의 교구를 가지고 있다. 종종 이상과 현실 속에서 그리스의 감독은 거리가 먼 행정관이 아니라 그의 무리가 개인적으로 만날 수 있고, 가난하고 비천한 사람들이 자유롭게 이야기하고, 영적인 충고 뿐만 아니라 매일 다수의 실천적인 일들을 위해 문의하는 접근하기 쉬운 인물이었다. 외부적 조직에 관한 한, 지난 수십 년 동안 그리스 교회는 꾸준히 팽창해 왔다.[5]

	1971	1981	1992
교 구	7,426	7,477	7,742
성직자	7,176	8,335	8,670
수도사	776	822	927
수 녀	1,499	1,971	2,305

교구들과 수도원들의 조직망과 함께 그리스 교회는 방대한 수의 박애주의적 단체들을 지원하고 있다 : 고아원, 양로원, 정신병원, 병원과 교도

---

5. 이 통계들은 1971, 1981, 그리고 1992년도 그리스 교회연감에서 취하였다. 1992년도에 해당하는 이 수치들은 연감에 있는 세부사항들이 불완전하기 때문에 약간의 조정이 필요하다.

소 방문을 위해 조직된 모임. 동방정교회는 편협하게 '내세적'이며 사회적 일에는 관심이 없다고 생각하는 이들은 그리스 교회를 방문해야 한다.

그러나 외부적인 조직이 팽창하고 있지만, 과거 30년 이상 그리스 안에 있는 교회의 교인출석수가 쇠퇴했다는 것은 의심할 여지없다. 하나의 여론조사가 1963년 9월 21일, 아테네에 있는 「타 니아」(Ta Nea)라는 신문에 의해 시행되었을 때, "당신은 얼마나 자주 교회에 가나요?"라는 질문에 대한 응답은 다음과 같다.

매주일	31%
한 달에 두세 번	32%
한 달에 한 번	15%
대축일들에	14%
내가 시간이 있을 때	3%

또한 아테네지역에서 1980년 봄에 유사한 여론조사가 실시되었다. 대답은 다음과 같다.

매주일	9%
종종	20%
대축일 혹은 결혼식과 같은 특별한 행사때만	60%
결코 가지 않음	11%

비록 사람들이 이러한 종류의 여론조사에서 항상 진실을 말하지 않을지라도, 교회출석이 감소하고 있다는 것은 명백한 사실이다. 그밖의 장소와 마찬가지로 그리스에서 조그마한 마을이나 시골지역보다 대도시 중심부로 갈수록 교회출석자가 감소한다는 사실이 물론 고려되어야 한다.

일상적 주일모임에 남성보다 여성이, 젊은이보다 노인이 더 많다. 그러나 이러한 측면은 확실히 그리스에서만 특이한 것이 아니다. 고등교육 과정에 있는 다수의 학생들과 일반적으로 젊은 사람들은 교회로부터 소외되었다. 왜냐하면 대주교 제로니모스(Ieronymos)가 그리스 교회의 수장으로 있던 1967~1974년 기간 중에 성직자계층과 군사독재자의 명백한 협력이 있었기 때문이다. 사실 이 협력의 정도는 대체로 과장된 것이다. 그러나 어쨌든 교회를 착취한 사람들은 장성들이었다. 교회가 저들을 박해한 것은 결코 아니었다. 그러나 젊은 세대의 눈에 교회의 명성이 불행하게도 손상되었다는 것은 사실이다. 그러나 1990년대 초에 교회로 젊은이들의 적절하고도 의미 있는 복귀가 조용히 일어났다.

과거에 그리스의 교구성직자들은 정상적인 신학교육을 거의 받지 않았다. 1833년경부터 교회의 주요 관심사 중의 하나는 성직자들의 교육적 수준을 높이는 것이었다. 터키시대와 제2차 세계대전 때까지도 성직자는 그가 봉사하고 있는 지역공동체와 견고히 통합되어 있었다. 일반적으로 그는 그의 직무를 행사하며, 그의 평생 동안 동일한 교구에 남기를 원하는 그 지역의 사람이었다. 그가 신학교에 다닌 경우는 매우 드물었다. 그는 그의 주변의 평신도들보다 더 교육을 받지는 않았다. 평신도 대부분과 마찬가지로 그도 결혼했다. 안수례 후에 그는 예전에 했던 일, 예를 들면 목수, 구두제조업, 혹은 가장 일반적으로는 농사를 계속했다. 보통 그는 설교를 하지 않았다. 만약 설교가 행해졌다면 감독 또는 방문한 수도사들이 행하였거나, 아마도 감독에 의해 임명된 평신도 설교자에 의해 행해지기도 했다. 대부분의 경우 교구사제들은 고해성사를 듣지 않았다. 고해성사를 위하여 그의 양무리들은 아마도 가까운 수도원에 가거나 또는 방문중인 수도-성직자들에게 의지하였다(그러나 고해성사는 터키 통치하에서 대부분의 경우에는 무시되었다.).

목회자와 그의 양무리 사이의 이 견고한 연합은 과거의 안정된 농촌사회 안에서 의심할 여지없는 장점을 가지고 있었다. 그리스 동방정교회는 사제와 백성 사이의 문화적 격차, 예를 들면 종교개혁 이래로 영국

교회 안에 대체로 존재했던 사제와 백성 사이의 문화적 간격을 다행스럽게도 피하였다. 그러나 현세기에 그리스 사회 전반의 교육적 수준의 상승과 함께 가르치고 설교하고, 영적 보호를 할 수 있는 교구성직자에 대한 명백한 필요성이 제기되고 있다. 그렇지 않으면 현대세계 안에, 특히 도시 안에서 교구성직자들은 사회적으로 주변인이 될 위험에 처하게 되고, 과거처럼 더 이상 공동체 안에서의 자연적 지도자가 될 수 없다.

오늘날의 그리스 교회는 사실 정교한 신학교육 프로그램을 발전시켰다. 아테네와 데살로니가 대학 안에 두 개의 신학부가 있다(그러나 모든 신학생들이 이 곳에서 안수받도록 의도된 것은 결코 아니다.). 게다가 다양한 차원의 20개의 신학교들이 있다. 오늘날 만약 그가 대학 또는 신학교(seminary)에서 신학을 공부하지 않았다면 누구도 안수를 받을 수 없다. 성직자 중에서 신학교를 졸업한 사람의 수가 마침내 현저하게 증가하고 있음을 보여 주고 있다. 1919년 그리스 교회에 봉사하는 4,433명의 성직자 중에 감독을 계산하지 않고 1% 미만, 즉 43명이 대학에서 신학학위를 받았다. 1975년 신학교 졸업자의 수는 여전히 589명, 전체 성직자의 약 8%였다. 그러나 1981년에 1,406명이 신학교를 졸업하였고, 1992년에는 2,019명의 졸업자가 배출되었다. 이것은 여전히 전체 성직자의 4분의 1 미만이다. 그러나 그것은 두드러지게 개선되고 있음을 보여 주고 있다. 학위와 졸업증서가 훌륭한 성직자를 만드는 데 필수적인 것은 아니다!

그리스 신학의 현재 상황은 어떠한가? 지난 90년 동안 신학대학의 교수들은 가공할 만한 학술적 저작물들을 생산했다. 두 개의 저작들은 특별히 '학문적인' 신학전통을 나타내고 있다. 즉, 1907년 처음으로 출판된 크리스토스 안드로트소스(Androutsos : 1869-1935)의 「교의학」,[6] 그

---

6. 이것은 Frank Gavin, *Some Aspects of Contemporary Greek Orthodox Thought*(Milwaukee, 1923) 속에 광대하게 (오히려 더 넓게) 요약되었다.

리고 그의 후계자 패나기오티스 트렘베라스(Panagiotis Trembelas : 1886-1977)가 1959~1961년에 출판한 세 권으로 된 「교의학」[7]이 그것 이다. 비록 간략하지만 접근방식이 유사한 아이오안니스 카르미리스 (Ioannis Karmiris : 1904-1991)의 「개요」(Synopsis)[8]도 있다. 비록 이러 한 책들이 무겁고 조직적이지만, 이것들은 또한 동일한 방식으로 기대 에 어긋나고 있다. 로스키 플로로브스키와 이브도키모프(Evdokimov)와 같은 러시아 이주민 신학자들과 친숙한 서방의 독자들은 그들의 그리스 동시대인들 속에서 동일한 흥분과 창조적 탐구성을 발견하지 못하고 있 다. 안드로트소스, 트렘베라스와 카르미리스의 신학은 제의적이고 영적 인 측면보다 오히려 대학 강의실의 아카데믹하고 스콜라적인 신학이다. 더욱이 비록 이러한 연구의 내용이 엄격히 동방정교회적이지만, 사용된 방법과 범주는 빈번히 서방으로부터 빌려온 것이다. 동방정교회의 전통 에 대한 그의 열렬한 헌신을 위해 트렘베라스는 17세기의 모길라와 도 시테우스와 같이 서방의 지적 유형에 의해 형성된 일련의 동방정교회 신학자들에 속한다는 의미에서 '서방화된 자'(westernizer)이다. 교부들 은 트렘베라스에 의해 종종 인용되었다. 그러나 그들은 전체적으로 교 부적이지는 않은 구조 속에서 조화를 이루고 있다.

이러한 결점들은 그리스 신학자들 중 젊은 세대들로 하여금 매우 서 로 다른 신학적 견해를 갖게 했다. 그들은 그들의 전임자보다 조직적이 고 권위적이지 못하며 자기 확신이 부족하다. 그들은 서구의 지적인 범 주들에 대하여 비판적이다. 그들은 그들의 전임자 모두가 무시했던 시 리아인 이삭(Isaac the Syrian)과 새로운 신학자 시메온(Symeon the New Theologian)과 같은 신비적 신학자들을 이용한다. 그들은 부정적

---

7. 프랑스어로 이용할 수 있다 : *Dogmatique de l'Église Orthodoxe Catholique*, tr. Pierre Dumont(3 vols., Bruges, 1966-1968).
8. *A Synopsis of the Dogmatic Theology of the Orthodox Catholic Church*, tr. George Dimopoulos(Scranton, 1973).

접근법(the apophatic approach)을 강조하고, 그레고리 팔라마스에 의해 정교화된 본질과 에너지의 차이에 대하여 충분히 논의했다. 이들 젊은 신학자들 가운데 가장 대담하고 논쟁적인 사람은 부분적으로 하이데거의 실존주의에 빚졌으나, 근본적으로는 교부들의 교리적이고 금욕적인 작품들을 연구하여 강력한 '개인주의적' 접근방식을 채택한 크리스토스 얀나라스(Christos Yannaras)이다. 요절한 것이 슬픈 손실이었던 파나기오티스 넬라스(Panagiotis Nellas : 1936 - 1986)와 페르가몬의 메트로폴리탄 요한 지지오라스(John Zizioulas), 그리고 요한 로마니데스(Fr. John Romanides)가 또한 중요한 공헌을 하였다. 그들은 얀나라스와 의견을 같이할 수 없었고, 참으로 서로간에도 결코 의견을 같이할 수 없었다. 그러나 그들 모두는, 그들이 그것을 볼 때 교부들의 '정신'에 충실하고 현세계의 고통과 목마름에 잘 반응할 신학의 형태를 발전시키고자 하는 욕망을 공유하고 있다.

그리스 종교예술 안에 서구화에 반대하는 유사한 반작용이 있어 왔다. 금세기의 초기에 가치가 떨어진 이탈리아 양식은 대체로 옛 비잔틴 전통에 대한 선호 속에서 포기되어졌다. 아테네와 그 이외의 지역교회들은 최근에 완벽한 계획에 의해 성상과 프레스코로 장식되었고, 엄격한 순응 속에서 전통적 규칙들을 실행하고 있다. 이러한 예술적 부흥의 지도자인 포티오스 콘토그루(Photios Kontoglou : 1896 - 1965)는 비잔틴 예술에 대한 타협하지 않는 변호로 유명했다. 대표적인 전망은 이탈리아 르네상스의 예술에 대한 그의 논평이다. "세속적인 시야에서 보는 이들은 그것이 진보한 것이라고 말한다. 그러나 종교적인 시야에서 보는 이들은 그것이 쇠퇴했다고 말한다."[9]

결정적인 역할은 금세기 초반에 그리스 교회의 삶 속에서 복음전도와

---

9. C. Cavarnos, *Byzantine Sacred Art : Selected Writings of the Contemporary Greek Icon Painter Fotis Kontoglous*(New York, 1957), p. 21.

사회적 사역에 헌신한 '가정선교' 운동에 의해 수행되었다. 이 운동 가운데 가장 역동적인 '신학자들의 형제단'으로 알려진 **죠에**(Zoe, 삶)는 비록 그 기원이 19세기 후반에 있었던 유사한 운동에까지 소급되지만, 1907년 수도사 유세비우스 마토폴로스(Eusebius Matthopoulos)에 의해 시작되었다. 그것은 반-수도원적 구조를 지녔다. 전체 구성원들은 평신도이든 사제이든, 비록 그들이 영구적인 맹세는 하지 않지만 독신주의자이다(감독은 제외되었다.). **죠에**는 출발시부터 빈번한 성만찬, 고해성사의 광범위한 사용, 정기적인 설교, 아이들을 위한 교리문답 교실, 조직화된 청소년 모임, 성서연구 서클을 옹호해 왔다. 이 모든 것은 확실히 감탄할 만하다. 게다가 **죠에**의 프로그램 가운데 주요 쟁점들은 대체로 그리스 교회에 의해 계승되었고 적용되었다. 그러나 **죠에**가 매우 긍정적인 것들을 많이 하였지만, 그것의 비밀과 권위주의적인 정신-여기에 있는 그것은 로마 가톨릭 운동인 **하나님의 사역**(Opus Dei)을 닮았다-은 많은 적을 만들었다. **죠에**의 영향력은 1920~1960년 동안에 최고조에 달했다. 그러나 그 이후 감소해 오고 있다. 1960년대 초반에 구성원 사이에 분열이 일어났다. 그리고 경쟁적 조직인 **소티르**(Sotir)가 세워졌다. 1970년대 **죠에**는 군부독재자들과의 관계로 고소를 당하였다-대부분의 경우 불공정하다-이것은 죠에의 입지에 커다란 타격을 주었다. **죠에**의 발표문들을 두드러지게 하는 도덕적이고 청교도적인 어조는 오늘날 그리스인의 젊은 세대에게 거의 어필하지 못하고 있다.

현대 그리스는 사로브의 성 세라빔과 아토스의 성 실로안에 대한 그들의 사랑의 열정과 유사하게 **자기 비움**(kenotic)의 성자들을 가지고 있다. 가장 널리 존경받는 사람은 거짓 고소에 의해 그 곳에서 쫓겨날 때까지 잠시 동안 이집트의 펜타폴리스의 메트로폴리탄이었던 성 넥타리오스(Nektarios : 1846-1920)이다 : 그는 자기 비움의 겸손 속에서 그의 고소자들에게 답변하기를 거부하였다. 그는 생애의 말년을 그가 애기나(Aegina) 섬에 설립한 성 삼위일체 수도원에서 수녀들의 신부로서 매우 가난하게 보냈다. 또 다른 **자기 비움**의 인물은 – 성 크론스타트의 성 요한과 같이 교구사제 – 성 니콜라스 플라나스(Planas : 1851 – 1932)인데, 그는 가난한 자들과의 친밀함과 그의 마음의 순수함 때문에 크게 사랑을 받았다. 그는 철야예배에 특별한 열정을 가지고 있었다. 성가대원들은 종종 두 명의 작가들인 알렉산더 파파디아만티스(Papadiamantis : 1851 – 1911)와 알렉산더 모라이티디스(Moraitidis : 1850 – 1929)였다.

수도원적 삶이란 무엇인가? 아토스 산에서의 부흥은 아직도 그리스 어느 지역에서나 남성의 수도원에 커다란 규모로 퍼지고 있다. 오로포스(Oropos, 아티카)에 있는 파라클레트(the Paraclete) 수도원과 같이 약간 유별난 예외가 있음에도 불구하고, 대부분의 수도원(houses)들은 숫적으로 줄어들었다. 반면에 여성들의 공동체는 눈에 띄게 대조를 나타낸다. 1920년 이래로 어느 곳에서나 일어나는 새로운 창립들과 함께 인상적인 증가가 있어 왔다. 현세기가 시작할 때 겨우 2~3백 명에 이르렀으나, 그리스에서 수녀는 오늘날 1,000명에 이른다. 큰 수도원들 가운데 고린도의 외곽 로트라키(Loutraki)에 있는 성 파타피오스(Patapios) 수도원, 데살로니가 근처 파노라마에 있는 Dormition 수도원, 키오스(Chios)에 있는 '우리 도움의 숙녀'(Our Lady of Help) 수도원, 티노스(Tinos)의 케츠로보니(Kechrovouni) 수도원이 있다(순례여행으로 유명한 그 섬은 하나님의 어머니의 유골을 보관하고 있다.). 특히 인상적인 것은 수녀와 수도수사가 백여 명이 넘게 있는 오르밀리아(Ormylia)의 수태고지 수도원이다(Chalcidice, 북그리스). 시모노스 페트라스의 안토니 수도원(the Athonite monastery of Simonos Petras)에 의존하고 있는 이 공동체는 최근에 유기농을 위한 특별한 계획을 세우고 있다. 그리스의 옛 달력의 사용을 주장하는 사람들[10]은 또한 여성을 위한 몇 개의 커다란 수도원들을 가지고 있다.

---

10. 이 책의 pp. 364 – 366을 보라.

오늘날 그리스 사회는 당황할 정도의 속도로 변화하고 있다. 40년 전 그리스를 처음 방문했던 사람들에게 지금의 그리스는 새롭고 낯선 세계로 여겨질 것이다. 교회는 이러한 신선한 도전에 충분한 탄력으로 대처하고 있는가? 대주교 세라빔(1974년에 선출됨)이 이러한 위기와 기회의 시기에 필수적인 상상력이 풍부한 지도력을 제공하기란 쉽지 않다. 그러나 아테네, 데살로니가, 그리고 그 외의 도시들에서 그는 젊은 나이에 결혼한 다수의 사람들 가운데 높은 도량의 인물임에는 틀림없다. 열정과 지식을 가진 교구사제가 있는 곳마다 평신도들로부터의 반응, 그리고 젊은이들로부터의 반응은 대체로 희망적이다. 그리스 정교회는 몇몇 어려운 시기를 경험하였다. 그러나 오래된 나무 속에 아직도 생명력과 새로운 삶이 존재한다.

20세기 II
- 동방정교회와 전투적 무신론자들 -

> 나를 보려고 소망하는 자들은 고난과 절망을 통과해야만 한다.
> —바나바의 서신 7 : 2

하늘나라에 대한 공격

1917년 10월 볼셰비키들이 권력을 쥐고부터 러시아 기독교가 선교 일천주년 기념을 맞는 1988년경까지 소련의 러시아 정교회는 계엄하에서 존재한 것과 같았다. 핍박의 강도는 그 70년 동안에 여러 모습으로 달라졌지만 공산정권의 기본적 태도는 항상 동일했다. 종교적 신앙은 그 표현이 어떻든지 모두가 억압되고 근절되어야 할 오류들이었다. 스탈린의 말을 빌리자면 "당은 종교에 대해서 중립적일 수 없다. 당은 모든, 그리고 종교적 편견들에 대항하여 투쟁하는 반종교적 행동을 해야 한다."[1] 그의 말의 강도를 알아보기 위해서는 소련 공산주의 아래에서 당은 그 의도와 목적에 있어서 국가를 의미한다는 사실을 기억할 필요가 있다.

---

1. *Works*, Vol. 10(Moscow, 1953), p. 132.

이런 면에서 1917년부터 러시아 정교회와 다른 기독교인들은 자신들이 이전의 기독교 역사에서 전례를 찾아볼 수 없는 상황 속에 처해 있음을 발견했다. 로마제국은 때때로 기독교인들을 박해했지만 그런 식으로 종교를 억압한 무신론적 국가는 결코 아니었다. 오토만 터키족은 비기독교 국가이긴 하지만 그래도 유일신을 섬겼고, 우리가 보았던 것처럼 교회에 큰 관용을 베풀었다. 그러나 소련 공산주의는 근본적인 원리에 의해서 무장된 적극적이고 전투적인 무신론이었다. 공산주의는 교회와 국가 사이의 단순한 중립을 지키는 것으로 만족하지 않았고, 모든 조직 교회의 활동을 억제하고 종교적 신앙을 제거하기 위해서 모든 수단을 동원하여 직·간접적으로 탄압하였다.

새로 권력을 쥐게 된 볼셰비키들은 재빨리 그들의 계획을 실행에 옮겼다. 1918년에 제정된 법률은 모든 교육제도에서 교회를 배제시켰고, 모든 교회의 재산을 몰수하였다. 교회는 그가 가진 모든 권리를 빼앗겼는데, 그것은 간단히 말하면 불법 단체라는 말과 같다. 소련 헌법의 법 조문들은 점차로 더 엄격해져 갔다. 1918년의 헌법은 "종교와 반종교에 대한 선전의 자유"가 보장되었다(Article 13). 그러나 1929년에 제정된 "종교협의회에 관한 법률"에서는 이 조항이 "종교적 **신앙**의 자유와 반종교적 **선전**의 자유"로 바뀌었다. 이 두 개 사이의 차이는 중요하다. 기독교인은 – 이론상 어느 정도이긴 하지만 – 신앙의 자유가 허락되었다. 그러나 그들은 어떤 포교의 자유도 허락되지 않은 것이다. 교회를 단지 어떤 사교집단으로 보았다. 종교예식도 원리상으로는 허가가 되지만 실제로는 – 더 구체적으로는 1943년 이후로 – 일정한 수의 교회만이 예배를 드리기 위해 문을 열 수 있었다. 또한 1943년 이후부터 교회는 사제들을 훈련시키기 위한 소수의 교육기관을 가질 수 있었고, 제한된 출판 사업을 할 수 있었다. 그러나 이 이상 할 수 있는 것이 거의 없었다.

다른 한편, 감독들과 성직자들은 구제와 사회사업에 관여할 수 없었다. 환자 방문은 엄격히 통제되었다. 그리고 교도소, 병원 혹은 정신병동에서의 목회사역은 불가능했다. 교구사제들은 어떤 종류의 청년조직이나 학습 동아리도 만들 수 없었다. 그들은 어린이들을 위한 교리반이나 주일학교도 열 수 없었다. 그들이 그들의 양떼에게 줄 수 있는 유일한 교훈은 예배중의 설교를 통해서였다(종종 그들은 이 권리를 전적으로 이용했다 : 나는 1970년대에 성만찬예배에서 행해지는 네다섯 번의 설교를 듣기 위해 참석했던 것을 회상합니다. 청중들은 설교에 넋을 잃었고, 설교가 끝나면 큰소리로 우는 것으로 감사를 표시했습니다. 나는 서구 교회에서 설교할 때 이런 경험을 해 보지 못했습니다!). 성직자들은 교구도서관을 만들 수 없었고, 그들이 소지할 수 있는 책은 예배에 사용되는 예배모범서뿐이었다. 그들은 사람들에게 나누어 줄 팜플렛이나 기본적인 홍보물도 없었다. 성경 사본은 아주 희귀품이었고, 암시장에서 터무니없이 높은 가격에 거래되었다. 그 중에 가장 나쁜 것은 감독으로부터 가장 최하위의 사제에 이르기까지 모든 성직자가 그들의 목회에 대해서 정부의 허락을 받아야 했고, 비밀경찰들에게 감시와 감독을 받곤 했다. 사제가 설교시에 했던 모든 말들은 세심하게 기록되었다. 하루종일 뭔가를 캐내려는 따가운 눈초리가 교회에서 세례를 받고, 결혼을 하고, 고해성사와 개인적 상담을 위해 교회사제를 찾아오는 사람들을 감시했다.

전체주의적 공산주의 국가는 모든 형태의 반종교적 선전들을 용납하고 이용한 반면, 교회가 그것에 변증하는 것을 허락하지 않았다. 더구나 모든 학교에서 무신론교육이 조직적으로 이루어졌다. 교사들은 다음과 같은 훈령을 받았다 :

> 한 소련 교사는 학문에 대한 당 정신의 원리에 의해 지도되어야 한다 ; 그는 그 자신이 불신자가 되도록 강요받았을 뿐만 아니라 다른 사람에게 무신론을 선전할 의무가 있으며, 공격적인 프롤레타리아 무신론을 가르치지 않으면 안 된다. 교묘하게, 조용하게, 요령 있게, 그리고 지속적으로 소련의 교사들은 학교에서나 학교 밖에서나 밤낮없이 그들의 활동과정에서 종교적 편견을 나타내야 하고 극복해야 한다.[2]

학교 밖에서는 광범위한 반종교 선전이 전투적인 무신론 연맹에 의해서 행해졌다 ; 이것은 1942년에 약간 덜 공격적인 "사회과학적 지식의 보급을 위한 총연합회"로 대체되었다. 무신론은 "청소년 공산주의 연맹"을 통해서 신세대들에게 활발하게 전파되었다. "종교와 무신론 박물관"이 문을 열었는데 이것은 때때로 성 피츠버그에 있는 카잔 성당과 같은 이전의 교회당을 사용했다. 1920년대에 거칠고 공격적인 성격을 가진 반종교적 행진들이 거리에서 특별히 부활절과 성탄절에 거행되었다. 다음은 목격자에 의해서 묘사된 것이다 :

> 조용한 거리로부터 어떤 항의도 없었다 – 공포의 해가 그들의 일을 수행했다 – 그러나 거의 모든 사람들이 이 충격스런 행렬을 만났을 때 길을 비켜 주려고 했을 따름이다. 나는 개인적으로 모스크바 무도회의 목격자로서 그 안에 어떤 대중적인 즐거움이 전혀 없었다고 단정하고 싶다. 그 행렬은 텅빈 거리를 행진했으며, 웃음을 자아내게 하려는 시도와 흥분시키려는 시도가 때때로 반응을 보이는 군중들로부터 전혀 침묵만을 자아냈다.[3]

1920년대와 1930년대에 많은 수의 교회들이 문을 닫았을 뿐만 아니라 엄청난 수의 감독들과 성직자들, 남녀 수도사들과 평신도들이 감옥과 보호소로 보내졌다. 얼마나 많은 사람이 처형되었고 질병으로 죽었는지를 우리는 쉽게 헤아릴 수 없다. 니키타 스트루브(Nikita Struve)는 130명에 이르는 순교자 – 감독의 명단을 제공해 주었는데 그것도 "잠정적이고 불완전한 것"[4]이라고 말했다. 순교한 사제들의 총 숫자는 수만 명에 이를 것이라는 것이다. 물론 종교를 가진 신자들이 스탈린 통치에

---

2. F. N. Oleschuk(이전에 전투적인 무신론자 연맹의 비서), in *Uchitelskaya Gazeta*, 26 November 1949.
3. G. P. Fedotov, 「혁명 이후의 러시아 교회」(London, 1928), p. 47.
4. Nikita Struve, 「오늘날 러시아에 있어서 기독교인들」, pp. 393 – 398.

고통당한 유일한 집단은 결코 아니지만 가장 큰 고통을 당한 집단이었다. 로마제국 아래서도 거기에 비교할 만한 박해가 일찍이 없었다. 17세기에 있었던 대사제 아바쿰의 말은 300년 후에 공산주의 아래에서 완전히 실현되었다 : "사단은 우리의 찬란한 러시아를 하나님으로부터 빼앗아 갔다. 이 나라는 순교자의 피로 붉게 물들 것이다."[5]

공산주의 선전과 박해가 교회에게 어떤 결과를 가져왔는가? 많은 곳에서 영적 삶의 놀라운 지각변동이 있었다. 참된 정교회 신자들은 세상적인 요소들을 청산하였고, 사회적인 이유 때문에 외적으로만 순응했던 신실하지 못한 교인들의 부담에서 벗어날 수 있었고, 불로 정제된 모습으로 함께 모여서 영웅주의와 인본주의에 대항했다. 이민온 한 러시아인은 기록하기를 "모든 곳에서 신앙은 시험을 받게 되었고, 하나님의 쏟아부으시는 은혜가 있었고, 최고로 놀라운 기적들이 일어났다 – 성상들이 놀란 관중들 앞에서 스스로 씻겨졌고, 교회들의 둥근 지붕이 이 세상의 빛이 아닌 빛을 발산했다. 그럼에도 불구하고 이 모든 것은 거의 알려지지 않았다. 러시아에서 일어났던 영광스런 광경들은 나머지 인류에게는 흥미를 끌지 못한 채 남아 있다.…… 십자가에 못박히고 장사된 그리스도는 주님의 부활의 빛을 보지 못하는 사람들에 의해서 항상 이런 식으로 판단을 받게 될 것이다.[6] 그렇게 수많은 교인이 박해의 시기에 교회를 떠날 수 있었던 것은 놀랄 일이 아니다. 왜냐하면 그것이 항상 있어 왔고, 앞으로도 틀림없이 일어날 것이기 때문이다. 그러나 더욱 놀라운 것은 정말 많은 사람이 믿음을 지켰다는 것이다.

---

5. Fedotov, 「러시아 영성의 보물」 중 아바쿰의 "생애"로부터, p. 167.
6. Lossky, 「동방교회의 신비신학」, pp. 245 – 246. 로스키가 언급하는 기적적인 '성상의 갱신'은 공산주의 지배하에 여러 장소에서 일어났다. 어둡고 흉하게 변한 시대에 성상과 프레스코는 갑자기, 그리고 어떤 인간적 간섭 없이 신선하고 밝은 색깔을 띠게 되었다.

"가이사의 것은 가이사에게" : 어디에 선을 그을 것인가?

종교 박해의 시기에 관련된 중요한 원리들은 대개 분명하다. 그러나 개개인의 신자가 따라야 할 행동의 실천적 과정은 종종 애매할 때가 많다. 감독들과 사제들, 그리고 평신도들은 실제적으로 종교를 타도하는 데 공공연히 관여된 제도에 어디까지 협조해야 하는가? 1917~1988년 동안의 러시아 정교회는 이 잔인한 질문에 여러 가지 논쟁적인 방법으로 대답해 왔다. 박해상황에 전혀 있어 보지 않았던 서구에 있는 사람들은 러시아 안에서 이러한 행동들에 대해서 어떤 도덕적인 판단을 하는 데 있어서 아주 신중해야 할 필요가 있었다. 그러나 우리는 최소한 태도에 있어서 어떤 변화를 발견할 수 있다.

소련에 있어서 교회와 국가의 관계는 다섯 개의 중요한 기간들로 나눌 수 있다.

(1) 1917~1925년 : 총대주교 티콘이 교회의 자유를 유지하려고 고투하던 시기
(2) 1925~1943년 : 메트로폴리탄 세르기우스가 **살아 남을 방도**(modus vivendi)를 찾는 시기
(3) 1943~1959년 : 스탈린이 2차 대전 동안 교회생활의 부흥을 허락한 시기
(4) 1959~1964년 : 후르시초프가 박해를 새롭게 시작한 시기
(5) 1964~1988년 : 반체제운동이 일어나고 진압되는 시기

(1) 1917~1925년. 초기부터 모스크바의 총대주교인 성 티콘은 볼셰비키에 대해서 확고하고 비타협적인 태도를 취해 왔다. 1918년 2월 1일에 그는 "공개적으로든 숨어서든 그리스도의 원수들", "우리 시대의 어두움의 불경건한 통치자들"이라고 명명된 자들에 대해서 파문하고 출교하였다. 이 파문은 그 당시 모스크바에서 열린 "전-러시아 공의회"(the All-Russian Council)에 의해서 확정되었다. 그리고 그것은 그후 결코

취소되지 않았다. 1918년 후기에 총대주교는 황제 니콜라스 2세의 살인을 공개적으로 비난했는데, 극악한 범죄행위라고 하면서 "누구든지 그것을 저주하지 않는 사람은 그의 피에 대해서 혐의가 있다."고 말했다. 공산당이 10월 혁명 1주년 행사를 준비하고 있을 때, 그는 그들을 방문하여 "결백한 자들을 박해하고 파괴하는 일"을 그만두라고 했다. 그 당시에 정의와 인권을 위해 공개적으로 목소리를 높일 사람이 그 말고는 아무도 없었다. 그러나 같은 시기에 티콘은 분명한 정치적 입장을 보이는 것을 피했고, 크리미아에 있는 백군의 지도자인 데니킨(Denikin) 장군에게 축복하는 것을 거부했다.

공산주의자들은 티콘의 판결에 만족할 리 없었고, 그의 저항을 꺾기 위한 노력을 기울이기로 결정했다. 1922년 5월부터 1923년 6월까지 그는 감옥에 갇혔고, 거기에 있는 동안 교회의 통제권을 결혼한 성직자들에게 넘겨주도록 설득당했는데, 그들은 공산정권에 협조적인 자들로 그가 모르는 사람들이었다. 후에 '갱신자들'(the Renewed), 혹은 '생명의 교회'(the Living Church)라고 알려지게 된 이들은 교회개혁 프로그램을 시작하였는데 그것은 감독들의 결혼을 허락하는 것을 포함하고 있다.[7] 비록 많은 개혁들이 그 자체에 있어서 반대할 것이 없는 것들도 포함하고 있었으나, 그 운동은 무신론정권과 협력함으로 처음부터 타협하였다. 티콘은 그 성격을 알고 나서 그 개혁과 관계를 끊었다. 초기의 성공에도 불구하고 그것은 곧 신실한 자들에게 지지를 얻지 못했고, 결과적으로 공산주의자들은 그것에 관심을 가지지 않았다. 1926년 이후 '생명의 교회'와 그 분파들은 더 이상 큰 중요성을 갖지 못하였고, 2차 대전 동안에 모두 사라졌다. 볼셰비키들이 교회를 접수하려던 첫 번째 시도는 대실패로 돌아갔다.

성 티콘이 구류 중에 받은 압력이 무엇이었는지 우리는 알 수 없지만,

---

7. 동방정교회 감독들은 수도사이어야 한다(이 책의 p. 353을 보라.).

그가 감옥을 나올 때는 1917~1918년에 그가 했던 것보다 훨씬 회유적인 어조로 말을 했다. 이것은 1923년 그가 풀려나기 직전에 논란을 일으켰던 그의 '고백'(Confession)에서, 그리고 그가 죽은 날에 서명한 그의 '의지'(Will)에서(이것이 그의 저작인지에 대하여 논란이 있다.) 그 증거가 나타나고 있다. 그러나 그는 여전히 중립을 유지하려고 노력했고, 비정치적 입장을 유지했으며, 교회의 내적 평화를 지키려고 노력했다. 1923년에 쓴 그의 글에 그것이 나타난다.

> 러시아 정교회는 비정치적이다. 따라서 지금부터는 적(赤)이나 백(白)의 교회가 되기를 원치 않는다. 그리고 교회는 하나의 우주적, 사도적 교회가 되어야 하고, 그렇게 될 것이다. 그리고 정치적인 투쟁을 통해서 교회를 혼란에 빠뜨리려는 여러 방면으로부터 오는 모든 시도들은 배격되어야만 하고, 정죄되어야 한다.

성 티콘은 미심쩍은 상황에서 갑자기 죽었다. 분명히 그는 믿음의 고백자이며 순교자임에 틀림없다.

(2) 1925~1943년. 티콘은 그가 죽을 때 공의회가 1917년처럼 자유롭게 소집되어 새로운 총대주교를 선출할 수 없음을 깨달았다. 따라서 그는 그 자신의 후계자로 세 명의 **임시대리인들** 혹은 총대주교직의 '후견인들'을 지명했다. 그들은 메트로폴리탄 시릴, 아가단젤, 그리고 피터이다. 앞의 두 사람은 티콘이 죽을 당시에 이미 감옥에 있었고, 그래서 1925년 4월에 쿠루티트(Krutitsy) 시의 메트로폴리탄 피터가 총대주교의 **임시대리인**이 되었다. 1925년 12월에 피터는 체포되어 시베리아로 유배되었고, 1936년 그가 죽을 때까지 거기에서 살았다. 피터가 체포된 이후에 니찌(Nizhni)-노브고로드의 메트로폴리탄 세르기우스 (Stragorodsky : 1867-1844)가 피터의 뒤를 이어 '임시대리인 대표' (Deputy to the locum tenens)라는 이상한 이름으로 그 자리를 이어받았

다. 세르기우스는 1922년에 '생명의 교회'에 가입하였으나, 1924년에 그를 이전의 직위에 앉혀 준 티콘 밑으로 들어오게 되었다.

처음에 세르기우스는 티콘이 그의 총대주교 말년에 만들었던 정책을 계승하려고 노력했다. 1926년 6월 10일에 발행된 선언문에서는 교회가 소련 연방의 법을 존중할 것을 강조하지만, 그는 감독들이 국가에 대한 그들의 충성을 맹세하는 그 어떤 특정한 직책을 맡지 않기를 바란다고 말했다. 그는 또 "우리는 같은 신앙인들의 정치적 경향을 감시할 의무를 받아들일 수 없다."고 말했다. 이것은 결과적으로 교회와 정부 사이의 진정한 분리를 요구하는 것이었다. 세르기우스는 정치로부터 교회가 분리되기를 원했고, 따라서 교회가 소련 정부정책의 하수인이 되는 것을 거절한 것이다. 같은 선언문에서 그는 또 기독교와 공산주의 사이에 존재하는 불친화성과 '모순성'을 공개적으로 말하였다. 화해할 수 없는 것을 화해하겠다고 약속하지도 말고, 우리의 신앙을 공산주의에 순응시키려는 체하지 않으며, 우리는 우리의 종교적 관점, 즉 우리가 전통교회의 회원이라는 신분에 그대로 머무를 것이다.

그러나 1927년 - 러시아에서 교회 - 국가 관계에 중요한 해 - 에 세르기우스는 그의 입장을 바꿨다. 그는 1926년 12월부터 1927년 3월까지 감옥에서 보냈다. 티콘의 경우와 마찬가지로 우리는 그가 투옥되어 있는 동안 어떤 압력을 받았는지 알 수 없다. 그가 풀려난 후 1927년 7월 29일 새로운 선언문을 발표했는데 그것은 이전의 선언문과 확실히 다른 것이다. 그는 전번과 달리 교회와 공산주의 사이의 '부조화들'에 대해서 전혀 말하지 않았다. 그리고 그는 더 이상 교회와 국가 사이의 분리를 주장하지 않고, 그 둘이 가능한 한 가깝게 협력할 것을 말했다.

> 우리는 정교회 회원이기를 원하지만 동시에 소련이 우리의 조국임을 알기를 원한다. 소련의 기쁨과 성공은 우리의 기쁨과 성공이요, 그의 실패는 우리의 실패이다. 러시아에 일어나는 모든 불행은 우리의 불행으로 여겨야 한다.

1926년에 세르기우스는 그의 동료들의 정치적 경향을 감시하는 것을 거절하였지만, 여전히 그는 외국에 있는 성직자들에게 "소련 정부에 대해 완전하게 충성할 것을 기록으로 약속할 것"을 요구하였다.[8]

이 1927년 선언문은 러시아 국내외의 많은 정교회 신자들에게 큰 부담을 주었다. 그것은 세르기우스가 티콘이 전에 결코 하지 않았던 방법으로 교회의 타협을 선언하는 것으로 보였다. 교회가 모든 종교를 없애기 위해 혈안이 되어 있는 정부와 가깝게 밀착되면서, 그가 1926년에 하기를 거부했던 바로 그 일 - 타협할 수 없는 것의 타협 - 을 시도하는 것처럼 보였다. 무신론의 승리가 소련에서 확실하게 환희와 승리를 주는 듯했다. 그것은 또 교회의 환희와 승리가 될 수 있을까? "전투적 무신론자들의 연맹"의 해산은 공산주의 정부에 약간의 타격이었지만 교회에는 거의 타격을 주지 않았다. 외국에 있었던 러시아인 성직자들 중에 많은 사람들이 다른 나라의 시민이 되었는데 그들에게 어떻게 소련 정부에 완전한 충성을 맹세하는 문서에 서명하기를 기대할 수 있었겠는가? Karlovtsy 대회(Synod)의 수장(유배된 러시아 감독들의 대표)[9]이었던 메트로폴리탄 안토니는 고린도 전서 6 : 14~15을 인용하여 세르기우스에게 "빛이 어두움과 함께할 수 있겠는가? 그리스도가 벨리알과 함께할 수 있겠는가? 또 신자가 불신자와 함께할 수 있겠는가?"라고 대답한 것은 놀랄 만한 일이 아니다. 그는 계속해서 "교회는 적그리스도인들에게 축복할 수 없다. 무신론적 정책들에게도 마찬가지이다."라고 말했다. 세르기우스의 선언문이 Karlovtsy 대회와 모스크바의 교회 당국 사이에 최종적인 불화로 이끌어 간 것은 1927년이었다. 그 때부터 유배자들의 대회는 '세르기우스주의', 즉 무신론 정부에 항복한 사람들을 정죄해 왔

---

8. 세르기우스에 의해 작성된 1926년과 1927년의 선언문의 완벽한 원문을 보려면, Matthew Spinka, 「소비에트 러시아에 있어서의 교회」(New York, 1956), pp. 157-165를 보라.
9. 이 책의 p. 216을 보라.

다. 서유럽의 총주교대리(Exarch)요, 파리의 메트로폴리탄인 Evlogy는 처음에는 세르기우스의 요청들을 수행하려고 노력하였다. 그러나 1930년부터 그도 역시 모스크바의 교회와 직접적인 연결고리를 유지하기가 불가능하다는 것을 발견하기 시작했다.

세르기우스의 정책은 또한 러시아 안에서도 광범위한 반대에 부딪쳤다. 많은 사람들이 그가 '생명의 교회' 지지자였던 것을 회상하고, 그들은 세르기우스가 지금 동일한 협력주의 정책을 약간 다른 모습으로 추구하고 있다고 느꼈다. 공산주의자들은 개혁운동을 통해서 교회를 접수하려던 그들의 첫 번째 시도에 실패했다. 그리고 지금 그들은 세르기우스의 도움으로 그들의 두 번째 시도가 성공을 거두고 있는 것으로 보였다. 세르기우스가 1927년에 그를 따르는 모든 감독들의 회의를 소집했다면 - 물론 그 시대의 상황이 그것을 불가능하게 만들었지만 - 다수가 그를 지지했을런지는 매우 의심스럽다. 총대주교의 **임시대리인**인 메트로폴리탄 피터조차 1927년 선언문에 반대했다는 소문까지 있었지만 이것의 신빙성을 증명하기는 불가능하다. 분명한 것은 페트로그래드의 메트로폴리탄 조셉이 많은 고위성직자들과 함께 세르기우스의 정책에 강하게 반대했고, 따라서 그들은 세르기우스와의 교제를 끊어 버렸다.

비록 조셉과 그의 주요한 지지자들이 재빨리 무대로부터 제거되어 구금상태에서 죽었지만, 그들이 시작했던 운동은 지하로 잠적해서 계속되었다. '카타콤의 교회'가 형성된 것이다. 감독과 사제들은 숨어서 활동했고, 세르기우스 아래에 있는 교회들과 행정적인 관계를 끊었다. 세르푸코브(Serpukhov)의 감독 막시무스(Shishilenko)는 이 비밀교회에서 중요한 역할을 맡았다. 그는 전에 총대주교 티콘의 전속의사로 일해 왔었는데 교회가 견딜 수 없는 공산주의의 압력을 받으면 지하로 잠입하는 것이 티콘이 원하는 것이라고 주장했다. 카타콤 교회 - 이것은 하나의 통일된 조직이 있었는지 분명하지 않기 때문에 '카타콤 기독교인'이라고 하는 것이 더 정확할 것이다 - 는 비록 단지 제한된 인원인 것이 분명하지만 1980년대까지 살아 남았다. 어떤 때는 이것이 '진정한 러시아 정교회' 라고 불려졌다.

그러나 총대주교인 세르기우스의 정책을 지지하는 또 다른 러시아 정교회가 있었다. 그들은 세르기우스가 교회를 방어하기 위해 성실하게 노력하고 있다고 생각했다. 그들은 그의 행동을 '필요악' 으로 변호했다. 파괴로부터 그의 양떼들을 구하기 위해서, 그는 그 자신이 겸손히 거짓말하는 '순교' 를 뒤집어쓴 것이었다. 그것이 그가 단순히 거짓말을 한 이유였다. 예를 들면, 1930년에 외국 잡지에 인터뷰를 할 때 그는 소련에는 어떤 종교 탄압도 없다고 주장하기까지 했다. 러시아 국내외 많은 사람들에게 이것은 그리스도를 위해서 고통받는 새로운 러시아 순교자들을 잔인하게 부정하는 것처럼 보였다. 오늘날 러시아 정교회 교인들은 세르기우스의 행동에 대하여 그들의 판단에 있어서 심하게 분별되어 있다.

세르기우스가 1927년에 처음으로 했던 양보는 교회에게 거의 이익을 가져다 주지 못하였다. 교회들의 폐쇄와 성직자들의 제거는 1930년대에도 줄지 않고 계속되었다. 1939년에 제2차 세계대전이 일어났을 때, 교회의 외적인 구조는 거의 와해된 것이나 다름없었다. 약 4명의 감독만이 그 때에 활동이 허락되었고, 러시아 전체를 통틀어 몇백 개 정도의 교회가 문을 열었을 따름이었다. 모든 신학교와 모든 수도원들이 오래 전에 이미 문을 닫았다. 러시아 교회의 암흑기였지만, 어떤 변화의 시작이 다가오고 있었다. 전체적인 상황은 전쟁이라는 새로운 사태에 의해서 바뀌었다.

(3) 1943~1959년. 1941년 6월 21일 독일이 러시아를 침공하였다. 그리고 바로 그날 사태의 진전을 기다리지 않고 메트로폴리탄 세르기우스는 정교회들에게 목회서신을 보내서 위협받고 있는 나라를 위해 일어날 것을 호소했다. 그 때부터 모스크바 총대주교관구는 전쟁 수행에 있어

서 흔들림 없는 지원을 아끼지 않았다. 교회지도자들이 그것을 보았을 때, 그들은 그것을 공산주의를 위해 싸우는 것이 아니고 조국을 위해 싸우는 것으로 생각했다. 한편, 독일인들은 그들이 정복한 러시아 지역에서 종교생활을 재건하는 것을 허용했다. 부흥은 즉각적이었고, 자발적으로, 그리고 거세게 일어났다. 교회들이 우크라이나와 비엘로루시아(Byelorussia)의 모든 곳에서 다시 문을 열었다. 특별히 힘찬갱신운동이 젊은 메트로폴리탄 세르기우스(보스크레센스키〈Voskresensky〉: 1899-1944)의 영향권 아래에 놓인 Pskov교구에서 일어났다.[10] 20년의 박해가 백성들의 믿음을 파괴하지 못했음이 분명히 드러난 것이다.

독일에 대항하여 고군분투하고 있었던 스탈린은 그의 지배 아래 있던 기독교인들에게 약간의 양보를 하는 것이 좋을 것이라고 생각했다. 신자들은 아직도 인구의 상당한 부분을 차지하고 있었고, 스탈린이 전쟁에서 승리하려면 러시아인으로부터의 도움을 필요로 했다. 세르기우스와 그의 성직자들의 도움에 대한 보답으로 - 그는 독일 사람들보다 덜 관대하게 할 여유가 없었을 것은 뻔하다 - 스탈린은 교회에 대한 압력을 누그러뜨렸다. 처음에는 양보가 적은 것이었으나, 1943년 9월 4일 스탈린은 세르기우스와 또 다른 두 명의 메트로폴리탄을 그의 궁으로 불러 새로운 총대주교를 선출할 것을 허락해 주었다. 3일 후에 19명의 감독이 모인 소규모의 공의회는 세르기우스를 선출했다. 이미 늙은 그는 그 다음해에 죽었고, 1945년 2월에 1927년 이래로 세르기우스의 충실한 지지자였던 레닌그라드의 메트로폴리탄 알렉시스가 세르기우스지역의 총대주교로 선출되었다.

총대주교관구의 재건을 허락한 것은 시작에 불과하다. 전쟁이 끝나자

---

10. 스트루브(Struve)의「오늘날 러시아에서 기독교인들」, pp. 68-73을 보라. 세르기우스 보스크레센스키는 임시 총대주교인 세르기우스 스트라고로드스키와 혼동되어지지 않는다.

마자 스탈린은 교회의 중요한 재건을 허락했다. 모스크바 총대주교관구에 의해서 발행된 통계에 따르면 1947년까지 문을 연 교회의 수는 20,000개에 이르렀다. 또 약 67개의 수도원과 두 개의 신학교, 8개의 신학대학원이 있었다. 이것은 1930년대 후반과는 완전히 다른 상황이었다. 전후 교회생활의 부활은 세르기우스가 1927년 이래로 해왔던 세르기우스 정책의 은덕이라고 생각되어질 수 있다. 그러나 이것은 잘못된 결론이다. 교회를 구한 것은 세르기우스의 지도력 때문이 아니라 전쟁이라는 역사적 사건 때문이다. 그리고 좀더 근본적으로는 러시아 신자들의 신앙의 인내 때문이었다.

그러나 스탈린의 관용에도 한계가 있었다. 교회는 예배드리는 일과 미래의 사제를 기르는 일 이외에 다른 아무것도 허락되지 않았다. 교회는 사회봉사와 청년활동과 어린이들에 대한 신앙교육을 수행할 수 없었다. 소련 정부는 여전히 종교를 모든 선전을 통해서 싸워야 할 적으로 여기고 있었다. 그러나 교회는 자신에 대해서 변증할 기회를 얻지 못했다. 비밀경찰이 교회의 내적 삶의 모든 면을 간섭하였다. 더구나 이 제한된 관용의 대가로 교회지도자들에게 정부에 '충성'을 바칠 것을 기대하였다. 이것은 교회지도자들이 소련 정권에 대한 비판을 삼갈 것을 의미할 뿐만 아니라 공산주의 정책을 국내에서, 그리고 특별히 외국에서 적극적으로 지지해야 한다는 것을 의미하였다. 종교를 탄압하는 법률 중에 어느 것 하나도 없어지지 않았는데, 이것은 정부가 어느 때든지 그들이 필요하다고 생각하면 박해를 할 수 있는 무기를 갖고 있는 것이나 다름없었다.

(4) 1959~1964년. 1953년 스탈린이 죽을 때까지 스탈린은 전후의 상태를 유지했다. 그의 통치 마지막 8년(1945-1953)은 전체 공산주의 통치기간 동안 러시아 교회에게는 가장 호의적인 기간이었다. 그러나 1959년에 후르시초프는 교회에 공격적인 일을 착수했는데, 그것은 다른

방면에서 그가 허락한 자유 때문에 발생한 여타의 반항에 대한 탄압보다 더한 잔인함을 보여 주었다. 감독과 사제들, 남녀 수도사들이 고문을 당하였고, 조작된 '범죄요건'에 의해 감옥에 보내졌다. 그리고 모든 곳에서 성직자들이 심한 괴롭힘을 당했고, 일부는 육체적 폭행도 당했다. 많은 교회들이 문을 닫았고, 전체 교회의 수가 약 7,000개로 줄었는데 그것은 3분의 2를 잃어버린 것이다. 신학대학원은 8개에서 3개로 줄었고, 활동적인 수도원은 67개에서 21개로 줄어들었다. 특별히 젊은이들을 위한 교회의 활동이 심한 억압을 받았다. 사제들은 종종 어린이들에게 성찬을 행하는 것이 금지되었고, 자녀들을 데리고 성만찬예배에 참석하기 위해 온 부모들은 교회의 문에서 사복경찰들에 의해 집으로 돌려보내졌다. 이런 박해의 진상은 서구 사람들에게 대부분이 알려지지 않은 채 행해졌는데, 그것은 특히 러시아에 있는 교회 당국이 공개적으로 저항하지 않았기 때문이다. 그들은 세계기독교협의회(W.C.C.)나 프라그 평화연맹(Prague Peace Conference)과 같은 포럼들에서 서방 사람들에게 말할 기회가 있으면, 교회와 국가의 모든 관계가 '정상'인 것처럼 행동했다. 반종교 선전은 후르시쵸프가 권좌에서 물러나자 갑자기 중단되었지만, 교회가 고난받을 때 잃었던 것은 회복될 방법이 없었다.

(5) 1964~1988년. 표면적인 교회-국가의 관계만을 생각할 때 이 기간은 외적으로 잠잠한 잠복기이다. 정부는 KGB나 다른 방법을 통해서 교회를 감시하는 것을 그치지 않았다. 모스크바의 총대주교관구의 지도자는 공산주의 정권이 허락한 좁은 범위 안에서 최선을 다해 열심히 사역했다. 만약에 이 지도자가 더 활동적으로 떠들썩하게 행동했다면 - 다수의 훌륭한 침례교도들이 그 당시에 그랬던 것처럼 - 교회가 실제로 훨씬 많은 양보를 정부로부터 받아내지 않았을까? 교회의 조직이 그렇게 계속적으로 굴복할 필요가 있었을까?

1960년대 후반부터 1970년대까지의 기간에 대해 점점 의문시되기 시작한 질문들이 있었는데, 그것은 서구의 관찰자 뿐만 아니라 소련 내부의 정교회 교인들에게서도 그러했다. 공산주의 아래에서 교회-국가 관계의 다섯 번째 기간 동안 가장 현저한 새로운 발전을 나타낸 것은 이것임이 분명하다. 지도자들은 침묵을 지켰지만 다른 사람들은 그렇지 않았다. 러시아에 있는 정교회 내에서 반체제 운동이 나타났다. 그들은 교회의 내적 생활에 대한 정부의 간섭에 공개적으로 저항하였다. 그 저항자들은 총대주교의 거룩한 대회로부터 어떤 지원이나 격려를 받은 바 없지만 - 정말 그 반대이다 - 그들의 수는 계속 조금씩 늘어 갔다.

정교회 반체제주의자 중 첫 번째로 뛰어난 인물은 아나톨리 크라스노프 레비틴(Anatoly Krasnov-Levitin)이었다. 그는 1958년부터 계속 일종의 **싸미즈다트**(Samizdat)[11] 논문들을 썼는데, 거기서 종교 박해와 신자들의 고난을 기술했다. 비슷한 이야기들이 노동자 숙소에서 죽은 평신도인 보리스 탈란토브(Boris Talantov)에 의해서 집필되었다. 그러나 종교 저항운동으로부터 나온 가장 영향력 있는 하나의 문서는 1965년 11월에 신부 니콜라스 에쉴리만(Eshliman)과 그레브 야쿠닌(Yakunin) 등 두 명의 모스크바 사제로부터 총대주교 알렉시스에게 보내진 공개서한이었다. 그들은 교회가 공산정권으로부터 받은 탄압의 정도를 자세히 설명했고, 교회가 권력에 대해서 저항하지 않고 심지어 협력까지 한 모든 것을 언급했다. 그들은 "고난받는 교회가 희망을 가지고 당신에게 돌아옵니다. 당신은 수장의 권능의 지팡이를 지닌 사람입니다. 당신은 총대주교로서 이 불법을 자행하는 자들에게 말 한마디로 그것을 끝내게 할 수 있는 힘을 가졌습니다! 이것을 행하십시오!"라고 총대주교에게 행동할 것을 호소했다.[12]

---

11. 공개적으로 출판된 저작물은 아니지만 타이핑하거나 손으로 써서 비밀에 때때로 회람되었던 출판물.
12. Ellis, 「러시아 정교회 : 오늘날의 역사」, p. 292. 두 명의 사제들이 소련의 최고회의 의장인 포드고르니(Podgorny)에게 두 번째 편지를 썼다.

그러나 불행하게도, 아니면 선견지명인지 모르지만, 총대주교의 유일한 대답은 그 두 사제에게 그들의 사역을 박탈하는 것이었다. 그러나 그 편지는 많은 다른 신자들에게 그들의 오래 묵은 감정을 표현하도록 기운을 불어넣는 촉매의 역할을 충분히 했다. 결국에 교회는 교회를 질식시키는 핑계와 반진리의 사슬에서 벗어나는 것처럼 보였다. 신부 그레브와 니콜라스의 저항운동에 의해서 영감을 받은 사람들 중의 한 사람은 소설가 알렉산더 솔제니친이다. 그는 1972년 알렉시스의 후계자인 총대주교 피멘(Pimen : 1910-1990)에게 강력한 "Lenten Letter"(사순절 서한)라는 편지를 썼는데, 거기에서 그는 교회의 현재의 상태가 비극적인 운명임을 다음과 같이 강조하였다 :

어떠한 이유로 무신론자의 지도하에서 교회의 몸과 영을 **파괴하는** 계획이 교회를 **보호하는** 최선의 방법으로 확신할 수 있는가? **누구를 위해서** 교회를 구하는가? 분명히 그리스도를 위한 것은 아니다. **무엇에 의해서** 교회를 보존하는가? 거짓말에 의해서인가? 그러나 거짓말을 한 후에 누구의 손에 의해서 거룩한 성례가 집행될 수 있는가?

교회문제에 대한 그의 개인적인 해결방법은 한마디로 '희생'에 있다. 모든 물질적 힘을 없앤다 해도 교회는 희생에서 항상 승리한다.[13]

1976년에 신자의 권리보호를 위한 기독교위원회가 설립되었다. 그것은 정교회 신자와 비정교회 신자 모두를 다같이 겨냥한 것이었다. 그 위원회는 일반적인 인권 침해를 다루는 헬씽키조사단(Helsinki Monitoring Group)과 밀접한 협력 속에서 출발하였다. 자유는 나누어질 수 없다는 것을 안 기독교 저항자들은 더 광범위한 저항운동들과 손잡고 좀더 건설적으로 일하기를 원했다. 또 종교 박해에 대한 중요한 저항이 기독교 신학대학원에 의해서 진행되었다. 기독교신학연구원은 러

---

13. Ellis, p. 304.

시아 정교회 젊은 지성인들을 위한 비공식적인 연구모임으로 1974년에 알렉산더 오고로드니코브(Alexander Ogorodnikov)에 의해서 설립되었고, 1978년 오고로드니코브가 체포된 이후에는 레브 레겔슨(Lev Regelson)에 의해서 운영되었다. 1979년에 레닌그라드에서 시작된 러시아 여권운동은 타티아나 고리체바(Tatiana Goricheva)와 같은 많은 정교회 신자를 포함시키고 있었다.

1976년 이후로 공산주의 정권은 저항운동에 대해서 점점 더 심한 반응을 보였다. 그에 따라 1980년까지 대부분의 정교회 지도자들의 발언은 침묵을 강요당했다. 어떤 사람은 집단농장으로 보내지거나 추방되었고, 나머지는 KGB에 의해서 여러 가지 방법으로 감시당했다. 일반적인 전망이 어두워지고 있었다. 공개적인 저항이 10년 이상 계속되었지만, 이미 본 바와 같이 교회와 무신론 정부 사이에 아무런 변화도 없었다. 교회는 공산주의자들의 간섭에서 자유를 보장받지 못했고, 가까운 미래에 그런 자유를 얻게 되리라는 기미도 거의 보이지 않았다. 공산정부와 모스크바 총대주교관구의 지도자에 관한 한 그것은 통상적인 일이었다.

그리고 난 후 모든 인간의 기대와는 반대로 갑작스럽고 근본적인 변화가 일어났다. 공산주의 정권이 과거 70년 이상 모든 권력을 휘둘렀지만 모래성처럼 붕괴되고 말았다.

어려운 문예부흥

1985년 3월 11일에 미카일 고르바초프가 소련 공산당 서기장이 되었다. 7년 후 1992년 초에 고르바초프는 권좌에서 물러났고, 소련은 사라졌다. 그러나 그가 시작했던 **그라스노스트**(개방)와 **페레스트로이카**(restructuring – 개혁)정책의 결과로 러시아 교회는 1917년 이래로 교회를 질식시켜 왔던 모든 억압조치로부터 갑자기 자유를 얻게 되었다. 짜르(Tsarist) 정권 아래서 누리던 특권은 회복하지 못했지만 교회는 기본적으로 자유를 얻은 것이다. 그러나 '기본적으로' 라는 말은 아직도 더 필요한 무엇이 있다는 것을 의미한다. 왜냐하면 지역에 따라 정부 관료들에 의한 방해가 계속 끊이지 않고, KGB의 협박이 계속되고 있기 때문이다. 무엇보다도 중간과 말단 행정에는 공산주의를 위해서 일했던 대부분의 사람들이 아직도 자리에 앉아 있었기 때문이었다. 표범은 하루 아침에 그들의 거점을 바꾸지 않는다.

가장 중요한 변화는 법적인 부분이다. 1990에서 1991년 동안에 소련연방의 거의 모든 부분에 있어서 새로운 규례들이 만들어졌다. 1929년에 처음 발효되었던 "종교단체들에 대한 법률"(Law on Religious Associations)은 폐기되었다. 이제 처음으로 교회와 국가 간의 진정한, 그리고 실제적인 분리가 이루어진 것이다. 정부는 더 이상 무신론을 권장하지 않는다. 정교회-다른 종교단체들과 함께-는 합법적인 실체로 인정받게 되었고, 자신의 재산에 대한 권리도 갖게 되었다. 그러나 교회들이 문을 열 때 시 정부로부터 허가를 받아야 하는 것과 같은 약간의 제한은 아직도 남아 있다. 그러나 교회는 지금 사회사업과 자선사업에 뛰어들 자유를 얻었고, 병원과 감옥에서 예배를 드릴 수 있게 되었다. 선교활동이 허락되었다. 청년조직과 성경연구 모임이 허용되었다. 교회는 종교적인 출판물을 낼 수 있으며, 어린이들에게 종교교육을 시킬 수 있다. 뿐만 아니라 종교적인 교훈이 국가의 기관에서조차 행해질 수 있게 되었다.

그러나 법률은 그것이 실제적으로 시행되지 않고 죽은 문자로 남아있는다면 무가치한 것이다. 실제로 1988년 이후로 교회는 이제 법에 의해서 허락된 대부분의 것을 행하도록 이미 허락을 받았다. 1988년에서 1992년까지 러시아 정교회는 교회의 외적 조직을 재정비하는 데 중요한 출발을 할 수 있었다. 아래에 나오는 도표는 과거 70년 동안의 교회의 변화를 나타내는 것이다. : 제2차 세계대전 전날 밤에 거의 완전한 파괴, 전후 즉각적인 부흥, 큰 상실(주로 1959-1964년 박해 때문), 그리고 그 다음 1988년부터 빠른 재건(그래도 1947년보다 적은 수의 교회와 사제가 있었지만). 교회들은 1989~1992년 동안에 한 주에 약 30개 정도가 문을 열었다. 국가는 많은 역사적인 수도원들을 돌려주었고, 미래의 성직자를 확충할 수 있는 교육기관들을 돌려주었다.

그러나 지금 모든 것이 잘 되어 가고 있다고 단언하는 것은 성급한 판단일 것이다. 1991년과 1992년 사이에 구 소련의 경제적, 정치적 상황은 크게 유동적이었다. 그리고 미래도 불확실하게 남아 있다. 교회가 직면한 문제들은 무서운 것들이다. 정부는 교회건물과 수도원들을 심하게 황폐화된 상태에서 돌려주고 있다. 수리에 드는 비용은 교회에 엄청난 재정적 부담을 주고 있다. 총대주교관구의 중앙행정은 모든 면에 있어

러시아 정교회의 기관들

	1914	1939	1947	1988	1992
교 회	54,174	약 100	20,000(?)	약 7,000	12,000 이상
사제와 부제(副祭)	51,015	약 100	30,000(?)	약 7,000	약 10,000
수도원 (남,여 수도원)	1,025	없음	67	21	121
남녀 수도승	94,629	?	10,000(?)	1,190	?
신학교	4	없음	2	2	2
신학대학원	57	없음	8	3	
예비신학교	185	법으로 금지됨	법으로 금지됨	법으로 금지됨	25
학 생	?	없음	?	2,000	4,000
교구학교	37,528	법으로 금지됨	법으로 금지됨	법으로 금지됨	고정적이지는 않았다 : 급속하게 증가
양로원	1,113				
병 원	291				
교구도서관	34,497				

서 실제로 파산지경이다. 지역교인들이 희생적으로 헌금을 하고 있지만 그들이 경제위기를 맞고 있는 러시아와 함께할 수 있는 일은 극히 적다. 계속되는 새로운 교구의 탄생은 기존의 성직자들에게 굉장한 긴장을 안겨 주고 있다. 1988년 전에도 그들은 업무가 너무 과다하여 심각한 과로상태였다. 그리고 지금은 너무 수가 적어서 그들의 교구들을 돌아볼 수도 없다. 교회는 가까운 미래에 최소한 7,000명 이상의 성직자가 필요하다. 신학교의 학과과정이 너무 조잡하고 시대에 뒤떨어졌다는 것이 계속 있어 온 불평인데, 신학교가 그들을 기다리고 있는 새로운 목회상황에 빨리 대처할 수 있도록 성직자를 준비시키는 데 실패하고 있다. 서구의 도움에도 불구하고 종교 문헌의 공급은 한심스러울 정도로 부족하다. 70년 동안 교회는 모든 사회사업과 자선사업에서 배제되었다. 그리고 이제 모든 곳에 문이 열렸는데도 불구하고 – 정부 병원과 양로원 대부분 신자들로부터 자발적인 지원을 애타게 기다리고 있다 – 교회 당국은 이 분야에 있어서 실제적인 전문가가 없다. 마찬가지로 교회는 조직된 청년사역이나 어린이 종교교육에 있어서 경험이 없다. 그들은 아무것도 없는 가운데 출발하고 있는 것이다.

  이것이 전부는 아니다. 좀 덜 와 닿긴 하지만 동등하게 중요한 문제가 교회를 위협하고 있는데, 그것은 교회가 현재의 다원화된 사회에 타협하는 것이다. 공산주의하에서 정교회는 어떤 의미에서 어느 정도 역설적으로 '국가교회'였다. 따라서 박해 뿐만 아니라 권력으로부터 보호도 받은 것이다. 지금은 더 이상 이런 보호는 없다. 로마 가톨릭과 개신교가 자유롭게 러시아에서 선교활동을 하고 있다. 정교회는 이들을 침입자로 규정하고 분개하지만 그것을 중지시킬 힘이 없었다. 모든 종류의 종교와 유사종교 운동들이 – 하레 크리쉬나(Hare Krishna), 오컬티즘(occultism), 심지어 공공연한 사단숭배자들까지 – 생의 의미를 찾아 헤매고 있는 러시아 군중들에게 그들 각자의 독특한 방법의 영적 세계를 다같이 보여 주고 있다. 그러나 그것을 바꿀 만한 대안이 거의 없다. 공산주의 이후

시대의 러시아 정교회는 모든 면에서 경쟁에 직면하고 있다.

불안에 대한 또 다른 이유가 있다. KGB조직이 아직도 어느 정도 건재해 있고, 그 조직의 많은 요소가 종교에 적대적이다. 정력적이고 독립적인 관점을 갖고 있었던 사제 알렉산더 멘(Alexander Men : 1935 - 90)의 잔인한 살해는 비밀경찰에 의해서 조작된 것으로 널리 믿어지고 있다. 또 교회 자체 안에 불길한 요소들이 존재한다. 몇몇 사제가 활동하고 있는 강력한 국가주의자들의 정교회 조직인 *Pamyat*(기억)는 다소 공개적인 반셈족 단체이다. 지도적인 감독들로부터의 확고한 정죄에도 불구하고 반셈족주의는 계속적으로 많은 대중의 지원을 누리고 있다. 불행하게도 이것은 러시아 뿐만 아니라 다른 정교회에서도 마찬가지이다.

현재의 교회조직이 이 모든 어려움을 얼마나 잘 극복할 수 있을까? 조직의 도덕적 권위는 약간 흐려져 있다. 1992년 KGB자료들을 공개시킴으로써 많은 평신도들이 공산주의하에서 몇몇 감독들과 비밀경찰들이 광범위하게 협조한 사실을 폭로하겠다고 문제를 삼고 있다. 또 평신도들 가운데 어떤 이들은 감독들의 목회활동이 엄격히 감시받던 소련의 시기에 감독이 되었던 사람들은 모두가 새로운 상황에 너무 수동적으로 대처하고, 지금 그들 앞에 주어진 기회들을 붙잡는 데 지식과 상상력이 결여되어 있다고 느꼈다. 그러나 이것은 스몰렌스크(Smolensk)의 메트로폴리탄 키릴(Kyrill)과 이르쿠스크(Irkutsk)의 대주교인 크리소스톰과 같은 사람들에게는 해당되지 않는 것이 분명하다. 과거 협력에 대한 혹은 현재의 총대주교인 알렉시스 2세(1990년에 선출됨)와 공산정권과의 협력에 대한 의견은 다양하다. 그러나 전체적으로 그는 교구감독으로 소련 정부를 다루는 면에 있어서 확고하고 독립적인 모습을 보여 주었다. 그의 영도력 아래에서 1992년에 감독단은 무엇보다도 공산주의 치하에서 고통받은 몇몇 새로운 순교자들을 시성(諡聖)하는 것을 추진하였다. 러시아 정교회에 있어서 이것은 영적으로 아주 중요한 출발이다. 특별히 세 성자가 선포되었는데, 황제 니콜라스 2세의 처제인 대(大) 여공

작 엘리자베스이다. 그녀는 1905년 테러분자들에 의해 그녀의 남편이 살해된 후 수녀가 되었고, 그녀도 1918년에 볼셰비키에 의해서 죽었다. 그 다음은 키예프의 메트로폴리탄 블라디미르인데 1918년에 암살당했다. 그리고 1922년에 고문 후에 총살당한 페트로그라드의 메트로폴리탄인 벤쟈민이다.

특별히 러시아 정교회를 괴롭힌 어려운 문제는 동방정교회 제의의 가톨릭시즘의 부활이다. 1946년에 우크라이나의 그리스 가톨릭교회는 1596년에 Brest-Litovsk연합[14]을 통해서 시작되었고, 약 3,500,000명이 러시아 정교회로 통합되면서 사라졌다. 비록 몇몇 우크라이나계 가톨릭 신자들이 정교회로 들어온 것은 자발적이라는 데 의심의 여지가 없지만, 대다수가 교황청과 관계를 유지한 채 그대로 남아 있기를 원했다는 사실도 의심할 수 없다. 우크라이나 감독들 중에는 한 사람도 러시아 정교회로 돌아서기를 좋아하지 않았다. 그래서 거의 모두가 체포되어 감옥에 들어가거나 추방되었다. 직접적인 강압과 경찰의 테러 때문에 많은 성직자와 평신도들이 외적으로 러시아 정교회에 순응했지만 그들의 내적 확신에는 아직도 가톨릭으로 남아 있다. 그리고 어떤 사람들은 지하로 잠적하는 것을 택했다. 모스크바 총대주교관구의 성직자들은 그들의 동료 기독교인들이 스탈린과 무신론자 관료들에 의해서 박해를 받는다는 확신을 갖고, 원하지 않는 모호한 상황에 처하게 되었다. 분명한 것은 어떤 기독교인도 다른 기독교인들의 양심에 거슬리는 폭력행위를 지지해서는 안 된다는 기본적인 원리이다. 제2차 세계대전 후의 그리스 정교회의 운명은 아마도 공산주의와 결탁한 모스크바 총대주교관구의 이야기에 있어서 가장 어두운 장면이다.

하지만 지하로 잠적했음에도 불구하고, 동방정교회 제의의 가톨리시즘이 완전히 사라진 것은 아니다. 고르바초프의 그라스노스트의 열매

---

14. 이 책의 p. 119를 보라.

중의 하나는 1989년 말에 우크라이나의 그리스 정교회가 좀더 합법화되었다는 것이다. 1987년까지는 그리스 정교회가 카타콤으로부터 다시 나와서 지금은 동방정교회의 손안에 있으나 한때 저들에게 속해 있던 교회들을 회복시키고자 했다는 사실은 이미 충분히 분명하다. 만약에 모스크바의 총대주교관구만이 평화와 협상된 해결을 이끌어 내는 데 실마리를 쥐고 있었다면, 러시아 정교회는 굉장한 도덕적 권위를 획득할 수 있었을 것이다. 그리고 많은 예상되는 아픔들을 피할 수 있었을 것이다. 그러나 유감스럽게도 그들에게 주도권이 없었다. 1987년과 1988년에 우크라이나 가톨릭교회의 수장이었던 미로슬라브 루바치프스키(Myroslav Lubachivsky) 추기경은 입으로, 그리고 글로 모스크바 총대주교관구에 정교회와 가톨릭이 함께 상호 용서를 위한 공개적이고 공식적인 표명을 하자고 제의했다. 그러나 모스크바 총대주교관구로부터 아무런 응답이 없었다. 그리스 정교회가 이 침묵에 얼마나 상처를 입었을지 상상하는 것은 어렵지 않다. 그래서 기회는 지나갔다. 1989년부터 계속 날카로운 지역대결이 있어 왔다. 그것은 교회건물의 소유권에 관한 것이었는데 종종 폭력적이기도 했다. 양 진영에서 강하게 화해에 대한 열정이 일어났고, 느리게 진행되었다.

정교회와 우크라이나의 그리스 정교회 사이의 관계문제들과 함께, 그리고 그것과 밀접히 연관되어 있는 것은 우크라이나 민족주의문제이다. 우크라이나는 지금 독립국가가 되었고, 마찬가지로 대부분의 우크라이나의 정교회 사람들은 그들의 교회도 또한 독립을 얻기를 원한다. 우크라이나의 독립(Autocephalous)교회는 사실 혁명 후에 설립된 것이다. 1921년에 키예프에서 있었던 모임에서 대표자들은 - 독립교회 운동에 참여하기를 원하는 어떤 정교회 성직자도 찾을 수 없었다 - 임직을 거행할 자격이 있는 감독이 없음에도, 그들 스스로 우크라이나 감독을 만들기로 결심했다. '스스로 임직한' 우크라이나 성직자단은 그 단어가 말해주듯이 나머지 정교회에 의해서 인정을 받지 못했다. 그러나 얼마 안 가서 우크라이나 독립교회는 급성장하여 26명의 감독과 2,500명의 사제와 2,000개의 교구를 갖게 되었다. 그러나 1930년대에 스탈린에 의해서 숙정되었다. 이것은 다시 제2차 세계대전 때 독일이 점령한 지역에서 부활되었고, 이 때는 사도적 계승을 가진 감독들과 함께 시작했다. 그러나 전쟁이 끝났을 때 스탈린에 의해서 한번 더 박해를 받았다. 1989년에 우크라이나 독립교회는 은퇴한 모스크바 총대주교였던 요한 보드나르추크(Bodnarchuk)의 도움으로 한번 더 부흥이 일어났다.

1992년 초까지 우크라이나의 교회상황은 완전히 혼동상태였다. 그리스 가톨릭교인들은 약 2,700개의 교구를 가지고 있었다. 그리고 지금은 두 개로 갈라진(그들 중에 어느 하나도 러시아 정교회로부터 인정을 받지 못하고 있다.) 우크라니아 독립교회는 약 1,500개의 교구가 있었다. 그리고 정교회의 본체는 – 이 또한 두 그룹으로 나눠져 있는바 하나는 모스크바 총대주교관구에 의해 인정된 것이고, 다른 하나는 그렇지 않다 – 약 5,500개의 교구를 가지고 있었다. 정교회측에서 유일한 장기적인 해결책은 완전히 독립한 우크라이나 독립교회이다. 이것은 모스크바 총대주교관구의 인정이 필요하고, 또 우크라이나가 1686년까지 속했던 에큐메니칼 총대주교관구의 인정이 필요하다. 그러나 이것은 모스크바 총대주교관구의 상황과 큰 차이를 만들게 될 것이다. 왜냐하면 전쟁 직후에 전체 소련 연방에서 문을 연 모든 교회의 3분의 2 이상이 우크라이나에 있었고, 신학교 학생의 70%가 우크라니아 사람이기 때문이다. 구 소련의 모든 곳의 정교회에게 있어서 이것은 중요한 희망의 시기이다 – 또한 큰 근심의 시기이기도 하다.

동유럽 : 다양한 모습

희망과 근심과 같은 단어들이 종전에 공산주의 통치 아래에 있었던 다른 일곱 개의 정교회들의 현재의 상황에 적용된다. 게오르기아 교회를 제외하고, 그들의 공산주의 경험은 러시아 정교회의 공산주의 경험에 비해 짧은 것이다 - 70년이 아니라 40년이다. 제2차 대전 이후에 설립된 공산주의 정부는 소련이 했던 것과 같은 일반적인 원칙으로 설립되었다. 교회는 사회적인 일과 자선사업에서 배제되었다. 대부분의 경우에 있어서 사제를 훈련시키는 것을 제외하고는 교육활동들을 떠맡는 것이 금지되었다. 그리고 교회 당국은 정부를 지원하도록 되어 있었다. 반정치적인 '사제들의 연맹들'이 공산주의자의 후원으로 만들어졌다. 그리고 사제들은 보통 공산주의 권력에 충성을 맹세해야만 했다. 그러나 체포되는 사람의 수와 문을 닫는 교회의 수는 나라마다 달랐다.

1937년에 콘스탄티노플 총대주교로부터 자치권이 주어진 **알바니아 교회**의 상황은 다른 곳에 비해 최악이었다. 1967년에 Hoxha정부는 알바니아가 지금 세계에서 최초의 진정한 무신론 국가라고 선포했다. 모든 예배처가 폐쇄되었고, 모든 보이는 종교적 신앙표현들이 제거되었다. 똑같은 억압이 정교회와 로마 가톨릭과 이슬람에게 내려졌다. 알바니아 정교회의 마지막 대주교인 다미안(Damian)은 1973년에 감옥에서 죽었다. 종교가 지하로부터 모습을 드러내기 시작한 1991년에 정교회 감독들은 한 사람도 살아 남지 못했고, 채 20명도 안 되는 정교회 사제들이 아직 살아 있었다. 그들 중에 반은 너무 쇠약하여 임직을 맡을 수가 없었다. 교회들은 다시 문을 열었고, 새로운 성직자들이 안수를 받았고, 조그만 신학교들이 시작되었다. 1992년에 동아프리카에서 선교사로 일하던 Anastasios(Yannoulatos) 감독은 Tirana의 대주교에 지명되었다. 그리고 3명의 다른 교구 감독들이 선출되었는데 4명 모두 그리스 사람들이다.

루마니아 교회는 교회의 외적인 조직을 가장 잘 보호해 주는 공산주의 정권 아래 있는 다른 극단의 정교회이다. 1948년 공산주의가 들어섰을 때, 거기에는 문을 닫는 교회가 거의 없었다. 루마니아 총대주교관구는 신학교를 계속 운영하였고, 많은 양의 정기간행물과 다른 책들을 출판할 수 있었다. 이 좋은 상황은 총대주교였던 저스티니안(1948-1977년까지 재직)이 새로운 정치지도자들과 호의적인 관계를 유지한 데 어느 정도 기인한다. 때때로 그는 자신이 놀랄 정도로 막스의 이상과 일치시켰지만, 그는 여전히 헌신된 목회자로 정교회 신자들에게 존경과 사랑을 받았다. 공산주의 기간 동안에 루마니아의 성직자의 수는 계속 늘어났고, 많은 새로운 교회들이 문을 열었다. 저스티니안의 영감 아래에서 또한 현저한 수도원 부흥이 일어났다. 그것은 헤시케시즘의 최선의 전통에 기초하였고, '예수 기도'(the Jesus Prayer : 헤시케시즘 전통의 기도로서 "하나님의 아들 예수여, 나를 불쌍히 여기소서."를 반복하면서 기도함-역자 주)를 강조했다. 성 Paissy Velichkovsky의 정신은 오늘날 루마니아에 아주 많이 남아 있다. 그리고 Sihastria의 Cleopas 신부와 같은 몇몇 뛰어난 '장로들'이 있었다. 1946년에 「필로칼리아」의 편집이 20세기 가장 유명한 루마니아의 신학자이며 수석사제인 Dumitru Staniloae에 의해서 준비되어 선을 보이기 시작했다. 헬라어의 단순한 번역을 훨씬 넘어서 이것은 서양의 비평적 연구에게서 끌어온 서문들과 기록들을 싣고 있으면서도 또한 정교회의 영성에 대한 좋은 평가를 보여 준다. 루마니아 「필로칼리아」는 1990년에 11권이 출판되었다. 그러나 루마니아 교회도 박해를 감수해야만 했다. 특별히 1958년 많은 사제, 수도승, 수녀들이 투옥되었는데 그 중에 Staniloae도 포함되어 있다. 챠우세스쿠(Ceausescu)는 그의 말년에 많은 교회들을 폐쇄하고 파괴했다.

루마니아 정교회는 자신이 누리던 상대적인 관용에 비해 너무나 무거운 대가를 지불해야 했다. 교회활동은 모든 면에 있어서 비밀경찰에 의해서 감시를 당했다. 이것은 1989년 12월 챠우세스쿠가 물러나기까지 교회의 도덕적 권위가 증오하는 정권과 손잡은 것 때문에 크게 손상되었다는 것을 의미하는 것이다. 총대주교 Teoctist(1986년에 선출됨)는 1990년 1월에 그의 직위로부터 물러나는 것이 정당하다고 생각했다. 그러나 그해 4월의 거룩한 대회에 의해 그는 다시 복직되었다. 그러나 루마니아 교회의 미래의 지도자는 분명히 몰바디아의 메트로폴리탄 다니엘(Cibotea)과 같은 공산주의 이후에 임명된 젊은 감독에 의지하게 될 것이다.

1948년까지 루마니아는 약 1,500,000명이나 되는 다수의 그리스 가톨릭 집단들을 포함하고 있었다. 그러나 그 해에 우크라이나의 형제자매들처럼 그들은 정교회와 재통일을 하도록 강요받았다. 1990년 이래로 그들은 다시 등장하기 시작했고, 그들의 교회재산을 회복하려고 노력했다. 그러나 우크라이나에서처럼 거기에는 많은 긴장과 아픔이 뒤따랐다.

세르비아 교회는 공산주의 치하에서 루마니아 교회에 비해 좀더 작은 외적인 번영을 누렸다. 그러나 그것은 훨씬 큰 내적인 독립을 보유한 것이었다. 루마니아보다 예배가 잘 드려지지 못했고, 어떤 지역에서는 사제가 모자라기도 했지만 안수받기 위해 훈련받고 있는 많은 수의 학생들이 1930년대보다 지금이 훨씬 많다. 수도사들은 부족했지만 그리스에서처럼 여성들을 위한 수도원운동이 일어나고 있다. 공산주의자들은 세르비아 교회를 세분화시킴으로 힘을 약화시키려고 했고, 1967년에 분리주의 **마케도니아 교회**를 설립하도록 격려했다. 이것은 스스로를 독립교회로 인정하려는 것이지만 다른 어떤 정교회로부터도 인정을 받지 못했다.

20세기에 세르비아 교회는 셀 수 없을 만큼 많은 순교자를 냈다. 이들 중의 얼마는 공산주의의 손에 의해서 죽었지만, 더 많은 수가 2차 세계대전 중에 로마 가톨릭교회의 축복을 주장하는 유스타쉬(Ustashi)의 지도자 안테 파벨리치(Ante Pavelich) 지도하에 있었던 악명 높은 크로아티아 파시스트 국가에 의해서 살해당했다. 전쟁기간 중에 크로아티아와 유고슬라비아의 나머지 지역에서 21명의 감독 중에 다섯 명이 살해당했고, 두 명은 맞아 죽었고, 두 명은 억류중에 죽었고, 다른 다섯 명은 투옥되거나 그들의 교구로부터 추방당했다. 그리고 정교회의 사제의 4분의 1이 죽었고, 반이 투옥되었다. 크로아티아에서는 세르비아 인구의 반이 멸망당했다. 그리고 많은 정교회 신자가 총구 앞에서 강압에 의해서 로마 가톨릭으로 개종했다. 이러한 기억이 아직도 세르비아계 사람들의 마음속에 생생하게 남아 있는데, 독립된 크로아티아는 다시 한번 1991년에 세워졌고, 독립국가가 되자마자 세르비아계 정교회들과 그 지역의 성직자들을 향해서 강압정책을 펴기 시작했다. 그러나 존경을 받던 총대주교 Pavle(1990년에 선출됨)에 의해서 인도되던 세르비아계 성직자단은 그들의 명예를 걸고 침략한 세르비아계 군대와 크로아티아와 보스니아에 있는 세르비아 비정규군에 의해서 저질러진 포악한 행위를 정죄했다. 세르비아 교회는 총대주교가 1992년 오순절날에 주장한 것처럼, "그의 백성들이 다른 사람의 재산을 강탈하는 것과 그것을 얻기 위해 살인을 하라고 결코 가르친 적이 없고, 다만 그들의 성전을 방어하라고 가르쳤다."

전에 공산주의 통치를 받던 네 개의 다른 동방정교회들에 있어서 국가와의 관계는 러시아에서 있었던 것들과 아주 유사했다. 1944년에 공산주의가 정권을 쥐게 된 이래로 **불가리아 교회**는 모스크바 총대주교관구의 정책을 잘 따랐다. 1980년대 초의 증거로 판단해 보건대, 불가리아 교회의 출석률은 루마니아나 보스니아에 비해 아주 저조했다. 수도원은 젊은 수녀들이 사는 몇몇 여자들의 공동체를 제외하고는 텅텅 비어 갔다. 자유를 다시 얻게 되면서 여섯 개의 불가리아 감독집단은 1990년 7월에 그들이 공산정권 아래에서 실패하고 타협한 행동에 대해서 용서를 비는 공개적인 회개를 표명할 용기를 얻었다. 그러나 불가리아 교회의 수장인 총대주교 Maksim(1971년에 선출됨)은 그들 여섯 속에 없었다. 공산주의의 붕괴와 함께 불가리아 정교회 안에서 새로운 부흥이 일어날 희망을 우리에게 안겨 주고 있다.

모스크바에 최근까지 가깝게 의존한 또 다른 교회는 고대 **게오르기아 교회**이다. 이 교회는 4세기 초에 '사도들과 동등한' 성 니나(Nina)라는 여선교사의 전도를 통해 설립되었고, 한동안 안디옥 교구의 관할권 아래 있었다. 그러나 이 교회는 8세기까지 내적인 자치(autonomy)를 획득했고, 1053년쯤에 완전한 독립교회(autocephaly)가 되었다. 1811년에 러시아 교회와 합병하였고, 1917년에 교회의 독립을 다시 주장하였다. 그 교회의 자치권(autocephaly)은 1943년에 모스크바로부터 공식적으로 인정받게 되었다. 그리고 1990년에는 콘스탄티노플이 이 교회를 승인했다. 1917년에 게오르기아에 있었던 2,455개 교회 중에 1980년대까지 활동한 교회는 100교회 이하였지만, 글라스노스트와 함께 서서히 부흥이 일어나고 있다. 1992년에 Catholicos-Patriarch Ilia II(1977년에 선출됨)를 제외하고도 거기에는 14명의 교구감독이 있었다.

폴란드 정교회는 1924년에 에큐메니칼 총대주교관구(콘스탄티노플)로부터 자치권이 주어졌다. 내전기간 동안 교인수는 약 400만 명 정도였으나, 1939년에 국경의 변경으로 그들 중 많은 수가 소련에 속해 있음을 발견했다. 폴란드 정교회는 1930년대에 Pilsudski의 라틴 가톨릭 정부로부터 엄청난 박해를 받았다. 그리고 많은 교회가 문을 닫았다. 1948년에 공산주의 혁명이 있은 직후에 메트로폴리탄 디오니시우스는 임직을 박탈당하였고, 가택연금되었다. 그리고 폴란드 정교회원들은 모스크바 총대주교로부터 자치권을 다시 하사받도록 강요받았는데, 그들은 대부분 그의 통제 아래 1980년대까지 지속되고 있다. 지금은 대략 250개의 교구와 325명의 사제들이 있다. 정교회는 모든 방면에서 확장하고 있으며, 활동적인 젊은 운동이 있다.

체코슬로바키아 정교회는 1946년 이래로 모스크바 총대주교관구와 밀접하게 관계를 맺어 왔다. 그것은 1951년 모스크바에 의해 자치를 허락받았으나, 이것은 아직 콘스탄티노플에 의해서는 인정받지 못하고 있다. 내전기간에 지도적인 체코 정교회인은 감독 Gorazd인데, 그는 원래 로마 가톨릭 사제였으나 1921년 동방정교회 감독으로 서임된 사람이다. 그는 1942년 독일인들에 의해 살해되었고, 1987년 성자로 선포되었다. 체코슬로바키아 정교회의 구성원들은 1950년에 점차 증가하여 200,000명에 이르는 슬로바키아의 그리스 가톨릭인들이 정교회와 강제로 통합되었다. 그러나 이 새로운 구성원들의 대부분은 그리스 가톨릭교회가 1968년 프라하의 봄기간 중 다시 수립되었을 때 다시 상실되었다. 공산주의의 몰락 이후 정부는 정교회인들에 의해 사용되던 대부분의 교회건물을 가톨릭인들에게 돌려주었다. 체코슬로바키아 정교회는 이제 새로운 예배장소를 만들기 위한 힘든 투쟁을 하고 있다.

20세기의 대부분의 정교회 기독교인들에게 공산주의는 적이었다. 그러나 우리의 적은 우리 밖에 뿐만 아니라 우리 안에 존재한다는 사실을 기억하는 것이 현명하다. 솔제니친이 감옥에서 발견한 것처럼, 우리는 다른 사람들 위에 악을 투영시키지 말아야 한다. 우리는 우리 자신의 마음을 검토해야 한다 :

> 선과 악의 분리선이 국가를 통해서, 계층을 통해서, 정치적 당파를 통하여서가 아니라, 각 사람의 마음과 모든 인간의 마음들을 통해서 그어진다고 하는 사실이 나에게 점차적으로 드러났다. 이 분리선은 변화한다. 그것은 여러 해 동안 우리 안에서 요동하였다. 그리고 악에 의해 압도된 마음 안에서조차도 하나의 작은 선의 발판이 유지된다. 그리고 모든 최상의 마음 안에서조차도 뿌리가 뽑히지 않은 악의 작은 모퉁이가 존재한다.[15]

---

15. *The Gulag Archipelago*, Vol. 2(London, 1975), part iv, p. 597.

20세기 III
- 디아스포라와 선교 -

> 모든 외국이 우리의 모국이다. 그리고 모든 모국이 외국이다.
> —Epistle to Diognetus V, 5

통일성 속의 다양성

과거에는 정교회가 문화적이고 지리적인 관점에서 볼 때 거의 배타적으로 '동방'(eastern)교회로 나타났다. 하지만 오늘날 정교회는 더 이상 '동방'의 교회가 아니다. 전통적인 정교회 국가들의 경계를 넘어 지금은 정교회가 널리 '분포되어' 있다. 북미에 그 중요한 중심이 있고, 세계 어느 곳이나 그 지교회를 가지고 있다. 수와 영향력에 있어서는 그리스와 러시아가 아직은 지배적인 위치를 점하고 있지만 디아스포라는 결코 그들에게만 한정되지는 않는다. 세르비아, 루마니아, 아랍, 불가리아, 알바니아, 그리고 다른 모든 정교회의 회원들이 흩어져 있다.

이 정교회 디아스포라들의 기원은 약간 거슬러 올라간다. 1677년에 런던에서 첫 번째 그리스 교회가 문을 열었다. 그리고 상류사회 지역인 소호(Soho)에서도 정교회가 문을 열었다. 그러나 정교회는 얼마 있지 못하고 1682년에 문을 닫았다. 영국의 앵글리칸 감독인 Henry Compton 은 그리스인들이 교회에서 하나의 성상을 가지는 것을 금했고, 그의 성직자들이 성자에게 기도하는 것을 그만두며, 예루살렘 공의회(1672)와 인연을 끊어야 하고, 화체설을 버릴 것을 요구했다. 콘스탄티노플의 총대주교는 이런 상황에 대해서 영국의 대사인 존 핀치 경에게 항의했을 때 그는 "영국에 있는 모든 공적인 교회가 로마식의 신앙을 갖는 것은 불법이고, 마찬가지로 그리스에서 로마식의 신앙표현을 로마에서 하는 것처럼 하는 것도 좋지 않다."라고 반박했다.[1] 다음 정교회 예배처소가 런던에 세워진 이후에 러시아 대사관 교회-1721년 문을 열었다-는 외교적 차원에서 법적 면제를 누렸고, 그 안에서 무슨 일이 일어나든지 런던의 영국계 감독과 관계가 없었다. 18세기 동안에 이 예배당은 러시아 사람 뿐만 아니라 그리스 사람들과 영국의 개종자들에 의해서 사용되었다. 1838년에 그리스 사람들은 런던에 그들 자신의 교회를 만들었는데, 영국 관료들로부터 어떠한 지겨운 통제도 없었다.

　북미대륙에는 18세기 중반부터 정교회가 존재했다. 러시아 탐험가인 베링(Bering)과 치리코브(Chirikov)는 1741년 7월 15일 알래스카 해안을 발견했다. 그리고 5일 후에 엘리야 선지자의 축일에 미국에서의 첫 번째 정교회 예식이 시트카 베이(Sitka Bay)에서 **성 베드로**라는 배 갑판에서 거행되었다. 몇 년 후 1768년 그리스의 큰 무리가 뉴스미르나(New Smyrna)에 식민통치를 위해 플로리다에 도착했다. 그러나 그 모험은 비참한 실패로 끝나고 말았다.[2] 하지만 정교회 디아스포라의 사실이 새로운 일이 아니기는 하지만, 정교회 디아스포라가 정교회의 존재를 비정

---

1. E. Carpenter, *The Protestant Bishop*(London, 1956), pp. 357-364를 보라.
2. E. P. Panagopoulos, *New Smyrna : An Eighteenth Century Greek Odyssey*(Gainesville, 1966).

교회 국가들의 종교적 삶에 있어서 중요한 요인으로 만들 정도로 확장시킨 것은 단지 20세기의 일이다. 그런데 오늘날에조차도 국가적이고 법적 분열의 결과로 디아스포라의 영향력은 그 잠재력에 비해 그다지 크지 못하다.

정교회가 흩어지게 된 가장 중요한 하나의 사건은 볼셰비키 혁명을 들 수 있는데, 그 사건은 러시아의 중심적인 지도층을 포함하여 백만 명 이상의 러시아인을 추방했다. 1914년 전까지 대다수의 정교회 이민자들은 그가 그리스인이든 슬라브족이든 가난하고 교육받지 못한 사람들이었다 – 그들은 땅과 일자리를 찾아 헤매는 소작농이거나 수공업자들이었다. 그러나 러시아 혁명 후 추방의 큰 물결은 많은 사람이 서방의 학술적 수준과 접촉하는 기회를 주었고, 그들은 비정교회세계에 지금의 정교회를 존재케 했다. 그것은 초기의 정교회 이민자들이 분명히 할 수 없었던 일이었다. 1917년 이후의 러시아인들의 이민의 결과는 특별히 그 초기에 있어서 놀라운 것이었다. 양차 세계대전 사이의 20년 간을 추산해 보면 10,000권의 책과 200권의 정기간행물, 그리고 셀 수 없는 문서와 과학적 연구물들이 출판되었다. 오늘날 서구에서, 특별히 미국에서 그리스의 2세와 3세들은 그들을 받아들인 국가에서 정치적으로, 학문적으로, 그리고 전문직에 있어서 중요한 역할을 담당하고 있다.

종교적인 측면에서 정교회 이민자들은 강한 국가적인 계보를 가지고 조직되었다. 19세기와 20세기 초에 처음의 주도권은 보통 상부로부터가 아니고 하부로부터였다 – 지도층이 아닌 평신도들로부터 지도력이 나왔다. 이민자 모임은 함께 모일 수 있었고, 그들의 옛 조국으로부터 사제를 초청했다. 그래서 교구가 만들어졌다. 어떤 감독이 이 질서에 직접적으로 포함되기까진 종종 오랜 시간이 지난 이후였다. 이민 1세들에게 지역교구 교회는 그들의 모국과 연결하는 중요한 연결고리가 되었다. 교회는 그들이 모국어를 들을 수 있는 장소였고, 그들의 국가의 풍습의 보루요 수호자였다. 더구나 서방에 있는 정교회가 처음부터 현저한 소수

민족주의적 성향을 보인 것은 충분히 이해할 수 있는 이유가 있다.

현재 민족은 분명히 하나님이 주신 선물이다. 알렉산더 솔제니친이 1970년에 노벨상을 수상하면서 "민족들은 인류의 재산이요, 인류의 집단인격들입니다. 민족들의 아주 작은 부분이라도 그 자신의 독특한 색깔을 가지고 있으며, 그 자체 안에 하나님의 의도를 보여 주는 특별한 일면을 가지고 있습니다."[3]라고 한 연설은 정당한 것입니다. 그러나 불행하게도 디아스포라의 종교생활 속에서 민족적 충성심은 그 자체로는 합법적이었지만, 정교회의 보편성(Orthodox Catholicity)을 희생시키는 것이 되었다. 이것이 교회 직제에 슬픈 분열을 가져왔다. 모든 장소에서 한 사람의 감독 아래에 하나의 교구가 있어야 되는데 서방의 거의 모든 곳에서 한 장소에 여러 개의 교구가 생겼고, 모든 큰 도시마다 여러 명의 정교회 감독들이 즐비하게 들어왔다. 이것의 역사적인 원인이 어떻든 그것은 분명히 정교회의 교회관에 배치되는 것이다. 1990년에 미합중국을 방문한 에큐메니칼(콘스탄티노플 - 역자주) 총대주교인 디미트리오스는 미국 정교회의 인종주의적인 분열은 '실로 하나의 스캔들'이라고 했던 것은 옳은 말이다. 오늘날 우리들 중의 다수는 모든 서방국가에서 하나의 통일된 조직체 속에 모든 정교회인들을 포괄하는 하나의 지역교회를 보기 원한다. 개개의 교구들은 그들이 원하면 그들의 소수민족적 특성을 가질 수 있을 것이다. 그러나 모두가 하나의 동일한 지역적 계층질서를 인정하고, 각 나라에 있는 계층질서들이 하나의 회의에 함께 앉을 수 있어야만 한다. 유감스럽게도 이것은 아직 요원한 희망에 불과하다. 소수민족적인 분열은 바꾸기 힘든 상태가 되어 버린 것이다.

이런 소수민족적인 분열 이외에 많은 민족적 집단들 안에 또 작은 내

---

3. Leopold Labedz, Solzhenitsyn : A Documentary Record(2nd ed., Harmondsworth, 1974), p. 314.

적인 분열이 존재한다. 그리고 이것은 영적으로 볼 때 정교회 신자들의 삶에 민족적 분열이 했던 것보다 훨씬 더 해로운 영향을 주어 왔다. 1922년 이래로 그리스 이민자들은 지역적인 긴장을 이기고 에큐메니칼 총대주교 아래에서 교회적으로 어느 정도 연합했다. 그러나 공산주의에서 탈출한 정교회 신자들은 거의 모든 곳에서 서로 싸우는 당파를 형성했다. 그들 중의 한 그룹은 모교회와의 연결을 주장하고, 다른 그룹은 '추방된 교회'라는 독립적인 교회를 만들 것을 주장했기 때문이다. 1980년대 후반에 공산주의가 무너졌음에도 불구하고 이들 중의 대부분은 치유되지 않은 채로 아직 분열되어 있다.

러시아 디아스포라의 이야기는 특별히 복잡하고 비극적이다. 거기에는 네 개의 중요한 교구가 있다 :

(1) **모스크바 총대주교관구** : 러시아 내의 교회의 지도부와 직접적인 연결을 유지하기로 선택한 이민자들 교구들을 포괄한다(서방의 도처에 ?30,000 - 40,000명 정도).

(2) **러시아 밖의 러시아 정교회(ROCOR)** : 이것은 또한 '망명지의 러시아 정교회', '외국의 러시아 정교회', '시노드 교회', 'Karlovtsy 시노드' 등으로 알려져 있다(대략 150,000명 정도의 회원). 현재의 수장은 1986년에 선출된 메트로폴리탄 비탈리(Vitaly)이다.

(3) **서유럽에 있는 러시아 정교회 대주교좌관구** : 에큐메니칼 총대주교관구에 소속되어 있고, '파리 교구'로 알려져 있다(대략 50,000명 정도의 회원). 현재의 수장은 1981년에 선출된 대주교 조지(George)이다.

(4) **미국의 러시아 정교회 그리스 가톨릭교회** : 메트로폴리아로 알려져 있다. 1970년에 '미국의 정교회'(OCA, 총회원은 1,000,000명)로 이름을 바꾸었다. 현재의 수장은 1977년에 선출된 메트로폴리탄 테오도시우스이다.

어떻게 이런 분열이 생겼는가? 1920년 11월 20일 모스크바 총대주교 성 티콘이 러시아 교회 감독들에게 권한을 주어 상황에 따라 그들 자신의 독립적인 조직을 만들 수 있도록 하는 법령을 만듦으로써, 총대주교 관구와 도덕적인 관계를 유지하는 것이 불가능하게 되었다. 티콘이 러시아 경계 밖에서 적용될 수 있도록 의도했는지는 의문스럽지만, 백의 군대(White Armies)가 무너진 후에 망명지에 있던 러시아 감독들은 이 법령의 문구들이 효력을 발생하도록 하였다. 그리하여 1920년에 콘스탄티노플에서 첫 번째 회의가 열렸다. 그리고 1921년에 세르비아의 총대주교 Dimitrije의 지원으로 그 다음 회의가 열렸고, 그 다음의 회의는 유고슬라비아에 있는 Sremski-Karlovci(Karlovtsy)에서 소집되었다. 망명지에서의 러시아 정교회인들의 임시 교회행정부가 세워졌는데, Karlovtsy에서 매년 모이기로 되어 있었던 감독대회에 의해서 운영되었다. Karlovtsy 대회(ROCOR)의 초대수장은 안토니(Khrapovitsky : 1863-1936)인데 공식적으로는 키예프의 메트로폴리탄이며, 그 시대의 러시아 성직자계층에서 가장 존경받고 선구자적인 신학자의 한 사람이다. 다른 결정들 가운데 1921년의 Karlovtsy 대회는 하나의 의제를 통과시켰는데 - 이것은 많은 참여자들의 소망과 배치되는 것이었다 - 그것은 러시아의 로마노프 왕조의 재건을 요청하는 것이다.

Karlovtsy의 감독들의 반공산주의적인 태도가 미묘한 상황에서 총대주교 티콘의 자리를 대신했다. 1922년에 그는 대회에 해산을 명했으나, 감독들은 거의 비슷한 형태의 대회를 다시 구성했다. Karlovtsy의 감독들은 1927년에 총대주교의 **대리인**이었던 메트로폴리탄 세르기우스의 선언문을 완전히 거부했다. 그에 대해 세르기우스는 1928년에 Karlovtsy 대회의 모든 행동은 가치없는 것이고 무효라고 말했다. 제2차 세계대전 후에 그 대회는 본부를 Munich로 옮겼고, 1949년부터 지금까지 그 센터가 뉴욕에 있다. 1990년에 ROCOR은 그 사역을 구 소련으로 확대하여 거기에 감독 두 명을 임명하고, 모스크바와 성 피츠버그와 그밖의 지역에 교구들을 설립했다. 러시아 안에 있는 ROCOR의 지교회들은 "자유 러시아 정교회"(Free Russian Orthodox Church)로 알려져 있다. 이 시작은 자연히 ROCOR과 모스크바 감독단 사이에 긴장을 야기시켰다.

1960년대 초부터 ROCOR은 점점 고립되었고, 지금은 세르비아 교회와만 연결을 유지하고 있다. 이런 고립상태는 크게는 ROCOR 스스로 선택한 것이다. 그 지도부는 다른 정교회들은 에큐메니칼운동에 참여함으로써 그들의 진정한 신앙을 팔아먹었다고 생각한 것이다. 이유가 어떻든 ROCOR의 고립은 확실히 크게 후회스러운 것이 되었다. ROCOR은 러시아 정교회의 전통인 고행과 수도원, 그리고 전통예식을 충실히 지켜 왔고, 이 전통적인 영성은 서구의 정교회가 크게 필요를 느끼고 있는 것이다.

처음에는 망명지에 있던 모든 러시아 감독들이 Karlovtsy 대회와 함께 일하려고 노력했다. 그러나 1926년부터 분열이 일어나기 시작해서 위에 언급된 4개의 그룹 중에서 3번째와 4번째의 그룹이 생겨나게 되었다. 파리 교구는 총대주교 티콘이 서방에서의 그의 대리자로 지명했던 파리의 러시아 감독이었던 메트로폴리탄 Evlogy(1864 - 1946)에 의해서 시작되었다. Evlogy는 1926~1927년 사이에 Karlovtsy 대회와 관계를 끊었다. 그리고 1930년에 총대주교 **대리인** 세르기우스에게서 제명을 받았는데, 그 이유는 그가 웨스트민스터 사원과 런던에서 소련의 박해받는 기독교인을 대신해서 기도를 수행하는 역할을 해왔기 때문이다. 1931년에 Evlogy는 에큐메니칼 총대주교인 폰티우스 2세에게 손을 내밀었고, 폰티우스는 그를 받아들여 그의 교구를 콘스탄티노플 관구 아래에 두었다. Evlogy는 1945년, 그가 죽기 바로 전에 다시 모스크바 관구로 돌아왔지만 그의 양무리들의 대부분은 콘스탄티노플 관구 아래에 남아 있기로 했다. 1965~1971년 동안의 어려움에도 불구하고 파리에 있는 러시아인의 대관구는 지금까지 에큐메니칼 총대주교관구의 관할권에 속해 있다.

　마지막으로 네 번째의 그룹이 있는데 그것은 북미 메트로폴리아이다. 혁명 후에 미국에 있던 러시아인들은 여타의 러시아 **이민자**와 좀 다른 입장을 가지고 있었다. 러시아 밖의 나라들 가운데 북미에서만 1917년 전에 상주하는 감독을 둔 법적으로 정당한 러시아 교구가 있었기 때문이다. 뉴욕의 메트로폴리탄 플라톤(1866-1934)은 Evlogy와 같이 1926년 이후에 Karlovtsy 대회로부터 분리되었다. 그는 1924년에 모스크바 총대주교관구와 이미 접촉하여 관련을 맺은 바 있다. 그래서 1926년부터 계속 미국에 있는 러시아인들은 **사실상**(de facto) 자치 모임을 만들었다. 1935~1946년 동안에 메트로폴리아는 Karlovtsy 대회와 연결고리를 유지하였지만, 1946년에 Cleveland 대회에서 대표단의 다수가 모스크바가 그들에게 "현재의 상태처럼 완전한 자치"를 유지할 수 있도록 허락하는 조건으로 모스크바 총대주교관구로 복귀할 것을 가결하였다. 그 시대에는 총대주교관구는 이 결정을 반대할 수 없었다. 그러나 1970년에 러시아 정교회는 메트로폴리아에게 독립은 허락하지만 완전한 자치권을 주지는 않았다. 이 "미국의 독립 정교회"(OCA)는 불가리아, 게오르기아, 폴란드, 그리고 체코슬로바키아 교회들에 의해 공식적인 승인을 받았지만 콘스탄티노플과 다른 몇몇 정교회로부터는 인정받지 못했다. 에큐메니칼 총대주교관구는 그들 스스로 다른 정교회와 협의하에 미국에 독립적인 교회를 설립할 권리가 있다는 입장을 가지고 있었다. 그러나 이 해결되지 않은 논쟁에도 불구하고 OCA는 계속 나머지 정교회들과의 완전한 교류를 유지하고 있다.

서방정교회

　철저하게 연구하려고 시도하는 것보다는 대충 서구 유럽과 북미(더 간단히)와 오스트레일리아에서의 정교회에 관해서 살펴보자. 서구 유럽에서 가장 큰 지성과 영성의 중심지는 파리이다. 파리에는 성 세르기우스 기념 신학연구소가(파리에 있는 러시아 관구 아래에 있음) 1925년에 설립되어 정교회와 비정교회간의 중요한 접촉점으로서의 역할을 하고 있다. 특별히 전쟁기간 동안에 그 연구소의 교수들 중에는 아주 뛰어난 학자들이 많이 있었다. 그들 중에는 이전에 성 세르기우스의 스탭이었던 대사제 세르기우스 불가코프(Bulgakov : 1871-1944), 초대교장 카시안 감독(1892-1965), 그의 후계자 안톤 카르타세브(1875-1960), 조지 P. Fedotov(1886-1951), 그리고 Paul Evdokimov(1901-1970) 등이 포함되어 있다. 현재 그 연구소의 교수들 중에는 콘스탄틴 안드로니코프, 사제 보리스 보브린스코이, 그리고 프랑스 정교회 작가인 올리비에르 클레멘트가 있다. 성 세르기우스 신학연구소의 세 명의 구성원인 조지 플로로브스키, 알렉산더 Schmemann(1921-1983), 그리고 요한 메얀도르프(1926-1992)는 미국으로 건너가 미국 정교회 발전에 결정적인 역할을 했다. 1925년부터 1947년 사이에 그 연구소의 교수들이 출판한 책과 소논문들의 목록은 92쪽에 이르고, 이것은 70권의 책을 포함하고 있다 - 이것은 놀라운 업적으로 다른(더 큰) 어떤 교회의 신학교의 스탭들도 경쟁이 되지 않는 분량이다. 성 세르기우스 연구소는 성가대로도 유명한데 이 성가대는 러시아의 고대교회의 성가의 사용을 다시 부흥시킨 데 있어서 많은 공헌을 했다. 양차 세계대전 사이에는 전교생이 러시아인으로 구성되어 있었으나, 지금은 많은 다른 국적을 갖고 있는 학생들을 끌어들이고 있으며, 강의는 주로 프랑스어로 행해진다. 지금 이 연구소에는 50명 이상의 주간학생이 있고, 약 400명의 통신신학생이 있다.

　모스크바의 총대주교관구는 또한 서유럽에서의 정교회 신자들의 생활에 놀라운 기여를 해오고 있다. 모스크바 총대주교관구의 신학자들 중에는 블라디미르 로스키(Vladimir Lossky : 1903-1958), 부르셀의 대주교 바질(Krivocheine : 1900-1985), 그리고 대주교 알렉시스(van der Mensbrugghe : 1899-1980 ; 원래는 로마 가톨릭인이었다.)가 있다. 블라디미르의 아들 니콜라스 로스키는 17세기 신학자인 Lancelot Andrewes에 대한 전문가라고 할 수 있는데, 로스키는 그의 사상 속에서 놀랄 만한 정교회와의 유사성을 발견해 내었다.[4] 레오니드 우스펜스키(Ouspensky : 1902-1987)는 성상학자로서, 그리고 성상의 신학에 관한 작가로서 폭넓은 영향력을 가진 사람이다. 반면에 수도사 성상학자인 그레고리 Kroug(1909-1969)는 그의 작품 속에서 성상그라픽 전통에 대한 애착이 어떻게 넓은 의미의 예술적인 창조성과 결합되어질 수 있는지를 보여 주었다.[5] 영국에서 모스크바 총대주교관구 지역의 수장인 메트로폴리탄 Sourozh의 안토니(Bloom)는 기도에 관한 선생으로서 많은 존경을 받고 있다. 그의 교구는 영국에서 예배에서 영어를 사용하는 데 있어서 주도적인 역할을 하고 있다. 그리고 1년에 한 번씩 갖는 Effingham 수련회에서는 성직자와 평신도 간의 특별하게 밀접한 협력이 이루어진다.

서방정교회는 종교음악에 대한 작곡가는 많이 내지 못했다. 그러나 최소한 아주 뛰어난 한 사람을 배출했는데 영국의 개종자인 John Tavener이다. 세속 음악으로 이미 유명한 그는 지금 그 자신의 작품활동을 오로지 종교음악에만 국한시키고 있다. 전통적인 비잔틴 찬송의 여덟 음계와 고대 러시아의 성가를 가지고 시대를 초월하지만 동시대적인 악풍으로 변화시키는 작업을 창조적인 정신으로 실험하고 있다. 그의 작품활동에 대한 그의 연구를 요약하는 말은 이것이다. "나는 모든 신성한 교회 예술에 대한 금언은 사도 바울이 또 다른 상황에서 '이는 내가 사는 것이 아니라 그리스도께서 사신 것이라.'고 표현한 것이 되어야 할 것이라고 말하고 싶다."

---

4. 그의 책 *Lancelot Andrewes the Preacher(1555-1626) : The Origins of the Mystical Theology of the Church of England*(Oxford, 1991).
5. Andrew Tregubov, *The Light of Christ : Iconography of Gregory Kroug*(New York, 1990).

대영제국에 있는 정교회는 특별히 늘어나는 수도원공동체의 존재에 힘입은 바 큰데, 이 수도원공동체는 아토스 성(聖) 실로안의 제자인 대수도원장 Sophrony가 설립한 Tolleshunt Knights, Essex(에큐메니칼 총대주교관구)에 있는 수도사들과 수녀들이 그 공동체에 속해 있다. 여기서는 "예수 기도"(the Jesus Prayer)를 강조하고 있다. 그 수도원은 많은 순례자들이 방문하는데, 특히 영국의 정교회 신자 중의 대다수를 차지하고 있는 그리스 키프러스 사람들의 방문이 많다. 프랑스에는 두 개의 잘 설립된 여성을 위한 수도원이 있는데, 프로브멘트(Provement)에 노르망디 수도원(ROCOR)과 Bussy-en-Othe에 Yonne 수도원(에큐메니칼 총대주교관구)이다. 대수도원장 Placide (Deseille ; 전에 로마 가톨릭인이었다.)는 두 개의 공동체를 설립했다. 하나는 여자들을 위한 것이었고, 다른 하나는 남자를 위한 것으로 St. Laurent-en-Royans에 있다. 이것들은 시모노스 페트라스의 안토니주의적 집에 의존되어 있다.

서구 유럽에서 아주 뛰어난 정교회 인물은 프랑스인 대수도원장인 Lev(Gillet : 1893-1980)이다. 그는 출판된 그의 책마다 이름을 "서방교회의 수도승"이라고 했다. 그는 처음에는 동방 제의의 가톨릭 사제로 있다가 1928년에 정교회에 들어갔고, 그 이후의 삶은 런던에서 성 알반과 성 세르기우스 연구소의 교목으로 섬겼다.[6] 그는 20세기 정교회의 패러독스를 너무나 잘 표현하고 있다 :

> 오, 이상한 정교회, 너무 가난하고 너무 약하구나. 동시에 전통적이면서, 그러나 또 자유스런 교회, 케케묵은 것 같으나 살아 있는, 의식주의이면서 개인적 신비주의가 있는, 값진 복음의 진주가 잘 보존된 교회, 때로는 먼지더미 아래에 깔려 있어서 – 활동을 못할 것 같은 교회, 그러나 다른 교회와 달리 부활의 노래를 부를 수 있는 교회.[7]

---

6. 이 책의 p. 386을 보라.
7. "A Monk of the Eastern Church", *The Jesus Prayer*, p. 13.

북미(미국과 캐나다)에는 2백만에서 3백만 가량의 정교회인들이 있고, 40명의 감독들과 약 2,250개의 교구가 최소한 15개의 다른 관구(jurisdictions)에 나뉘어 속해 있다. 우리가 이미 살펴보았듯이, 러시아인들은 미주에 도착한 첫 번째 정교회 신자들이었다. 1794년에 알래스카-1867년까지 소련제국의 땅임-에 교회 선교회가 설립되었는데 라도가 호수(Lake Ladoga)의 러시아 발라모 수도원으로부터 온 수도사 그룹이 설립한 것이다. 그들 중 한 사람인 Spruce 섬의 은둔자 성 헤르만(1836년에 죽음)은 원주민들에게 특별한 사랑을 받게 되었다. 알래스카에서의 선교사역은 1824년부터 1853년까지 처음에는 사제로, 그 다음에는 감독으로 사역했던 성 이노센트(Veniaminov)에 의해서 최초로 기초가 놓이게 되었다. 그는 원주민의 풍습과 종교들에 대해서 깊은 연민의 관심을 가졌다. 그리고 이 분야에 대한 그의 저술들은 현대 민속학의 기초자료로 남아 있다. 성 시릴과 성 메토디우스의 전통에 따라서 그는 재빨리 복음서와 예식서들을 Aleutian언어로 번역했다. 그는 1845년에 씨트카에 신학대학원을 열어 원주민 사제를 세우려고 노력했다. 그는 육체적으로 매우 강한 사람이었고, 지칠 줄 모르는 여행가로서 좀더 떨어진 섬에 가기 위해 1년씩 걸리는 극도로 힘든 선교여행을 하기도 했다. 종종 그는 거친 바다를 깨지기 쉬운 원주민 배를 타고 "당신을 죽음에서 구해 줄 만한 단 하나의 널판지도 없이-오직 맨몸으로" 항해를 했다고 기록했다.

그러는 동안에 19세기는 지나갔고, 많은 수의 정교회 이민자들-그리스인, 슬라브족, 로마인, 아랍인-이 미국의 동쪽에 정착하기 시작했고, 점점 서쪽을 향해서 옮겨 갔다. 1891년과 그 다음 여러 해 동안 많은 서구의식을 가진 가톨릭 신자들이 알렉시스 Toth(1854-1909)의 인도로 러시아 정교회 대교구에 들어갔다. 그 주요 원인은 로마 가톨릭 지도부가 그들이 결혼한 채로 사제로 있는 것을 허락하지 않았기 때문이다. 북미에서 9년 동안(1898-1907) 있었던 미래의 모스크바 총대주교인 성(聖) 티콘(St. Tikhon) 아래에서 러시아 대교구는 점점 다국적 특징을 갖기 시작했다. 그리고 1904년에 시리아인 라파엘(Hawaweeny)은 아랍 정교회 교인을 위해 목회하기 위해 그의 협동감독들의 한 사람으로 임명되었다. 티콘은 예배에서 영어사용을 권장하였고, 영어로 번역된 출판물을 펴내도록 격려했는데 특별히 잘 알려진 「예배모범서」는 I. F. Hapgood이 펴낸 것이다.

1차 세계대전이 끝날 때까지 러시아 대교구는 북미에서 유일한 정교회 조직체였다. 그리고 대부분의 정교회 교구들은 그들의 민족적 성격이 어떻든 간에 목회를 위하여 러시아 대교구와 그의 속교구들을 바라보았다. 비록 이런 질서가 에큐메니칼 총대주교관구와 그리스 교회에 의해서 공식적으로 결코 받아들여지지 않았지만, 성경적이고 조직적인 통일이 **사실상**(de facto) 존재했다. 그러나 1917년 혁명 이후 중대한 혼란의 시기가 계속되었다. 러시아인들은 대다수는 메트로폴리아 안에 남아 있었지만,[8] 나머지는 서로 적대하는 집단으로 분열되었다. 분열된 그리스 정교회 대교구는 1922년에 만들어졌다. 예정된 순서대로 다른 나라의 그룹들도 뒤를 이어 그들 자신의 대교구를 설립하였다. 그래서 현재의 많은 '관구들'(jurisdictions)이 생겼고, 미국의 정교회는 외부인들에게 보여진 것처럼 그렇게 복잡한 상황이 된 것이다.

오늘날 북미에서 가장 큰 정교회 그룹은 약 475개의 교구를 가지고 있는 그리스 대교구이다. 1920년대에 내분으로 찢어진 그리스 대교구는 1931~1948년에 대주교를 지내고 후에 에큐메니칼 총대주교가 된 아타나고라스에 의해 다시 조직되고 통합되었다. 현재의 수장인 대주교 Iakovos(1959년에 지명됨)는 정교회가 미국 대중에게 크게 알려지고 존경을 받게 만든 데 있어서 다른 어떤 사람보다 더 큰 일을 했다. 크기로 볼 때 그리스 대교구에 이어 두 번째는 OCA이다. 이것의 전신은 러시아 메트로폴리아이고, 지금은 다국적 특성을 가지고 있으며, 주요 예식어

---

8. 무엇보다도 이 책의 pp. 217-218을 보라.

로 영어를 쓰고 있으며, 많은 개종한 성직자가 있다. 세 번째로 큰 기구인 안디옥 대교구(안디옥 감독단 안에 소속되어 있다.)는 대주교 필립의 역동적인 지도하에 있다. 1986년에 그는 피터 Gillquist가 이끄는 전(前)에 개신교였던 그룹인 '복음주의적 정교회'를 정교회에 받아들였다. 캐나다에서 가장 수가 많은 정교회공동체는 우크라이나 정교회공동체이다. 이 공동체는 교회법에 의해서 수년 동안 고립되어 있다가 1991년에 에큐메니칼 총주교관구로 받아들여졌다.

  미국에 있는 정교회는 10개의 신학교를 가지고 있는데, 그들 중에 가장 중요한 것은 뉴욕(OCA) 외곽의 크레스트우드(Crestwood)에 있는 성 블라디미르 신학교와 보스톤(그리스 대교구), 브루클린에 있는 성 크로스(Holy Cross) 신학교이다. 양측은 실력 있는 신학잡지를 발행하고 있다. 성 블라디미르 신학교는 *St. Vladimir's Theological Quarterly*를 발행하고 있고, 성 크로스 신학교는 *The Greek Orthodox Theological Review*를 만들고 있다. 오늘날 북아메리카에서 활동하고 있는 신학자로는 대주교 피터(l'Huillier)(OCA), Thomas Hopko 신부, 존 브렉과 존 에릭슨 신부(성 블라디미르 신학교), 조셉 알렌 신부(안디옥 교구), 피츠버그 막시무스 감독(그리스 대교구), 그리고 스텐리 하라카스 신부(Holy Cross 신학교)가 있다. 수도원적 삶은 북미의 돌이 많고 거친 지역에서 발견되고, 많은 교구에서 수도원생활은 매우 빈약했다. 수도원은 ROCOR에서 가장 강하고, 거기에서 가장 뛰어난 수도원은 Jordanville의 성 삼위일체 수도원이다. 더 작은 수도원들의 상당수가 OCA에서 성장추세에 있지만 그리스 대교구에는 아직 소수의 수도원이 존재한다. 만약에 스토우디오스의 성 테오도레가 "수도사들은 교회의 근육이요, 기초이다."[9]라고 한 말이 맞는 말이라면, 미국의 정교회인들의 모습은

---

  9. Little Catecheses 114 : ed. J. Cozza-Luzi, Nova Patrum Bibliotheca 9(Rome, 1888), p. 266.

약간의 불안한 징조를 가지고 있는 것이다!

오스트레일리아의 정교회 이민자들은 북미의 디아스포라들보다 최근에 이루어진 것이고, 대부분의 정교회 교구들은 제2차 세계대전 이후에 설립된 것이다. 그리스 대교구가 가장 큰 조직체로 121개의 교구와 시드니에 최근 들어 문을 연 신학교를 가지고 있다. 그리고 많은 러시아 교구들(주로 ROCOR에 소속)과 중요한 아랍 교구가 있다(안디옥 교구에 속함).

정교회 디아스포라들은 두 개의 기본적인 문제들에 직면해 있다. 첫째는 정교회 이민 1세들로부터 서방에서 태어나고 자란 정교회 2세들로의 전환이다. 이민 1세들은 그들이 비록 그들의 신앙을 항상 적극적으로 표현하지는 않더라도 대부분의 경우에 있어서 죽을 때까지 그들이 정교회 기독교인이라는 신분을 유지하기를 원할 것이다. 그러나 2세들은 어떠한가? 그들의 정교회 유산에 충실하게 남아 있을 것인가? 아니면 점점 무관심이 증대되고, 그들을 둘러싸고 있는 세속적인 서구사회에 동화될 것인가? 1차 세계대전 이전에 도착한 이민자들의 비율이 높은 북미에서는 대부분의 정교회 그룹들이 1세로부터 2세로의 중요한 문화적 변혁을 이미 겪었다. 잃은 것이 엄청나지만 정교회는 계속 살아 남았다. 그러나 서구 유럽과 오스트레일리아에서는 대부분의 이민자들이 2차 대전 이후에 도착했고, 그래서 변화는 결코 끝나지 않았다.

변화를 효과적으로 하기 위해서는 모든 정교회 그룹들이 모국으로부터 '이미 만들어진' 사제들을 수입하는 것보다 그들의 미래의 성직자들을 젊은 정교회 2세들로부터 선발해서 서구에서 훈련을 시켜야만 한다는 사실은 매우 중요하다. 그리고 또 중요한 것은 지역언어 – 영어, 프랑스어, 독일어 등등 – 가 성만찬예배(liturgical worship)에서 폭넓게 사용되어져야 한다. 그렇지 않으면 젊은이들은 교회를 떠나게 될 것이고, 교회는 기독교의 신앙을 전파하는 것보다 '고국'의 문화와 언어를 유지하는 데 더 관심이 있는 것으로 보여 외면받게 될 것이다. 불행하게도 서구에 있는 정교회 당국자들은 그들의 국가유산을 지키려는 데 관심이 많고, 그 지방언어를 예배에서 사용하는 데 대해서 보통 부정적이다. 북미에서 영어는 그것이 비록 지금은 OCA와 안디옥 대교구에서 폭넓게 사용되고 있지만, 아직도 많은 그리스 교구에서는 거의 사용하지 않으며, 영국에 있는 대부분의 그리스 교구들은 현재 사실상 영어를 전혀 사용하지 않고 있다.

디아스포라들이 당하는 두 번째 분명한 문제는 그들이 여러 갈래의 관구들로 나누인 것이다. 그러나 역사적인 관점에서 볼 때 이것은 이해할 수 있을 것이다. 그것은 서구에 있는 정교회 신자들 가운데서의 정교회들의 목회사역에 큰 해를 끼쳤을 뿐만 아니라, 외부 세상에 대한 서구 정교회의 전도에도 해를 끼쳤다. 좌절감이 증대되면서 평신도와 성직자들 모두는 이런 질문을 한다. 언제 우리가 **가시적인** 하나의 조직이 될 수 있는가? 어떻게 우리는 정교회의 **보편성**에 대해서 더 효과적인 증거를 할 수 있는가? 그 질문에 대한 작은 시도가 대부분의 서구 국가에서 감독회의를 설립함으로써 시작되었다(비록 대영제국은 아직 없지만). 예를 들면, 미국의 배경 속에서 정통 정교회 감독들의 상임위원회(SCOBA)가 1960년에 설립되었지만, 그것이 처음에 의도했던 만큼 적극적으로 정교회 일치에 기여하지 못했다. 지역적 차원에서는 미국 전역에 활동적인 정교회 기독교인 연합체가 있었는데, 성직자와 평신도 모두가 참여하여 관구 경계를 초월하여 친교와 협력을 증진시키기 위해 노력하고 있다. 프랑스에서는 Fraternite Orthodoxe에 의해서, 그리고 영국에서는 세례 요한의 정교회 모임에 의해서 비슷한 일이 진행되고 있었다. 이런 풀뿌리조직의 잠재적인 영향력은 막강하다. 왜냐하면 서구에 있어서 정교회인들의 일치는 아마도 범정교회협의회의 결정을 통해서 위로부터 오기보다는 하나님의 사람들의 서로간의 사랑과 거룩한 인내를 통하여 아래로부터 올 것이라는 것이 일반적인 인식이기 때문이다.

서방정교회에 대한 또 하나의 진보적인 견해가 있는데 그것은 특별한 설명이 필요하다. 제한적이고 시험적이긴 하지만 서구식 제의의 정교회가 존재한다(동방 제의의 가톨릭의 정반대 모습). 기독교 역사의 천년기에 동서의 분열이 생기기 이전에 서방 교회는 그 자신의 성만찬예배들 (Liturgies)을 사용했다. 그것은 비잔틴의 제의(rite)와 다른 것이었지만 전적으로 정통적인 것이었다. 사람들이 종종 "정교회의 성만찬예배"를 말할 때 그들이 의미하는 것은 **비잔틴**의 성만찬예배이다. 그러나 우리는 그것만이 정교회적인 것처럼 말하지 말아야 한다. 왜냐하면 고대의 로마, 갈리칸, 켈틱, 그리고 모자라빅(Mozarabic) 예배들은 동서의 분열 이전 시대에 완전한 정통성을 그들의 자리에서 가지고 있었기 때문이다. 서구식 제의의 정교회 교구들이 미국의 안디옥 대교구(약 10,000명의 회원이 있다.) 안에, 그리고 프랑스의 가톨릭 정교회로 알려진 매우 활동적인 그룹 안에 있다. 이것의 기원은 1937년까지 거슬러 올라간다. 자유 가톨릭교회에서 감독임명을 받은 전 로마 가톨릭 사제 Louis-Charles Winnaert(1880-1937)가 파리에서 그의 추종자들과 함께 모스크바 총대주교관구 안으로 들어갔다.[10] 총대주교 **대리**였던 메트로폴리탄 세르기우스의 특별한 결정으로 그들은 계속 서방의 제의(rite)를 사용하도록 허락되었다. Winnaert의 후계자이며 사제인 Evgraph Kovalevsky(1905-70) - 1964년 Jean de St. Denys 감독으로 임명 받음 - 는 고대 프랑스(Gallican)의 의식을 기반으로 많은 부분에서 비잔틴 요소와 차이가 나는 성만찬예배를 고안했다. 프랑스의 가톨릭 정교회는 지금은 다른 프랑스의 정교회 관구들로부터 약간 고립되었지만 Theosophy(신지학협회)와 연계 혐의를 받아 왔다. 그러나 현재 그 지도자인 감독 게르메인(Germain)은 그 혐의를 강력하게 부인하고 있다.

---

10. Winnaert가 영접을 받았을 때, 그는 다만 사제직만을 수행하도록 특별 지시를 받았다. '자유 가톨릭 사람들'(the Liberal Catholics)로부터 성직을 수여받은 그의 주교직의 타당성은 의심스러운 것으로 여겨졌다.

외국 환경에 있는 작은 소집단으로서의 디아스포라 정교회인들은 단순히 살아 남는 데에도 어려운 고투를 해오고 있다. 그러나 그들 중에 일부는 어떤 면에서 살아 남는 것은 제쳐두고 더 큰 도전에 직면했다는 것을 발견한다. 만약에 그들이 진실로 정교회가 진정한 가톨릭 신앙이라고 믿으면, 그들을 둘러싸고 있는 다수의 비정교회인들을 제거하지 말아야 하고, 그들의 정통신앙을 다른 사람들과 공유하는 것을 의무와 특권으로 여겨야 한다. 하나님이 20세기에 정교회가 서방 전역에 흩어지는 것을 허락한 것은 정말 우연이 아니다. 이 분산은 우연하고 비극적인 것이 아니라 반대로 우리의 중대한 **시간**(kairos), 우리의 기회의 순간을 고안해 낸 것이다. 그러나 만약에 우리가 이 **기회**의 순간에 응답하기를 원한다면, 우리 정교회 신자들은 다음을 이해하고 청종할 필요가 있다. 그것은 우리의 정교회 유산에 대해서 더 깊이 이해하는 것과, 그것이 종교적이든 세속적이든 서구의 현시대가 말하는 것을 더 겸손히 듣는 것이다.

정교회가 상호 접촉의 결핍으로 겪는 어려움은 비단 디아스포라에서 뿐만은 아니다. 오랫동안 모든 다른 총대주교관구들과 독립교회들은 종종 그들의 잘못이 아님에도 불구하고 다른 정교회들과 고립되어 왔다. 때때로 공식적인 접촉이 있었던 것은 교회의 수장들에 정기적인 서신교환이 고작이었다. 현재까지 이런 고립들이 계속되고 있다. 그러나 훨씬 밀접한 협력을 위한 소망이 증대되고 있다. 정교회의 세계교회협의회(WCC)에의 참여는 다음과 같은 부분에서 나름대로의 성과를 거두고 있다. WCC의 큰 모임에서 정교회 대표자들은 종종 그들 자신들이 하나의 목소리를 내는 데 준비되지 못했음을 발견한 것이다. 그들은 질문하기를 왜 WCC가 우리 정교회를 한자리에 부르는 것이 필요했는가? 왜 우리는 우리의 공통의 문제를 토론하기 위해 한 번도 만나지 않았는가? 범정교회의 상호 협력에 대한 긴급한 필요가 특히 젊은이들의 운동에서 느껴졌다. 그리고 여기에 신데스모스(Syndesmos)에 의해서 뜻있는 사업이 한 가지 이루어졌다. 그것이 1953년에 설립된 국제 청년조직이다.

협력에 대한 시도에 있어서 하나의 지도부가 자연스럽게 동방정교회의 최고의 계층질서인 에큐메니칼 총대주교에 의해 주도되었다. 제1차 세계대전 후에 콘스탄티노플(에큐메니칼) 총대주교는 전체 정교회의 '대공의회'(Great-Council)를 소집하려고 생각하고, 이에 대한 첫 번째 순서로 공의회의 의제를 준비하기 위한 '예비대회'(Pro-Synod)를 계획하였다. 예비적인 국제정교회위원회(Inter-Orthodox Committee)가 1930년 아토스(Athos) 산에서 만났다. 그러나 터키 정부의 방해로 '예비대회'는 결국 실현되지 못했다. 1950년쯤에 에큐메니칼 총대주교인 아테나고라스는 다시 그 일을 할 것을 생각했고, 연기를 거듭한 후에 '범정교회 회의'(Pan-Orthodox Conference)는 결국 1961년 9월에 로데스에서 만났다. 로데스 회의는 1963년과 1964년에 더 만났고, 그 때부터 국제 정교회 회의는 제네바에서 정기적으로 열려지고 있다. '크고 거룩한 공의회'(Great and Holy Council)의 의제로 중요한 항목은 - 급기야 앞으로 이 공의회가 회집될 경우 - 아마도 흩어진 정교회의 분열, 다른 기독교 교회와 정교회의 관계(교회일치운동), 그리고 정교회의 도덕적 교훈을 현대세계에 적용하는 문제에 대한 것이 될 것이다.

선 교

정교회는 종종 선교하는 교회가 아니라는 비판을 받는데 거기에는 그만한 이유가 있다. 그러나 만약 우리가 시릴과 메토디우스, 그리고 그들의 제자들에 의한 슬라브족의 개종을 상고해 보면, 비잔티움의 선교 업적이 동시대의 켈트인이나 로마 기독교의 선교 업적보다 결코 부족하지 않다고 주장할 수 있음을 인정해야 한다. 물론 터키의 지배 아래 그리스나 아랍인들은 어떤 선교 사역을 못하도록 방해를 받았지만, 19세기의 러시아 교회는 러시아제국 안에 많은 비기독교 국가 사람들에게 폭넓은 선교활동을 하였다. 1900년까지 러시아 안에서 성만찬예배는 슬라브어 뿐만 아니라 최소한 20개의 다른 부족의 언어로 드려졌다. 이런 선교 프로그램이 공산주의하에서 억압되었지만 현재 제한된 범위 내에서 재개되고 있다.

1917년 전의 러시아 선교는 러시아 바깥, 알래스카 뿐만 아니라(이에 대해 우리가 이미 언급했다.) 중국, 일본, 한국에까지 확장되었다. 러시아 선교사들이 현지에서 갖는 관심들 중의 하나는 가능한 한 빨리 현지 성직자를 세우는 것이다. 중국 선교의 기원은 비록 그 때까지는 조직적인 사역이 이루어지지는 않았다 하더라도 17세기 말로 거슬러 올라간다. 약 400명의 중국 정교회 신자가 의화단 사건(Boxer Rebellion : 1901)에서 순교를 경험하였다. 1957년에 중국 정교회는 독립을 했고, 두 명의 감독과 대략 20,000명의 신실한 신자가 있었다. 그러나 '홍위병'(Red Guards)에 의한 박해로 중국 정교회는 거의 완전히 지하로 잠입했다. 오늘날 중국에서 성만찬예배는 여러 곳에서 나이든 중국 사제들에 의해서 거행되기는 하지만 살아 남은 감독은 전혀 없고, 신실한 신자도 거의 없다.

일본 정교회는 성 니콜라스(Kassatkin : 1836-1912)에 의해서 설립되었는데 그는 다른 기독교공동체를 통틀어 현대의 위대한 선교사 중의 한 사람이다. 그는 1861년 러시아 영사관의 관목(官牧)으로 하코다테(Hakodate)에 파견되었을 때, 처음부터 일본 법이 선교 사역을 엄격히 금하고 있었음에도 불구하고 일본인들 가운데서 기독교 신앙을 설교하는 데 정력을 다 쏟기로 결심했다. 그는 1868년에 첫 개종자에게 세례를 베풀었고, 1875년에 일본인 첫 성직자를 안수했다. 1912년 그가 죽을 때 일본에는 266개의 모임에 33,017명의 교인을 가지고 있었고, 35명의 일본인 사제와 22명의 집사들이 섬기고 있었다. 내전기간 동안에 많은 신자를 잃었지만 현재 25,000명의 신자들과 한 명의 감독, 그리고 약 40명의 사제들이 있다. 현재의 수장인 메트로폴리탄 테오도시우스(1972년에 선출)는 원래 불교신자였다. 그의 모든 성직자들과 마찬가지로 그는 일본인이다. 일본 교회는 독립교회이고, 영적으로 그의 어머니 교회인 러시아 교회의 돌봄을 받고 있다.

1898년 러시아 성직자에 의해서 시작된 한국 선교는 1950년대에 거의 끝나 버렸다. 그러나 그것은 지난 10년 동안 그리스 사제 아르히만드라이트 소티리오스(Archimandrite Sotirios : Trambas)의 지도 아래 재개되었다. 지금은 5개의 교구와 하나의 신학교, 하나의 수도원이 있다. 1980년대에 에큐메니칼 총대주교관구의 원조 속에 선교사역이 인도네시아, 필리핀, 홍콩, 남벵갈(인도)에서도 시작되었다.

아시아에서 이들 정교회 선교에 덧붙여 케냐, 우간다, 탄자니아에 매우 활발한 아프리카 정교회가 있다. 아프리카 정교회는 처음부터 토착화된 정교회였다. 왜냐하면 교회가 전통적인 정교회 국가들로부터 선교사들이 와서 설교해서 세워진 교회가 아니고, 아프리카 자체 내에서 자발적인 운동에 의해서 세워졌기 때문이다. 아프리카 정교회운동의 설립자는 두 명의 우간다 현지인으로 Rauben Sebanja Mukasa Spartas (1899년 출생, 1972년 감독, 1982년 사망)와 그의 친구 Obadiah Kabanda Basajjakitalo이다. 그들은 원래 영국성공회 신자로 태어나서 1920년대에 정교회로 전향했는데, 다른 정교회 신자와의 개인적인 접촉을 통해서가 아니라 그들 자신의 독서와 연구를 통해서이다. 처음에 우간다 정교회의 교회법적 위치는 약간 의심스러웠다. 처음에 르우벤과 오바댜가 미국에서 나온 조직인 '아프리카 정교회'(African Orthodox Church)와 접촉했다. 그러나 이 조직은 사실 진정한 역사적 정교회공동체와 아무 관계가 없는 것이었다. 1932년에 그 둘은 이 교회의 어떤 대주교인 알렉산더에 의해서 안수받았지만, 그해 말경에 그들은 '아프리카 정교회'의 의심스런 지위에 대해서 알게 되었다. 그래서 그들과의 모든 관계를 단절하고 알렉산드리아 총대주교관구와 접촉을 시도했다. 그러나 1946년에 르우벤이 개인적으로 알렉산드리아를 방문하였을 때 총대주교는 우간다에 있는 '아프리카 정교회' 공동체를 공식적으로 인정했고, 제한적이나마 그를 받아들여 그의 보호 아래 두었다.

르우벤과 오바댜는 그들이 새로 발견한 신앙을 큰 열정으로 그들의 동족 아프리카인들에게 설교했고, 그 운동은 빠르게 확산되었다. 정교회의 선교가 일부다처제를 정죄하기는 하지만 이미 일부다처적인 결혼생활을 하고 있는 사람들을 다루는 데 있어서 유럽의 선교에 비해서 실제로 덜 엄격한 것이 한 가지 이유였다. 선교가 빨리 진행된 데는 정치적인 요인도 역시 포함되어 있다. 1959년 케냐가 독립하기 전에 케냐의 정교회는 마우마우(Mau Mau)와 같은 아프리카 해방운동들과 밀접히 연계되어 있었다. 아프리카 사람들의 눈에 정교회 기독교가 매력을 끌게 된 분명한 한 가지는 그것이 식민지 지배와 관계가 없기 때문이다.[11] 독립이 되면서 정교회 선교에 대한 많은 지원이 사라졌다. 그러나 더 최근에 와서 아프리카 정교회는 더 잘 조직되었고, 다시 한번 성장을 시작했다. 어떤 학자는 케냐의 정교회원수를 70,000명에서 250,000명 추산했고, 우간다의 정교회원수는 30,000명에 이를 것으로 보았다. 그러나 그리스 정교회 자료들은 훨씬 수를 낮게 인용한 것들이 나타나는데, 동아프리카 전체의 현지인 정교회원수를 약 40,000명으로 잡는다. 현재 아프리카에는 캄팔라(우간다)에 아테네 대학을 졸업한 테오도레 난키아마스(Theodore Nankyamas)라는 아프리카인 감독이 한 사람 있다. 1992년에 우간다에는 19명, 케냐에 61명, 탄자니아에 7명의 현지인 성직자가 있었다. 나이로비에 정교회 신학교가 1982년에 세워져 약 50명의 학생이 공부하고 있다.

아프리카 정교회의 자발적인 성장은 그리스 자체 내에 있는 교회와 북미에 있는 그리스 정교회에 큰 영향을 주었는데, 그 교회들에게 교회의 선교의 중요성을 깨닫게 하는 데 직접적인 영향을 끼쳤다. 1959년 르우벤 스파르타의 그리스 방문과 1965년 테오도레 난키아마스의 미국 방

---

11. 여기에 대한 배경은 F. B. Welbourn, *East African Rebels*(London, 1961)을 보라.

문은 많은 교구에 대한-특히 젊은이 그룹에-넓은 영향력을 증명하였고, 그들 자신들이 기도하며 경제적으로 원조해야 한다는 결심을 하게 되었다. 아프리카 정교회는 이런 면에서 그들이 받았던 것보다 그리스 정교회에 준 것이 크다고 주장할 수 있다.

모든 기독교인 단체들은 오늘날 중대한 문제들에 직면하고 있다. 그러나 정교회는 다른 단체에 비해서 아마도 더 큰 어려움을 가지고 있다고 볼 수 있다. 현시대의 정교회에 있어서 실패의 외형적인 모습의 이면에 숨어 있는 승리를 발견하기가 항상 쉽지는 않다. 또 약함 중에 성취하시는 하나님의 능력을 발견하고, 역사적 실체 속에서 진정한 교회를 찾는 것 또한 쉽지 않다.[12] 그러나 분명한 것은 약함이 있는 곳에 또한 많은 생명의 증거가 있다. 교회지도자들이 공산주의 아래에서 타협을 했다 하더라도, 정교회는 수많은 순교자와 신앙의 고백자들을 배출했다. 공산주의 붕괴에 따르는 아주 불안정한 상황 속에는 불안의 요인 뿐만 아니라 큰 희망의 요인도 있다. 정교회 수도원의 쇠퇴는 '거룩한 산'(Athos)을 통해 극적인 전환이 이루어졌다. 그리고 아토스는 아마도 더 넓은 수도원 부흥의 원천임을 증명할 것이다. 정교회의 영적인 보배-예를 들면, 「필로칼리아」와 "예수 기도"-는 잊을 수 없는 것으로 사용되고 있고, 점점 그 가치를 인정받고 있다. 정교회 신학자들은 숫적으로는 소수에 불과하지만, 그들 중에는 종종 서구적 배경의 자극 아래에서 그들의 신학적 유산 가운데 잊어버렸지만 생명력이 남아 있는 요소들을 다시 밝혀 내고 있다. 근시안적인 민족주의가 교회의 사역의 복병으로 남아 있지만 동역의 시도가 이따금씩 나타나고 있다. 선교는 아직도 아주 작은 규모이지만 정교회는 그들의 중요성에 대한 인식이 점점 자라나고 있음을 보여 주고 있다. 우리 정교회가 만약에 실제적이며 정직하기만 한다면, 우리 교회의 현상태에 관해서 만족하고 자축하고만 있을

---

12. V. Lossky, The Mystical Theology of the Eastern Church, p. 246.

수는 없을 것이다. 그러나 많은 문제들이 있고 인간의 나약함이 보여진 다 할지라도, 정교회는 동시에 미래를 확신 있게, 그리고 진정한 낙관론을 가지고 바라볼 수 있을 것이다.

제 2 부
신앙과 예배

10. 거룩한 전통 : 동방정교회의 신앙의 원천 / 237
11. 하나님과 인류 / 254
12. 하나님의 교회 / 289
13. 동방정교회의 예배 I : 지상의 천국 / 320
14. 동방정교회의 예배 II : 성례전들 / 332
15. 동방정교회의 예배 III : 축일, 금식일, 그리고 개인적 기도 / 361
16. 동방정교회와 기독교인들의 재연합 / 372

거룩한 전통
- 동방정교회의 신앙의 원천 -

> 네게 부탁한 것을 지키라.
>
> —딤전 6:20
>
> 전통은 교회 안에서 성령의 삶이다.
>
> —블라디미르 로스키(Vladimir Lossky)

전통의 내적인 의미

동방정교회의 역사는 외적으로 일련의 갑작스런 변화들 - 아랍 이슬람인들에 의한 알렉산드리아, 안디옥, 그리고 예루살렘의 함락, 몽골인들에 의한 키예프의 화재, 두 번에 걸친 콘스탄티노플의 함락, 러시아의 10월 혁명 등 - 에 의해 특징지워진다. 그러나 이러한 사건들은 동방세계의 외적 모습들을 변형시켰으나 결코 동방정교회의 내적인 연속성을 깨뜨리지는 못하였다. 외부인들이 동방정교회와 만날 때 첫 번째로 마주치는 것은 일반적으로 동방정교회의 고대적 분위기, 동방정교회의 명백한 무변화성이다. 동방정교회는 초대교회처럼 세 번 물에 잠김으로써 세례를 베푼다. 그들은 아직도 유아와 작은 어린이들을 데려다 거룩한 성만찬(Holy Communion)을 받도록 한다. 성만찬(Liturgy) 속에서 부제(副祭)들은 교회의 입구가 엄중하게 경계되고, 기독교 가족구성원 이외에 그 어떤 사람도 가족적 예배에 참석할 수 없었던 교회의 초기의 날들을 회상하면서 아직도 "입구들! 입구들!" 하고 소리친다. 니케아-콘스탄티노플신조는 아직도 어떠한 추가물들도 없이 암송된다.

이러한 것들은 단지 동방정교회인들의 삶의 모든 측면에 스며든 소수의 외적 본보기에 불과하다. 동방정교회인들은 오늘날 교회의 내적 모임에서 자신들의 교회의 두드러진 특징으로서 간주되는 것을 요약하도록 요청받을 때, 그들은 종종 정확하게 그들의 무변화성, 과거에 충실하고자 하는 그들의 결정, 고대시대의 교회와의 **살아 있는 연속성**을 지적한다.[1] 18세기 초에 고대 에큐메니칼 공의회들의 언어들을 생각나게 하는 말들로서, 동방 총대주교들은 정확하게 동일한 말을 비-선서자(Non-Jurors)들에게 하였다 :

> 우리는 주님의 가르침을 타락되지 않은 상태로 보존하고 있으며, 그분이 우리에게 전해 주신 신앙을 확실하게 고수하고 있다. 그리고 **그것으로부터 어떤 것을 추가하거나 어떤 것을 제거함 없이** 그것을 왕의 보물처럼, 무수한 가치를 지닌 기념물처럼 흠과 감소로부터 잘 지키고 있다.[2]

동방정교회에 있어서 살아 있는 연속성의 사상은 **전통**(Tradition)이라는 한 단어로 집약된다. 다마스커스의 요한은 다음과 같이 기록하였다. "우리는 우리의 조상들이 세운 영원한 경계선을 변화시키지 않는다. 그

---

1. 예를 들어, Panagiotis Bratsiotis와 Georges Florovsky의 *Orthodoxy : A Faith and Order Dialogue*(Geneva, 1960)을 보라.
2. Letter of 1718, in G. Williams, *The Orthodox Church of the East in the Eighteenth Century*, p. 17.

러나 우리는 **전통을 우리가 받은 그대로 지킨다.**"[3]

　동방정교회는 항상 전통에 관하여 이야기하고 있다. 그들이 그 단어로 의미하는 것은 무엇인가? 하나의 전통은 일반적으로 선조들로부터 후손들에게 전해진 하나의 견해, 신념 혹은 관습을 의미하는 것으로 이해된다. 이러한 경우에 기독교 전통은 예수 그리스도가 사도들에게 나누어 주시고, 사도시대 이래로 교회 속에서 세대에서 세대로 전해 내려온 신앙과 실천이다.[4] 그러나 동방정교회 기독교인들에게 전통은 이것보다 더 구체적이고 특별한 어떤 것을 의미한다. 그것은 성경의 책들(the books of the Bible)을 의미한다. 그것은 니케아–콘스탄티노플신조(the Creed)를 의미한다. 그것은 에큐메니칼 공의회의 교령들(decrees)과 교부들의 저작들을 의미한다. 그것은 교회법(the Canons), 예배모범서들(the Service Books), 성상들(the Holy Icons)을 의미한다. 사실상 전통이란 동방정교회가 여러 세기에 걸쳐 전해 온 교리의 전체계, 교회의 통치형태, 예배, 영성과 예술을 포함한다. 오늘날의 동방정교회 기독교인들은 자신들이 과거로부터 풍부한 유산을 받은 상속자와 보호자로 본다. 그리고 그들은 이 유산을 미래세계에 손상됨 없이 전달할 책임이 자신들에게 있다고 믿는다.

　성경은 전통의 한 부분을 형성하고 있음을 유의하라. **때때로** 전통은 그리스도의 직계 제자들에 의해 기록되지 않은 그리스도의 구전적 교훈으로 정의된다. 비–동방정교회인들 뿐만 아니라 대다수 동방정교회 작가들은 성경과 전통을 두 가지 다른 것들, 기독교 신앙의 두 가지 구별되는 원천들로서 말하고 다루는 방식을 채택하였다. 그러나 사실상 성경(Scripture)은 전통 **안에서**(within) 존재하기 때문에 유일한 하나의 원천만이 있다. 이 두 가지를 분리하거나 대조하는 것은 서로 같은 두 가

---

3. *On Icons*, 11, 12(*P.G.* xciv, 1297B).
4. 바울의 고린도 전서 15 : 3과 비교하라.

지의 사상을 곤궁하게 하는 것이다.

과거로부터 전해진 이 유산을 존중하면서, 동방정교회 사람들은 또한 과거로부터 받은 모든 것이 동등한 가치를 지니지 않는다는 사실을 잘 알고 있다. 전통(Tradition)의 여러 요소들 가운데 유일한 탁월성은 성경(Bible), 니케아-콘스탄티노플신조, 에큐메니칼 공의회의 교리적 정의들에 속한다. 동방정교회 사람들은 이러한 것들을 개정되거나 취소될 수 없는 절대적이고 변화하지 않는 것으로 받아들인다. 전통의 다른 부분들은 동일한 권위를 지니지 않는다. 쟈씨(Jassy)와 예루살렘의 교령들(decrees)은 니케아신조(the Nicene Creed)와 동일한 차원에 서 있을 수 없다. 아타나시우스의 저작들, 혹은 새로운 신학자 시메온(Symeon the New Theologian)의 저작들은 성 요한의 복음서와 동일한 지위를 차지할 수 없다.

과거로부터 전수받은 모든 것이 동일한 가치를 지니지는 않으며, 과거로부터 받은 모든 것이 필연적으로 진리는 아니다. 감독들 가운데 한 사람이 257년 카르타고 공의회에서 "주님께서는 내가 진리(truth)라고 말씀하셨지, 그분은 내가 관습(custom)이라고 말씀하시지 않았다."[5]고 말하였을 때, 전통(Tradition)과 전통들(traditions) 사이에 차이가 존재한다. 과거가 전해 준 많은 전통들은 인간적이고 우연적이고 경건한 견해들(혹은 나쁜 견해들)이지, 근본적인 기독교 메시지인 하나의 전통(the one Tradition)의 참된 부분은 아니다.

과거에 대하여 질문하는 것은 절대적으로 꼭 필요하다. 비잔틴과 비잔틴 이후 시대에 동방정교회 사람들은 종종 과거에 대한 그들의 태도에 있어서 너무 무비판적이었고, 그 결과는 정체였다. 오늘날 이러한 무비판적 태도는 더 이상 유지될 수 없다. 고도의 학문수준, 서구 기독교와의 접촉의 증가, 세속주의와 무신론의 침입은 오늘날 시대에 동방정

---

5. *The Opinions of the Bishops on the Baptizing of Heretics*, p. 30.

교회인들로 하여금 그들의 유산을 좀더 면밀히 파악하고 좀더 주의 깊게 전통과 전통들 사이의 차이를 구분하도록 강요하고 있다. 이 구별의 작업은 결코 쉽지 않다. 옛 신자들(the Old Believers)의 오류와 '생명의 교회'(the Living Church : 공산치하에서의 친공산교회 - 역자주)의 오류를 똑같이 피하는 것이 필수적이다. 전자는 전통들 속에서 어떠한 변화도 경험하지 않는 극단적 보수주의로 빠져들었다. 후자는 전통을 훼손시키는 영적 타협으로 빠져들었다. 그러나 특별히 명백한 결점들에도 불구하고, 오늘날의 동방정교회인들은 아마도 그들의 선조들이 수세기 동안 했던 것보다 더 바르게 분별할 수 있는 훌륭한 입장에 서 있다. 그리고 때때로 서방과의 접촉이 그들 자신의 유산 속에서 필수불가결한 것이 무엇인지 보다 명백하게 볼 수 있도록 도와 준다.

과거에 대한 참된 동방정교회인들의 충성은 항상 **창조적인** 충성이어야 한다. 왜냐하면 참된 동방정교회는 결코 내용이 없는 '반복신학'(theology of repetition)에 만족할 수 없기 때문이다. 이 '반복신학'은 신조들(formulae) 뒤에 놓여진 것을 이해하고자 하는 노력 없이 받아들여진 신조들(formulae)을 앵무새처럼 반복하는 것이다. 적절하게 이해된다면, 전통에 충성한다는 것은 머나먼 과거의 한 시대에 받아들여진 지혜를 전달하는 수동적이고 자동적인 과정이 아니다. 즉, 기계적인 것이 아니다. 동방정교회의 사상가는 전통을 **안에서부터**(from within) 보아야 한다. 그는 전통의 내적 정신으로 들어가야 한다. 그는 전통의 의미를 탐구적이고 용기 있고, 상상력이 풍부한 창조적인 방식으로 다시 경험하여야 한다. 전통 안에서 살기 위해서는 교리체계에 지적인 동의(intellectual assent)를 하는 것만으로는 충분하지 않다. 왜냐하면 전통은 추상적인 명제들의 모임 이상이기 때문이다. 전통은 삶이며, 성령 안에서 그리스와의 인격적 만남이다. 전통은 단지 교회에 의해서만 유지되지 않는다. 전통은 교회 안에서 사는 것이다. 전통은 교회 안에서의 성령의 삶이다. 전통에 대한 동방정교회의 개념은 정적이지 않고 동적이며, 과거에 대한 죽은 승인이 아니라 현재 속에서 살아 있는 성령의 재발견이다. 전통은 내적으로는 변함이 없지만(왜냐하면 하나님이 변하시지 않기 때문에), 옛것을 폐지하지 않고 그들을 보충하는 새로운 형식들을 끊임없이 자기의 것으로 취하고 있다. 동방정교회인들은 종종 교리적 형태의 시대는 전적으로 끝난 것처럼 말한다. 그러나 그렇지가 않다. 아마도 우리 시대에 새로운 에큐메니칼 공의회들이 모이게 될 것이며, 전통은 신앙에 대한 신선한 진술들로 풍성해질 것이다.

전통은 살아 있는 것이라는 생각은 조지 플로로브스키(Georges Florovsky)에 의해 잘 표현되었다 :

> 전통은 성령의 증거이다. 기쁜 소식에 대한 성령의 끊임없는 계시이며 선포이다. 전통을 받아들이고 이해하기 위해 우리는 교회 내에서 살아야만 하고, 교회 안에서 은총을 주시는 주님의 현존을 인식하여야 한다. 우리는 교회 안에서 성령의 호흡을 느껴야 한다.······ 전통은 보호하시고 보존하시는 원리일 뿐만 아니라 기본적으로 성장과 재생의 원리이다.······ 전통은 성령이 계속적으로 머무시는 곳이며, 단순히 말씀의 기억장치가 아니다.[6]

전통은 성령의 증거이다 : 그리스도께서는 다음과 같이 말씀하셨다. "진리의 성령이 오시면 그가 너희를 모든 진리 가운데로 인도하시리니"(요 16 : 13). 이 말씀은 전통에 대한 동방정교회인들의 헌신의 근거를 제공하는 신적인 약속이다.

---

6. 「성경, 교회, 전통」에 있어서 "교회의 보편성", pp. 46-47. 또한 동일한 책, pp. 105-120에 있는 그의 에세이 "성 그레고리 팔라마스와 교부들의 전통"을 비교하라. 그리고 Ouspensky와 V. Lossky의 The Meaning of Icons, pp. 13-24에 있는 로스키의 "전통과 전통들"을 비교하라. 나는 이 세 가지 에세이에 많은 빚을 졌다.

외적인 형태들

이번에는 전통이 표현된 다양한 외적 형태들을 살펴보자 :

(1) 성 경

(a) **성경과 교회**(The Bible and the Church). 기독교회는 성경적 교회이다. 동방정교회는 이것을 개신교만큼이나 확고하게 믿는다. 성경은 인간을 향한 하나님의 계시의 최고의 표현이다. 그래서 기독교인들은 항상 '책의 백성'(People of the Book)이 되어야 한다. 그러나 만약 기독교인들이 책의 백성이라면, 성경은 백성의 책(the Book of the People)이다. 성경은 교회 **위**(over)에 세워진 것으로 간주되어져서는 안 되며, 교회 **내에서**(within) 살아 있고 이해되는 것으로 간주되어야 한다(이것이 우리가 성경과 전통을 분리하지 말아야 하는 이유이다.). 성경은 궁극적으로 그 권위를 교회로부터 이끌어 낸다. 왜냐하면 어느 책들이 거룩한 성경의 한 부분을 형성하는지 최초로 결정한 것은 교회이기 때문이다. 그리고 교회만이 권위를 가지고 거룩한 성경을 해석할 수 있기 때문이다. 성경 안에는 스스로 명백히 할 수 없는 무수한 말씀들이 있다. 그리고 개인적으로 성경을 읽는 사람들은 그들이 신실할지라도, 만약 그들이 자신의 개인적 해석을 신뢰한다면 오류에 빠질 위험성이 있다. "당신은 당신이 읽고 있는 것을 이해하는가?" 빌립은 에디오피아 내시에게 질문하였다. 그리고 그 내시는 "나를 지도해 주는 사람이 없으니, 내가 어떻게 이해할 수 있겠는가?"라고 대답하였다(행 8 : 30 - 31). 동방정교회인들은 그들이 성경을 읽을 때 교회의 인도를 받아들인다. 회심자는 동방정교회로 받아들여질 때 다음과 같이 약속한다. "나는 우리의 어머니이신 동방의 거룩한 보편적 정교회(the Holy Orthodox Catholic Church of the East)에 의해 주장되었고, 주장되고 있는 해석과의 조화 속에서 성경을

이해하고 받아들일 것이다."

(b) **성경의 본문**(The Text of the Bible) : **성서비평학**(Biblical Criticism). 동방정교회는 나머지 기독교세계와 동일한 신약성경을 가지고 있다. 구약에 대한 권위 있는 본문은 70인역(the Septuagint = LXX)으로 알려진 고대 그리스 번역이다. 70인역이 최초의 히브리어와 차이가 있을 때(이것은 아주 종종 일어난다.), 동방정교회인들은 70인역 내에서의 변화들이 성령의 영감 아래 이루어졌음을 믿으며, 하나님의 계속적인 계시의 부분으로 받아들인다. 가장 잘 알려진 실례는 이사야 7 : 14이다. 히브리어는 여기에서 "**한 젊은 여인**(A young woman)이 한 아들을 잉태하고 낳을 것이다."라고 말한다. 70인역은 이것을 "한 **처녀**(A virgin)가 잉태할 것이다."로 번역하였다. 신약은 70인역 본문을 따른다 (마 1 : 23).

구약의 히브리어 번역은 39권으로 구성되어 있다. 70인역은 추가로 히브리어 본문에 나타나지 않은 10권을 더 포함시킨다. 동방정교회 내에서 이것은 "제2의 - 정경책들"(the Deutero-Canonical Books)[7]이라고 알려져 있다. 이것들은 쟈씨(1642)와 예루살렘(1672) 공의회에 의해 '성경의 진정한 부분'으로 선포되었다. 그러나 현재까지 대부분의 동방정교회 신학자들은 아타나시우스와 제롬의 견해를 따라, 제2의 정경책들이 성경의 부분임에도 불구하고 구약의 나머지 부분들보다 낮은 위치

---

7. 서방에서 제2의 정경책들은 일반적으로 "The Apocrypha"로 불린다. 문제의 책들은 1(별명으로 3) 에스드라스(Esdras) ; 토빗(Tobit) ; 유딧(Judith) ; 1, 2, 그리고 3 마카비(Maccabees) ; 솔로몬의 지혜서(The Wisdom of Solomon) ; Ecclesiasticus(일명 시락) ; 바룩(Baruch) ; 예레미야스의 편지(the Letter of Jeremias). 일부 동방정교회인들의 성경 편집은 또한 4 마카비(Maccabees)를 포함한다. 이 책들은 모두 Herbert G. May and Bruce M. Metzger에 의해 영국어로 번역된 *The New Oxford Annotated Bible with the Apocrypha, Expanded Edition : Recised Standard Version*(New York, 1977)에서 볼 수 있다.

에 있다고 생각한다.

만약 이것이 사실이라면 기독교는 정직한 조사를 두려워할 이유가 없다. 교회를 성경에 대한 권위 있는 해석자로 생각하는 동방정교회는 비록 지금까지 동방의 학자들이 이 분야에서 뛰어나지 않음에도 불구하고, 성경에 대한 비평적이고 역사적인 연구를 금지하지 않고 있다.

(c) **예배에 있어서 성경**(The Bible in worship). 동방정교회인들은 성경에 대하여 서방 기독교인들보다 애착심을 덜 가졌다고 때때로 생각된다. 그러나 사실 성경은 동방정교회의 예배에서 끊임없이 읽혀지고 있다. 아침기도(Matins)와 저녁기도회(Vespers)의 과정에서 시편 전체가 매주 암송되고, 사순절에는 한 주에 두 번 암송된다.[8] 구약의 낭독은 다수의 축일 전야에 있는 저녁기도회에서 행해지고, 사순절 주간에는 여섯 번째 시간(the Sixth Hour)과 저녁기도회에서 행한다(그러나 안타깝게도 성만찬예배에서 구약을 읽지는 않는다.). 복음서에 대한 낭독은 주일과 축일의 아침기도회의 절정을 이룬다. 성만찬예배에서 특별한 서신서와 복음서는 연중 매일 할당되고, 그 결과 신약 전체(요한 계시록만을 제외하고)는 성만찬(Eucharist)에서 읽혀진다. *The Nunc Dimittis*(눅 2 : 29 - 32 "이제는 말씀대로 종을 평안히 놓아 주시는도다.……"에 나오는 시메온의 노래로서 동방정교회에서는 저녁기도회 때 사용)는 저녁기도회에서 이용된다. 구약 솔로몬의 애가는 「마리아 찬가」(*Magnificat*), 그리고 「베네디투스」(*Benedictus*)와 더불어 아침기도회에서 노래로 불려진다. 주기도문은 모든 예배에서 낭독된다. 성경으로부터 가져온 특별한 인용구들 이외에도, 각 예배의 전체 본문은 성경적 언어를 통하여 이루어진다. 성만찬예

---

8. 이러한 것들은 예배모범서에 기록된 규칙이다. 사실상 다수의 교구교회들 속에서 아침기도와 저녁기도는 매일 암송되지는 않았고, 주말에, 그리고 축일에 암송되었다. 그리고 불행하게도, 심지어 시편으로부터 지정된 부분들은 종종 짧게 축약되거나 혹은 아주 나쁘게는 완전히 생략되었다.

배는 구약으로부터 98개의 인용문과 신약으로부터 114개의 인용문을 가지고 있는 것으로 추정된다.[9]

동방정교회는 성경을 그리스도의 문자적 형상(a verbal icon)으로 생각하며, 제 7차 에큐메니칼 공의회는 성상들(Holy Icons)과 복음서들은 동일한 방식으로 존중되어야 한다고 규정하고 있다. 모든 교회들 속에서 복음서는 제단에서 영예로운 위치를 차지한다. 그것은 주일과 축일에 있는 성만찬예배와 아침기도회의 과정 속에서 읽혀진다. 신자들은 성경에 입을 맞추고, 성경 앞에서 엎드린다. 이러한 것들은 동방정교회 안에서 일어나는바 하나님의 말씀에 대하여 표현된 존경이다.

(2) 7개의 에큐메니칼 공의회들 : 니케아-콘스탄티노플신조

에큐메니칼 공의회의 교리적 정의들은 무오류하다. 그래서 동방정교회의 시각에서 볼 때, 7개의 공의회가 소유한 신앙의 진술들은 성경과 더불어 지속적이고 취소될 수 없는 권위를 지닌다.

신앙에 대한 모든 에큐메니칼 진술들 가운데 가장 중요한 것은 **니케아-콘스탄티노플신조**이다. 이것은 모든 성만찬에서, 또한 매일 한밤중의 성무(the Midnight Office)와 최종 기도시간(Compline)에서 읽혀지고 불려진다. 서방에서 사용된 또 다른 두 개의 신조들은 **사도신경**과 **아타나시우스신조**이다. 그러나 이것들은 니케아신조와 동일한 권위를 지니고 있지는 않다. 왜냐하면 이것들은 에큐메니칼 공의회에 의해 선포되지 않았기 때문이다. 동방정교회인들은 사도신경을 신앙에 대한 고대의 진술로 존중하고, 그것의 모든 가르침들을 받아들인다. 그러나 사도신경은 동방의 총대주교관구들의 예배에서는 결코 사용되지 않았던바, 단지 서방지역의 세례신조이다. 마찬가지로 "아타나시우스신조"는 동방 예배에

---

9. P. Evdokimov, L'Orthodoxie, p. 241, note 96.

서 사용되지 않는다. 그러나 그것은 종종 **홀로로기온**(Horologion : 시간들의 책) 속에서 (**필리오케** 없이) 인쇄되었다.

(3) 후기 공의회들

우리가 본 것처럼 동방정교회의 교리의 형식화는 제7차 에큐메니칼 공의회로 끝나지 않았다. 787년 이래로 교회는 자신의 생각을 표현한 두 개의 중요한 방법을 가지고 있어 왔다. (1) 지역공의회에 의한 결정들(즉, 하나 혹은 그 이상의 총대주교관구 혹은 독립교회들의 구성원들이 참석한 공의회들. 그러나 이 공의회들은 전체 동방 가톨릭교회를 대표한다고 주장하지는 못한다.) (2) 개개의 감독들에 의해 제출된 신앙의 편지들과 진술들. 보편공의회들(general councils)의 교리적 결정들이 무오류한 반면, 이들 지역공의회 혹은 개개의 감독들은 항상 오류에 빠질 수 있다. 그러나 만약 이 결정들이 나머지 교회에 의해 받아들여진다면, 그후 그들은 에큐메니칼적 권위를 가지게 된다(즉, 에큐메니칼 공의회의 교리적 진술들이 소유한 권위와 유사한 보편적 권위). 에큐메니칼 공의회의 교리적 결정들은 개정되거나 정정될 수 없으며, 그들 전체 안에서 받아들여져야 한다. 그러나 교회는 종종 지역공의회들의 행동을 다룸에 있어서 선택적이다. 예를 들어, 17세기 공의회들의 경우에 신앙에 대한 그들의 진술들은 부분적으로 전체 동방정교회들에 의해 받아들여졌으나, 부분적으로 유보되거나 정정되었다.

다음은 787년 이래로 동방정교회의 중요한 교리적 진술들이다 :

(1) 성 포티우스의 회람서신(867)
(2) 미카엘 셀루라리우스가 안디옥의 피터에게 보낸 첫 번째 편지(1054)
(3) 헤시케스트 논쟁에 관한 1341년과 1351년의 콘스탄티노플 공의회의 결정

(4) 에베소의 성 마가의 회람서신(1440-1441)
(5) 콘스탄티노플의 총대주교 겐나디우스(Gennadius)에 의한 신앙고백서(1455-1456)
(6) 루터파에 대한 예레미야스 2세의 답장(1573-1581)
(7) 메트로파네스 크리토폴로스(Metrophanes Kritopoulos)의 신앙고백서(1625)
(8) 모길라의 피터의 동방정교회 개정판 신앙고백서(1642년 쟈씨 공의회에 의해 인준됨.)
(9) 도시테우스(Dositheus)의 신앙고백서(1672년 예루살렘 공의회에 의해 인준됨.)
(10) 교-선서자들에 대한 동방정교회의 총대주교들의 응답(1718, 1723)
(11) 교황 비오 9세에 대한 동방정교회의 총대주교들의 응답(1848)
(12) 교황 레오 13세에 대한 콘스탄티노플 대회(Synod)의 응답(1895)
(13) 기독교 일치와 '에큐메니칼운동'에 관한 콘스탄티노플 총대주교의 회람서신들(1920, 1952)

이 문서들-특별히 5~9항-은 종종 동방정교회의 "신조 책"(Symbolical Books)들로 불려진다. 그러나 다수의 동방정교회의 학자들은 오늘날 이러한 명칭을 오해하기 쉬운 것으로 생각하고 그것을 사용하지 않는다.

(4) 교부들

공의회들의 교리적 정의들은 교부들(The Fathers)에 대한 광범위한 맥락에서 연구되어져야 한다. 그러나 교회의 판단은 지역공의회와 마찬가지로 교부들에게 있어서도 선택적이다. 개개의 작가들은 때때로 오류에 빠졌고, 때때로 서로 모순된다. 교부적 알곡은 교부적 쭉정이로부터 구별되어야 한다. 동방정교회인들은 단순하게 교부들을 인식하거나 인용하지 말아야 한다. 그들은 교부들의 내적 정신 속으로 좀더 깊게 들어가야 하고, '교부적 정신'을 획득하여야 한다. 그리고 그들은 교부들을 과거의 유적들로서 뿐만 아니라 살아 있는 증인들과 동시대인들로서 다루어야 한다.

동방정교회는 교부들이 누구인지 정확하게 정의하기를 시도하지 않았고, 아직도 그들을 중요성에 있어서 차이를 두어 분류하지 않는다. 그러나 제4세기의 작가들, 특별히 '세 명의 위대한 성직자들'(Three Great Hierarchs)이라 명명된 사람들에 대하여 특별한 존경심을 가지고 있다. 대 바질, 나지안주스의 그레고리(동방정교회 내에 신학자 그레고리로 알려진), 그리고 존 크리소스톰. 동방정교회의 눈에 '교부들의 시대'는 5세기에 끝나지 않았다. 왜냐하면 많은 후기 작가들도 또한 교부들이기 때문이다 - 막시무스, 다마스커스의 존, 스토디우스의 테오도레, 새 신학자 시메온, 그레고리 팔라마스, 에베소의 마가. 사실 교부들을 전적으로 과거에 종속된 닫혀진 구조의 저작물로 바라보는 것은 위험하다. 왜냐하면 우리 자신의 시대도 새로운 바질 혹은 아타나시우스를 생산할 수 있기 때문이지 않겠는가? 더 이상 교부들이 존재하지 않는다고 말하는 것은 성령이 교회를 버리셨다고 주장하는 것이다.

(5) 성만찬예배

동방정교회는 로마 가톨릭교회만큼 그렇게 많은 정형화된 교리적 정의들을 만들지는 않는다. 그러나 일부의 신앙들이 동방정교회에 의해 특별하게 교리로 선포되지 않았기 때문에, 그것은 동방정교회의 전통의 한 부분이 아니라 단지 사적인 견해의 문제라고 결론을 내리는 것은 잘못이다. 어떤 교리들은 결코 형식적으로 정의되지는 않았지만, 아직도 교회에 의해 오류 없는 내적 확신과 침착한 만장일치를 가지고 주장된다. 그리고 이 교리들은 명백한 형식(정형화된 교리)과 마찬가지로 구속력을 가지고 있다. 성 바질은 말하였다. "우리는 기록된 가르침으로부터 일부를 가지고 있고, 나머지는 신비 속에서 우리에게 전달된 사도적 전통(the Apostolic Tradition)으로부터 받았다. 그리고 이들 모두는 경건을 위하여 동일한 힘을 지닌다."[10]

신비 속에서 우리에게 전달된 이 내적 전통은 무엇보다 교회의 예배 속에서 보존된다. *Lex orandi lex credendi*(기도의 법과 신앙의 법) : 우리의 신앙은 우리의 기도 속에서 표현된다. 동방정교회는 성만찬과 다른 성례전들, 다음 세상, 하나님의 어머니, 성자들, 그리고 죽은 신자들에 관하여 명시적 정의들을 거의 만들지 않는다. 이것들에 관한 우리의 신앙은 주로 예배에서 사용된 기도와 찬송들 속에 포함되어 있다. 예배의 **말씀**만이 단지 전통의 한 부분은 아니다. 다양한 **제스처**와 **행동들** - 물 속에 잠기는 세례, 기름을 사용한 다양한 성유, 십자가의 표시 등등 - 이 모든 것들은 특별한 의미를 지니며, 상징적이고 드라마틱한 형식 속에서 신앙의 진리들을 표현한다.

(6) 교회법

교리적 정의들 이외에도 에큐메니칼 공의회들은 교회와 조직과 훈련을 다루는 교회법(Canon Law)을 작성하였다. 다른 교회법들은 지역공의회들과 각 감독들에 의해 만들어졌다. 테오도르 발사몬(Theodore Balsamon), 조나라스(Zonaras), 그리고 다른 비잔틴 작가들은 해설과 주석을 지니고 있는 교회법 선집들(collections of Canons)을 편집하였다. 1800년에 출판된 표준적인 근대 그리스 주석서인 「페달리온」(*Pedalion*) ('Rudder')은 불굴의 성자, 거룩한 산의 니코데무스의 저작이다.

동방정교회의 교회법은 서방에서 거의 연구되지 않았다. 그 결과 서방의 작가들은 종종 동방정교회를 사실상 외적 규정들을 지니고 있지

---

10. On the Holy Spirit, xxvii(66).

않은 조직으로 간주하는 실수를 범한다. 그러나 이와는 반대로 동방정교회의 삶은 종종 매우 엄격함과 완고함을 지닌 다수의 규범들을 지니고 있다. 그러나 현재 다수의 교회법들은 적용하기가 어렵거나 불가능하며, 광범위하게 오용에 빠졌다는 사실이 고백되어져야 한다. 만약 언젠가 새로운 보편공의회가 소집된다면, 그 주요한 과제들 가운데 하나는 교회법의 개정과 명료화가 되어야 한다.

공의회들의 교리적 정의들은 교회법 자체가 주장할 수 없는 절대적이고 변경할 수 없는 타당성을 지닌다. 왜냐하면 교리적 정의들은 영원한 진리들을 다루고, 교회법은 조건들이 끊임없이 변하고 개인의 상황들이 무한히 다양한 장소인 교회의 지상적 삶을 다루기 때문이다. 그러나 교회법과 교회의 교리들 사이에 본질적 관계가 존재한다. 교회법은 단순히 교리를 개교회의 일상의 삶 속에 있는 실제적 상황에 적용하는 시도이다. 그래서 상대적 의미에서 교회법은 거룩한 전통의 한 부분을 형성한다.

(7) 성 상

교회의 전통은 말씀을 통해서 뿐만 아니라 예배 속에서 사용된 행동이나 제스처, 그리고 예술 - 성상(Icons)의 선과 색 - 을 통하여 표현된다. 성상은 단순히 보는 사람 속에 적당한 감정을 일으키도록 고안된 종교적 그림이 아니다. 그것은 하나님이 우리에게 계시되는 방식의 하나이다. 성상을 통하여 동방정교회의 기독교인들은 영적 세계의 비전을 받는다. 성상이 전통의 한 부분이기 때문에 성상화가들은 그들이 좋아하는 것을 채택하거나 개선하는 데 자유가 없다. 왜냐하면 그들의 작업은 그들 자신의 미적 감성이 아니라 교회의 정신을 반영해야 하기 때문이다. 예술적 영감이 배제되지는 않으나, 그것은 특별히 미리 규정된 규칙 내에서 사용된다. 성상 화가들은 훌륭한 예술가가 되는 것이 중요하지만, 전통의 정신 속에서 살아가고, 신앙고백과 거룩한 교제(성만찬)의 수단을 통해 그들의 작업을 스스로 준비하면서 신실한 기독교인들이 되는 것이 더 중요하다.

이러한 것들이 외적 관점으로 동방정교회의 전통을 구성하는 기본적 요소들이다-성경, 공의회, 교부들, 성만찬예배, 교회법, 성상. 이들은 분리되거나 대립되지 말아야 한다. 왜냐하면 그들 모두를 통해서 말씀하시고, 그들이 함께 단일한 전체를 구성하고, 각 부분이 나머지의 빛 속에서 이해되도록 하시는 분은 동일한 성령이시기 때문이다.

16세기에 서방 기독교세계의 분열의 주된 원인은 중세 말에 있었던 신학과 신비주의 사이의 분열, 성만찬예배와 개인적 헌신 사이의 분열이었다고 종종 이야기된다. 자신을 위하여 동방정교회는 항상 이러한 분열을 피하고자 했다. 모든 참된 동방정교회의 신학은 신비적이다. 신학으로부터 결별한 신비주의가 주관적이고 이단적이 되는 것처럼, 신학 또한 신비적이지 않을 때 건조한 스콜라주의, 나쁜 의미에 있어서 '아카데믹'으로 타락한다.

신학, 신비주의, 영성, 도덕률, 예배, 예술, 이 모든 것들은 분리된 구획 속에 존재하지 말아야 한다. 교리는 기도하지 않는 한 이해할 수 없다. 에바그리우스(Evagrius)가 말하였듯이, 신학자는 기도의 방법을 아는 사람이다. 그리고 신령과 진리로 기도하는 사람은 이러한 행동으로 인하여 신학자이다.[11] 그리고 교리는 만약 그것이 기도되어진다면 또한 틀림없이 살아 남는다. 성 막시무스가 주장하였듯이, 행동 없는 신학은 사단의 신학이다.[12] 니케아-콘스탄티노플신조(The Creed)는 단지 그것을 따라 살아가는 사람들의 것이다. 신앙과 사랑, 신학과 삶은 분리될 수 없다. 비잔틴 성만찬예배 속에서 니케아-콘스탄티노플신조는 다음

---

11. On Prayer, 60(P. G. lxxix, 1180B).
12. Letter 20(P. G. xci, 601C).

과 같은 말씀들과 함께 도입되었다. "우리가 서로 사랑하자. 그러면 우리는 하나의 마음으로 성부, 성자, 성령이 본질상 하나이며 나누어지지 않는 삼위일체임을 고백할 수 있을 것이다." 이것은 정확히 전통에 대한 동방정교회의 태도를 표현하였다. 만약 우리가 서로 사랑하지 않는다면, 우리는 하나님을 사랑할 수 없다. 그리고 만약 우리가 하나님을 사랑하지 않는다면, 우리는 참 신앙의 고백을 할 수 없으며, 전통의 내적 정신 속으로 들어갈 수 없다. 왜냐하면 그를 사랑하는 것보다 하나님을 아는 다른 방법은 없기 때문이다.

하나님과 인류

> 그의 제약 없는 사랑 속에서, 하나님은 우리를 자신과 같이 만들기 위해 우리와 같이 되셨다.
>
> —성 이레네우스(202년 사망)

삼위일체 하나님

러시아의 사상가 페도로프(Fedorov)는 우리의 사회적 프로그램은 삼위일체의 교리라고 했다. 동방정교회인들은 성 삼위일체의 교리가 직업적 학자들만을 위한 '고도의 지적인 신학'(high theology)의 일부가 아니라, 모든 기독교인들을 위해서 살아 있고 실제적인 중요성을 지니고 있는 그 무엇임을 열광적으로 믿는다. 성경이 가르치고 있는 것처럼 인간의 인격은 하나님의 형상으로 만들어졌으며, 기독교인들에게 하나님은 삼위일체를 의미한다. 그래서 우리는 우리가 누구이며, 하나님은 우리가 무엇이 되기를 바라시는지 오직 삼위일체의 빛 속에서 알 수 있다. 우리의 개인적인 삶, 우리의 인격적인 관계, 그리고 기독교 사회를 형성하는 우리의 모든 계획들은 올바른 삼위일체 신학에 의존한다. "삼위일체와 지옥 사이에 다른 선택은 존재하지 않는다."[1] 우리가 삼위일체를 선택하지 않는 것은 곧 지옥을 선택하는 것이다. 영국 작가가 지적한 것처럼, "이 교리 속에 하나님에 관한 새로운 사고방식이 요약되어 있다. 이러한 새로운 사고방식의 능력 속에서 어부들은 희랍-로마세계를 회심시키고자 밖으로 나아갔다. 그것은 인간의 사고 속에 구원하는 혁명이 있음을 나타낸다."[2]

하나님에 관한 동방정교회의 교리의 기본적 요소들은 이미 이 책의 첫 부분에서 지적되었다. 그러므로 여기에서 그것들은 단지 간결하게 요약될 것이다.

(1) 하나님은 절대적으로 초월적이시다. "피조물들 가운데 그 어떤 것도 최고의 본질과 그 어떤 최소한도의 나눔도, 그 어떤 유사성도 지니고 있지 않다."[3] 동방정교회는 이 절대적 초월성을 '부정의 방법'(the way of negation= via negativa), 즉 '아포파틱'(apophatic) 신학을 효과적으로 사용함으로 보호한다. 긍정적 혹은 '카타파틱'(cataphatic) 신학은 - '긍정의 방법'(the way of affirmation = via eminentiae) - 항상 부정적 언어에 의해 정정되고 균형이 이루어져야 한다. 하나님에 대한 우리의 긍정적 진술들은 - 그분은 선하고, 지혜롭다 등등 - 그것들이 말하는 것만큼 진실이다. 그러나 그 진술들은 신의 내적 본성을 적절하게 묘사할 수 없다. 다마스커스의 요한이 말한 것처럼, 이 긍정적 진술들은 '본성'이 아니라 '본성 주위에 있는 것들'을 나타낸다. "하나님이 존재한다는 사실은 명백하다. 그러나 그분이 본질적으로, 그리고 본성적으로 무엇

---

1. V. Lossky, *The Mystical Theology of the Eastern Church*, p. 66.
2. D. J. Chitty, "The Doctrine of the Holy Trinity told to the Children", in *Sobornost* 4 : 5(1961), p. 241.
3. Gregory Palamas, *P.G.* cl, 1176c(p. 68에서 인용).

인가 하는 것은 우리 모두의 이해와 지식을 넘어 있다."[4]

 (2) 하나님은 비록 절대적으로 초월해 계시지만, 그분이 만드신 세상과 떨어져 계시지 않는다. 하나님은 그의 피조물 위에(above), 그리고 밖에(outside) 계신다. 그러나 그분은 또한 피조물 안에 존재하신다. 자주 사용되는 동방정교회의 기도문이 기록하고 있는 것처럼, 하나님은 "어느 곳에나 현존하시며, 모든 것들을 채우고 계신다." 그러므로 동방정교회는 하나님의 본질과 그분의 에네르기를 구분하고, 그럼으로써 신적 초월성과 신적 내재성을 보호하고 있다. 하나님의 본질은 접근할 수 없지만, 그의 에네르기는 우리에게 내려온다. 하나님 자신이신 하나님의 에네르기는 모든 그의 피조물에 침투되어 있다. 그리고 우리는 그들을 신성한 은총과 신적인 빛의 형태 안에서 경험한다. 참으로 우리의 하나님은 자신을 숨기시는 하나님이시다. 그러나 그분은 또한 행동하시는 하나님이시다 – 직접적으로 구체적인 상황에 간섭하시는 역사의 하나님이시다.

 (3) 하나님은 말하자면, 위격적인 삼위일체이시다. 행동하시는 하나님은 에네르기의 하나님일 뿐만 아니라 위격적 하나님이시다. 인간이 신적인 에네르기에 참여할 때, 그들은 어떤 모호하고 이름 없는 힘에 의해 압도당하는 것이 아니라 한 위격과 대면하게 된다. 이것이 전부는 아니다. 하나님은 단순히 그 자신의 존재 내에 제한된 단일한 위격(a single person)이 아니라, 각 위격이 영구적인 사랑의 운동으로 다른 둘 속에 하나가 내주하시는 성부, 성자, 성령의 삼 위격의 삼위일체이시다. 하나님은 일치가 아니라 연합이다.

---

4. *On the Orthodox Faith*, 1, 4(P.G. xciv, 800B, 797B).

(4) 우리의 하나님은 성육신하신 하나님이시다. 하나님은 그의 에네르기를 통해서 뿐만 아니라, 그 자신의 위격 안에서 인류에게 다가오셨다. 참 하나님으로부터 오신 참 하나님이신 삼위일체의 제2위격은 인간이 되셨다. "말씀이 육신이 되어 우리 가운데 거하시매"(요 1 : 14). 하나님과 그의 피조물 사이의 이보다 더한 연합은 있을 수 없다. 하나님 자신이 그의 피조물의 하나가 되셨다.[5]

다른 전통들 속에서 자라난 사람들은 종종 부정의 신학 및 본질(essence)과 에네르기(energies) 사이의 구별에 관한 동방정교회의 강조를 받아들이기가 어렵다고 생각하였다. 그러나 이 두 가지 문제들을 제외하고, 동방정교회인들은 하나님에 관한 그들의 교리에 있어서 스스로 기독교인이라고 부르는 압도적 다수와 일치한다. 비-칼세도니안들과 루터주의자, 다수의 동방교회(the Church of East)와 로마 가톨릭인, 칼빈주의자, 성공회, 그리고 동방정교회, 이 모두는 같이 삼위 속에 계신 한 하나님을 예배하고, 그리스도를 하나님의 성육신한 아들로 고백한다.[6]

그러나 동방과 서방이 함께 교제를 나누는 것처럼 보이는 삼위일체 하나님에 관한 교리 속에 한 가지 문제-**필리오케**(Filioque)-가 있다. 우리는 이미 이 하나의 단어가 기독교세계의 불행한 분열에 얼마나 결정적인 역할을 했는지 보았다. 그러나 **필리오케**가 역사적으로 중요하다 하더라도, 이것이 정말로 신학적 관점에서 문제가 되는가? 오늘날 다수의 사람들은-대다수의 동방정교회인들을 배제하지 않고-전체적인 논

---

5. 이 네 가지 요점 가운데 첫 번째와 두 번째는 pp. 82-90을 보라. 세 번째와 네 번째는 pp. 29-41을 보라.
6. 다수의 개신교도들은 과거 2백 년 동안 근대주의의 영향 아래 사실상 삼위일체와 성육신론을 포기하였다. 그래서 내가 여기에서 칼빈주의자, 루터주의자, 그리고 영국성공회주의자들을 이야기할 때, 나는 16세기의 고전적 개신교 규정들을 아직도 존중하는 자들을 생각한다.

쟁이 너무나 기술적이고 모호해서 그들은 그것을 완전히 사소한 것으로 처리하도록 유혹받는다는 사실을 안다. 전통적 동방정교회의 신학적 관점으로 볼 때, **필리오케**에 대하여 오직 하나의 유일한 답변이 있을 수 있다. 그것은 의심할 바 없이 삼위일체 신학에 대한 대부분의 질문들과 마찬가지로 기술적이고 모호하다. 그러나 **필리오케** 문제는 사소한 것이 아니다. 삼위일체에 대한 믿음이 기독교 신앙의 중심에 놓여 있기 때문에, 삼위일체 신학 내에서의 사소한 차이는 당연히 기독교적 삶과 사상의 모든 측면에 간접적 영향을 지닌다. 그러므로 **필리오케** 논쟁 속에 포함된 몇몇의 문제들 속으로 깊게 들어가 보자.

삼 위격 안에 하나의 본질(One essence in three persons). 하나님은 한 하나님이시며, 세 분이시다. 성 삼위일체는 다양성 속에서 일치의 신비이며, 일치성 속에서 다양성의 신비이다. 성부, 성자, 성령은 "본질상 한 분"이시다(*homoousios*). 그러나 각각은 위격적 특징에 의해 다른 둘로부터 구별된다. "신성은 구별될 수 있으나 나누어질 수는 없다"(The divine is indivisible in its divisions).[7] 왜냐하면 위격들은 "연합되어 있으나 혼동되어 있지 않고, 구별되어 있으나 나누어지지 않기 때문이다."[8] "구별과 연합은 서로 동일하게 역설적이다."[9]

삼위일체의 제1위격의 두드러진 특징은 부성(Fatherhood)이다. 그분은 출생하지 않았고, 그 어떤 다른 위격 속에서가 아니라 그분 자신 안에서 그분의 원천과 기원을 유일하게 가지고 계신다. 제2의 위격의 두드러진 특징은 아들됨(Sonship)이다. 성부와 동등하고 성부와 영원히 공존하심에도 불구하고, 그분은 출생하셨고 원천이 있으시다. 그래서 그분은 성부 안에서 자신의 원천과 기원을 지니고 있으며, 니케아 콘스탄티

---

7. Gregory of Nazianzus, *Orations*, xxxi, 14.
8. John of Damascus, *On the Orthodox Faith*, 1, 8(*P.G.* xciv, 809A).
9. Gregory of Nazianzus, op. cit., xxv, 17.

노플신조(The Creed)가 말하듯이 "모든 세대 전에" 그분은 성부로부터 출생하였거나 혹은 영원 전에 태어나셨다. 제3위의 두드러진 특징은 발현(Procession)이다. 아들처럼 성령은 성부 안에서 그의 원천과 기원을 가지나, 성령의 성부와의 관계는 아들의 성부와의 관계와 다르다. 왜냐하면 성령은 출생한 것이 아니라 영원 전에 성부로부터 **발현**하였기 때문이다.

삼위일체에 대한 서방의 견해가 동방의 견해와 충돌하는 것처럼 보이는 것이 바로 이 점에서이다. 예를 들어, 히포의 성 어거스틴(360-430) 혹은 플로렌스 공의회(1438-1439)에 의해 표현된 로마 가톨릭 신학에 따르면, 성령은 영원히 성부와 성자(**필리오케**)로부터 발현한다. 이 교리는 성령의 '이중 발현'으로 알려져 있다. 현재 그리스 교부들은 이따금 성령이 성부로부터 아들을 **통하여** 발현한다 – 이러한 언어는 특별히 니싸의 성 그레고리에게서 발견된다 – 혹은 성령이 성부로부터 발현하고 아들에 **의존한다**(rests upon)고 기꺼이 주장한다. 그러나 대부분의 동방 기독교인들은 항상 성령이 아들로부터 발현한다고 말하기를 거부한다.

그러나 '발현'(proceed)이라는 용어가 의미하는 것은 무엇인가? 이것이 적절히 이해되지 않는다면 이해될 수 있는 것은 아무것도 없다. 교회는 그리스도가 시간 속에서 영원한 지점과 특별한 지점에서 두 번 출생하였음을 믿는다. 그는 "모든 세대 전에" 아버지로부터 출생하였고, 로마황제 아우구스투스와 유대왕 헤롯의 시대에 동정녀 마리아에게서 출생하였다. 동일한 방식으로 성령의 **영원한 발현**(eternal procession)과 세상 속으로 성령의 파송인 **시간적 파송**(temporal mission) 사이에 확고한 구별이 있어야 한다. 전자는 신성(Godhead) 안에 있는 모든 영원성으로부터 존재하는 관계들에 관심한다. 후자는 하나님과 피조물과의 관계에 관심한다. 그러므로 서방이 성령이 성부와 성자로부터 발현하고, 동방이 성령이 성부에게서만 발현한다고 말할 때, 양측은 창조를 향한 삼위일체의 외적 행동을 언급하는 것이 아니라, 세상이 있기 이전에 신성 안에 존재하는 특별하고 영원한 관계성을 언급하는 것이다. 그러나 성령의 영원한 발현에 관하여 서방과 동의하지 않지만, 동방은 세상에로의 성령의 파송에 관계되는 한 성령은 아들에 의해서 보내지고, 진실로 '아들의 영' 임을 말함에 서방과 일치한다.

동방정교회의 입장은 그리스도께서 말씀하신 요한복음 15 : 26에 근거되어 있다. "내가 아버지께로서 **너희에게 보낼** 보혜사 곧 **아버지께로서 나오시는** 진리의 성령이 오실 때에 그가 나를 증거하실 것이요." 그리스도는 성령을 보내셨으나 성령은 아버지로부터 발현하셨다. 성경은 이것을 가르치고, 동방정교회는 이것을 믿는다. 동방정교회가 가르치지 않는 것과 성경이 실제로 말씀하지 않는 것은 성령이 아들로부터 발현했다는 것이다.

성부와 성자로부터의 영원한 발현, 이것은 서방의 입장이다. 성부에게서만 성령의 영원한 발현, 아들로부터의 시간적 파송, 이것은 서방에 대항한 성 포티우스에 의해 주장된 입장이다. 그러나 1283년에서 1289년까지 콘스탄티노플의 총대주교였던 저명한 키프러스의 그레고리, 그리고 그레고리 팔라마스와 같은 13~14세기의 비잔틴 작가들은 동방과 서방 사이의 골을 메우기 위한 시도에 있어서 포티우스보다 다소 진일보하였다. 그들은 시간적 파송뿐 아니라, 아들에 의한 성령의 영원한 **자기 표현** (eternal manifestation)을 기꺼이 주장하였다. 포티우스가 단지 아들과 성령의 시간적 관계만을 말한 반면, 그들은 영원한 관계를 인정하였다. 그러나 본질적인 면에서 두 명의 그레고리는 포티우스와 일치하였다. 성령은 아들에 의해 선포되었으나 아들로부터 발현되지는 않았다. 성령은 그의 영원한 존재, 그의 위격적 정체성을 아들로부터가 아니라 아버지로부터만 이끌어 낸다. 아버지는 신성의 단일한 기원, 출처와 원인이다.

외관상 이러한 것들이 양측에 의해서 취해진 입장이다. 이제 서방의 이중발현 교리에 대한 동방의 거부를 생각해 보자. 오늘날 동방정교회에 있어서 사실상 이 문제에 대하여 두 가지 접근방법이 있다. **필리오케** 문제에 대하여 엄격한 관점을 채택한 사람들은(독수리파) 이중발현론을 서방의 삼위일체 신론 속에서 심각한 왜곡을 생산한 이단으로 간주하면서, 포티우스와 에베소의 마가를 추종하였다. 20세기에 이 엄격한 견해의 주요한 구성원인 블라디미르 로스키는 이보다 더 급진적으로 나아갔으며, 서방의 삼위일체론 속에 있는 불균형이 또한 교회론에 있어서 불균형을 이끈다고 주장하였다. 그가 보기에 **필리오케**는 교황의 주장들(Papal claims)에 대한 로마 가톨릭의 강조와 밀접하게 연관되어 있었다. 그러나 근대 동방정교회 신학자들 중에는 또한 그 문제에 대하여 좀더 관대한 접근을 옹호하는 '비둘기파'들이 있었다. 그들은 서방측에서 니케아-콘스탄티노플신조의 본문 안에 **필리오케**를 일방적으로 삽입하는 것을 개탄하였으나, 그들은 라틴의 이중발현론이 본질적으로 이단적이라고 생각하지는 않았다. 그들은 이중발현은 다소 표현상 혼란스럽고, 잠재적으로 오류로 인도할 수 있으나, 동방정교회의 방식으로 해석될 수 있고, 그리고 그것은 비록 교리는 아닐지라도 테오로고메논(theologoumenon), 즉 하나의 신학적 견해로 받아들여질 수 있다고 주장하였다.

엄격한 동방정교회의 그룹에 따르면, **필리오케**는 이신론(ditheism)이나 반-사벨리아니즘으로 인도되었다.[10] 만약 아버지뿐 아니라 아들이 신성의 **아르케**(arche), 원리 혹은 원천이라면(엄격파는 질문한다.) 두 개의 독립된 원천, 두 개의 분리된 원리들이 삼위일체 안에 있는 것인가? 명백히 이것은 라틴적 견해는 될 수 없다. 왜냐하면 이것은 두 하나님을 믿는다는 것이 되며, 서방이든 동방이든 어느 기독교인도 영원히 지지하지 않는 것이기 때문이다. 사실 플로렌스 공의회는 어거스틴을 따라 성령이 성부와 성자로부터, **"하나의 원리로부터"**(tanquam ab uno principio) 나온다는 사실을 진술하는 데 대단히 조심스러웠다.

---

10. 제2세기의 이단인 사벨리우스는 성부, 성자, 그리고 성령을 세 개의 구별되는 위격이 아니라, 단순히 신성의 여러 양식들(modes) 혹은 측면들(aspects)로 생각하였다.

그러나 동방정교회 중 엄격파의 관점에서 이신론의 오류를 피하려는 이 시도는 동등하게 중대한 결함들에 개방되어 있었다. 프라이팬(frying-pan)을 불 속으로 넣는 것이었다. 하나의 이단을 피하기 위해 서방은 또 다른 이단에 빠져들어 갔다. 이신론은 피하였지만, 성부와 성자의 위격은 혼합되고 혼동되었다. 동방정교회 신학은 삼위일체 내에서 성부의 '군주권'을 주장하였다. 성부만이 신성 내에 있는 **아르케**(arche), 원천, 원리이다. 그러나 서방신학은 성부의 이 두드러진 특징을 아들에게 돌렸다. 그래서 두 위격을 하나의 위격으로 혼동하였다. 그리고 성 포티우스가 지적하였듯이 이것은 "사벨리우스주의의 부활 혹은 반-사벨리안의 유령이 아니고 무엇이겠는가?"[11]

우리가 좀더 주의 깊게 반-**사벨리안니즘**의 잘못을 살펴보자. 다수의 동방정교회인들에게 이중발현은 삼위일체 신학 속에서 "세 개의 구별되는 위격과 공유된 본질 사이의 적절한 균형을 손상시키는 것으로 나타난다. 삼위일체는 함께 무엇을 주장하는가? 후기 동방신학자들이 계승한 갑바도기아인들은 하나의 성부가 계시기 때문에 한 하나님이 존재한다고 대답한다. 다른 두 위격은 그들의 기원을 성부로부터 찾으며, 성부와의 관계 속에서 규정된다. 삼위일체 내에서 존재의 유일한 근원인 성부는 이 방식 속에서 전체적으로 신성(Godhead)을 위한 일치의 원리와 근거를 구성한다. 그러나 성부 뿐만 아니라 성자를 성령의 근거로 간주하면서, 서방은 일치의 원리를 더 이상 성부의 **위격** 속에서 발견하지 않고 세 위격이 공유하는 **본질**(essence) 속에서 발견하였다. 그리고 이 방식 속에서 다수의 동방정교회인들은 위격들이 공통의 본질 혹은 실체(substance)에 의해 라틴신학 속에 스며들었다고 느낀다.

동방정교회 내의 엄격한 그룹에 따르면, 이것은 라틴의 신성(doctrine of the deity) 교리를 탈위격화시키는 결과를 지닌다. 하나님은 구체적이

---

11. *P.G.* cii, 289B.

고 인격적 용어들 속에서가 아니라, 다양한 관계들이 구별되는 본질 속에서 인식된다. 하나님에 관한 이러한 사고방식은 위격들을 관계성들과 동일시한 토마스 아퀴나스에게서 충분한 발전을 이루었다 : 위격들은 관계 그 자체이다(personae sunt ipsae relationes.).[12] 다수의 동방정교회 사상가들은 이것을 위격성에 대한 매우 빈약한 사상으로 인식하였다. 그들은 이 관계성들이 **위격**들이 아니라 그들은 성부, 성자, 성령의 **위격적 특징**들이라고 주장하였다(그레고리 팔라마스가 주장하듯이). "위격적 특징들은 위격을 구성하는 것이 아니라 그들은 위격을 특징짓는다."[13] 그 관계성들은 위격들을 가리키면서, 각 위격의 신비를 결코 다 드러내지 못한다.

위격들을 희생하고 본질을 강조함으로 라틴 스콜라주의 신학은 하나님을 추상적인 관념으로 변화시키는 데로 가까이 나아갔다. 하나님은 먼 곳에 있는 비인격적인 존재이다. 그분의 실존은 형이상학적 논쟁에 의해 증명되어야 한다 - 아브라함, 이삭, 그리고 야곱의 하나님이 아니라 철학자들의 하나님이다. 그러나 동방정교회는 서방의 라틴이 하나님의 실존에 대하여 철학적 증거들을 발견하고자 관심을 기울이는 것보다 훨씬 적게 관심을 기울인다. 중요한 것은 우리가 신성에 대하여 논쟁하는 것이 아니라, 구체적이고 인격적인 하나님과의 직접적이고 생생한 만남을 가져야 하는 것이다.

이러한 것들이 다수의 동방정교회인들이 **필리오케**를 위험스럽고 이단적이라고 생각하는 이유들의 일부이다. 필리오케주의는 위격들을 혼동하고, 신성속에 있는 일치와 다양성을 파괴한다. 신성의 단일성은 그의 삼위성의 희생을 강조한다. 하나님은 너무 심하게 추상적인 본질의 형태로 생각되고 개별적 위격성의 형태로 생각되지 않는다.

---

12. *Summa Theologica*, 1, question 40, article 2.
13. Cf. John Meyendorff, *A Study of Gregory Palamas*, pp. 214-215.

그러나 이것이 전부는 아니다. 동방정교회의 엄격한 그룹은 **필리오케**의 결과로 서방의 사고 속에서 성령은 아들에게 종속된다고 느낀다 - 이론적으로는 아닐지라도 어쨌든 실제적으로는 - 서방은 세상, 교회, 각 개인의 매일의 삶 속에서 성령의 사역에 대하여 충분한 주의를 기울이지 않는다.

동방정교회의 저작자들은 또한 **필리오케**의 이 두 가지 결과 - 성령의 종속, 하나님의 일치성에 대한 지나친 강조 - 가 로마 가톨릭의 교회론 속에서 왜곡을 일으키도록 하였다고 주장한다. 성령의 역할이 서방에서 소홀히 되었기 때문에, 교회는 너무 빈번히 지상의 권세와 법적 관할권의 형식으로 지배되는 이 세상의 제도로 여겨졌다. 그리고 서방의 신론 속에서 다양성이 희생되고 통일성이 강조된 것처럼, 서방의 교회개념 속에서도 통일성이 다양성을 물리쳤다. 그 결과 교황권에 대한 너무 지나친 집중과 강조가 있게 되었다.

대략 이러한 것들이 동방의 강경론자들의 견해이다. 그러나 **필리오케**에 대한 이러한 비판에 대하여 몇 가지 의미 있는 유보조항을 가지고 있는 동방정교회의 온건론자들이 있다. 첫 번째, 동방정교회의 작가들이 이중발현과 교회론 사이에 이러한 밀접한 관계를 본 것은 단지 오늘의 20세기에서이다. 비잔틴시대의 반 - 라틴 저술가들은 이 둘(이중발현과 교회론) 사이의 이러한 관계를 주장하지 않았다. 만약 **필리오케**와 교황의 주장들(claims)이 사실상 명백하고도 통합적으로 관계되어 있었다면, 동방정교회가 왜 이것을 빨리 인식하지 않았겠는가?

두 번째, 투명스럽고 절대적인 형태로 신적 통일성의 원리는 동방정교회에서 위격적(personal)이었지, 로마 가톨릭에서는 위격적이 아니라고 주장하는 것은 사실과 다르다. 왜냐하면 동방의 그리스 뿐만 아니라 서방 라틴도 성부의 군주신론을 지지하였기 때문이다. 어거스틴이 성령은 성부와 성자로부터 발현한다고 진술했을 때, 그는 성령이 성부로부터 발현하는 것과 동일한 방식으로 아들로부터 발현하는 것이 아니라고 주장함으로 이것을 조심스럽게 제한하였다. 두 가지 다른 종류의 발현이 있다. 어거스틴은 성령은 성부로부터 '**원칙적**'(principaliter)으로 발현하지만, 그는 '**성부의 선물**'(per donum Patris)을 통하여 단지 아들로부터 발현한다고 진술하였다. 말하자면, 아들로부터 성령의 발현은 성부 자신이 아들에게 수여한 것이다. 아들이 성부로부터 모든 것을 선물로 받는 것처럼, 또한 아들은 성부로부터 성령을 호흡할 혹은 숨을 내쉴 권세를 받는다.

갑바도기아인들과 마찬가지로 어거스틴에게 있어서도 이러한 방식 속에서 성부는 '신성의 근원', 삼위일체 내에서 유일한 원천이고 궁극적 기원이시다. 성령이 성부와 성자로부터 - 그러나 성령이 '원칙적으로' 가 아니라, '성부의 선물을 통하여' 성자로부터 발현한다는 제한과 함께 - 발현한다는 어거스틴의 가르침은 성령이 아들을 통하여 성부로부터 발현한다는 니싸의 그레고리의 견해와 크게 다르지 않다. 이중발현에 대한 어거스틴의 교리를 인정하면서, 플로렌스 공의회는 성령의 호흡이 성부 하나님에 의해 성자에게 수여되었다고 하는 사실을 재강조하였다. 그후 성부의 '군주권'(monarchy)으로 여겨지는 동방과 로마 사이의 대조는 얼추 보이는 것처럼 그렇게 완고하지는 않았다.

세 번째, 서방이 위격의 다양성을 희생시키고 본질의 통일성을 지나치게 강조함으로 삼위일체를 탈위격화했다는 주장은 과장되지 말아야 한다. 의심할 바 없이, 후기 중세기와 최근의 시대에 유행한 타락한 스콜라주의의 결과로, 추상적이고 도식적인 방식으로 삼위일체를 다루는 서구의 신학자들이 있다. 또한 초기 교부시대에 신성의 본질로부터 출발하여 위격들의 삼위성에로 나아가는 라틴 서방의 일반적 경향이 있었고, 반면에 위격들의 삼위성으로부터 출발하여 본질의 단일성을 주장하고자 하는 그리스 동방의 일반적 경향이 있었다는 것은 사실이다. 그러나 동일한 차원에서 우리는 단지 일반적 경향을 말하고 있는 것이지, 화해할 수 없는 반대입장이나 특수한 이단들에 대하여 말하는 것이 아니다. 만약 극단적으로 밀고 나가면 서방의 접근은 근대주의와 사벨리안 니즘에로 인도되었고, 동방의 접근은 '세 하나님의 개념'인 삼신론으로 나아간다. 그러나 동방과 서방에서 위대하고 탁월한 사상가들은 그들의 입장을 극단적으로 밀고 나가지는 않았다. 어거스틴은 하나님에게 **위격**(persona)이라는 단어의 적용을 주저하였다 할지라도, 그가 삼위일체의 위격적 특성을 소홀히 하였다고 주장하는 것은 온당치 못하다. 확실히 중세 서방에는 상호간 위격적 사랑의 형태로 판독되는 '사회적' 삼위일체론을 주장하는 성 빅터의 리차드(1173년 사망)와 같은 신학자들도 있었다. 아담은 순수함과 단순함의 상태 속에서 시작하였다. 이레네우스는 "그는 아직 완벽한 자기 이해를 가지지 않은 어린아이였다. 그는 필수적으로 성장해야 하고, 그래서 그의 완전에 도달하여야 한다."[14]고 기록하였다. 하나님은 아담을 올바른 길 위에 놓았으나, 아담은 그의 최종 목표를 달성하기 위하여 그의 앞에 있는 우회할 오랜 길을 택하였다.

타락 전 아담의 모습은 어거스틴에 의해 표현되고 일반적으로 그의 시대 이후 서방에서 받아들여진 모습과는 다소 차이가 있다. 어거스틴에 따르면, 낙원에서 인간들은 처음부터 모든 가능한 지혜와 지식을 부여받았다. 그들의 것들은 현실적이었고, 의미상 잠정적이지 않고 완전하였다. 이레네우스의 역동적 개념은 명백히 어거스틴의 정적인 개념보다 근대의 진화론들과 쉽게 어울린다. 그러나 이들은 모두 과학자들로서가 아니라 신학자로 말하고 있으며, 그 결과 그들의 견해는 어떤 특수한 과학적 가설들에 서 있거나 더불어 있지 않다.

서방은 종종 하나님의 형상을 인간의 영혼이나 지성에 결합시켰다. 한편, 다수의 동방정교회인들도 이와 동일하게 주장하였으나, 나머지는 인간의 인격은 단일하게 통합된 전체이기 때문에 하나님의 형상은 영혼뿐만 아니라 육체를 포함한 전인을 포함한다고 말하였다. "하나님이 그

---

14. *Demonstration of the Apostolic Preaching*, p. 12.

의 형상을 따라 인간을 만드셨다고 이야기되어질 때, 인간이라는 단어는 본질적으로 영혼이나 육체를 의미하는 것이 아니라 이 두 가지를 함께 의미한다."[15]고 미카엘 초니아테스(Michael Choniates : 1222년경 사망)는 기록하였다. 그래서 그레고리 팔라마스는 인간이 몸을 지녔다는 사실은 그들을 천사보다 낮은 존재가 아니라 높은 존재로 창조하였다는 것이라고 주장하였다. 사실 천사들은 '순수한' 영이다. 반면에 인간 본성은 지성 뿐만 아니라 물질로 '혼합되어' 있다. 이것은 우리의 인간 본성이 천사들보다 완벽하며 풍부한 잠재성을 부여받았다는 것을 의미한다. 인간의 인격은 소우주이며, 하나님의 전체 창조물을 만나는 다리이며 정거장이다.

동방정교회인들의 종교적 사고는 인간의 인격 속에 있는 하나님의 형상을 매우 강조하고 있다. 우리 각자는 하나의 '살아 있는 신학'이다. 그리고 우리가 하나님의 성상(icon)이기 때문에 우리는 우리 자신의 마음속에서 바라봄으로, 우리 자신 속으로 되돌아감으로 하나님을 발견할 수 있다. "하나님의 나라는 너희 안에 있다"(눅 17 : 21). 이집트의 성 안토니는 "너희 자신을 알라. 자신을 아는 사람은 하나님을 안다."[16]고 말하였다. 시리아인 성 이삭(7세기 후반)은 "천국은 너희 안에 있다. 너희 자신 안에서 너희는 천사들과 천사들의 주를 볼 것이다."[17]고 기록하였다. 그리고 성 파코미우스는 "그의 마음의 순수함 속에서 그는 거울 속에서처럼 불가시적 하나님을 본다."[18]고 기록하였다.

그녀 혹은 그는 하나님의 성상이기 때문에 인간 종족의 각 구성원은 심지어 가장 죄가 많을지라도 하나님의 견지에서 무한히 소중하다. "너희가 너희 형제나 자매를 볼 때 너희는 하나님을 본다."[19]고 알렉산드리

---

15. *P.G.* cl, 1361C.
16. *Letter* 3(in the Greek and Latin collections, 6).
17. P. Evdokimov, *L'Orthodoxie*, p. 88에서 인용.
18. *First Greek Life*, 22.

아의 클레멘트는 말하였다. 그리고 에바그리우스(Evagrius)는 "하나님 앞에서 우리는 모든 사람을 하나님처럼 대해야 한다."[20]고 가르쳤다. 사제가 성상(icons) 뿐만 아니라 회중의 구성원들에게 분향할 때 각 사람 안에 있는 하나님의 형상(imago Dei)에게 인사하는 것인바, 모든 인간에 대한 이러한 존경은 가시적으로 동방의 예배에서 표현되는 것이다. "하나님의 최고의 성상은 인간의 인격이다."[21]

은총과 자유의지(Grace and Free will). 우리가 본 것처럼 인간의 인격이 하나님의 형상이라는 사실은 우리가 다른 것들 가운데 자유의지를 소유하고 있다는 것을 의미한다. 하나님은 노예가 아니라 아들과 딸들을 원하신다. 동방정교회는 인간의 자유를 침해하는 어떠한 은총론도 거부한다. 동방정교회는 협력(co-operation) 혹은 협동(synergeia)이라는 용어를 사용한다. 바울은 다음과 같이 말하였다 : "우리는 하나님의 동역자들(synergoi)입니다"(고전 3 : 9) : 만약 우리가 하나님과 충만한 교제를 이루고자 한다면, 우리는 하나님의 도움 없이는 그렇게 할 수 없다. 그러나 우리는 또한 우리 자신의 역할을 수행해야 한다. 하나님 뿐만 아니라 우리 인간들은 하나님이 행하시는 것이 우리가 행하는 것보다 측량할 수 없을 만큼 위대하고 중요할지라도 공통된 사역에 우리의 헌신을 해야 한다. "그리스도 안으로 인간의 결합과 하나님과 우리의 연합은 두 개의 동등하지는 않지만 동등하게 필수적인 힘들, 즉 신적인 은총과 인간의 의지의 협력을 필요로 한다."[22] 협동의 최상의 본보기는 하나님의 어머니이다.[23]

---

19. *Stromateis*, 1, xix(94, 5).
20. *On Prayer*, 123(*P.G.* lxxix, 1193C).
21. P. Evdokimov, *L'Orthodoxie*, p. 218.
22. A Monk of the Eastern Church, *Orthodox Spirituality*, p. 23.
23. 이 책의 pp. 312-313을 보라.

어거스틴과 펠라기우스 논쟁의 시대 이후, 서방은 다소 다른 용어로 은총과 자유의지의 문제를 논하였다. 그리고 어거스틴 전통 - 특별히 칼빈주의 - 속에서 자란 다수의 사람들은 '협동'(synergy)에 대한 동방정교회의 사상을 약간의 의심을 가지고 보았다. 그것이 하나님에 대하여는 너무 적게, 인간의 자유의지에 관하여는 너무 많이 묘사하고 있지 않은가? 그러나 사실 동방정교회의 가르침은 솔직하다. "볼지어다. 내가 문 밖에 서서 두드리노니, 누구든지 내 음성을 듣고 문을 열면 내가 그에게로 들어가……"(계 3:20). 하나님은 두드리시지만, 우리가 문을 열기를 기다리신다 - 그는 문을 부수지 않는다. 하나님의 은총은 모든 사람들을 초대하지만 누구에게도 강요하지 않는다. 존 크리소스톰은 다음과 같이 말하였다. "하나님은 결코 누구든지 힘과 폭력으로 자신에게로 이끌지 않으신다. 그분은 누구나 구원받기를 원하지만, 누구에게도 강제하지 않으신다."[24] 예루살렘의 성 시릴(386년 사망)은 "너희의 일은 그 은총을 받아들이고 그것을 보호하는 것이다."[25]라고 말하였다. 그러나 인간이 하나님의 은총을 받아들이고 보호하기 때문에 그가 '공로'를 얻었다고 생각해서는 안 된다. 하나님의 선물은 항상 자유로운 선물이다. 그리고 우리 인간들은 결코 우리의 창조자에게 어떠한 요구들을 지닐 수 없다. 그러나 우리가 구원을 이룰 수 없지만 우리는 행위 없는 믿음은 죽은 것(약 2:17)이기 때문에, 우리는 확실히 구원을 위하여 일해야 한다.

타락 : 원죄. 하나님은 아담에게 자유의지 - 선과 악을 선택할 권세 - 를 주셨다. 그러므로 그의 앞에 놓인 소명을 받아들일 것인지, 그것을 거부할 것인지는 아담에게 달려 있었다. 그는 이것을 거부하였다. 하나

---

24. *Sermon on the words 'Saul, Saul……'*, 6(P. G. li, 144).
25. *Catechetical Orations*, 1, 4.

님에 의해 그를 위하여 예정된 길을 계속적으로 따라가는 대신에 그는 곁길로 갔으며, 하나님에게 불순종하였다. 아담의 타락은 본질적으로 하나님의 뜻에 대한 그의 불순종으로 이루어졌다. 그는 하나님의 의지에 대항하여 그 자신의 의지를 세웠고, 그래서 그는 자신의 행동으로 자신을 하나님으로부터 분리하였다. 그 결과 질병과 죽음이라는 새로운 실존의 형태가 지구상에 나타났다. 불멸과 생명이신 하나님으로부터 떠남으로 인간들은 자신들을 본성과 반대되는 상태에 놓았으며, 그리고 이 비본성적 상태는 그들 존재의 불가피한 분열과 결과적으로 육체적 죽음으로 인도하였다. 아담의 불순종의 결과들은 모든 그의 후손들에게 확장되었다. 성 바울이 끊임없이 주장하였듯이, 만약 하나의 지체가 고통을 받으면 전체의 몸이 고통을 받는다. 우리는 각각의 지체들이다. 이 신비스러운 연합 덕택에 아담뿐 아니라 모든 인류는 죽음에 종속되었다. 단지 육체적 타락으로부터 나오는 분열이란 존재하지 않는다. 하나님으로부터 추방된 아담과 그의 후손들은 죄와 사단의 지배 아래 놓였다. 각각의 새로운 인간 존재는 죄가 어디에나 유행하는 세상 안에서 태어난다. 이 세상 안에서는 악을 행하기는 쉽고 선을 행하기는 어렵다. 우리의 의지는 그리스인들이 '열망'(desire)이라 부르고, 라틴인들이 '욕망'(concupiscence)이라고 부르는 것에 의해 무력화되고 약화된다. 우리는 모든 원죄의 영적 결과들인 이것들에 종속된다.

 그러므로 동방정교회, 로마 가톨릭주의, 그리고 고전적 개신교주의 사이에는 상당히 가까운 일치점이 존재한다. 그러나 이 점을 넘어서서 동방과 서방은 전적으로 일치하지는 않는다. 타락 전의 인간의 상태에 대하여 보다 낮게 평가하는 사상을 지닌 동방정교회는 타락의 결과에 대하여서도 서방보다 또한 덜 엄격하다. 아담은 고도의 지식과 완전성으로부터 타락한 것이 아니라, 미개발된 단순성의 상태로부터 타락하였다. 그러므로 그는 그의 실수에 대하여 너무 혹독하게 심판을 받아서는 안 된다. 분명히 타락의 결과로 인간의 마음은 너무나 어두워졌고, 인간의지의 힘은 너무나 손상되어서, 인간은 더 이상 하나님의 모습을 얻는 것을 희망할 수 없다. 그러나 동방정교회인들은 타락 후에 은총은 안에서부터가 아니라 밖으로부터 인간에게 작용한다고 말함에도 불구하고, 타락이 인류로부터 하나님의 은총을 완전하게 빼앗았다고 주장하지는 않는다. 동방정교회인들은 칼빈이 "타락 후의 인간은 완전하게 부패되었고, 선한 의지(desires)를 수용할 수 없다."고 말한 것처럼 말하지 않는다. 그들은 어거스틴이 인간들이 죄를 범하는 '가혹한 필연성' 아래에 있으며, "인간의 본성은 타락함으로 죄악에 의해 정복되었고, **그래서 자유를 결핍하게 되었다.**"[26]고 기술하였을 때, 어거스틴과 동의할 수 없었다. 하나님의 형상은 죄에 의해서 왜곡되었으나 결코 파괴되지는 않았다. 장례예배에서 동방정교회인들에 의해 불려지는 찬송가의 가사 중에는 "비록 내가 죄의 상처를 지니고 있을지라도, 나는 당신의 표현할 수 없는 영광의 형상입니다."라고 기록되어 있다. 그리고 우리가 여전히 하나님의 형상을 지니고 있기 때문에, 비록 죄가 자유의지의 범위를 제한함에도 불구하고 우리는 자유의지를 지니고 있다. 심지어 타락 후에도 하나님은 "인간에게서 그를 순종하거나 순종치 않을 의지의 힘을 제거하지 않는다."[27] 협동의 사상에 충실하여 동방정교회는 인간의 자유를 위한 공간을 허용하지 않는 타락에 대한 어떠한 해석도 거부한다.

대부분의 동방신학자들은 어거스틴에 의해 표명되고, 아직도 로마 가톨릭 교회에 의해 완화된 형태이긴 하나 받아들여진 '원죄' 사상을 거부한다. 인류는(동방정교회는 일반적으로 가르친다.) 자동적으로 아담의 죄가 아니라 그의 부패와 죽음의 운명을 상속한다. 그들은 아담을 흉내내는 그들 자신의 자유로운 선택에 의하여서 단지 죄가 된다. 대부분의 서방

---

26. *On the perfection of man's righteousness*, iv(9).
27. Dositheus, *Confession*, Decree iii, Compare Decree xiv.

기독교인들은 인간이 원죄에 의해 오염되었기 때문에, 타락과 구속되지 않은 상태에서 행한 것은 무엇이든지 하나님을 기쁘시게 할 수 없다고 믿곤 하였다. 영국성공회의 "39개 신앙항목"(the Thirty-nine Articles) 13항에는 "칭의 이전의 행위들은 하나님을 기쁘시게 하지 못하고……죄의 본성을 지닌다."고 기록되어 있다. 동방정교회인들은 이것을 말하기를 망설였다. 그리고 동방정교회인들은 서방에서 어거스틴과 여러 다른 사람들이 주장한 것처럼, 세례받지 않은 어린이들이 원죄로 오염되었기 때문에 공의의 하나님에 의해 꺼지지 않는 지옥불에 던져진다고 결코 주장하지 않는다.[28] 타락한 인간에 대한 동방정교회인들의 이해는 어거스틴 혹은 칼빈의 견해보다 훨씬 덜 음침하다.

그러나 동방정교회인들은 타락 후 인류는 여전히 자유의지를 소유하였고, 선한 행동을 할 수 있다고 주장함에도 불구하고 그들은 인간과 하나님 사이에 세워진 인간의 죄가 그들의 노력에 의해 결코 무너질 수 없다고 믿는 서방교회의 입장에 확실히 동의한다. 죄가 하나님과 연합하는 길을 막았다. 우리가 하나님께 갈 수 없기 때문에 그가 우리에게 오셨다.

예수 그리스도

성육신은 인간을 향한 하나님의 **사랑**(philanthropia)과 그의 애정의 행

---

28. 토마스 아퀴나스는 타락에 관한 논의에서 전적으로 어거스틴의 뒤를 따랐고, 특별히 원죄사상을 존속시켰다. 그러나 그는 세례받지 않은 아이들의 경우에 그들은 지옥으로 가는 것이 아니라 림보(Limbo)로 간다고 주장하였다 - 이 견해는 이제 로마 신학자들에 의해 일반적으로 받아들여지고 있다. 내가 발견할 수 있는 한, 동방정교회 작가들은 림보의 사상을 사용하지 않고 있다. 타락에 대한 어거스틴의 견해는 동방정교회의 신학적 작품들 속에 줄곧 발견된다는 점이 지적되어야 한다. 그러나 이것은 일반적으로 서방의 영향의 결과이다. 모길라의 피터에 의한 동방정교회의 「신앙고백서」는 우리가 예측할 수 있는 한 매우 어거스틴적이다. 다른 한편, 도시테우스의 「신앙고백서」는 어거스틴주의로부터 자유롭다.

동이다. 몇몇의 동방 작가들은 이러한 관점에서 성육신을 바라보면서, 비록 인간이 타락하지 않았을지라도 인간을 향한 그의 사랑 속에서 하나님은 지금도 인간이 되시며, 성육신은 하나님의 영원한 목적으로 보아야지 단순히 타락에 대한 응답으로 보아서는 안 된다고 주장한다. 이것이 고백자 막시무스와 시리아인 이삭의 견해이다. 이것은 또한 특별한 서방 작가들, 가장 유명하게는 둔스 스코투스(1265 - 1308)의 견해이다.

그러나 인류가 타락했기 때문에 성육신은 사랑의 행동일 뿐만 아니라 구원의 행동이다. 그분 자신의 인격 안에서 인간과 하나님을 연합시킴으로, 예수 그리스도는 우리 인간이 하나님과 하나되는 길을 다시 여셨다. 그리스도는 그분 자신의 인격 속에서 하나님의 참 모습이 무엇인지 보여 주셨고, 그의 구속하고 승리하는 희생을 통하여 그분은 우리의 인식의 범위 안에서 다시 한번 그 모습을 드러내셨다. 두 번째 아담인 그리스도는 지상에 오셨고, 첫 번째 아담의 불순종의 결과들을 역전시키셨다.

동방정교회의 기독론의 본질적인 요소들을 이미 제2장에서 개관하였다. 즉, 참 하나님, 참 인간, 두 본성 안에 하나의 위격, 분리 없고 혼동 없이 단일한 한 위격, 그러나 두 의지와 두 에너지를 지님.

참 하나님과 참 인간 : 감독 테오판이 주장한 것처럼, "그리스도인들은 그리스도의 육체의 뒤에 계시는 삼위일체 하나님을 본다." 이 말들은 아마도 우리로 하여금 성육신하신 그리스도에 대한 동방정교회의 접근에 있어서 가장 두드러진 특징이 무엇인지 대면하게 한다 : **신적인 영광**이라는 것의 압도적인 의미. 그리스도의 삶 속에는 이 신적 영광이 특별히 나타나는 두 개의 중요한 계기들이 있다. 즉, 타볼 산에서 피조되지 않은 그의 신성의 빛이 가시적으로 그의 육체의 외관을 통하여 비춰졌을 때인 변화산 사건과 무덤이 신적인 삶의 압력 아래 열리고, 그리스도가 죽은 자들로부터 승리하여 돌아온 부활사건이 그것이다. 동방정교회의 예배와 영성 속에 이 두 사건에 대한 커다란 강조가 있다. 비잔틴 달력 속에 변화산 사건은 12개의 위대한 축일들 가운데 하나로 계산되며,

교회력 속에서 그것이 서방에서 차지하고 있는 것보다 훨씬 더 두드러진 위치를 차지한다. 그리고 우리는 이미 타볼 산의 피조되지 않은 빛이 동방의 신비적 기독론에서 중심적인 위치를 차지하고 있음을 보았다. 부활에 관하여 말하자면, 부활의 영은 동방정교회의 전체의 삶을 채우고 있다 :

    그리스 교회는 모든 역사적 변화를 통하여 기독교의 첫 시대의 영을 보존할 수 있었다. 그리스도 교회의 성만찬예배는 아직도 우리가 다수의 초기 기독교 작품들 속에서 발견하는 주님의 부활 속에 있는 순전한 기쁨의 요소를 소중히 여긴다.[29]

    그리스도의 부활이라는 주제는 동방 기독교세계에서 모든 신학적 개념들, 그리고 실재들과 결합되어 있으며, 그들을 조화로운 전체 속으로 결합시킨다.[30]

  그러나 동방정교회를 단순히 그리스도의 신적 영광의 제의, 그의 변화(Transfiguration)와 부활의 제의만으로 생각하는 것은 잘못이다. 그러나 우리 주님의 신적 영광에 대한 그들의 헌신이 위대하다 할지라도, 동방정교회인들은 그의 인간성을 간과하지 않는다. 예를 들어, 거룩한 땅에 대한 동방정교회인들의 사랑에 대하여 생각해 보자. 성육신한 그리스도께서 한 인간으로 사시고, 한 인간으로 식사하고, 가르치고 고난을 당하고 죽음을 당한 정확한 장소에 대하여 경건한 동방정교회 신자들만큼 생생한 존경심을 가지고 있는 사람들은 아무도 없다. 부활의 기쁨의 의미는 동방정교회가 십자가의 중요성을 최소화하도록 인도하지는 않는다. 십자가에 달리심에 대한 표현들은 비동방정교회들만큼 동방

---

29. P. Hammond, *The Waters of Marah*, p. 20.
30. O. Rousseau, "Incarnation et anthropologie en orient et en occident", in Irenikon, Vol. xxvI(1953), p. 373.

정교회에서도 두드러진다. 반면, 십자가에 대한 존중은 라틴예배에서보다 비잔틴예배에서 더 발전되어 있다.

그러므로 우리는 동방이 승귀한 그리스도에 관하여 집중하고, 서방이 십자가에 달리신 그리스도에 관하여 집중한다는 일반적 주장을 잘못된 것으로 거부해야 한다. 만약 우리가 하나의 대조를 말하고자 한다면, 동방과 서방은 약간 다른 방식으로 십자가에 달리신 예수를 생각한다고 말하는 것이 더 정확하다. 십자가에 대한 동방정교회인들의 태도는 성 금요일에 관하여 노래하는 찬송가들 속에서 가장 잘 볼 수 있다. 이것은 다음과 같다 :

> 외투를 입으시듯 빛으로 옷입으신
> 그분은 재판석에 벌거벗은 채 서 계신다.
> 그의 뺨은 그가 만든 손들로부터 얻어 맞았다.
> 무법한 군중들은 영광의 주를 십자가에 못박았다.

성 금요일에 관하여 동방정교회는 그리스도의 인간적 고통과 스스로 고난을 받으심을 생각하지 않고, 오히려 그의 외적 겸손과 그의 내적 영광 사이의 대조로 생각한다. 동방정교회인들은 단지 그리스도의 고난받는 인간성이 아니라 고난받는 하나님을 본다.

> 땅을 궁창에 매달아 놓으신
> 그분이 나무 위에 달리셨다.
> 천사들의 왕이신 그분이 가시면류관을 쓰셨다.
> 구름으로 하늘을 감싸신 그분이
> 자신을 조롱의 자주빛 옷으로 감싸셨다.

동방정교회는 그리스도의 피흘리시고 부서진 육체의 신비 뒤에서 여전히 삼위일체 하나님을 인식한다. 골고다는 신의 현현이다. 성 금요일

에 교회는 부활의 기쁨을 노래한다 :

> 오 그리스도여! 우리는 당신의 고난을 예배합니다.
> 우리에게 또한 당신의 영광스러운 부활을 보여 주십시오.
>
> 나는 당신의 고난을 찬미합니다.
> 나는 당신의 묻히심과 당신의 부활을 찬송합니다.
> 소리침 : 주여! 당신에게 영광이!

십자가에 달리심(Crucifixion)은 부활로부터 분리되지 않는다. 왜냐하면 양자는 단일한 행동이기 때문이다. 갈보리는 항상 빈 무덤의 빛 속에서 보여진다. 십자가는 승리의 상징이다. 동방정교회인들이 십자가에 달리신 그리스도를 생각할 때, 그들은 그의 고난과 고독을 생각할 뿐만 아니라, 그들은 그분을 나무로부터 승리하심으로 통치하시는 승리자 그리스도, 왕 그리스도로 생각한다.

> 주님은 사단의 폭정을 이기시고 인간의 자유를 세우기 위하여 세상에 오시고 인간들 가운데 거하셨다. 그분은 나무 위에서 태양이 어두워지고 땅이 흔들리고 무덤이 열릴 때, 신자들의 육체가 부활할 때, 그를 반대하는 권세들을 물리치셨다. 죽음으로 그분은 죽음을 이기셨고, 죽음의 권세를 지닌 자를 패배시켰다.[31]

그리스도는 십자가에 달리셨음에도 불구하고가 아니라, 십자가에 달리셨기 때문에 우리의 승리의 왕이시다. "나는 십자가에 달리신 그를 보기 때문에 그를 왕이라 부른다."[32]

---

31. 거룩한 세례 전에 첫 번째 귀신 축출부터.
32. John Chrysostom, *Second Sermon on the Cross and the Robber*, 3(P.G. xlix, 413).

이러한 것들이 동방정교회 그리스도인들이 십자가상의 그리스도의 죽음에 대하여 생각하는 정신이다. 십자가에 대한 이러한 접근과 중세와 후기 중세기 서방의 접근 사이에는 물론 다수의 접촉점이 있다. 그러나 서방의 접근 속에는 동방정교회인들이 어렵게 느끼는 특수한 요소들이 있다. 동방정교회인들이 보기에 서방은 십자가를 너무 날카롭게 부활로부터 분리함으로 고립 속에서 십자가를 생각하는 경향이 있다. 그 결과 고난받는 하나님으로서의 그리스도에 대한 비전은 사실상 그리스도의 고난받는 인간성의 모습에 의해 대치된다. 서방의 예배자는 그가 십자가에 관하여 생각할 때 승리하시고 개선하시는 왕을 경배하기보다, 너무 자주 슬픔의 인자(the Man of Sorrows)에 대하여 감정적 동정심을 느낀다. 동방정교회인들은 베난티우스 포르투나투스(Venantius Fortunatus : 530 - 609)에 의해 만들어진 위대한 **라틴 찬송**(Pange lingua)의 언어 속에서 철저히 편안함을 느낀다는 십자가를 승리의 상징으로 환호하여 불렀다.

> 나의 혀여! 영광스러운 전투를 노래하라.
> 그 싸움의 종말을 노래하라.
> 이제 십자가 위에 우리의 트로피가 있다.
> 큰 소리로 승리의 노래를 부르라.
> 그리스도가 어떻게 세상의 구원자이신지 말하라.
> 한 사람의 희생이 그 날을 얻으셨다.

그들은 포르투나투스가 만든 **다른 찬양**(Vexilla regis) 속에서도 동일하게 편안함을 느낀다 :

> 다윗이 예언자적인 옛 노래로 말한 모든 것이 참으로 이루어졌다.
>
> 그는 말하길, 하나님께서 민족들 가운데

그 나무로부터 통치하시고 그 나무로부터 승리하셨다.

그러나 동방정교회인들은 「스타바트 마터」(Stabat Mater)와 같은 후기 중세기의 작품들에서는 행복을 느끼지 못한다 :

그녀는 그 희생자(예수)가
그의 백성의 죄로 인하여 고뇌 속에서 쇠약해지고
신음 속에서 피를 흘리며 죽어 가는 것을 보았다.
그녀는 주님의 기름부으심을 받은 자가 체포되는 것을 보았고
그녀의 아이가 죽음 속에 버려진 것을 보았고
그의 마지막 꺼져 가는 외침을 들었다.

「스타바트 마터」(Stabat Mater)가 그것의 60개의 행 속에서 부활에 대한 단순한 언급도 하지 않았다는 사실이 중요하다.

동방정교회가 주로 그리스도를 승리자로 보았을 때, 서방의 후기 중세기와 중세 이후는 주로 그리스도를 희생자로 보았다. 동방정교회가 십자가의 사건을 주로 악의 권세에 대한 개가적 승리의 행동으로 해석하는 동안, 서방은 특히 캔터베리의 안셀름(?1033-1109)시대 이래로 형법적이고 사법적 용어들 속에서 화가 난 성부의 진노를 달래기 위해 고안된 만족(satisfaction) 혹은 대속(substitution)의 행동으로 십자가를 생각하는 경향이었다.

그러나 이 대조는 너무 지나치게 강요되서는 안 된다. 서방 뿐만 아니라 동방의 작가들도 십자가 사건에 사법적이고 형법적인 언어를 적용하였다. 동방 뿐만 아니라 서방의 작가들도 성 금요일을 승리의 순간으로 생각하기를 결코 그치지 않았다. 1930년경부터 서방에서 신학, 영성, 그리고 예술 속에서 승리자 그리스도의 교부적 사상의 부활이 일어났다. 그리고 동방정교회인들은 자연적으로 이것이 그렇게 되었다는 사실에 매우 기뻐하였다.

성 령

　삼위일체의 제2, 그리고 제3의 위격들은 인간들 가운데 있는 그들의 활동 속에서 상호 보충적이고 호혜적이다. 그리스도의 구속사역은 성령의 성화사역과 분리하여 생각할 수 없다. 아타나시우스는 우리가 성령을 받기 위하여 말씀이 육체를 입었다고 말하였다.[33] 한 견해에 의하면 성육신의 전적인 목적은 오순절에 성령의 파송이다.

　동방정교회는 성령의 사역을 매우 강조한다. 우리가 본 것처럼, 동방정교회가 필리오케를 거부했던 이유 가운데 하나는 그들이 **필리오케**로 성령을 아들에게 종속시키고 소홀히 하는 경향을 보았기 때문이다. 사로브(Sarov)의 성 세라빔은 모토빌로브(Motovilov)와의 대화를 시작하면서 그리스도인의 삶의 전적인 '목적'을 간결하게 성령의 획득으로 묘사했다 :

> 기도, 금식, 철야, 그리고 모든 다른 기독교적 실천들은 비록 그것들이 자체 안에 선이 있을지라도 확실히 우리 기독교인의 삶의 목적을 대신하지 않는다. 그것들은 단지 이 목적을 달성하는 데에 필수불가결한 수단들이다. **왜냐하면 기독교인의 삶의 참된 목적은 하나님의 성령의 획득이기 때문이다.** 그리스도의 이름으로 행해진 금식, 철야, 기도, 그리고 자선과 다른 선행에 관하여 말한다면, 그것들은 단지 하나님의 성령을 얻기 위한 수단들이다. 우리를 성령의 열매들로 인도하는 것은 오로지 그리스도의 이름으로 행해진 선행이라는 사실에 주목하라.

　블라디미르 로스키가 논평한 이 정의는 "그것이 첫눈에는 지나치게 단순화된 것처럼 보이지만, 동방정교회의 전체적 영적 전통을 요약한 것이다."[34] 성 파코미우스의 제자 테오도레가 말한 것처럼, "성령을 소

---

33. *On the Incarnation and against the Arians*, 8(P.G. xxvi, 996C).
34. *The Mystical Theology of the Eastern Church*, p. 196.

유하는 것보다 더 위대한 것이 무엇이겠는가?"[35]

다음 장에서 우리는 동방의 교회론에서 성령의 위치를 기록할 것이다. 그리고 그 다음 장들에서 동방정교회의 예배 속에서 성령은 무엇을 하시는지 말할 것이다. 교회의 모든 성례전적 행동에서, 그리고 성만찬적 기도의 최고의 정점에서 성령은 엄숙하게 초대된다. 하루를 시작하는 개인적 기도 속에서 동방정교회 교인들은 다음과 같이 말함으로 자신을 성령의 보호 아래 놓는다 :

> 오 하늘의 왕이시여! 오 위로자시여! 어느 곳에서나 나타나시고 모든 것들을 채우시며, 복의 근원이시며 생명의 시여자이신 진리의 영이시여! 오소서. 그리고 우리 안에 머무소서. 모든 죄악으로부터 우리를 깨끗케 하옵시고, 당신의 선으로 우리를 구원하소서.[36]

신적 본성의 참여자

세라빔이 하나님의 성령의 획득으로 묘사한 기독교인의 삶의 목적은 **신화**(deification)라는 용어로 적절하게 잘 정의될 수 있다. 바질은 인간의 인격을 하나의 신(a god)이 되도록 명령을 받은 피조물로 묘사하였다. 그리고 우리가 아는 것처럼, 아타나시우스는 하나님은 우리 인간들이 신이 되도록 하기 위하여 인간이 되었다고 말하였다. 그리스도께서는 "나의 나라에서 나는 신들인 너희와 더불어 하나님이 될 것이다."[37]라고 말씀하셨다. 동방정교회의 가르침에 따르면, 모든 기독교인이 목적해야 할 최종적 목표는 신이 됨, **테오시스**(theosis), '**신화**'(deification) 혹은 '신성화'(divinization)를 달성하는 것이다. 왜냐하면 동방정교회에게 우리

---

35. *First Greek Life of Pachomius*, 135.
36. 이와 동일한 기도는 대부분의 성만찬예배의 초기에 사용된다.
37. 성 목요일의 아침기도회를 위한 규범, Ode 4, Troparion 3.

의 구원과 구속은 우리의 신화를 의미하기 때문이다.

신화론(the doctrine of deification) 뒤에는 성 삼위일체 하나님의 형상과 모습에 따라 만들어진 인간의 인격에 대한 사상이 있다. 그리스도는 마지막 만찬에서 "아버지께서 내 안에, 내가 아버지 안에 있는 것같이, 저희도 다 하나가 되어 우리 안에 있게 하사……."(요 17 : 21)라고 기도하셨다. 삼위일체의 삼위들이 서로서로 끊임없는 사랑 속에 거하시는 것처럼, 삼위일체의 형상으로 만들어진 우리 인간들은 삼위일체 하나님 안에 거하도록 부름을 받았다. 그리스도께서는 우리가 하나님 안으로 흡수되기를 기도하셨다. 고백자 막시무스가 지적한 것처럼, 성자들은 그들 스스로 자신 안에 성 삼위일체를 표현한 사람들이다. 하나님과 인간 사이의 인격적이고 유기적인 결합 - 하나님이 우리 안에 거하시고, 우리가 그 안에 거함 - 에 대한 이 사상은 요한복음에서 계속되는 주제이다. 또한 그리스도인의 삶을 무엇보다도 그리스도 안에 있는 삶으로 보는 성 바울의 서신들 속에서도 계속되는 주제이기도 하다. 동일한 사상이 그 유명한 본문인 베드로 후서에서도 나타난다. "이 약속으로 말미암아 너희로…… 신의 성품에 참여하는 자가 되게 하려 하셨으니"(1 : 4). 마음속에 이 신약성서적 배경을 지니는 것이 중요하다. 신화에 대한 동방정교회의 교리는 종종 생각되는 것처럼 비성서적이기는커녕, 베드로 후서 뿐만 아니라 바울과 제4복음서에서 견고한 성경적 근거를 지녔다.

신화의 사상은 항상 하나님의 본질(essence)과 그의 에네르기(energies) 사이의 구별의 빛 속에서 이해되어져야 한다. 하나님과의 연합은 신적 본질이 아니라 신적 에네르기와의 연합이다. 동방정교회는 신화와 연합을 이야기하면서 모든 형태의 범신론을 거부하였다.

동일하게 중요한 또 다른 점이 밀접하게 이것에 관련되어 있다. 하나님과 인간들 사이의 신비적 연합은 참된 연합이다. 그러나 이 연합 속에서 창조자와 피조물은 동일한 존재로 혼동될 수 없다. 인간들이 신성(deity) 속에서 삼켜지는 것을 가르치는 동방 종교들(eastern religions)과는 달리, 동방정교회의 신비신학은 항상 우리 인간들은 하나님과 밀접하게 연결되어 있으나, 우리의 충분한 인격적 완전성을 보유하고 있음을 주장하였다. 인간의 인격은 신성화될지라도, 하나님으로부터 구별(분리가 아닐지라도)을 유지한다. 삼위일체의 신비는 다양성 속에서 통일성의 신비이다. 그들 자신 안에서 삼위일체를 표현하는 사람들은 그들의 인격적 특징들을 희생시키지 않는다. 성 막시무스가 "하나님과 하나님이라 할 수 있는 사람들은 하나이고, 동일한 에너지를 지닌다."[38]고 했을 때, 그는 성자들이 그들의 자유로운 의지를 상실한 것이 아니라, 신화되었을 때 그들이 자동적으로, 그리고 사랑 속에서 그들의 의지를 하나님의 의지에 순응하는 것을 의미하였다. 인간의 인격은 그것이 신(god)이 되었을 때에도 인간이 되기를 멈추지 않는다. "그리스도께서 성육신으로 인간이 되셨을 때 하나님(God)으로 계신 것처럼, 우리는 은혜로 인하여 신이 되어 가는 동안 피조물로 남아 있다."[39] 인간 존재는 **본성상** 하나님이 되는 것이 아니라 단지 '피조된 하나의 신', **은혜**와 **신분상** 하나의 신(a god)이 된다.

신화는 몸을 포함하는 것이다. 인간의 인격이 몸과 영혼의 통일성이고, 성육신한 그리스도께서 전인격을 구원하고 구속하셨기 때문에 "우리의 몸은 우리의 영혼처럼 동시에 신화된다."[40] 우리 인간들이 우리 자신 안에서 하나님의 형상을 실현하도록 부름받았다는 점에서 몸은 그것의 장소를 가진다. "우리의 몸은 성령의 전이다"(고전 6 : 19). "그러므로 형제들아 내가 하나님의 모든 자비하심으로 너희를 권하노니 너희 몸을 하나님이 기뻐하시는 거룩한 산 제사로 드리라. 이는 너희의 드릴 영적 예배니라."(롬 12 : 1) (개역)라고 바울은 기록하였다. 그러나 몸의 충만한

---

38. *Ambigua*(P.G. xci, 1076C).
39. V. Lossky, *The Mystical Theology of the Eastern Church*, p. 87.
40. Maximus, *Gnostic Centuries*, 11, 88(P.G. xc, 1168A).

신화는 마지막 날까지 기다려야 한다. 왜냐하면 현재의 삶 속에서 성자들의 영광은 대개 내적 화려함, 영혼만의 화려함이기 때문이다. 그러나 의인이 죽은 자들로부터 일어나고 영적 몸을 입을 때, 그들의 신성(sanctity)은 외적으로 나타날 것이다. "부활의 날에 성령의 영광은 그들이 전에 가졌지만 그들의 영혼들 속에 감추어진 영광 **안에서부터 나와** 성자들의 몸을 장식하고 덮을 것이다 – 사람이 현재 지니고 있는 것, 그것이 **몸안에서** 외적으로 나온다."[41] 마치 그리스도의 몸이 타볼 산에서 변형된 것처럼, 성자들의 몸들은 신적인 빛에 의해 외적으로 변형될 것이다. "우리는 또한 몸의 청춘기를 기대해야만 한다."[42]

그러나 이 현재의 삶 속에서도 몇몇의 성자들은 이 가시적이고 육체적 영화의 열매들을 경험한다. 성 세라빔은 가장 잘 알려졌으나 이것의 유일한 예는 결코 아니다. 대 아르세니우스(Arsenius the Great)가 기도하고 있을 때, 그의 제자들은 그를 마치 불처럼 보았다.[43] 또 다른 사막 교부에 관하여는 다음과 같이 기록되어 있다. "마치 모세가 그의 얼굴이 광채가 났을 때 아담의 영광의 형상을 받은 것처럼, 아바 팜보(Abba Pambo)의 얼굴은 빛처럼 빛났고, 그는 보좌에 앉은 왕과 같았다."[44] 그

---

41. *Homilies of Macarius*, v. 9. 성상화가들이 상징적으로 묘사하고자 한 것은 이 변형된 '부활체'이다. 그러므로 성자의 외관 속에 뚜렷한 인격적 특성들을 유지하지만, 그는 절묘하게 실제적이고 사진술적인 초상화를 만드는 것을 회피한다. 사람들을 지금 현재 나타나는 그대로 그리는 것은 천상이 아니라, 지상에서 있는 아직도 타락한 상태 속에 있는 그들의 모습을 그리는 것이다.
42. Minucius Felix(? 2세기 후반), *Octavius*, 34. 인간의 육체에 대한 우리의 존경심과 육체의 궁극적 부활에 대한 우리의 신념 때문에 우리는 동방정교회 내에서는 화장을 허락하지 않는다. 불행하게도 심오한 신학적 원리들에 기초한 이 금기는 종종 무시된다.
43. *Apophthegmata*(P.G. lxv), Arsenius 27.
44. *Apophthegmata*(P.G. lxv), Pambo 12. *Apophthegmata*를 비교하라. Sisoes 14와 Silvanus 12를 비교하라. Epiphanius는 세르기우스의 삶 속에서 성자의 몸이 죽음 후에 영광으로 빛나고 있음을 진술한다.
신적인 빛에 의한 몸의 변형은 동방정교회 성자들 가운데, 서방의 성자들 가운데 흔적

레고리 팔라마스의 말 속에는 다음과 같은 것이 있다. "만약 오는 시대에 몸이 말할 수 없는 축복 속에서 영혼과 함께할 것이라면, 몸은 가능한 한 현재에 있어서도 영혼 속에서 함께하여야만 한다."[45]

동방정교회인들은 몸이 영혼과 더불어 성화되고 변형된다고 확신하였기 때문에 그들은 성자들의 유물에 대한 큰 존경심을 지녔다. 로마 가톨릭처럼 그들은 살아 있는 동안 성자들의 몸안에 현존한 하나님의 은혜가 그들이 죽었을 때 그들의 유물들 속에서 활동한다고 믿었고, 하나님이 이 유물들을 신적 능력과 치료의 도구로 사용하신다고 믿었다. 약간의 경우에 성자들의 몸들은 기적적으로 부패로부터 보존되었으나, 이것이 일어나지 않을지라도 동방정교회는 그들의 뼈에 대한 커다란 존경심을 나타내었다. 유물에 대한 이 존경심은 무지나 미신의 소산이 아니라, 육체에 대한 고도로 발달된 신학으로부터 나온 것이다.

우리 인간의 몸 뿐만 아니라 전체 물질적 피조물은 궁극적으로 변형될 것이다. "또 내가 새 하늘과 새 땅을 보니 처음 하늘과 처음 땅이 없어졌고 바다도 다시 있지 않더라"(계 21 : 1) (개역). 구속된 인간은 나머지 피조물로부터 사라지는 것이 아니라, 피조물이 우리 인간들과 더불어 구원받고 영화되는 것이다(우리가 본 것처럼 성상들은 이 물질 구속의 첫 열매들이다.).[46]

(stigmata)을 받는 것과 일치한다. 그러나 우리는 이 문제 속에서 너무 지나친 대조를 이끌어 내서는 안 된다. 몸의 영화상태는, 예를 들면 영국 여성 Evelyn Underhill (1875-1941)의 경우에 발견된다. 한 친구가 그녀의 얼굴이 어떠한 경우에 빛으로 변형되는지 기록하였다(전체적인 설명은 성 세라빔을 연상시킨다.). 찰스 윌리암즈에 의해 편집된 the Letters of Evelyn Underhill(London, 1943), p. 37을 보라. 유사하게 동방에서 흔적은 잘 알려져 있다. 이집트의 성 마카리우스의 콥틱적 삶 속에서, 그에게 나타난 한 천사(cherub)는 그의 가슴의 치수를 재고 지상에서 그를 십자가에 못박았다고 이야기된다.

45. The Tome of the Holy Mountain(P.G. cl, 1233C).
46. 이 책의 p. 47을 보라.

"피조물의 고대하는 바는 하나님의 아들들의 나타나는 것이니…… 그 바라는 것은 피조물도 썩어짐의 종노릇한 데서 해방되어 하나님의 자녀들의 영광의 자유에 이르는 것이니라. 피조물이 다 이제까지 함께 탄식하며 함께 고통하는 것을 우리가 아나니"(롬 8 : 19 - 22) (개역).

지구의 본래적 신성성(sacredness)에 대한 이 의미 – 하나님에 의해 선하게 창조되었고, 타락으로 부패하였으나 그리스도 안에서 우리와 함께 구속되었다 – 는 최근 몇 년 동안 동방정교회로 하여금 환경오염에 관한 끊임없는 관심을 가지도록 하였다. 현재의 생태학적 위기는 최근의 에큐메니칼 총대주교 디미트리오스에게 특별한 고통을 가져다 주었다. 그는 1988년 크리스마스 메시지에서 "각자의 위치에 따라 우리가 **개인적으로** 세상에 대하여 **책임**이 있으며, 하나님에 의해 우리의 손에 위임되었음을 생각합시다. 하나님의 아들이 그의 성육신에 의해 그의 몸을 구성하여 만드신 것은 무엇이든지 소멸되지 말아야 합니다. 그러나 그것은 창조자에게 성만찬적 헌신이어야 합니다. 다른 사람들과 더불어 정의와 사랑 속에 참여, 모든 하나님의 피조물들을 향한 평화의 찬송, 생생한 나눔의 빵이어야 합니다."라고 말하였다.

1989년 총대주교 디미트리오스는 특별한 회람서신을 발행하여 모든 사람들이 '성만찬적이고 금욕적인 정신'을 발휘하도록 간청하고, 동방정교회에서 교회력의 시작인 9월 1일을 "환경보호의 날"로 명명하였다. 그는 동방정교회 뿐만 아니라 다른 기독교인들도 지키기를 희망하였다.[47] 아토스 산의 성 실로안(Silouan)의 말 속에 다음과 같은 것이 있다. "사랑하는 것을 배운 마음은 모든 피조물들에 대한 애정을 지닌다." 세상을 이기적으로 착취하지 않고 그것을 사랑의 감정으로 소중히 여기

---

47. 소책자 *Orthodoxy and the Ecological Crisis*를 보라. 이것은 자연을 위한 세계 기금(the World Wide Fund for Nature)과의 교제 속에서 에큐메니칼 총대주교에 의해 1990년에 발행되었다(World Conservation Centre, Avenue du Mont Blanc, CH - 1196 Gland, Switzerland).

고, 우주적 제사장으로 피조물들을 감사 속에서 창조자에게 다시 제공하는 것은 우리 인간의 특권이다.

신화와 연합, 몸의 변형과 우주적 구속에 대한 이러한 이야기는 평범한 기독교인들에게 매우 거리가 먼 것처럼 들린다. 그러나 이러한 결론에 도달한 사람들은 전적으로 **신이 됨**(theosis)에 대한 동방정교회의 개념을 오해한 것이다. 잘못된 해석을 방지하기 위하여, 여섯 가지 요점들이 만들어져야 한다.

첫 번째, 신화는 몇몇의 선택된 주창자들을 위해서만 가치 있는 것이 아니라, **모든** 사람들을 위하여 동일하게 의도된 것이다. 동방정교회는 그것이 예외없이 **모든** 사람들을 위한 정상적인 목표라고 믿는다. 확실히 우리는 마지막 날에 충분히 신성화(deified)될 것이다. 그러나 우리 각자에게 신성화(divinization)의 과정은 여기 지금 현재의 삶 속에서 시작되어야 한다. 현재의 삶 속에서 매우 소수의 사람만이 참으로 하나님과의 충만한 신비적 연합을 달성한다. 그러나 모든 참된 기독교인들은 하나님을 사랑하고 그의 계명들을 이행하고자 한다. 우리가 성실하게 이것들을 행하고자 하는 한, 비록 우리의 시도들이 약하고 종종 실패할지라도 우리는 이미 동일한 정도로 신화되어 있다.

두 번째, 한 사람이 신화되고 있다는 사실은 그녀 혹은 그가 죄를 인식하기를 그만두었다는 것을 의미하지 않는다. 성자는 성화의 길 속에서 잘 진보하지만, 그 혹은 그녀는 예수 기도(the Jesus Prayer)를 사용하여야 한다. "하나님의 아들 주 예수 그리스도여! **죄인인 나에게 자비를 베푸소서.**" 아토스 산의 성 실로안(Silouan)은 스스로에게 "지옥 속에 있음을 명심하라. 그리고 절망하지 말라."고 말하곤 했다. 다른 동방정교회 성자들은 "모든 사람들이 구원을 받을 것이다. 그리고 나만이 저주를 받을 것이다."라는 말씀을 반복하였다. 동방정교회의 신비신학은 영화와 변형의 신학이지만, 또한 형벌의 신학이다.

세 번째, 우리가 신화되기 위하여 좇아야 하는 방법들에 관한 어떠한 것도 비전적(esoteric)이고 비상한 것이 아니다. 만약 누군가가 "내가 어떻게 신이 될 수 있을까?"를 묻는다면, 그 대답은 매우 단순하다. 교회로 가서 정규적으로 성만찬을 받으라. '성령과 진리 안에서' 하나님께 기도하고, 복음서들을 읽고 계명들을 지키라. 이 용어들의 마지막 - 계명들을 지키라 - 은 결코 잊혀져서는 안 된다. 서방 교회와 마찬가지로, 동방정교회는 확고하게 도덕적 규범들을 희생시키고자 하는 신비주의를 거부하였다.

네 번째, 신화는 홀로 있는 것이 아니라 '사회적' 과정이다. 우리는 신화는 계명을 좇아야 하는 것을 의미하고, 이 계명들은 그리스도에 의해 하나님을 사랑하고 이웃을 사랑하는 것으로 묘사되었음을 말하였다. 사랑의 이 형태들은 분리될 수 없다. 인간은 그가 무엇보다도 하나님을 사랑해야만 자신처럼 그의 이웃을 사랑할 수 있다. 그리고 인간이 만약 그의 동료 인간들을 사랑하지 않는다면, 하나님을 사랑할 수 없다(요일 4 : 20). 그래서 신화에 이기적인 것은 없다. 만약 이웃을 사랑한다면 신화될 수 있다. 이집트의 안토니는 "삶은 우리 이웃으로부터 오고 죽음은 우리 이웃으로부터 온다."고 말하였다. "만약 우리가 우리의 이웃을 얻는다면, 우리는 하나님을 얻는 것이다. 그러나 우리가 우리의 이웃을 실족시킨다면, 우리는 그리스도에 대항하여 죄를 짓는 것이다."[48] 만약 그들이 복되신 삼위일체께서 사시는 것처럼 동일한 삶을 산다면, 삼위일체 하나님의 형상으로 만들어진 인간들은 신적 모습을 실현할 수 있다. 하나님의 삼위가 서로 거주하는 것처럼, 우리는 자신을 위해서가 아니라 다른 사람들을 위하여, 그리고 다른 사람들 속에서 살면서 우리의 동료 인간들 속에서 거주하여야 한다. "만약 내가 나병환자를 발견한다면, 그에게 나의 몸을 주고 그의 것을 내가 취할 것이다. 나는 기쁘게 그것을 행할 것이다. 왜냐하면 이것이 완벽한 사랑이기 때문이다."[49]라고 사

---

48. *Apophthegmata*(P.G. lxv), Antony 9.

막의 교부 중의 한 사람이 말하였다. 이것이 **신이 됨**(theosis)의 참된 본질이다.

다섯 번째, 하나님과 우리 이웃에 대한 사랑은 실제적이어야 한다. 동방정교회는 모든 형태의 정적주의, 행동화되지 않는 모든 형태의 사랑을 거부하였다. 신화는 고도의 신비적 경험을 포함하지만, 또한 평범하고 지상적 측면을 지닌다. 우리가 신화를 생각할 때, 우리는 침묵 속에서 기도하고 있는 헤시케스트와 변형된 얼굴을 가진 성 세라빔을 생각하여야 한다. 그러나 우리는 또한 가이사랴의 병원에서 환자들을 돌보고 있는 성 바질과 알렉산드리아에서 가난한 자들을 돕고 있는 구호자 성 요한, 더러운 옷을 입고 닭장에서 수도원의 손님들에게 음식을 제공하기 위해 농부로 일하는 성 세르기우스를 생각하여야 한다. 이들은 두 가지 다른 방식이 아니라 하나의 방식이다.

마지막으로, 신화는 교회의 삶과 성례전적 삶을 전제한다. 삼위일체 하나님의 모습에 따라 **신이 됨**은 일상적 삶을 포함하며, 이 연합의 일상적 삶이 적절하게 실현될 수 있는 곳은 오직 교회의 친교 안에서이다. 교회와 성례전들은 우리가 성화하는 성령을 획득하고 신적 모습으로 변형되어질 하나님에 의해 지명된 수단들이다.

---

49. Ibid., Agatho 26.

하나님의 교회

…… 그리스도께서 교회를 사랑하시고, 위하여 자신을 주심 같이 하라.
-엡 5 : 25 (개역).

교회는 하나이며 주님-그의 몸, 그의 육체, 그리고 그의 뼈-과 동일하다. 교회는 그분에 의해 영양을 공급받고 그분 안에서 자라나는 살아 있는 포도나무이다. 교회를 주 예수 그리스도, 성부, 그리고 성령과 분리하여 생각하지 말라.
-크론스타트의 성 요한

하나님과 그분의 교회

동방정교회 기독교인들은 공동체에 속함을 생생하게 의식한다. 코미아코프는 다음과 같이 기록하였다. "우리는 우리 가운데 누군가가 타락할 때, 그는 홀로 타락한다는 사실을 안다. 그러나 어떠한 사람도 홀로 구원을 받지 않는다. 그는 교회의 한 구성원으로 모든 다른 구성원들과의 연합으로 교회 안에서 구원을 받는다."[1]

교회론에 관하여 동방정교회와 서방 기독교인 사이에 몇 가지 차이점들이 이 책의 첫 부분에서 명백해질 것이다. 개신교와 달리 동방정교회는 교회의 계층질서적 구조, 사도적 계승, 감독직, 그리고 사제직을 주장한다. 동방정교회는 성자들에게 타락한 자들을 위하여 기도하고 중재하도록 요청한다. 이런 점에서 로마와 동방정교회는 일치한다. 그러나 로마가 교황의 수위권과 보편적 사법권의 구조를 생각하지만, 동방정교회는 5개의 총대주교들과 에큐메니칼 공의회의 구조를 생각한다. 로마는 교황무오설을 강조하지만, 동방은 전체 교회의 무오성을 강조한다. 의심할 바 없이, 양측 모두는 상대방에게 완전하게 공정하지 못하다. 그러나 동방정교회인들에게 로마는 교회를 지나치게 지상적 권세와 조직의 형태로 보는 것으로 보인다. 한편, 로마 가톨릭교인들에게 동방정교회에 의해서 주장되어 온 교회에 대한 영적, 신비적 교리는 모호하고 일관성이 없고, 불완전한 것으로 보인다. 동방정교회인들은 자신들이 교회의 지상적 조직을 소홀히 하지 않으나, 교회법을 읽는 누구든지 재빨리 발견할 수 있는 다수의 엄격하고 세세한 규칙들을 지니고 있다고 대답한다.

그러나 동방정교회의 신학은 결코 교회의 지상적 측면을 분리하여 다루지 않고 항상 그리스도와 성령 속에서 교회를 생각한다. 이러한 의미에서 교회에 대한 동방정교회의 생각은 확실히 영적이고 신비적이다. 교회에 대한 모든 동방정교회의 사고는 교회와 하나님 사이에 존재하는 특별한 관계성으로 시작한다. 이 세 구절이 이 관계를 묘사하는 데 사용될 수 있다. 교회는 (1) 성 삼위일체의 형상이며 (2) 그리스도의 몸이며 (3) 계속되고 있는 오순절이다. 동방정교회 교회론은 삼위일체적이고, 기독론적이며, 성령론적이다.

---

1. G. Khomiakov, "The Church is One", section 9.

(1) 성 삼위일체의 형상

인간의 각 인격이 삼위일체 하나님의 형상에 따라 만들어진 것처럼, 전체로서의 교회는 삼위일체 하나님의 형상(icon)이며, 지상에서 다양성 속에서 통일성의 신비를 재생산하고 있다. 삼위일체 속에서 셋은 한 하나님이시지만, 각자는 완전한 위격이다. 교회 안에서 다수의 인간들은 하나로 연합되어 있지만, 각자는 손상되지 않은 그녀의 혹은 그의 다양성을 보존하고 있다. 삼위일체 위격들의 상호 내주하심(indwelling)은 교회의 구성원들의 상호 교류의 본성(coinherence)과 유사하다. 교회 안에는 자유와 권위 사이의 충돌은 존재하지 않는다. 교회 안에는 통일성은 존재하지만, 전체주의는 존재하지 않는다. 동방정교회인들이 교회에 '가톨릭'(Catholic)이라는 단어를 사용할 때, 그들은 여러 사람들이 하나로 통일된다는 생생한 기적을 생각한다.

삼위일체의 형상으로서 교회의 개념은 훨씬 더 많은 적용된 의미를 지닌다. '다양성 속에서 통일성' – 삼위일체의 각 위격이 자율적인 것처럼, 교회 또한 다수의 독립교회들로 구성된다. 삼위일체 속에서 세 위격들이 동등하듯이, 교회 속에서 하나의 감독은 모든 나머지 감독들에 대하여 절대적인 권력을 휘두를 수 없다. 그러나 삼위일체 속에서 성부는 신성의 원천과 기원으로서 탁월성을 즐길 수 있듯이, 교회 안에서 교황은 '동등한 자들 가운데 첫 번째'(first among equals)이다.

삼위일체의 형상으로서 교회에 대한 관념은 또한 우리로 하여금 공의회에 대한 동방정교회인들의 강조를 이해하도록 도와 준다. 공의회는 교회의 삼위일체적 본성의 표현이다. 삼위일체의 형상에 따른 다양성 속에서 통일성의 신비는 자유롭게 공의회 속에서 모인 다수의 감독들이 성령의 인도 아래 공통된 정신에 도달함으로 행동 속에서 보여질 수 있다.

(2) 그리스도의 몸

"우리 많은 사람이 그리스도 안에서 한 몸이 되어"(롬 12 : 5). 그리스도와 교회 사이에는 밀접한 유대가 존재한다. "그리스도가 계신 곳에 보편교회가 있다."[2]는 이그나티우스의 유명한 말이 있다. 교회는 성육신의 확장이며, 성육신이 영속되는 장소이다. 그리스 신학자 크리스토스 안드로트소스(Androutsos)는 다음과 같이 기록하였다. "교회는 그리스도의 구속사역의 중심이며 기구이다.…… 그것은 그리스도의 예언자, 제사장, 그리고 왕적 권세의 계속과 확장 이외의 다른 것이 아니다. 교회와 교회의 설립자는 분리되지 않고 서로 결합되어 있다.…… 교회는 우리와 함께하시는 그리스도이시다."[3] 그리스도는 그가 하늘로 올라 갔을 때 교회를 떠나지 않았다. 그리스도는 약속하셨다(마 28 : 20). "볼지어다. 내가 세상 끝날까지 너희와 항상 함께 있으리라 하시니라."(마 28 : 20), "나의 이름으로 두세 사람이 모인 곳에 나는 그들 가운데 있을 것이다." 그리스도께서 부재중이라고 말하는 오류에 빠지는 일은 너무나도 쉽다.

> 그리고 아직도 성스런 교회는 여기에 있다.
> 비록 그녀의 주님이 가셨음에도 불구하고.[4]

그러나 그분이 우리에게 그의 영원한 현존을 약속하셨을 때, 그리스도가 가셨다고 우리는 어떻게 말할 수 있겠는가?

그리스도와 그의 교회 사이의 통일성은 무엇보다도 성례전들을 통하여 성취된다. 세례시에 새로운 기독교인은 땅에 장사지낸 바 되고, 그리스도와 더불어 일어난다. 성만찬시에 그리스도의 몸인 교회의 구성원들은 성례들 속에서 그분의 몸을 받는다. 성만찬은 교회의 구성원들을 그리스도와 연합시키고, 동시에 그들을 서로서로 연합시킨다. "떡이 하나

---

2. *To the Smyrnaeans*, vii, 2.
3. *Dogmatic Theology*(Athens, 1907), pp. 262 - 265(in Greek).
4. From a hymn by J. i. M. Neale.

요, 많은 우리가 한 몸이니 이는 우리가 다 한 떡에 참여함이라"(고전 10 : 17). 성만찬은 교회의 통일성을 창조한다. 이그나티우스가 본 것처럼 성만찬이 거행되는 어느 곳에서든지, 교회는 그 자체의 충만성 속에서 존재하는 성만찬적 사회이며 성례전적 조직이다. '그리스도의 몸'이라는 용어가 교회와 성례전 모두를 동시에 의미해야 한다는 것은 우연의 일치가 아니다. 사도신경에서 **성도의 교제**(communio sanctorum)는 '거룩한 백성들의 교제'(성도들의 교제)와 '거룩한 것들의 교제'(성례전들 속에서의 교제)를 동시에 의미해야 한다.

하지만 교회는 우선적으로 성례전적 용어들로 생각되어져야 한다. 교회의 외적 조직이 중요하지만, 성례전적 삶보다는 이차적이다.

(3) 계속되는 오순절

교회가 성령의 역할이 잊혀진 그리스도의 몸으로 강조되기 쉽다. 그러나 우리가 본 것처럼, 아들과 성령은 인간들 속에서의 그들의 사역에 있어서 상호 보완적이다. 그리고 이것은 그 밖의 장소에서와 마찬가지로 교회론에 있어서도 마찬가지이다. 이그나티우스가 "그리스도가 계신 곳에 보편교회가 있다."고 말했을 때, 이그나티우스는 동일한 진리로 "교회가 존재하는 곳에 성령이 계시며, 성령이 계신 곳에 교회가 있다."[5]고 기록하였다. 교회는 정확하게 그리스도의 몸이기 때문에 또한 성령의 전이며, 성령이 내주하는 장소이다.

성령은 자유의 영이다. 성령은 우리를 연합시킬 뿐만 아니라, 교회 속에서 우리의 무한한 다양성을 보증하신다. 오순절날에 불의 혀들이 '갈라지거나' 나누어져 참석한 각 사람들 위에 **분리하여** 내려왔다. 성령의 은사는 교회에 주어진 은사이다. 그러나 그것은 동시에 인격적 은사이며, 그녀 혹은 그들 자신의 방식 속으로 각 사람들에 의해 수용(appropriated)

---

5. *Against the Heresies* III, xxiv,1.

된다. "은사는 여러 가지나 성령은 같고"(고전 12 : 4). 교회 안에서 삶은 인간의 다양성을 제거하거나 모두가 서로 같은 상태 위에서 엄격하고 규격화된 형태로 놓는 것을 의미하지 않는다. 오히려 정확히 그 반대이다. 성자들은 재미없는 단조로움을 나타내기는커녕, 최고로 생기 있고 뛰어난 개성들을 발전시켰다. 그것은(그 단조로움) 거룩함이 아니라 어리석은 악이다.

요컨대 이러한 것들이 교회와 하나님 사이의 관계이다. 삼위일체의 형상, 그리스도의 몸, 성령 충만인 교회는 **가시적**이며 **불가시적**이다. 그리고 신적이며 **인간적**이다. 교회는 여기 지상에서 예배하는 특별한 모임들로 구성되어 있기 때문에 가시적이다. 교회는 또한 성자들과 천사들을 포함하고 있기 때문에 불가시적이다. 교회는 교회의 지상적 구성원들은 죄인들이기 때문에 인간적이다. 교회는 그리스도의 몸이기 때문에 신적이다. 가시적인 것과 불가시적인 것 사이, 전투적 교회(서방의 전문용어를 사용하여)와 승리적 교회 사이의 분리란 없다. 왜냐하면 두 가지는 단일하고 연속적인 실재를 구성하기 때문이다. "가시적 교회, 혹은 지상적 교회는 그리스도가 머리인 교회의 전체 몸과 완벽한 교제와 연합 속에서 산다."[6] 교회는 현시대와 오는 시대의 교차점에 서 있다. 그리고 교회는 동시에 두 세대 속에서 산다.

그러므로 동방정교회는 '가시적이고 불가시적 교회'라는 단어를 사용하지만, 항상 두 교회가 아니라 하나의 교회임을 주장한다. 코미아코프는 다음과 같이 말한다 :

> 교회를 가시적이고 불가시적 교회로 나누는 것을 인정하는 것은 오로지 인간과의 관계 속에서이다. 사실 교회의 통일성은 진실되고 절대적이다. 지상에서 살아가는 사람들, 그들의 지상적 삶을 마친 사람들, 지상에서 생활하

---

6. "The Church is One", section 9.

기 위하여 창조되지 않은 천사들 같은 존재들, 아직 그들의 지상적 삶을 시작하지 않은 미래의 세대들은 모두 하나의 교회, 하나의 동일한 하나님의 은혜 안에서 함께 연합되어 있다.…… 그리스도의 몸인 교회는 교회의 본질적 통일성 혹은 내적 은혜의 삶을 변화시키지 않고, 제때에 자신을 외부로 드러내고 자신의 힘을 완전히 발휘할 것이다. 그런 까닭에 우리가 교회를 '가시적, 불가시적'이라고 말할 때 우리는 단지 인간과의 관계 속에서 말한다.[7]

코미아코프에 따르면, 교회는 **그것의 본질적 특징들을 상실하지 않고 지상에서 완성된다.** 이것은 동방정교회의 가르침 속에서 매우 중요한 부분이다. 동방정교회는 단순히 불가시적이고 천상적인 이상적 교회를 믿지 않는다. 이 이상적 교회는 견고한 실체로 지상에서 가시적으로 존재한다.

그러나 동방정교회는 교회 안에 신적일 뿐만 아니라 인간적인 요소가 있음을 잊지 않고자 한다. 칼세돈의 교리는 그리스도에게 뿐만 아니라 교회에게도 적용되어야 한다. 신-인이신 그리스도가 신성과 인성의 두 본성을 가지신 것처럼, 교회 안에는 신성과 인성의 협동과 협력이 존재한다. 그러나 그리스도의 인간성과 교회의 인간성 사이에는 하나(그리스도의 인간성)는 완벽하고 죄가 없으나, 다른 하나(교회의 인간성)는 아직은 그렇게 완전하지 않다는 명백한 차이가 있다. 단지 교회에 속한 인류의 한 부분—하늘에 있는 성자들—만이 완전성을 획득하였다. 반면, 여기 이 지상에 교회의 구성원들은 종종 그들의 인간적 자유를 오용한다. 지상에서 교회는 긴장상태 속에서 존재한다. 교회는 이미 그리스도의 몸이다. 그리고 완전하고 죄가 없다. 그러나 그 구성원들은 불완전하고 죄가 많기 때문에 교회는 계속적으로 본래의 모습이 되어야 한다.[8]

---

7. Ibid., section 1.
8. "당신이 되어 가는 과정에 있다는 이 사상은 신약성서의 전체적인 종말론적 가르침의 열쇠이다"(Gregory Dix, *The Shape of the Liturgy*, p. 247).

그러나 인간의 죄는 교회의 본질적 성품에 영향을 미칠 수 없다. 우리는 지상에서 기독교인들이 죄를 짓고 불완전하기 때문에 교회도 죄를 짓고 불완전하다고 말하지 말아야 한다. 왜냐하면 교회가 지상에 있을지라도 교회는 천상적인 것이고, 죄를 지을 수 없기 때문이다.[9] 시리아의 성 에브라임은 교회를 참회자들의 교회, 멸망하는 사람들의 교회로 정확하게 말하였다. 그러나 이 교회는 동시에 삼위일체의 형상이다. 어떻게 교회의 구성원들이 죄인들인 동시에 성자들의 공동체(교제)에 속하는가? "교회의 신비는 죄인들이 모두 각자가 그들의 현재의 모습과는 '다른 무엇'이 된다는 사실 속에 존재한다. 이 '다른 무엇'은 그리스도의 몸이다."[10]

이것은 동방정교회가 교회의 신비를 접근하는 방법이다. 교회는 완전하게 하나님과 연결되어 있다. 교회는 성 삼위일체의 형상에 따른 새 생명, 그리스도와 성령 안에 있는 생명, 성례전들에 참여함으로 실현된 생명이다. 교회는 지상적이고 천상적이며, 가시적이고 불가시적이며, 인간적이고 신적인 단일한 실재이다.

교회의 통일성과 무오성

코미아코프는 그의 유명한 에세이의 서두에서 이렇게 기록하였다. "교회는 하나이다. 교회의 통일성은 필연적으로 하나님의 통일성으로부터 나온다."[11] 만약 우리가 진지하게 하나님과 그의 교회 사이의 결합을 주장한다면, 우리는 불가피하게 하나님이 하나인 것처럼 교회가 하나임

---

9. 1954년 에반스톤에서 동방정교회 대표단에 의해 만들어진 the Declaration on *Faith and Order*를 보라. 이 점이 매우 분명하게 지적되었다.
10. J. Meyendorff, "What Holds the Church Together?", in the *Ecumenical Review*, Vol. xii(1960), p. 298.
11. "The Church is One", section 1.

을 생각하여야 한다. 오로지 한 분 그리스도가 계신다. 그래서 그리스도의 한 몸만이 존재할 수 있다. 이 같은 하나됨은 이념적이고 불가시적인 것이 아니다. 동방정교회 신학은 '불가시적 교회와 가시적 교회'를 분리하는 것을 거부한다. 그러므로 동방정교회는 교회는 불가시적으로는 하나이지만 가시적으로 나누어졌다고 말하기도 거부한다 : 아니다. 교회는 여기 지상에서 홀로 하나의 참된 교회라고 주장할 수 있는 단일하고 가시적 공동체라는 의미에서 하나이다. 분열되지 않은 교회는 과거에 존재한 것일 뿐만 아니라, 미래에 다시 존재하게 될 우리가 희망하는 것이다. 이것은 여기 지금 존재하는 것이다. 통일성은 교회의 본질적 특성 가운데 하나이다. 지상에서 교회는 그 구성원들의 죄인됨에도 불구하고 그것의 본질적 특징들을 보유한다. 교회는 남아 있고, 항상 가시적으로 하나로 남아 있을 것이다. **교회로부터**(from) 분열이 있을 수 있지만, 교회 **안에서**(within)의 분열은 없다. 순수하게 인간적 차원에서 교회의 삶이 분열의 결과로 슬프게도 곤궁해지는 것은 부정할 수 없는 사실이지만, 이 분열은 교회의 본질적 성품에 악영향을 미칠 수 없다.

교회의 가시적 통일성에 관한 교회의 가르침 속에서, 동방정교회는 프로테스탄트세계보다 로마 가톨릭주의에 훨씬 더 가깝게 서 있다. 그러나 우리가 이 가시적 통일성이 어떻게 유지되는지 질문한다면, 로마와 동방은 다소 다른 대답을 제공한다. 로마에게 교회 안에서 일치의 원리는 그의 사법관할권이 전체 몸에 퍼져 있는 교황이다. 반면에 동방정교회는 어떤 감독에게도 보편적 사법관할권이 부여되었다고 믿지 않는다. 그러면 교회는 무엇을 가지고 있는가? 동방정교회인들은 성례전들 가운데 있는 성만찬(교제)의 행동(the act of communion)이라 대답한다. 교회에 대한 동방정교회의 신학은 무엇보다도 **성만찬(교제)의 신학**(a theology of communion)이다. 이그나티우스가 본 것처럼, 각 지역교회는 그들의 감독 주위에 모여 성만찬을 거행하는 신자들의 모임으로 구성되어 있다. 보편적 교회는 지역교회들의 지도자들, 감독들의 교제로 구성된다. 통일성은 교황(a Supreme Pontiff)의 권위에 의해서 밖으로부터 지탱되는 것이 아니라, 성만찬의 거행에 의해 내부로부터 창조된다. 교회는 구조상 한 성직자(a single hierarch)를 피라미드의 꼭지점에 두는 군주제가 아니다. 교회는 다수의 성직자들의 서로간의 교제, 각 성직자가 그의 회중의 구성원들과의 교제로 형성된 집단(collegial)이다. 그러므로 성만찬적 교제의 행동은 교회의 회원권을 위한 기준을 형성한다. 만약 그녀 혹은 그가 그들의 감독과의 교제를 끊으면, 각 개인은 교회의 구성원이 될 수 없다. 만약 그가 그의 동료 감독들과의 교제를 끊으면, 감독은 교회의 구성원이 될 수 없다.

지상에서 교회는 가시적으로 하나로 남아 있어 왔고, 남아 있어야 한다고 믿는 동방정교회는 또한 당연히 교회 자체는 하나의 가시적 교회가 되어야 한다고 믿는다. 이것은 대담한 주장이다. 그리고 여러 사람들에게 그것은 오만한 주장으로 보일 것이다. 그러나 이것은 그것이 만들어진 정신을 오해하고 있는 것이다. 동방정교회인들은 어떤 개인적 장점 때문이 아니라 하나님의 은혜로 그들이 참 교회라고 믿는다. 그들은 성 바울과 더불어 "우리가 이 보배를 질그릇에 가졌으니 이는 능력의 심히 큰 것이 하나님께 있고 우리에게 있지 아니함을 알게 하려 함이라." (고후 4 : 7) (개역)고 말한다. 그러나 자신들을 위한 자랑이라고 주장하지 않으면서 동방정교회인들은 모든 겸손으로 그들이 하나님으로부터 소중하고 독특한 선물을 받았다고 확신한다. 그리고 만약 그들이 다른 사람들에게 자신들이 이 선물을 소유하지 않았다고 속인다면, 그들은 천상의 빛 속에서 배반의 행동으로 정죄될 것이다.

동방정교회의 작가들은 종종 마치 그들이 고교회 앵글리칸들(High Church Anglicans) 가운데 한때 인기가 있었던 '분파이론'(Branch Theory)을 받아들인 것처럼 말한다(이 이론에 따르면 보편교회는 몇 개의 '분파'로 나누어진다. 일반적으로 세 가지 분파들이 가정된다. 로마 가톨릭, 영국 성공회, 그리고 동방정교회). 그러나 이러한 견해는 전통적 동방정교회 신학과 조화될 수 없다. 만약 우리가 '분파들'이라는 용어로 말한다면, 동방정교회의 관점에서 보편교회(Catholic Church)가 가질 수 있는 유일한 분파는 동방정교회 공동체 내의 지역 자치교회들(the local Autocephalous Churches)이다.

하나의 참 교회가 존재한다고 주장하면서, 동방정교회는 만약 교회가 그렇게 되기를 바란다면, 정교회는 권위에 있어서 처음 일곱 에큐메니칼 공의회와 동등한 또 다른 에큐메니칼 공의회를 혼자서 소집하고 개최할 수 있다고 믿는 것이나 다름없다. 동방과 서방의 분열 이후 서방과는 달리, 동방은 사실상 이러한 공의회의 소집을 선택하지 않았다. 그러나 이것은 그들이 스스로 그렇게 할 권리를 결여하고 있다고 믿었음을 의미하지는 않는다.

바로 이러한 것들이 교회의 통일성에 대한 동방정교회의 사상이다. 동방정교회는 또한 **교회 밖에는 구원이 없다**고 가르친다. 이 신념은 깨뜨릴 수 없는 교회의 통일성에 대한 동방정교회의 신념만큼 동일한 근거를 지닌다. 이 신념은 하나님과 그의 교회 사이의 밀접한 관계로부터 나온다. 그래서 성 키프리안은 이렇게 기록하였다 : "인간이 만약 교회를 그의 어머니로서 가질 수 없다면, 하나님을 그의 아버지로서 가질 수 없다."[12] 그에게 이것은 하나님과 교회를 서로 분리하여 생각할 수 없었기 때문에 명백한 진리로 보였다. 하나님은 구원이시다. 그리고 하나님의 구원하는 능력은 그의 몸인 교회 안에서 인간들에게 중재된다. "교회 밖에는 구원이 없다(Extra Ecclesiam nulla salus). 이 경구의 모든 절대적인 힘과 요점은 그것의 동의어 반복 속에 놓여 있다. **교회가 구원이기 때문에, 교회 밖에는 구원이 없다.**"[13] 그러면 가시적으로 교회 안에 있

---

12. On the Unity of the Catholic Chzxurch, 6.
13. G. Florovsky, "The Catholicity of the Church," in Bible, Church, Tradition, pp. 37-38.

지 않는 사람은 필연적으로 저주를 받는가? 물론 아니다. 더군다나 교회 안에 있는 모든 사람이 필연적으로 구원을 받는 것도 아니다. 어거스틴이 지혜롭게 표현한 것처럼, "얼마나 많은 양들이 교회 밖에 있으며, 얼마나 많은 늑대들이 교회 안에 있는가?"[14] "가시적이고 불가시적 교회" 사이의 분리가 존재하지 않을지라도, 가시적이지는 않지만 그의 회원권이 오직 하나님께만 알려진 교회의 구성원들이 있을 수 있다. 만약 누군가가 구원을 받았다면, 그는 **어떤 의미에서**(in some sense) 교회의 구성원임에 틀림없지만, **절대적인 의미에서** 항상 교회의 구성원이라고 말할 수는 없다.[15]

교회는 오류가 없다. 이것은 다시 하나님과 그의 교회 사이의 확고한 통일성으로부터 나온다. 그리스도와 성령은 오류를 범할 수 없다. 그리고 교회는 그리스도의 몸이기 때문에, 교회는 계속되는 오순절이기 때문에 교회는 오류가 없다. "… 이 집은 살아계신 하나님의 교회요 진리의 기둥과 터니라."(딤전 3 : 15) (개역), "진리의 영인 그분이 오실 때, 그분은 너희를 진리 가운데로 인도할 것이다."(요 16 : 13). 그래서 그리스도는 마지막 만찬에서 약속을 하셨다. 그리고 동방정교회는 그리스도의 약속은 실패할 수 없다고 믿는다. 도시테우스(Dositheus)는 다음과 같이 말하였다 : "우리는 보편교회가 성령에 의해 가르침을 받는다고 믿는다.…… 그러므로 우리는 보편교회가 오류를 범하거나, 결코 속임을 당하거나, 진리 대신에 거짓을 선택하는 것은 불가능하다는 사실을 진실로, 그리고 의심할 바 없이 확실한 것으로 믿고 고백한다."[16]
교회의 무오류성(infallibility)은 주로 에큐메니칼 공의회들을 통하여

---

14. Homilies on John, xlv, 12.
15. On this question, 이 책의 pp. 373 – 375를 보라.
16. *Confession*, Decree xii.

표현되었다. 그러나 우리가 공의회를 에큐메니칼하게 만드는 것을 이해하기 전에, 우리는 동방정교회의 공동체 속에서 감독들과 평신도의 위치를 생각해야만 한다.

감독 : 평신도 : 공의회

동방정교회는 계층질서적 교회이다. 동방정교회의 구조에 있어서 본질적 요소는 감독들의 사도적 계승이다. 도시테우스(Dositheus)는 다음과 같이 기록하였다. "감독의 권위는 교회 안에서 필연적이다. 감독 없이는 교회와 기독교인이라는 이름이 존재하거나 전혀 말해질 수 없다.…… 그는 지상에서 살아 있는 하나님의 형상이다.…… 그리고 우리가 구원을 얻는 보편교회의 모든 성례전들의 원천이다."[17] 키프리안은 "만약 누구든지 감독과 더불어 있지 않다면, 그들은 교회 안에 있지 않다."[18]고 말하였다.

동방정교회의 감독은 그의 선출과 성직수임식에서 (1) 통치권 (2) 가르치는 권세 (3) 성례전들을 거행하는 권한 등 삼중의 권한을 부여받는다.

(1) 감독은 하나님에 의해 양떼들을 인도하고 다스리도록 임명되었다. 이것은 그의 책무로 위임된 것이다. 그는 그 자신의 교구에서 '군주'(monarch)이다.

(2) 그의 성직수임시에 그는 성령으로부터 특별한 선물 혹은 **은사**(charisma)를 받는다. 이 선물 혹은 은사 덕분에 그는 신자들의 교사로서 행동한다. 감독들은 이 가르침의 직무를 우선적으로 그가 사람들에게 설교할 때인 성만찬에서 수행한다. 교회의 다른 구성원들 – 사제들

---

17. *Confession*, Decree x.
18. *Letter* lxvi, 8.

혹은 평신도-이 설교할 때, 엄격히 말하면 그는 감독의 대리자로 행동하는 것이다. 그러나 감독이 특별한 은사를 지녔을지라도, 그가 오류에 빠지고 잘못된 가르침을 제공하는 것은 항상 가능하다. 그밖의 장소에서와 마찬가지로 여기에서도 신인협동의 원리가 적용되며, 신적 요소들은 인간적 요소들을 추방하지 않는다. 감독은 한 사람이다. 그러므로 그는 오류를 범할 수 있다. 교회는 무오류하지만, 그러나 개인적 무오류성(교황의 그것과 같은 - 역자주)과 같은 것은 존재하지 않는다.

(3) 도시테우스가 지적한 것처럼, 감독은 "모든 성례전들의 원천"이다. 원시교회에 있어서 성만찬에서 집례자는 통상적으로 감독이었다. 그리고 오늘날에 있어서조차도 사제가 성만찬(Divine Liturgy)을 거행할 때, 사제는 사실상 감독의 대리인으로 행동하고 있는 것이다.

그러나 교회는 계층질서적일 뿐만 아니라, 은사적이고(charismatic) 오순절(Pentecostal)적이다. "성령을 소멸치 말며. 예언을 멸시치 말고"(살전 5 : 19-20). 성령은 **모든** 하나님의 백성들 위에 부어진다. 특별히 안수례받은 감독, 사제, 그리고 부제라고 하는 안수례받은 교역직이 있다. 그러나 동시에 하나님의 전백성들은 예언자들이고 사제들이다. 사도적 교회 안에는 손을 올려놓음으로 받는 제도적 교역직(institutional ministry) 이외에 성령에 의해 직접적으로 받는 다른 **은사들**(charismata) 혹은 선물들이 있다. 바울은 '병고침', '기적을 행함', '방언을 말함', 그리고 그 이외의 것들(고전 12 : 28-30)을 언급하였다. 후대의 교회에서는 이 카리스마적 사역들이 명백히 적어졌지만, 이 사역들은 결코 완전하게 소멸되지는 않았다. 예를 들어, 우리가 19세기 러시아에서 탁월했던 '장로'(eldership)의 직임을 생각해 보자. 이것은 안수례의 특별한 행동에 의해 주어지지 않고 사제와 감독 뿐만 아니라 평신도에 의해서 수행될 수 있었다. 사로프(Sarov)의 세라빔과 옵티노(Optino)의 *startsy*는 어떤 계층질서보다도 훨씬 더 커다란 영향력을 발휘하였다.

교회 삶의 '영적'이고 비기구적 측면은 러시아 이주민들 가운데 있는 최근의 신학자들에 의해 강조되었다. 그러나 이것은 또한 비잔틴 작가들, 가장 두드러지게 새 신학자 시메온(Symeon the New Theologian)에 의해 강조되었다. 동방정교회의 역사 속에서 은사들은 한번 이상 계층질서들과 갈등이 있었다. 그러나 결국 교회의 삶 속에서 두 요소들 사이의 모순은 없다. 양쪽에서 활동하고 있는 동일한 분은 성령이시기 때문이다.

우리는 감독을 통치자와 군주로 불렀다. 그러나 이 용어들은 거칠고 비인격적인 용어들로 이해되어지지 않는다. 왜냐하면 그의 권한들을 수행함에 있어서 감독은 기독교인의 사랑의 법에 의해 인도되기 때문이다. 그는 독재자가 아니라 그의 양떼들에게 아버지이다. 감독직(episcopal office)에 대한 동방정교회인들의 태도는 성직수임시에 사용되는 기도문 속에 잘 표현되어 있다 :

> 오 그리스도여! 감독직의 은혜의 청지기로 임명받은 이 사람이 당신의 양떼들을 위하여 자신의 생명을 버리신, 참된 목자인 당신의 모방자가 되기를 허락하소서. 그를 눈먼 자의 안내자로, 어둠 속에 있는 자의 빛으로, 무지한 자들의 선생으로, 무식한 자들의 교사로, 세상을 밝히는 횃불로 만드소서. 그래서 이 현재의 삶 속에서 그에게 위탁된 영혼들을 완전에게 데려오게 하시고, 그가 당신의 심판의 자리 앞에서 혼란 없이 서 있게 하소서! 그리고 당신이 당신의 복음을 가르침으로 고통받은 자들을 위하여 예비한 큰 상을 받게 하소서!

감독의 권위는 근본적으로 교회의 권위이다. 그러나 감독의 특권이 크지만, 그는 교회 **위에** 서 있는 자가 아니라 교회 **안에서** 직책을 담당하는 자이다. 감독과 백성들은 유기적 통일성으로 결합되어 있으며, 결코 서로 떨어져 있다고 생각될 수 없다. 감독들 없이 동방정교회의 백성들은 있을 수 없으며, 동방정교회의 백성들 없이 참된 감독은 존재할 수 없다.

키프리안은 "교회는 감독과 연합된 백성들이며, 그 목자와 달라붙어 있는 양떼들이다. 감독은 교회 안에 있으며 교회는 감독 안에 있다."[19]고 말하였다.

감독과 그의 양떼 사이의 관계는 상호적 관계이다. 감독은 하나님에 의해 임명된 신자들의 교사이다. 그러나 신자들의 **안내자**(guardian)는 감독 하나만이 아니라 하나님의 전체 백성, 감독들, 성직자, 그리고 평신도 모두이다. 진리의 선포는 진리의 청지기직과 동일하지 않다. 모든 백성들은 진리의 청지기들이다. 그러나 진리를 선포하는 것은 감독의 특별한 직임이다. 무오성(infallibility)은 단지 고립 속에 있는 감독에게 속하는 것이 아니라 전교회에 속한다. 동방정교회의 총대주교들이 1848년 교황 피우스 4세에게 보낸 편지에서 다음과 같이 말하였다 :

> 우리 가운데 총대주교나 공의회들도 새로운 가르침을 결코 시작할 수 없습니다. 왜냐하면 신앙의 인도자는 교회의 참된 몸, 즉 백성(laos) 자체이기 때문입니다.

이 진술을 논평하면서 코미아코프는 다음과 같이 기록하였다 :

> 교황은 우리가 교회적 계층질서를 교리의 안내자로 간주한다고 생각하면 큰 잘못이다. 경우는 아주 다르다. 기독교의 불변하고 오류 없는 교리적 진리는 어떤 계층질서에 의존하는 것이 아니다. 그것은 그리스도의 몸인 전체 교회, 교회의 전백성에 의해 인도된다.[20]

교회 안에서 평신도와 그들의 지위에 관한 개념은 에큐메니칼 공의회의 본질을 생각할 때 깊게 생각하여야 한다. 평신도들은 안내자들이지

---

19. *Letter* lxvi, 8.
20. *Letter* in W. J. Birkbeck, Russia and the English Church, p. 94.

교사들은 아니다. 그러므로 그들이 공의회에 출석하고 진행과정 속에서 활동적인 역할을 할지라도(콘스탄틴과 다른 비잔틴 황제들이 했던 것처럼), 공의회가 신앙내용의 공식적인 선언을 만들기 위한 순간이 도래했을 때, 그들의 가르치는 **은사**에 힘입어 마지막 결정을 내리는 것은 감독들뿐이다.

그러나 감독들의 공의회는 오류를 범할 수 있고 속임을 당할 수 있다. 그러면 우리는 어떻게 특별한 모임이 진실로 에큐메니칼적 공의회이며, 그것의 교령들이 무오하다고 확신할 수 있는가? 다수의 공의회들은 그들 자신들이 에큐메니칼적이라고 생각하였고, 전교회의 이름으로 말하기를 주장하였다. 그러나 아직도 교회는 그들을 이단으로 거부한다. 예를 들면, 449년 에베소 공의회 혹은 754년 히에라(Hieria)의 성상파괴 공의회, 혹은 1438~1439년 플로렌스 공의회. 그러나 이 공의회들은 외적 모습에 있어서 에큐메니칼 공의회들과 결코 다르지 않다. 그러면 공의회가 에큐메니칼적인지를 결정하기 위한 기준은 무엇인가?

이것은 처음에 나타났을 때보다도 대답하기 더 어려운 문제이다. 그리고 그것이 과거 수백 년 동안 동방정교회인들에 의해서 많은 논의가 있었음에도 불구하고, 제안된 해결책은 완전하게 만족스럽다고 말할 수 없다. 모든 동방정교회인들은 그들의 교회가 에큐메니칼적인 것으로 받아들인 7개의 공의회가 무엇인지를 안다. 그러나 정확하게 공의회를 에큐메니칼하게 만든 것이 무엇인지는 그렇게 명확하게 알지 못한다. 공의회에 대한 동방정교회의 신학 속에는 모호하고 신학자들의 입장에서 깊은 사고를 요청하는 특수한 점들이 있다는 사실이 인정되어야 한다. 마음속에 이러한 주의를 가지고, 간략하게 이 주제에 관한 동방정교회의 사상의 현재 경향을 생각해 보자.

공의회가 에큐메니칼적인지 아닌지를 우리가 어떻게 알 수 있는가 하는 이 문제에 대하여, 코미아코프와 그의 학파는 얼추 보아 명백하고 솔직하게 보이는 대답을 제공하였다 : 공의회는 그것의 교령들이 전체 교회에 의해 받아들여지지 않는 한, 에큐메니칼적이라고 생각될 수 없다는 것이다. 플로렌스, 히에라, 그리고 나머지들은 외적인 모습에 있어서는 에큐메니칼적이었지만, 참으로 그렇지는 않았다. 왜냐하면 정확하게 그들은 대부분의 교회들에 의해 받아들여지는 데에 실패하였기 때문이다(우리는 칼세돈에 관하여 이의를 제기할 수 있다. 칼세돈은 시리아와 이집트에 의해 거부되었다. 그러면 대부분의 교회들에 의해 받아들여졌다고 말할 수 있는가?). 코미아코프가 주장한 것처럼, 감독들은 진리의 교사들이기 때문에 그들이 공의회에서 진리를 규정하고 선포할 수 있다. 그러나 이러한 정의들은 평신도들을 포함하는 하나님의 전체 백성들에 의해 선포되어야 한다. 왜냐하면 전통(Tradition)의 안내자를 구성하는 것은 하나님의 백성이기 때문이다. 공의회가 대다수 교회에 의해 받아들여져야 한다는 필요성에 관한 이 강조는 그리스와 러시아의 몇몇의 동방 신학자들에 의해 의심을 받았다. 그들은 코미아코프와 그의 제자들이 감독의 특권을 위태롭게 하고 교회개념을 민주화한 것을 두려워했다. 그러나 적절하고 주의 깊게 인도된 형식 속에서, 코미아코프의 견해는 이제 오늘날의 동방정교회의 사상 속에서 공정하고도 광범위하게 받아들여졌다.

이 받아들여짐의 행동, 전체 교회에 의한 공의회의 수용(reception)은 법적 의미에서 이해되지 말아야 한다는 것이다 :

> 그것은 공의회들의 결정들이 일반 대중들에 의해 인정되어야 하고, 이러한 대중들 없이 공의회들은 힘을 지닐 수 없다는 것을 의미하지는 않는다. 이러한 대중들은 존재하지 않는다. 그러나 주어진 공의회의 목소리가 교회의 목소리인지, 혹은 교회의 목소리가 아닌지 진실로 역사적 경험으로부터 명백히 나타났다. 그것이 전부이다.[21]

---

21. S. Bulgakov, *The Orthodox Church*, p. 89.

참된 에큐메니칼 공의회에서 감독들은 진리가 무엇인지를 인식하였고 그것을 선포하였다. 그리고 이 선포는 전체 기독교 백성들의 동의에 의해 확증되었다. 이 확증은 사실상 형식적이고 명시적으로 표현되지는 않았으나 생생하게 살아 있는 것이다.

공의회의 에큐메니칼성을 결정하는 것은 공의회의 구성원들 뿐만 아니라 공의회 구성원들의 분포(distribution)이다 :

> '에큐메니칼' 공의회는 모든 자치교회들의 공인된 대표들이 그것에 참여하기 때문이 아니라, 그것이 에큐메니칼 교회의 신앙을 증거하였기 때문이다.[22]

공의회의 에큐메니시티는 외부적 기준만으로는 결정될 수 없다. "진리는 자명하고 내적으로 명백하기 때문에 외적 기준을 지닐 수 없다."[23] 교회의 무오성은 외부에서 '끌어낼' 수 없고, 너무 물질적 의미로 이해될 수 없다.

> 그들의 결정을 우리에게 구속력을 갖는 것으로 만드는 것은 에큐메니시티가 아니라 공의회들의 진리이다. 우리는 여기에서 동방정교회의 교회론의 근본적인 신비에 관하여 논하고 있는 것이다. 교회는 모든 형식적인 기준, 모든 형식적 무오성을 넘어 인간들 가운데 계시는 하나님의 현존의 기적이다. 에큐메니칼 공의회를 소집하는 것은 충분치 않다.…… 그렇게 모인 자들 가운데 그분이 현존하시어 말씀하셔야 한다. "나는 길이요, 진리요, 생명이다." 그러나 이러한 현존 없이 모임에 여러 사람이 대표자들로 모일지라도, 그것은 진리 안에 있는 것이 아닐 것이다. 개신교도들과 가톨릭은 일반적으로 이 근본적인 동방정교회의 진리를 이해하는 데 실패하였

---

22. 메트로폴리탄 세라빔, *L'Eglise orthodoxe*, p. 51.
23. V. Lossky, *The Mystical Theology of the Eastern Church*, p. 188.

다. 양측은 교회 안에서 하나님의 현존을 물질화하였다 – 한쪽에서는 성경의 문자들 속에서, 다른 한편은 교황의 인격 속에서. 물론 이들이 이로써 하나님의 현존의 기적을 경직화시킨 것이지 그것을 피한 것은 아니다. 동방정교회들에게 '진리'의 유일한 '기준'은 신비스럽게 교회 안에 살아 계시며, 교회를 진리의 길로 인도하시는 하나님 자신이시다.[24]

산 자와 죽은 자 : 하나님의 어머니

하나님과 그의 교회 안에 산 자와 죽은 자의 분리는 없다. 모두는 성부의 사랑 안에서 하나이다. 우리가 살아 있거나 죽어 있거나 교회의 구성원으로서 우리는 아직도 동일한 가정에 속하며, 아직도 서로의 짐을 짊어질 의무를 가지고 있다. 그러므로 동방정교회 교인들이 여기 지상에서 서로를 위해 기도하고 서로의 기도자를 요청하듯이, 그들은 또한 죽은 신자들을 위하여 기도하고 죽은 신자들이 그들을 위하여 기도하기를 요청하였다. 죽음은 교회의 구성원들을 함께 연결시키는 상호적 사랑의 결합을 절단할 수 없다.

죽은 자들을 위한 기도. "오 그리스도여! 병, 슬픔, 신음이 없고 영원한 생명만이 있는 곳에서 당신의 종들의 영혼이 성자들과 더불어 쉬게 하소서!" 그래서 동방정교회는 죽은 신자들을 위하여 기도한다. 그리고 다시

> 오! 영혼과 모든 육체의 하나님. 당신은 죽음을 짓밟으시고 사단을 내어 던지셨습니다. 그리고 당신의 세상에 생명을 주셨습니다. 오 주님! 당신의 죽은 종들의 영혼들이 모든 고통, 슬픔, 그리고 한숨이 사라진 빛과 원기

---

24. J. Meyendorff, M. J. le Guillou, *Mission et unite*(Paris, 1960), Vol. 2, p. 313에서 인용.

회복, 그리고 휴식의 장소에서 쉬게 하소서! 말과 행위와 생각으로 그들이 범한 모든 허물을 용서하소서!

동방정교회인들은 기독교인이 여기 지상에서 죽은 자들을 위하여 기도할 의무가 있다고 확신하였으며, 그들은 죽은 자들이 기도에 의해 도움을 받을 것이라고 확신하였다. 그러나 정확하게 어떤 방식으로 우리의 기도들이 죽은 자들을 도울 수 있는가? 죽음과 마지막 날 몸의 부활 사이의 기간에 영혼의 상태는 정확하게 어떠한가? 여기에 대해 동방정교회의 가르침은 전적으로 명확하지는 않다. 그리고 시대에 따라 다소 다르다. 17세기 다수의 동방정교회의 작가들은 - 가장 뛰어나게는 모길라의 피터, 그리고 도시테우스(Dositheus)의 **신앙고백** 속에서 - 로마 가톨릭의 연옥교리 혹은 그것과 매우 유사한 것을 지지하였다.[25] (정상적인 로마 가톨릭의 가르침에 따르면, 적어도 과거에 연옥 속에서 영혼들은 속죄의 고통을 경험하며, 그래서 그들의 죄에 대한 보속을 제공한다.) 오늘날 만약 동방정교회 신학자들이 연옥사상을 거부하지는 않는다면, 그것은 적어도 대부분 이러한 형식 속에서일 것이다. 다수는 죽은 신자들이 전혀 고통을 받지 않는다고 말하는 경향이 있다. 또 다른 학파는 아마도 그들이 고통을 받지만, 만약 그렇다 하더라도 그들의 고통은 속죄적 성질이 아니라 정화하는 성질이라고 주장한다. 왜냐하면 인간이 하나님의 은혜로 죽었을 때, 하나님은 자유롭게 그를 그의 모든 죄로부터 용서하시고 속죄적 형벌을 요구하지 않기 때문이라는 것이다. 세상의 죄를 제거하신 하나님의 어린양 그리스도는 우리의 유일한 속죄이며 만족이다. 그러나 세 번째 그룹은 모든 질문을 완전히 개방하기를 좋아하였다. 그들은 우

---

25. 그러나 17세기에도 다수의 동방정교회인들은 연옥에 관한 로마의 가르침을 거부하였다는 사실이 지적되어야 한다. 모길라의 「동방정교회 신앙고백서」 속에 죽은 자에 관한 진술들은 조심스럽게 Meletius Syrigos에 의해 변화되었다. 한편, 도시테우스는 그의 「신앙고백서」 속에 이 주제에 관하여 기록한 것을 그의 생애 후반에 철회하였다.

리가 죽음 후의 삶에 관한 상세한 형식들을 피하고, 대신에 존경할 만하고 불가지론적 침묵을 유지해 보자고 말한다. 이집트의 성 안토니는 한때 하나님의 섭리에 관하여 걱정하고 있을 때 한 소리가 그에게 들렸다고 말한다. "안토니여! 너 자신을 돌아보아라. 왜냐하면 이것들은 하나님의 심판들이며, 너는 그것을 알지 못하고 있기 때문이다."[26]

성자들. 새 학자 시메온은 성자들이 황금으로 된 사슬을 형성하고 있는 것으로 묘사하였다 :

> 모든 사람들에게 처음부터 마지막까지, 머리에서 발까지 영향을 미치시는 성 삼위일체는 그들 모두를 함께 결합시키신다.…… 각 세대 속에서 성자들은 전에 지나간 사람들과 연합되어, 그들과 같이 빛으로 충일한 황금 사슬이 된다. 각 성자는 황금사슬 속에서 신앙, 행위, 그리고 사랑에 의해 다음 세대와 연합하는 연결점이다. 그래서 한 하나님 속에서 그들은 재빨리 부러질 수 없는 단일한 사슬을 형성한다.[27]

이것이 성자들의 교제에 대한 동방정교회의 사상이다. 이 사슬은 상호적 사랑과 기도의 사슬이다. 그리고 이 사랑의 기도 속에서 지상교회의 구성원들은 성자라 불려지고, 그들의 지위를 지닌다.

개인적으로 동방정교회 기독교인들은 성자로 추앙된 자든, 안 된 자이든 교회의 어떤 구성원들에게도 기도를 요청하는 데 자유롭다. 만약에 동방정교회의 어린이가 고아라면, 그는 하나님의 어머니와 성자들뿐만 아니라, 그 자신의 어머니와 아버지의 중보기도를 요청함으로 그의 저녁기도를 마치는 것은 정상적인 것이었다. 그러나 공적 예배 속에서 교회는 일반적으로 공식적으로 성자로 선언된 사람들만의 기도를 요청하였다. 그러나 공적 제의(a public cult)가 예외적 상황 속에서 교회법

---

26. *Apophthegmata*(P.G. lxv), Antony, 2.
27. *Centuries*, 111, 2-4.

의 그 어떠한 형식적 결정도 없이 만들어졌다. 오토만제국의 지배 아래 그리스 교회는 곧 예배 속에서 새 순교자들(the New Martyrs)을 기념하기 시작하였으나, 터키인들의 주목을 피하기 위하여 그 어떤 공적 선포의 행동은 없었다. 새 순교자들에 대한 제의(cult)는 대부분의 경우에 대중적 활동에 의해 자발적으로 일어난 것들이다. 동일한 사건이 공산주의 아래에서 러시아의 새 순교자들에게 일어났다. 오랫동안 그들은 소련 내에 있는 신자들에 의해 존경을 받았다. 그러나 러시아 교회가 그들을 공개적으로 성자들로 선언하게 된 것은 1988년 이후이다.

성자들에 대한 숭배는 성상(icons)에 대한 존경과 밀접히 결합되어 있다. 이러한 성상들은 동방정교회인들에 의해 그들의 교회들 안에서 뿐만 아니라 그들의 각 가정의 방 안에서, 그리고 심지어 차와 버스 안에서 놓여졌다. 이들 영원한 현재의 성상들은 살아 있는 교회의 구성원들과 전에 살다간 사람들 사이에 만남의 장소 역할을 했다. 성상들은 동방정교회인들로 하여금 성자들을 과거로부터 온 멀고 전설적인 인물로서가 아니라 동시대인으로, 인격적 친구로 생각하게 하였다.

세례시에 동방정교회인들은 지상적 교회 뿐만 아니라 천상적 교회의 가입에 대한 상징으로 성자의 이름이 주어졌다. 동방정교회인들은 그들이 지니고 있는 성자들의 이름에 특별한 경의를 지니고 있었다. 일반적으로 그들은 그들의 방에 그들의 수호성자(patron saint)를 지니고 있었으며, 매일 그의 혹은 그녀의 중보기도를 요청하였다. 그들은 그들의 수호성자의 축일을 그들의 **이름의 날**(Name Day)로 지켰다. 대부분의 동방정교회에서(대륙적 유럽에서 대부분 로마 가톨릭교회들처럼) 이것은 자신의 출생일보다 훨씬 중요한 날이었다. 세르비아의 각 가정은 그들의 후견인 성자를 가지고 있었고, 성자의 날에 전 가정은 **슬라바**(Slava)로 알려진 집단적인 의식을 거행하였다.

동방정교회인들은 기도 속에서 성자들 뿐만 아니라 천사들, 특별히 그녀 혹은 그의 수호천사를 초대하였다. 천사들은 "그들의 중보기도로 우리를 방어하고, 그들의 비물질적인 영광의 보호 날개 아래로 우리를 대피시킨다."[28]

하나님의 어머니. 성자들 가운데 복되신 처녀 마리아는 특별한 지위를 지녔다. 동방정교회인들은 그녀가 하나님의 피조물들 가운데 가장 존귀(exalted)하며, "체루빔(cherubim)보다 더 존경스럽고(honoured), 세라빔(seraphim)보다 비교할 수 없을 정도로 더 영광스러운 존재로 숭배한다."[29] 우리가 그녀를 "하나님의 피조물 가운데 가장 존귀하다."고 말한 것에 주목하라. 로마 가톨릭과 마찬가지로 동방정교회인들은 하나님의 어머니를 **공경하고**(venerate) **존경한다**(honour). 그러나 교회의 구성원들은 그녀를 삼위일체의 제4위격으로 간주하지 않으며, 그녀에게 하나님에게만 합당한 **예배**를 드리지도 않는다. 그리스 신학 속에서 구별이 매우 명백하게 표현되어 있다. 하나님께 예배를 드릴 때 사용되는 특별한 용어는 **라트레이아**(latreia)이다. 그러나 성모 마리아를 존칭하기 위한 용어는 다른 단어(duleia, hyperduleia, proskynesis)가 사용된다.

동방정교회 예배들 속에서 마리아는 종종 언급된다. 그리고 각 경우에 그녀는 일반적으로 그녀의 충분한 타이틀을 제공받는다. "우리의 전적으로 거룩하고(Our All-Holy) 흠이 없고 가장 복되시고 영광스러운 숙녀(Lady), 하나님의 어머니, 그리고 영원한 처녀 마리아." 여기에는 동방정교회에 의해 우리의 숙녀(Our Lady)로 사용된 세 번째 주된 형용사가 포함되어 있다 : 하나님-잉태자, 하나님의 어머니(Theotokos), 영원한-처녀(Aeiparthrnos), 그리고 전적인-거룩(Panagia). 이 이름들 중 첫 번째는 제3차 에큐메니칼 공의회(에베소, 431년)에 의해 그녀에게 주

---

28. From the Dismissal Hymn for the Feast of the Archangels(11월 8일).
29. 성 요한 크리소스톰에 대한 예배와 다른 예배들에서 불려진 *Meet it is*라는 찬송으로부터.

어졌다. 두 번째는 제4차 에큐메니칼 공의회(콘스탄티노플, 553년)에 의해 주어졌다.[30] 전적인 – 거룩이라는 이름은 교리적 정의의 문제가 아니었음에도 불구하고, 모든 동방정교회에 의해 받아들여져 사용되었다.

하나님의 어머니(Theotokos)라는 명칭은 마리아에 대한 동방정교회의 애정을 이해하는 데 열쇠를 제공하기 때문에 특별히 중요하다. 우리는 그녀가 우리의 하나님의 어머니이기 때문에 마리아를 존경한다. 우리는 그녀를 고립 속에서 존경하는 것이 아니라, 그녀의 그리스도와의 관계 때문에 존경한다. 그래서 마리아에게 표시된 존경은 하나님에 대한 경배를 약화시키기보다는 정확하게 반대의 결과를 지닌다. 우리가 마리아를 존경하면 할수록, 그녀의 아들의 위엄에 대한 우리의 인식이 더욱더 생생해진다. 왜냐하면 우리가 어머니를 존경하는 것은 정확히 아들로 말미암기 때문이다.

우리는 그녀의 아들 때문에 마리아를 존중한다. 마리아론은 단순히 그리스도론의 연장이다. 에베소 공의회의 교부들은 그녀를 그녀의 아들과는 동떨어진 하나의 목적(an end)으로 영광스럽게 하는 것이 아니라, 마리아를 존중함으로 그들이 올바른 그리스도 위격론에 대하여 담보할 수 있었기 때문에 마리아를 **하나님의 어머니**라 부르자고 주장하였다. **말씀이 육체가 되었다**는 이 위대한 구절의 의미를 생각하는 사람은 신비를 능가하는 도구로 선택된 그녀에 대하여 심오한 경외감을 느끼지 않을 수 없다. 사람들이 마리아에 대하여 존경하기를 거부할 때, 그와 같은 일은 그들이 진실로 성육신을 믿지 않기 때문에 너무 자주 일어난다.

그러나 동방정교회인들은 마리아가 **하나님의 어머니**일 뿐만 아니라, 그녀가 **전적인 거룩**이기 때문에 마리아를 존경한다. 모든 하나님의 피

---

30. 영원한 처녀 마리아에 관한 믿음은 첫눈에 보기에는 마가복음 3 : 31에서 '그리스도의 형제들'을 언급하기 때문에 성서와 반대되는 것처럼 보인다. 그러나 마가복음의 언급은 이전의 결혼에서 요셉에게 태어난 이복형제들일 것이다. 또한 그리스어로 여기에서 사용된 단어는 엄격한 의미에서 형제라기보다 사촌이나 가까운 친척을 의미할 수 있다.

조물들 가운데 그녀는 신의 목적과 인간의 자유 사이의 신인 협동과 협력의 최고의 본보기이다. 항상 우리의 자유로운 선택을 존중하시는 하나님은 그의 어머니의 의지적 승낙 없이는 성육신하기를 원하지 않는다. 그분은 그녀의 자발적 응답을 기다리신다. "마리아가 가로되 주의 계집종이오니 말씀대로 내게 이루어지이다……"(눅 1 : 38) (개역). 마리아는 거부할 수 있었다. 그녀는 신비에 있어서 소극적이지 않고 활동적인 참여자였다. 니콜라스 카바실라스가 말한 것처럼,

> 성육신은 성부, 그의 권능과 그의 영의 역사일 뿐만 아니라 성모 마리아의 뜻과 신앙의 역사이다.…… 하나님이 자발적으로 성육신하신 것처럼, 그분은 그의 어머니가 그를 자유롭게, 그리고 그녀의 완전한 승낙으로 잉태하기를 바랐다.[31]

만약 그리스도가 새 아담이라면, 마리아는 새 이브이다. 하나님의 뜻에 대한 그의 순종적 복종은 낙원에서 이브의 불순종과 균형을 이룬다. "그래서 이브의 불순종의 끈은 마리아의 순종을 통하여 풀렸다. 왜냐하면 처녀 이브, 그녀의 불신앙으로 결합된 것이 처녀 마리아, 그녀의 신앙에 의해 풀렸기 때문이다."[32] "이브에 의해 죽음이, 마리아에 의해 생명이."[33]

동방정교회는 마리아를 전적으로 – "거룩한"(All – Holy) 분으로 부른다 ; 그것은 그녀를 '흠이 없다' 혹은 '결점이 없다'(그리스어로 achrantos)고 부르는 것이다. 그리고 모든 동방정교회 교인들은 우리의 숙녀는 실제적 죄로부터 자유롭다고 믿는 데 동의한다. 그러나 그녀는 또한 원죄로부터도 자유로운가? 다른 말로, 동방정교회는 교황 피우스 9세에

---

31. *On the Annunciation*, 4 – 5 in *Patrologia Orientalis*, Vol. xix(Paris, 1926), p. 488.
32. Irenaeus, *Against the Heresies*, III, xxii, 4.
33. Jerome, *Letter* xxii, 21.

의해 교리로 선포된 로마 가톨릭교회의 무흠잉태론에 동의하는가? 이 교리에 따르면, 마리아는 그녀의 어머니 성 안나에 의해 잉태된 순간부터 하나님의 특별한 뜻에 의해 '모든 원죄의 결점'으로부터 구원을 받았다. 동방정교회는 이 문제에 관하여 그 어떤 형식적이고 규정적인 선언을 결코 만들지 않았다. 과거에 개인적으로 동방정교회 교인들은 무흠잉태론을 명시적으로 확정하지 않는다는 전제하에, 어쨌든 그것에 가깝게 접근하는 진술들을 하였다. 그러나 1854년 이래로 대다수의 동방정교회인들은 7가지 이유로 이 교리를 거부하였다. 그들은 그것이 불필요하다고 느꼈다. 그들은 어쨌든 로마 가톨릭에 의해 정의된 그것이 원죄에 대한 잘못된 이해를 가지고 있다고 느꼈다. 그들은 그 교리가 마리아를 구약의 모든 다른 의로운 남자들과 여자들로부터 완전히 다른 계층 속에 놓고, 그녀를 아담의 후손들로부터 분리시키는 것처럼 보이게 하기 때문에 그 교리를 의심하였다. 그러나 동방정교회의 관점으로부터 전체적 문제는 신학적 견해의 영역에 속한다. 그리고 만약 오늘날 개인적 동방정교회인들이 무흠잉태론을 믿도록 강요받고 있다고 느낀다면, 그녀 혹은 그는 그렇게 하고 있기 때문에 이단이라고 불릴 수 없다.

그러나 동방정교회는 대부분 마리아의 무흠잉태론을 부정하는 반면, 그녀의 몸소 승천은 확고하게 믿는다.[34] 인류의 나머지처럼, 우리의 숙녀는 육체적 죽음을 경험하였다. 그러나 그녀의 경우에 그녀의 몸은 하늘로 올려졌고, 그녀의 무덤은 빈 것으로 발견되었다. 그녀는 죽음과 심판을 넘어갔고 이미 오는 시대 속에서 사신다. 그러나 그녀는 거기에서 인류의 나머지와 분리되어 계시지 않는다. 왜냐하면 우리 모두는 마리아가 지금 즐기고 있는 그 동일한 몸의 영광을 공유하기를 희망하기 때문이다.

---

34. 교황이 1950년 몸소 승천을 하나의 교리로 선언한 직후, 소수의 동방정교회인들은 로마 가톨릭교회에 반작용으로 몸소 승천에 관한 의심을 표시하고, 심지어 명백히 그것을 부정하기 시작하였다. 그러나 그들은 확실히 동방정교회의 전체를 대표하지는 않는다.

하나님의 어머니의 승천에 대한 믿음은 8월 15일 'Dormition' 혹은 'Falling Asleep' 축일에 교회에 의해 불려지는 찬송 속에서 명백하고도 분명하게 확정되었다. 그러나 로마와는 달리 동방은 결코 승천을 하나의 교리로서 선포하지는 않았으며, 그것이 영원히 그렇게 되기를 바라지도 않았다. 삼위일체와 성육신 교리들은 교회의 공적인 설교에 속하기 때문에 교리들로 선포되었다. 그러나 우리의 숙녀의 영화(glorification)는 교회의 내적인 전통에 속한다 :

> 교회가 자신의 숨겨진 깊은 내적 의식 속에서 가지고 있는 신비들에 관하여 말하고 생각하기는 어려운 일이다.…… 하나님의 어머니는 결코 사도들의 공적 설교의 주제가 아니었다. 한편, 그리스도는 세상에 선포되었고, 온 세상에 전달된 최초의 설교 속에서 모든 사람들이 알도록 선포되었다. 반면에 그의 어머니의 신비는 단지 교회에 속한 사람들에게만 계시되었다.…… 그것은 믿음의 대상이 아니라 전통 속에서 익은 우리의 소망의 근거, 믿음의 열매이다. 그러므로 우리는 하나님의 어머니의 최상의 영광에 관하여 교리화하지 않고 침묵하도록 하자.[35]

종말론

기독교인에게는 천국과 지옥이라는 단지 두 가지 궁극적 선택이 존재한다. 교회는 그리스 신학이 그리스도가 큰 영광 속에서 산 자와 죽은 자를 심판하시기 위해 돌아오실 때를 **아포카타스타시스**(apocatastasis) 혹은 '회복'(restoration)이라 부르는 종말의 최종적 완성을 기대한다. 마지막 **아포카타스타시스**는 우리가 본 것처럼, 사물의 구속과 영화를 포함한다. 마지막 날에 의인들은 무덤에서 올라와 한번 더 한 몸 - 우리

---

35. V. Lossky, "*Panagia*", in *The Mother of God*, edited by E. L. Mascall(London, 1949), p. 35.

가 지금 소유하고 있는 몸이 아닌 - 에 연합될 것이다. 그러나 그 몸은 변형되고 영적이 되며, 그 몸속에서 내적 신성은 외적으로 나타난다. 그리고 우리의 몸 뿐만 아니라 온 세상의 물질적 질서도 변형될 것이다. 하나님은 새 하늘과 새 땅을 창조하실 것이다.

그러나 하늘 뿐만 아니라 지옥도 존재한다. 최근 몇 년 동안 서방과 동시에 동방정교회 내에서 다수의 기독교인들은 지옥에 대한 사상은 사랑의 하나님에 대한 신앙과 모순되는 것으로 느껴 왔다. 그러나 그렇게 주장하는 것은 슬프고 위험스러운 사상의 혼란을 나타내는 것이다. 하나님이 끝없는 사랑으로 우리를 사랑한다면, 그분이 우리에게 자유의지를 주신 것 또한 사실이다. 그리고 우리가 자유의지를 가졌기 때문에 우리가 하나님을 거부하는 것이 가능하다. 자유의지가 있기 때문에 지옥이 존재한다. 왜냐하면 지옥은 하나님에 대한 거부 이외에 아무것도 아니기 때문이다. 만약 우리가 지옥을 부정한다면, 우리는 자유의지를 부정한다. 5세기 초의 수도승 혹은 은자 마가는 "하나님처럼 선하고 사랑이 많은 사람은 없지만, 하나님께서도 회개하지 않는 사람들은 용서하지 않는다."[36]고 기록하였다. 하나님은 우리가 그분을 사랑하도록 강요하지 않으신다. 왜냐하면 만약 사랑이 자유롭지 않다면, 그것은 더 이상 사랑이 아니기 때문이다. 그러면 하나님은 어떻게 모든 화해를 거부하는 사람들과 화해할 수 있는가?

마지막 심판과 지옥에 대한 동방정교회인들의 태도는 사순절 이전 3주간 주일예배에서 읽는 복음서의 선택된 구절 속에 명백히 표현되어 있다. 첫 번째 주일에 세리와 바리새인의 비유를 읽는다. 두 번째 주일에는 회개하는 모든 죄인들을 향한 하나님의 측량할 수 없는 용서와 자비를 설명하는 탕자 비유를 읽는다. 그러나 세 번째 주일을 위한 복음서의 비유 - 양과 염소 비유 - 속에서 우리는 또 다른 진리를 발견한다. 즉,

---

36. 「선행으로 칭의받을 수 있다고 생각하는 자들에 관하여」, 71(*P.G.* lxv, 940D).

하나님을 거부하고 그분으로부터 벗어나 지옥으로 갈 수 있다는 것이다. "또 왼편에 있는 자들에게 이르시되, 저주를 받은 자들아, 나를 떠나 마귀와 그 사자들을 위하여 예비된 영영한 불에 들어가라"(마 25 : 41).

하나님에 대한 동방의 교리 가운데에 공포주의는 존재하지 않는다. 동방 기독교인들은 비열한 공포 속에서 그분 앞에서 움츠려 들지 않는다. 오히려 그분을 **인간을 사랑하는 자**(philanthropos)로 생각한다. 그러나 그들은 그리스도는 그의 두 번째 강림시에 **심판자**로 올 것임을 마음 속 깊이 새기고 있다.

지옥은 하나님이 인간들을 투옥시키는 장소가 아니라, 인간들이 그들의 자유의지를 오용함으로 스스로 갇히기를 선택한 장소이다. 그리고 지옥 속에서도 사악한 자들은 하나님의 사랑을 빼앗긴 것이 아니라, 그들 자신의 선택으로 그들은 성자들이 기쁨으로 경험한 것들을 고통으로 경험한다. 하나님의 사랑은 스스로 그것을 얻지 못한 사람들에게 참을 수 없는 고통이 될 것이다.[37]

지옥은 마지막 가능성으로 존재한다. 그럼에도 불구하고 몇몇의 교부들은 종말에 모든 사람이 하나님과 화해할 것이라고 믿었다. 모든 사람들이 구원되어야 한다고 말하는 것은 자유의지를 부정하기 때문에 이단적이다. 그러나 모든 사람이 구원받을 수 있다고 소망하는 것은 정당하다. 마지막 날이 도래하기까지 우리는 어떤 사람의 구원도 포기해서는 안 된다. 예외없이 모든 사람의 화해를 갈망하고 기도해야 한다. 어떤 사람도 우리의 사랑의 중재로부터 배제되지 말아야 한다. 시리아인 이삭은 "자비로운 마음이 무엇이냐?"고 묻고 그것은 "모든 피조물들, 인간들, 새들, 짐승들, 마귀들에 대한 사랑으로 불타는 마음이다."[38]라고 말하였다. 니싸의 그레고리는 기독교인은 심지어 사단의 구속을 진정으로

---

37. V. Lossky, The Mystical Theology of the Eastern Church, p. 234.
38. Mystic Treatises, edited by A.J. Wensinck(Amsterdam, 1923), p. 341.

소망할 수 있다고 말하였다.

성경은 열렬한 기대의 기록으로 끝난다. "내가 진실로 속히 오리라 하시거늘 아멘 주 예수여 오시옵소서"(계 22 : 20). 열렬한 소망의 동일한 정신 속에서 처음 기독교인들은 "은혜가 도래하고 이 세상은 지나갔다."[39]고 기도하곤 했다. 하나의 관점으로 볼 때 처음 기독교인들은 잘못을 범하였다. 그들은 세상의 종말은 거의 즉각적으로 일어날 것이라고 생각했기 때문이다. 반면에 사실 2천 년이 지나고 아직도 종말은 도래하지 않았다. 우리는 그 때와 시기를 알 수 없다. 그리고 아마도 이 현재의 질서는 수천 년 이상 지속될 것이다. 그러나 또 다른 관점에서 볼 때 초기 교회는 옳았다. 왜냐하면 종말이 즉각 혹은 늦게 오든, 그것이 시간적으로 가까이에 있지 않을지라도, 그것은 항상 긴박하고 항상 영적으로 가까이에 있는 것이다. 주님의 날은 우리가 예상하지 못한 시간에 밤에 도둑같이 올 것이다(살전 5 : 2). 그러므로 사도시대처럼 오늘날에도 항상 끊임없는 기대 속에서 기다림으로 준비하고 있어야 한다. 오늘날 동방에 있어서 신앙부흥의 가장 고무적인 사인들 가운데 하나는 다수의 동방정교회 가운데 재림과 재림의 현실상부성에 대한 새로운 인식이다. "러시아를 방문한 한 목회자가 러시아 교회의 핵심적인 문제가 무엇인지 질문하였을 때, 한 사제는 주저없이 **재림**(Parousia)이라고 대답했다."[40]

그러나 재림은 단순히 미래에 있을 하나의 사건이 아니다. 왜냐하면 교회의 삶 속에서 도래하는 시대는 이미 이 현세대 안으로 뚫고 들어오기 시작하였다. 하나님의 교회의 구성원들에게 마지막 시대는 여기, 그리고 지금 기독교인들이 하나님 나라의 첫 열매를 즐기고 있기 때문에 이미 시작되었다. **그렇다 하더라도 주 예수여 오시옵소서!** 그분은 이미 거룩한 성만찬예배와 교회의 예배 속에서 오신다.

---

39. Didache, x, 6.
40. P. Evdokimov, L'Orthodoxie, p. 9(Parousia : 재림에 관한 그리스 용어).

동방정교회의 예배 I
- 지상의 천국 -

> 교회는 천상의 하나님이 거하시며 운행하시는 지상의 천국이다.
> −게르마누스 콘스탄티노플의 총대주교(733년 사망)

교리와 예배

「러시아의 제1사기」(史記 ; Russian Primary Chronicle)에는 키예프의 제후 블라디미르가 아직 이교도였을 때 참된 종교가 무엇인지 알고자 했으며, 그래서 그의 부하들을 번갈아 세계의 여러 나라들에 방문하도록 보낸 이야기가 있다. 그들은 먼저 볼가(Volga)의 이슬람교도인 불가인들(Bulgars)에게로 갔다. 그러나 그들이 기도하고 있을 때 무엇에 홀린 듯한 사람들이 그들 주변에서 응시하고 있는 것을 관찰하고, 그들은 불만족하여 그들의 길을 계속하여 갔다. 그들은 블라디미르에게 "그들 가운데에는 기쁨이 없었고 슬픔과 악취가 있었다. 그리고 그들의 제도는 선한 것이 아무것도 없었다."고 보고하였다. 다음으로 독일과 로마를 여행한 후 그들은 보다 만족스러운 예배를 발견하였다. 그러나 여기 또한 아름다움은 없었다고 불평하였다. 마지막으로 그들은 콘스탄티노플을 여행하고, 마침내 여기에서 그들은 성 소피아 성당의 성만찬의식(Divine Liturgy)에 참석하고는 그들이 원하는 것을 발견하였다. "우리는 우리가 천국에 있었는지 지상에 있었는지 알 수 없었다. 왜냐하면 분명 지상에서 이렇게 황홀하고 아름다운 곳은 없기 때문이다. 우리는 당신에게 그것을 묘사할 수 없다. 단지 우리는 하나님께서 바로 그 곳에 있는 인간들 가운데 거하시며, 그들의 예배는 다른 모든 장소의 예배를 능가한다는 사실을 안다. 우리는 그 아름다움을 잊을 수 없다."

이 이야기 속에서 동방정교회의 몇 가지 특징적인 모습을 볼 수 있다. 첫 번째는 신적인 아름다움에 관한 강조이다. **우리는 이 아름다움을 잊을 수 없다**. 동방정교회 사람들의 – 특별히 비잔티움과 러시아 – 독특한 은사는 다수의 사람들에게 영적 세계의 아름다움을 인식하고 그들의 예배 속에서 하늘의 아름다움을 표현하는 능력이라고 보여진다.

두 번째의 특징은 러시아인들이 **우리가 천국에 있었는지 지상에 있었는지 알 수가 없었다**고 말했다는 것이다. 동방정교회인들에게 예배는 '지상에서의 천국'이다. 성만찬의식(Holy Liturgy)은 동시에 두 세계를 포용하는 것이며, 천상과 지상에서 제의는 하나이며 동일하다 – 하나의 제단, 하나의 희생, 하나의 현존. 그러나 모든 장소의 예배에서 예배의 외부적인 모습이 보잘것없을지라도, 신자들이 성만찬을 거행하기 위하여 함께 모일 때 그들은 '천상의 장소들' 안으로 모이는 것이다. 모든 장소의 예배에서 거룩한 희생이 봉헌될 때, 지역회중 뿐만 아니라 보편교회 – 성자들, 천사들, 하나님의 어머니, 그리고 그리스도 자신 – 가 현존한다. "이제 천상의 권세들이 우리와 함께 현존하며, 그리고 그들은 비가시적으로 예배한다."[1] **우리는 하나님께서 거기에 있는 인간들 가운데 계신다는 사실을 안다**.

---

1. 미리 거룩하게 된 예배에서 큰 문에서 부르는 단어들.

'지상에서의 천국' 이라는 비전으로 영감을 받은 동방정교회인들은 그들의 예배를 외적인 웅장함과 아름다움 속에서 천상에 있는 위대한 제의의 형상(an icon of the great Liturgy)으로 만들고자 했다. 612년에 성 소피아 성당의 직원들 가운데에는 80명의 사제, 150명의 부사제(집사), 40명의 여자부사제, 70명의 부부제, 160명의 독경사, 25명의 지휘자, 100명의 문지기 등이 있었다. 이것은(성당 직원의 수 – 역자주) 블라디미르의 사절단이 참석한 예배에 약간의 장엄성을 제공하였다. 그러나 매우 다양한 외적 환경 아래 동방정교회의 예배를 경험한 다수의 사람들은 키예프에서 온 러시아인들과 마찬가지로 인간들 가운데 계시는 하나님의 현존의 의미를 느꼈다. 예를 들어, 러시아의「제1사기」에서 1935년 기록된 한 영국 여성의 편지에로 돌아가 보자 :

> 오늘 아침은 너무 이상하다. 차고 위의 마구간 안에 있는 매우 더럽고 지저분한 장로교 선교관은 러시아인들이 두 주일에 한 번씩 성만찬예배를 드리도록 허락된 곳이다. 이 곳에 하나의 강단 성상 칸막이 커튼과 소수의 현대 성상들이 있다. 무릎을 꿇고 앉을 수 있는 더러운 바닥과 벽을 따라 있는 긴 의자……, 그리고 이 선교관 안에 두 훌륭한 나이든 사제와 부제, 분향의 연기, 그리고 성체기도시(the Anaphora)에 압도되는 초자연적 인상.[2]

그러나 블라디미르의 사절단의 이야기가 설명해 주는 동방정교회의 세 번째 특징이 있다. 그들이 참 신앙을 발견하기 원하였을 때, 러시아인들은 도덕 규범에 관하여 질문을 하거나 교리에 대한 합리적인 진술을 요구하지 않았다. 오히려 그들은 기도 중에 있는 다양한 민족들을 보았다. 종교에 대한 동방정교회의 접근은 근본적으로 제의적 접근(a liturgical approach)이었다. 이 제의적 접근은 신적 예배라는 맥락에서 교리를 이해하였다. 동방정교회라는 단어가 올바른 믿음과 올바른 예배

---

2. *The Letters of Evelyn Underhill*, p. 248.

와 같은 의미를 지닌다는 것은 우연의 일치가 아니다. 왜냐하면 이 두 가지는 분리될 수 없기 때문이다. "비잔틴인들은 교리는 성직자에 의해 해석되고 평신도에게 설명된 지적 체계일 뿐만 아니라, 지상의 모든 사물들이 제의적 의식(liturgical celebration)을 통하여 처음으로, 그리고 최상으로 천상의 사물들과의 관계 속에서 보여지는 비전의 영역이라고 말한다."[3] 게오르그 플로로브스키(Georges Florovsky)는 "기독교는 제의종교(liturgical religion)이다. 교회는 무엇보다도 예배하는 공동체이다. 예배가 첫 번째이고, 교리와 훈련은 두 번째이다."[4]라고 말하였다. 동방정교회에 관하여 알고자 하는 사람은 책을 읽을 것이 아니라, 블라디미르의 추종자들의 모범을 따라 예배에 참석하는 것이다. 그리스도께서 안드레에게 "와, 보라."고 말씀하신 것처럼(요 1 : 39).

동방정교회는 인간을 무엇보다도 제의적 피조물(liturgical creatures)로 본다. 동방정교회는 인간이 하나님을 영화롭게 할 때 진실로 참된 자신들이 되고, 예배 안에서 자신들의 완성과 자아성취를 발견하는 것으로 본다. 동방정교회인들은 그들의 모든 종교적 경험들을 그들의 신앙을 표현하는 거룩한 제의(Holy Liturgy) 안으로 부어넣는다. 그들의 최고의 시, 예술, 그리고 음악에 영감을 주는 것은 제의이다. 동방정교회인들 가운데 제의는 서양 중세기처럼 결코 학자들이나 성직자들의 소유가 될 수 없다. 오히려 그것은 전 기독교인들의 공통의 소유로 **대중적인** 것이다 :

> 일반적인 동방정교회 평신도 예배자는 어린 시절부터 친밀함을 통하여 교회 안에서 전적인 평안함을 느끼며, 철저히 거룩한 제의(성만찬)의 청취적 부분에 정통해지고, 무의식적이고 배우지 않은 편안함으로 제의에 참여

---

3. George Every, *The Byzantine Patriarchate*(London, 1947), p. ix.
4. 정기간행물 *One Church*, Vol. XIII(New York, 1959), nos. 1-2, p. 24에 "동방 가톨릭교회에서의 예배의 요소들."

한다. 그 정도로 말하자면 서방 교회의 성직자들에서 발견되는 것과 같다.[5]

그들의 역사상 몽고, 터키, 혹은 공산주의자들의 지배 아래 있던 어두운 시대에 동방정교회인들이 항상 영감과 새로운 희망을 받은 것은 성만찬예식(Holy Liturgy)에서였다. 그들은 헛수고를 하지 않았다.

예배의 외적 환경 : 신부(priest)와 평신도

동방정교회의 예배의 기본적 모습은 로마 가톨릭교회와 동일하다. 우선 **성만찬예식**이 있었고, 두 번째로 **신적 직무**(Divine Office : 한밤중, 제일시, 육시, 구시, 그리고 최종시간의 기도를 주관하는 직무와 더불어, 아침기도와 저녁기도를 주관하는 두 주요한 직무)[6]가 있고, 세 번째로 **임시 직무들**(Occasional Offices : 세례, 결혼, 수도원 서약, 황제 대관식, 교회의 성직수임, 종부성사와 같은 특별한 경우를 위해 의도된 예배와 관련하여)이 있다. 이것들에 더하여 동방정교회는 보다 낮은 다양한 축복예식들(blessings)을 사용하였다.

다수의 성공회와 거의 모든 로마 가톨릭 교구교회들에서 성만찬(Eucharist)이 매일 거행되는 데 반하여, 오늘날 동방정교회에서 매일의 성만찬 예전(a daily Liturgy)은 대성당들과 대수도원들을 제외하고는 일반적으로 행해지지 않는다. 일반적 교구교회들은 단지 주일들과 축일들에 성만찬을 행한다. 그러나 오늘날 소수 혹은 다수의 기독교인들이 어쩔 수 없이 주일에 일해야 하는 러시아에서, 매일의 예전(a daily Liturgy)

. 5. Austin Oakley, *The Orthodox Liturgy*(London, 1958), p. 12.
6. 로마의 제의에서 비잔틴의 한밤중의 직무와 동등한(Nocturns) 아침기도회의 한 부분이나, 비잔틴 제의에서 한밤중의 직무(Midnight Office)는 분리된 예배이다. 비잔틴의 아침기도회(Matins)는 로마 제의에 있어서 아침기도회와 아침기도(Lauds)에 해당한다.

은 여러 마을 교구들 가운데에서 거행되고 있다.

예배 속에서 동방정교회는 백성들의 언어를 사용한다. 안디옥에서는 아랍어, 헬싱키에서는 핀란드어, 도쿄에서는 일본어, 런던이나 뉴욕에서는 영어(필요할 때). 동방정교회 선교사들의 첫 과제들 가운데 하나는 - 9세기 시릴과 메토디우스로부터 19세기 인노센트 베니아미노브와 니콜라스 카자킨까지 - 항상 예배모범서를 모국어로 번역하는 것이다. 그러나 사실상 자국어를 사용하는 일반적 원칙에 부분적인 예외가 있었다. 그리스어를 말하는 교회들은 현대 그리스어를 사용하지 않고 신약성서와 비잔틴시대의 그리스어를 사용한다. 한편, 러시아 교회는 아직도 교회 슬라브어(Church Slavonic)로 된 중세의 번역을 사용한다. 1906년 다수의 러시아 감독들은 사실상 교회 슬라브어는 좀더 일반적인 현대 러시아어로 대체되어야 한다고 권고하였다. 그러나 이 주제가 실행에 옮겨지기 전 볼셰비키 혁명이 일어났다.

오늘날 동방정교회 내에는 초대교회처럼 모든 예배들은 노래와 찬송으로 드려진다. 로마의 '낮은 미사'(Low Mass) 혹은 성공회의 'Said Celebration'에 비견되는 것이 동방에는 없다. 모든 아침기도회와 저녁기도회에서처럼 모든 성만찬예전에서 향이 사용되고, 비록 성가대나 회중이 없고 신부와 단순한 독경사만 있을지라도 예배는 노래로 드려진다. 그들의 교회음악 속에서 그리스어를 말하는 동방정교회인들은 여덟 '음계'를 가진 고대 비잔틴의 평범한 노래를 끊임없이 사용하고 있다. 비잔틴 선교사들은 이 평범한 노래를 가지고 슬라브족의 땅으로 들어갔다. 그러나 수세기를 지나면서 그것은 광범위하게 변형되었고, 여러 슬라브 교회들은 각각 그들 자신의 스타일과 교회음악 전통을 발전시켰다. 이 전통들 중에는 러시아에서 가장 잘 알려지고 서구인들의 귀에 가장 즉각적인 호기심을 불러일으키는 것이 있다. 다수의 사람들이 러시아 교회음악을 모든 기독교세계에서 가장 훌륭한 것으로 생각한다. 러시아 자체와 이주민들 사회에서 당연히 러시아 합창이 연주되고 있다.

최근까지 동방정교회 안에서 모든 노래들은 일반적으로 성가대에 의해 행해졌다. 오늘날 그리스, 러시아, 루마니아, 그리고 디아스포라에 있는 교구들 가운데 작지만 점증하는 수가 회중적인 노래를 부활시키기 시작하였다 - 비록 예배를 통해서는 아닐지라도, 어쨌든 니케아-콘스탄티노플신조(the Creed)와 주기도와 같은 특별한 순간에.

오늘날 동방정교회 안에서 노래는 초대교회처럼 무반주로 연주되며, 기악은 미국에 있는 일부 동방정교회인들을 - 특별히 그리스인들 - 제외하고는 발견되지 않는다. 이들은 지금 오르간이나 페달식 오르간을 **선호하는** 경향을 보이고 있다. 대부분의 동방정교회는 교회 내에서 손 혹은 성당 종(sanctuary bell)을 사용하지 않는다. 그러나 그들은 종각들을 밖에 가지고 있으며, 예배 중 혹은 예배 전의 여러 순간에 종을 울림으로 큰 기쁨을 노래한다. 러시아의 종소리는 특별히 유명하다. 알렙포(Aleppo)의 바울은 1655년 그의 모스크바 방문 중에 다음과 같이 기록하였다. "주일과 대축일의 전날밤, 그리고 축일의 밤에 모든 종들의 일치된 울림만큼 나에게 감동을 준 것은 없었다. 땅은 그들의 진동으로 충격을 받았고, 천둥 같은 종소리의 울림은 하늘로 올라갔다. …… 그들은 그들의 의식을 거행한 후 청동제 종을 울렸다. 하나님께서 그 소리의 시끄러운 유쾌함에 놀라지 않으시기를!"[7]

동방정교회는 일반적으로 도면상 약간 정사각을 이루고 있으며, 돔에 의해 덮인 넓은 중앙 공간을 가지고 있다(러시아에서 교회의 돔은 러시아 풍경의 특징적인 모습을 형성하는 양파 모양을 하고 있다.). 고딕양식의 대성당과 대교구교회들에 공통적으로 길게 늘어진 회중석과 성직자석은 동방정교회 건축에서는 발견되지 않는다. 비록 벽을 따라 벤치와 성직자석이 놓여 있을지라도, 과거에는 교회의 중앙 부분에 성가대 혹은 신도석을 배치하지는 않았다. 그러나 슬프게도 최근에 그리스와 디아스포라

---

7. *The Travels of Macarius*, p. 27과 p. 6. Ridding에 의해 편집.

에서 점차 교회 전체에 의자를 배열하는 경향이 있다. 그러나 아직도 동방정교회인들이 교회예배의 대부분을 서서 있는 것은 정상적 습관이다 (비동방정교회 방문자들은 종종 나이든 여성이 피로한 기색 없이 몇 시간을 그들의 발로 서서 있는 것을 보고 놀란다.). 그러나 회중들이 앉아 있거나 무릎을 꿇고 있는 것은 잠깐이다. 처음 에큐메니칼 공의회의 교회법 20항은 주일 혹은 부활절과 오순절 사이의 50일 간 무릎을 꿇는 것을 금하고 있다. 그러나 오늘날 이 규정은 불행하게도 항상 엄격하게 지켜지지는 않는다.

신도석이 있는 것과 없는 것은 기독교 예배의 전체 정신에 얼마나 많은 차이를 만들 수 있는지를 나타내는 두드러진 사건이다. 동방정교회 예배 속에는 서방의 회중들, 즉 알프스 북쪽의 회중들에게서 발견되지 않는 유연성, 별로 이상하게 느끼지 않는 비형식성이 존재한다. 정돈된 열과 적절한 장소에 정렬되어 있는 서방의 예배자들은 예배 중에 방해를 일으키는 일이 없으면 움직일 수 없다. 서방의 회중은 일반적으로 예배가 시작할 때 도착하여 끝날 때까지 머무르도록 되어 있다. 그러나 동방의 예배에서 사람들은 움직일 수 있으며, 자유롭게 앞으로 갈 수도 있다. 그리고 만약 그들이 예배 중에 움직일지라도 아무도 크게 놀라지 않는다. 똑같은 비형식성과 자유가 또한 성직자들의 행동을 규정짓는다. 의식적 움직임(ceremonial movements)들은 서방에서처럼 상세하게 미리 규정되어 있지는 않다. 사제들의 행동은 덜 규범화되어 있으며 보다 자연스럽다. 이 비형식성은 그것이 종종 불경한 행동으로 인도할 수 있지만, 궁극적으로는 동방정교회가 상실하기에는 가장 유감스러운 가치있는 특징이다. 그들은 자신의 교회 안에서 가장 편하다. 그들은 땅 위에서 행진하는 군대가 아니라 그들의 아버지 집에 있는 자녀이다. 동방정교회의 예배는 종종 '다른 세상적인' 것으로 불려진다. 그러나 진실로 '가정적인' 것으로 묘사될 수 있다. 예배는 **가정적** 사건이다. 그러나 이 가정성과 비형식성 뒤에는 깊은 신비감이 놓여져 있다.

모든 동방정교회 내에서 지성소, 즉 일반적으로 나무로 되어 있으며, 판넬 성상으로 뒤덮인 견고한 스크린인 **아이코노스타시스**(iconostasis)에 의해 내부의 나머지로부터 분리된다. 초기에 성직자석은 3 혹은 4피트 높이의 낮은 스크린에 의해 단순하게 분리되어 있었다. 때때로 이 스크린은 수평의 대들보 혹은 처마를 버티어 주는 개방된 일련의 기둥들에 걸쳐 있었다. 이러한 종류의 스크린은 아직도 베니스에 있는 성 마가 성당에서 볼 수 있다. 상대적으로 최근에 – 여러 장소에서 15, 16세기에서야 비로소 – 이 기둥들 사이에 있는 공간이 메워졌고, 그리고 아이코노스타시스는 현재의 견고한 모습을 갖게 되었다. 오늘날 다수의 동방 제의주의자들은 크론스타트의 모범인 성 요한을 뒤따르기를 기뻐하고, 아이코노스타시스를 보다 개방된 형태로 바꾸기를 좋아한다. 소수의 장소에서 이것은 활발하게 행해졌다.

아이코노스타시스는 세 개의 문을 통해서 들어가게 되어 있다. 중앙에 있는 큰 문은 – **거룩한 혹은 왕의 문** – 열려 있을 때 제단으로 통과하는 광경을 제공한다. 이 문은 이중문으로 닫혀진다. 이 문 뒤에는 커튼이 걸려 있다. 부활절주간을 제외하고 예배시간 이외에 문들은 닫혀져 있고, 커튼은 쳐져 있다. 예배시간의 특별한 순간에 문들은 종종 열리고 닫힌다. 한편, 가끔 그 문들이 닫혀 있을 때 커튼이 쳐져 있기도 한다. 그러나 다수의 그리스 교구들은 이제 더 이상 제의의 어떤 순간에 문들을 닫고 커튼들을 끌어당기지 않는다. 여러 교회들의 경우 문들은 모두 제거되었고, 다른 교회들은 제의적으로 훨씬 더 정확한 과정 – 문들을 가지고 있으나 커튼은 제거하는 – 을 따라갔다. 나머지 두 개의 문들 가운데 왼쪽에 있는 것은 *Prothesis* 혹은 준비방으로 인도한다(여기에는 거룩한 접시들이 있고, 사제들이 성만찬예전을 시작할 즈음에 빵과 포도주를 준비한다.). 오른쪽에는 *Diakonikon*으로 인도하는 문이 있다(지금은 일반적으로 제구실〈祭具室〉로 사용하지만 원래는 성스러운 책들, 특별히 복음서들이 유물들과 함께 놓여져 있던 곳이다.). 평신도들은 성만찬예전을 돕는,

특별한 경우를 제외하고는 아이코노스타시스의 뒤로 가는 것이 허락되어 있지 않다. 동방정교회 내에서 거룩한 식탁(Holy Table) 혹은 보좌(Throne)로 불리는 제단은 지성소의 중앙에 있는데, 동쪽 벽이 없이 서 있다. 제단 뒤와 벽의 반대편에는 감독의 보좌가 있다.

동방정교회들은 성상들로 꽉 차 있다. 스크린 위에, 벽들 위에, 특별한 성골함(shrines)들 안에 혹은 일종의 탁자 위에 있는 성상들은 모든 신자들로부터 존경을 받는다. 동방정교회 사람들이 교회로 들어올 때 그들의 첫 번째 행동은 양초를 사서, 성상으로 나아가 십자가 표시를 하고, 성상에 키스하고 그 앞에서 양초를 밝히는 것이다. 영국 상인 리차드 첸슬러는 엘리자베스 1세의 통치시대에 러시아를 방문하면서 "그들은 양초의 위대한 제공자들이다."라고 논평하였다. 교회 장식에 있어서 다양한 성상그래픽 장면과 사진들이 질서 있게 정돈되어 있지는 않았지만, 한정된 신학적 주제에 따라 전체 건물은 하나님 나라의 위대한 성상 혹은 이미지를 형성하고 있었다. 서양 중세의 종교 예술처럼, 동방의 종교 예술은 교회 건물의 모든 부분과 그 장식을 포함하여 정교한 상징적 체계이다. 성상들, 프레스코, 그리고 모자이크는 교회를 '보기 좋게' 만들기 위해 고안된 단순한 장식물이 아니라, 신학적이고 제의적 기능을 이행하기 위한 것이다.

교회를 채우고 있는 성상들은 하늘과 땅의 접촉점으로서의 기능을 한다. 각 지역회중들이 주일마다 기도할 때 그리스도의 모습들, 천사들, 성자들에 의해 둘러싸여 있는 가시적 형상들은 성만찬예전시에 신자들로 하여금 하늘에 있는 전체 동료들의 비가시적 현존을 끊임없이 생각나게 한다. 신자들은 교회의 벽들이 영원에로 열려 있음을 느낄 수 있으며, 그들은 지상에서의 그들의 제의가 하늘의 위대한 제의와 하나이며 동일하다는 사실을 깨닫도록 돕는다. 여러 모양의 성상들은 가시적으로 지상에서 하늘의 의미를 표현한다.

동방정교회의 예배는 상호적이고 대중적이다. 자주 동방정교회의 예배에 참석한 어떤 비동방정교회인은 사제와 신도들로 구성된 예배하는 전체 공동체가 얼마나 밀접하게 하나되어 있는지를 재빨리 깨달았다. 무엇보다도 신도의 좌석의 부재는 일치의 의미를 창조하도록 한다. 대부분의 동방정교회 회중들이 노래에 있어서 연합하지는 않을지라도, 그들은 예배에 진실되게 참여하지 않고 있다고는 생각할 수 없다. 성상은 - 그것의 현재의 견고한 형태 속에서도 - 사람들로 하여금 지성소에 있는 사제들로부터 격리되어 있다고 느끼게 하지는 않는다. 어떤 경우에 다수의 의식들은 스크린 앞이나 회중이 충분히 볼 수 있는 곳에서 일어난다.

대부분의 동방 예배는 서두르거나 시간에 제한을 받지 않는 특징을 지닌다. 이것은 부분적으로 연도(連禱)의 끊임없는 반복으로 야기된 결과이다. 긴 형태이든 짧은 형태이든, 연도는 비잔틴의 모든 예배 속에서 여러 번 회상된다. 이 연도에서 부제(만약 부제가 없으면 사제)가 사람들에게 교회와 세상의 여러 가지 필요들을 위하여 기도하도록 요청하고, 각각의 청원에 대하여 성가대와 사람들이 **주여, 자비를 베푸소서!** - 그리스어로 *Kyrie eleison*, 러시아어로 *Gospodi pomilui* - 라고 대답하도록 한다. 아마도 방문자들이 동방정교회의 예배 가운데 이해할 수 있는 첫 번째 단어이다(약간의 탄원시들 중에는 대답이 "오 주여, 이것을 허락하소서!"로 바뀌어 있다.). 회중들은 스스로 십자가 표시를 만들고 인사를 함으로써 다른 중보기도와 연합한다. 일반적으로 십자가 표시는 서방의 예배자들보다 동방정교회인들에 의해 훨씬 더 빈번히 이용된다. 십자가 표시가 언제 사용될 수 있는가에 관하여는 커다란 자유가 있다. 여러 예배자들은 물론 거의 모든 사람들이 예배 중 동일한 시간에 십자가 표시를 하는 것임에도 불구하고, 그 혹은 그녀가 원하는 다양한 순간들에 십자가 표시를 한다.

우리는 동방정교회 예배를 시간에 제한받지 않고 서두르지 않는 것으로 묘사하였다. 대부분의 서방 사람들은 비잔틴 예배가 문자적으로는 시간에 제한을 받지 않지만, 어쨌든 최상의 참을 만한 시간이라는 생각을 지니고 있다. 확실히 동방정교회의 의식들은 그들의 서방 상대자들에 비해 더욱 길어지는 경향이 있다. 그러나 우리는 과장하지는 말아야 한다. 1시간 15분 동안 비잔틴의 제의를 거행하고 짧은 설교를 하는 것은 분명히 가능하다. 1943년 콘스탄티노플의 총대주교는 그의 관할 아래 있는 교구들에서 주일 제의는 1시간 30분 이상 지속되지 말아야 한다고 주장하였다. 전체적으로 러시아인들은 그리스인들보다 예배를 오래 거행하지만, 이주한 정상적인 러시아 교구들 속에서 토요일 밤에 드리는 철야예배는 두 시간 또는 종종 그보다 적게 지속된다. 물론 수도원 직무는 좀 더 확장된다. 대축일에 아토스 산에서의 예배는 종종 휴식 없이 12시간 혹은 15시간 동안 계속된다. 그러나 이것은 예외적인 경우이다.

비동방정교회인들은 동방정교회인들이 종종 비동방정교회인들이 예배 길이에 의해 놀라는 만큼 놀란다는 사실로부터 용기를 가져도 좋을 것이다. 알렙포의 바울은 그가 러시아에 들어갔을 때 그의 일기에 다음과 같이 기록하였다. "이제 우리의 고난과 근심이 시작되었다. 모든 그들의 교회들은 앉을 자리가 없고, 심지어 감독들을 위한 자리가 하나도 없기 때문이다. 당신은 예배 내내 돌처럼 표정 없이 서 있거나 계속 허리를 구부려 그들의 기도를 하고 있는 사람들을 본다. 하나님께서 그들의 기도와 찬송과 미사의 길이 때문에 우리를 도우신다. 우리는 큰 고통을 경험하였고, 그래서 우리의 영혼은 피로와 근심으로 고문을 당하였다." 그리고 거룩한 주간의 중간에 그는 다음과 같이 주장하였다. "하나님께서 우리에게 이 전주간을 무사히 통과하도록 당신의 특별한 도움을 허락하셨다! 모스크바에 관하여 말한다면, 그들의 발은 확실히 철과 같이 되어야 했다."[8]

---

8. *The Travels of Macarius*, p. 14와 p. 46. Ridding이 편집.

동방정교회의 예배 II
- 성례전들 -

우리의 구속자로서 가시적인 그분은 이제 성례전들로 변한다.
　　　　　　　　　　　　　　　　　　　　　　　　　－성 대 레오

　기독교 예배에 있어서 중요한 위치는 성례전들(sacraments)에 속한다. 성례전들은 그리스어로 **신비들**(mysteries)로 불린다. 성 요한 크리소스톰은 성만찬에 관하여 다음과 같이 기록하였다. "성례전들은 신비이다. 왜냐하면 우리가 믿는 것은 우리가 보는 것과 동일한 것이 아니다. 우리는 하나의 사물을 보면서 그것이 의미하는 것을 믿는다. 내가 그리스도의 몸이 언급되는 것을 들었을 때, 나는 믿지 않는 사람들이 이해하는 것과는 다른 것을 이해한다."[1] 동시에 외적이고 내적인 이 이중의 특징은 성례전의 두드러진 모습이다. 교회와 마찬가지로 성례전들은 가시적이며 비가시적이다. 모든 성례들 속에는 내적이고 영적인 은혜와 더불어 외적이고 가시적인 표지가 결합되어 있다. 세례시에 기독교인들은 물 속에서 외적인 씻음을 경험하며, 동시에 내적으로 죄로부터 깨끗해

---

1. *Homilies on 1 Corinthians*, vii, 1(P.G. lxi, 55).

진다. 성만찬시에 그 혹은 그녀는 가시적인 관점에서 빵과 포도주로 보이는 것으로 나타나지만, 사실상 그리스도의 몸과 피를 받는 것이다.

대부분의 성례전들에 있어서 교회는 물질적 재료들 - 물, 빵, 포도주, 기름 - 을 가지고 그것들을 성령의 매개물로 삼는다. 그리스도께서 물질적 육체를 가지고 그것을 성령의 매개물로 삼으셨을 때, 이러한 방식 속에서 성례전들은 성육신을 회상한다. 그리고 그들은 마지막 날에 **보편적 구속**(apocatastasis)과 물질의 최종적 구속을 고대하거나 예기한다. 동방정교회는 성례전들의 물질성을 감소시키고자 하는 어떠한 시도도 거부한다. 인간은 몸과 영혼의 통전적 결합으로서 보여진다. 마찬가지로 우리 인간들이 참여하는 성례전적 예배는 우리의 정신들과 더불어 충만한 우리의 육체들을 포함하여야 한다. 세례는 잠김(immersion)에 의해 이루어진다. 성만찬시에 오직 제병(祭餠)이 아니라 발효된 빵이 사용된다. 고해성사시에 사제는 약간 떨어진 곳에서 사면(absolution)을 수여하지 않고, 그의 손을 참회자의 머리 위에 올려놓는다. 장례시에 관은 관습적으로 열려져 있고, 모든 사람들은 죽은 자에게 마지막 입맞춤을 하기 위해 접근한다 - 죽은 자의 육체는 혐오의 대상이 아니라 사랑의 대상이다.

동방정교회는 기본적으로 로마 가톨릭 신학에서와 마찬가지로 전통적으로 칠성례를 말한다.

(1) 세례(Baptism)
(2) 견진성사(Chrismation : 서방의 견진성사〈Confirmation〉에 해당함)
(3) 성만찬(The Eucharist)
(4) 회개 혹은 고해성사(Repentance or Confession)
(5) 서품성사(Holy Orders)
(6) 혼례성사(Marriage or Holy Matrimony)
(7) 종유성사(The Anointing of the Sick)

라틴의 영향이 최고에 달했던 17세기에만 이 목록이 제한되고 고정되어 있었다. 그 이전에 동방정교회의 작가들은 성례전들의 수에 관하여 상당히 다양하였다. 다마스커스의 요한은 두 개, 아레오파고의 디오니시우스는 여섯 개, 에베소의 메트로폴리탄 Joasaph은 열 개를 말하였다. 그리고 사실상 칠성례를 말하는 비잔틴 신학자들은 자신들의 목록에 포함하고 있는 항목에 관하여 차이가 난다. 오늘날에도 일곱 개라는 숫자는 동방정교회의 신학에 특별한 교리적 의미를 가지고 있는 것이 아니라, 주로 가르치는 데 편리한 것으로 사용되고 있다.

'칠성례'라는 용어로 생각하는 사람들은 두 가지 오해를 방어하는 데 주의를 기울여야 한다. 첫째로, 모든 칠성례들은 참된 성례들이지만, 그들은 모두가 동일한 중요성을 지닌 것이 아니라 그들 가운데 특정한 '계층질서'가 있다는 것이다. 예를 들면, 성만찬은 모든 기독교인의 삶과 경험의 심장부에 서 있다. 그러나 병자에 대한 기름부음은 이와 같지는 않다. 칠성례들 가운데 세례와 성만찬은 특별한 위치를 차지한다. 1935년 Bucharest에서 루마니아와 성공회 신학자들의 연합위원회에서 채택된 구절을 사용하면, 이 두 성례들은 "하나님의 신비들 가운데 최고로 두드러진" 것이다.

둘째로, 우리가 칠성례를 말할 때, 우리는 교회 안에서 이 일곱 가지가 성례전적 특징을 소유하고 있으며, 또한 편의상 **성례들**이라고 불리고 있는 다수의 다른 행동들로부터 이 일곱 가지를 결코 고립시키지 말아야 한다는 것이다. 이들 성례들 가운데에는 수도원적 서약을 위한 의식들, 현현절에 물에 대한 위대한 축복, 죽은 자의 매장예배, 그리고 왕에 대한 기름부음 등이 포함된다. 이 모든 것들 속에는 외적인 가시적 표시와 내적인 영적 은혜가 결합되어 있다. 동방정교회는 또한 상당한 수의 작은 축복들(minor blessings) - 곡식, 포도주, 그리고 기름, 과일, 들판, 가정에 대한 축복들, 그리고 어떤 대상 혹은 요소들에 대한 축복들 - 을 사용하는데, 이들도 또한 성례적 특성을 지니고 있다. 이들 작은 축복들과 예배들은 종종 매우 실제적이고 평범하다. 예를 들면, 자동차와 기차엔진을 축복하기 위한 기도들, 해충이 있는 곳을 깨끗하게 하기 위한 기도들이 있다.[2] 성례라는 용어의 넓고 좁은 의미 사이의 엄격한 분리는 존재하지 않는다. 기독교인의 모든 삶은 통일성, 단일한 신비 혹은 하나의 위대한 성례로 보여져야 하며, 성례의 다른 측면들은 매우 다양한 행동들 속에서 표현되고, 일부는 우리의 삶 속에서 단 한 번 시행되었으나, 나머지는 아마도 매일 시행된다.

성례들은 인격적이다. 그들은 하나님의 은총이 모든 기독교인들에게 **개별적으로** 소유되는 수단들이다. 이러한 이유 때문에 사제들은 동방정교회의 대부분의 성례들 속에서 성례를 집행할 때 각 개인의 기독교적 이름을 언급한다. 예를 들면, 거룩한 성만찬(Holy Communion)을 줄 때 사제는 다음과 같이 말한다. "하나님의 종…… (이름)은 거룩하고 귀중한 우리 주님의 몸과 피를 먹고 마신다." 병자의 기름부음에서는 그는 "오 아버지여! 당신의 종(이름)을 그의 몸과 영혼의 병에서 치료해 주소서."라고 말한다. 안수례에서 감독은 "항상 약한 것을 치료하고 부족한 것을 채우시는 하나님의 은혜가…… (이름)를 성직자로 안수한다."고 말한다. 각각의 경우에 사제가 어떻게 일인칭으로 말하지 않는지 주목하라. 그는 "내가 세례를 준다.…… 내가 기름을 붓는다.…… 내가 안수한다.……"고 말하지 않는다. 이 '신비'들은 우리의 행위가 아니라 교회 안에 계신 하나님의 행위이다. 참된 사제는 항상 그리스도 자신이시다. 성 요한 크리소스톰이 지적한 것처럼, "사제는 단지 그의 혀를 빌려 드리고 그의 손을 제공한다."[3]

---

2. 동부 유럽의 대중적 종교는 제의적이고 의식적이지만, 전적으로 타계적이지는 않다. 우물 바닥으로부터 모충을 저주하고 죽은 쥐를 제거하기 위하여 새로운 형태들을 계속적으로 늘리는 종교는 순수한 신비주의로 대강 처리될 수 없다(G. Every, *The Byzantine Patriarchate*, p. 198).

3. *Homilies on John*, lxxxvi, 4(*P.G.* lix, 472).

세 례[4]

처음 세기의 교회처럼 오늘날 동방정교회 속에는 기독교의 주된 세 가지 성례전 – 세례(Baptism), 견진성사, 첫 번째 성만찬(First Communion) – 과 함께 밀접하게 연결되어 있다. 그리스도의 구성원이 되는 동방정교회인은 곧 이 회원권의 충만한 특권을 허락받는다. 동방정교회의 어린이들은 유아시에 세례를 받을 뿐만 아니라 유아시에 견진성사를 받고, 유아시에 성만찬이 주어진다. "어린아이가 내게 오는 것을 용납하고 금하지 말라. 하나님의 나라가 이런 자의 것이다"(마 19 : 14).

세례의 행위에는 두 가지 본질적인 요소들이 있다 : 삼위일체의 이름으로 기원, 그리고 물 속에서 세 번의 잠김(immersion)이다. 사제는 "하나님의 종(이름)은 성부의 이름으로 세례를 받았다. 아멘. 성자의 이름으로 세례를 받았다. 아멘. 성령의 이름으로 세례를 받았다. 아멘."하고 말한다. 삼위일체의 각 위격의 이름을 언급할 때, 사제는 아이를 물 아래로 완전히 넣든지, 혹은 어쨌든 그 아이의 전체 몸에 물을 붓든지, 성수반(font)에 아이를 가라앉힌다. 만약 세례받을 사람이 너무 병들어서 잠김이 생명을 위험스럽게 한다면, 물을 그의 이마에 붓는 것으로 충분하다. 그러나 그 외의 경우에 잠김은 생략될 수 없다.

다수의 동방정교회인들은 서방 기독교세계가 잠김에 의한 세례의 본래적인 실행을 포기하고, 단지 세례후보자의 이마 위에 약간의 물을 붓는 것으로 만족하거나, 심지어 전혀 어떤 물도 부음 없이 이마 위에 약간의 습기를 바름(유감스럽게도 이것은 영국성공회의 성례에서 빈번히 행해지고 있다.)으로 만족하는 사실에 의해 혼란스러워 한다. 일부 동방정교

---

4. 본 장과 다음 장에서 성례전들은 비잔틴 제의에서 현재의 실천에 따라 묘사되었다. 그러나 우리는 물론 동방정교회에서 서방의 제의의 가능성 혹은 오히려 서방 제의의 사실을 잊지 말아야 한다(이 책의 pp. 227 – 228을 보라.).

회의 성직자들이 적절한 실천을 지키는 데 주의를 기울이지 않음에도 불구하고, 참된 동방정교회의 가르침에 관하여 어떠한 의심도 존재하지 않는다. 잠김은 본질적이다(긴급한 경우를 제외하고). 만약 잠김이 없다면 외적 표시와 내적 의미 사이의 일치는 상실되고, 성례의 상징주의는 포기된다. 세례는 그리스도와의 신비적 죽음과 부활을 의미한다(롬 6 : 4-5, 골 2 : 12). 그리고 이것의 외적 표시는 세례후보자가 성수반 안으로 들어감과 물로부터의 나옴이다. 그러므로 성례전적 상징주의는 잠김 혹은 세례의 물 속으로 묻힘과 그후 한번 더 그들로부터의 부활을 필요로 한다. 부음(물이 단순히 몸의 일부에 부어질 때)에 의한 세례는 특별한 경우에 허락되었다. 그러나 뿌림이나 바름에 의한 세례는 결코 실질적 세례가 아니다.

세례를 통하여 우리는 원죄든 실제죄든 모든 죄에 대하여 충분한 용서를 받는다. 우리는 그리스도로 옷입고 있으며, 그의 몸인 교회의 구성원이 되어 간다. 그들에게 그들의 세례를 기억하게 하기 위하여 동방정교회 기독교인들은 항상 일생을 통하여 사슬처럼 목 주위를 감은 작은 십자가를 착용한다.

세례는 일반적으로 감독이나 사제에 의해 거행된다. 긴급한 경우에 그것은 부제, 혹은 그들이 기독교인이라면 어떤 남자나 여성에 의해 거행될 수 있다. 한편, 로마 가톨릭 신학자들은 만약 필요하다면 비기독교인일지라도 세례를 집행할 수 있다고 주장한다. 반면에 동방정교회는 이것은 불가능하다고 주장한다. 세례를 주는 사람은 자신이 세례를 받았어야만 한다.

견진성사

세례 후에 즉각적으로 동방정교회 어린이는 '견진성사를 받는다' (chrismated or confirmed). 사제는 특별한 연고인 성유(그리스어로

myron)를 취하여 이것으로 그들에게 십자가 표시를 함으로써 어린아이 몸의 여러 부분을 바른다. 먼저 이마에, 그후 눈, 코, 입, 그리고 귀, 가슴, 손, 그리고 발 위에……. 그가 각각에 표시를 할 때, 그는 "성령의 선물의 봉인"(The seal of the gift of the Holy Spirit)이라고 말한다. 세례시에 그리스도와 연합한 어린이는 이제 견진성사 속에서 성령의 선물을 받는다. 그러므로 백성의 완전한 구성원인 **평신도**(laikos)가 되어 간다. 견진성사는 오순절의 연장이다. 불의 혀같이 가시적으로 사도들에게 내려왔던 동일한 성령이 비가시적으로 새롭게 세례를 받은 자들에게 내려왔다. 이 견진성사시의 성령은 오순절의 그것보다 덜하지 않은 힘이요 존재다. 견진성사를 통하여 교회의 모든 구성원들은 예언자가 되고 그리스도의 왕적 제사장직을 공유하게 된다. 모든 기독교인들은 그들이 견진성사를 받았기 때문에 동일하게 진리에 대하여 지각 있는 증인들로 행동하도록 부름을 받았다. "너는 거룩하신 자에게서 기름부음을 받았고 모든 것을 아느니라"(요일 2 : 20).

   서방에서 일반적으로 견진성사를 수여하는 사람은 감독이다. 동방에서 견진성사는 사제에 의해 거행된다. 그러나 그가 사용한 성유(Chrism)는 우선 감독에 의해 축복된 것이어야 한다(근대 동방의 실천 속에서 독립교회의 수장인 감독만이 성유를 축복할 권한을 가지고 있다.). 그래서 동방과 서방에서 감독은 기독교인의 입회식의 두 번째 성례전(견진성사 – 역자주) 속에 관계되었다. 서방에서는 직접적으로, 동방에서는 간접적으로.

   견진성사는 또한 화해의 성례로 사용된다. 만약 동방정교회인이 이슬람으로 배교한 후 교회로 다시 돌아왔다면, 그 혹은 그녀가 다시 받아들여질 때 그 혹은 그녀는 견진성사를 받는다. 유사하게 로마 가톨릭교인이 동방정교회인이 되면, 콘스탄티노플의 총대주교와 그리스의 교회는 일반적으로 그들을 견진성사에 의해 받아들였다. 그러나 러시아 교회는 통상 그들에게 견진성사를 행하지 않고 단순한 고해성사를 하게 한 후 그들을 받아들였다. 성공회와 다른 개신교들은 항상 견진성사에 의해 받아들여졌다. 또한 때때로 회심자들은 세례에 의해 받아들여졌다.

견진성사 후에 가능한 한 빨리 동방정교회의 어린이는 성만찬으로 보내졌다. 어린아이들이 그리스도의 몸과 피의 거룩한 선물을 받는 행위는 교회의 어린아이에 대한 가장 오랜 기억들 속에 있다. 유아들은 로마 가톨릭에서처럼 6세 혹은 7세가 되거나 혹은 성공회에서처럼 청소년이 되어서 성만찬에 참여하는 것이 아니다. 그들은 결코 성만찬에서 배제되지 않는다.

성만찬

오늘날 성만찬(The Eucharist)은 서로 다른 4개의 예배형식들 가운데 하나에 따라 동방교회(the eastern Church)에서 거행된다 :

(1) **성 요한 크리소스톰의 성만찬예전**(*Liturgy* : 주일과 매일 행해지는 통상적 제의)
(2) **성 대 바질의 예전**(1년에 10번, 구조상 그것은 성 요한 크리소스톰의 제의를 매우 닮았으나, 중심적인 성만찬적 기도가 매우 길다.)
(3) **주님의 형제인 성 야고보의 예전**(예루살렘과 다른 몇몇의 장소에서 9월 23일 성 야고보의 날에 1년에 한 번 사용됨)
(4) **Presanctified의 예전**(사순절 수요일과 금요일에, 그리고 거룩한 주의 처음 세 번째 날에 사용됨. 이 예전에서는 봉헌〈consecration〉은 없으나 성만찬은 이전의 일요일에 성별된 요소들에 의해 주어진다.)

일반적 구조에 있어서 성 요한 크리소스톰과 성 바질의 제의들은 다음과 같다 :

Ⅰ. 준비의 직무 – **성찬준비**(Prothesis) 또는 Proskomidia : 성만찬에 사용될 빵과 포도주의 준비

Ⅱ. 말씀의 예전(Synaxis)
  A. **예배의 부름**(Enarxis)
    평화의 기도
    찬송   102(103)
    작은 기도
    찬송   145(146), 독생자 아들과 하나님의 말씀에 대한 찬송으로 이어진다.
    작은 기도
    강복(그 날을 위해서 지정한 특별한 찬송 또는 트로파리아 〈Troparia〉와 더불어)
  B. **소입장**(Little Entrance) - 그 날을 위한 특별한 트로파리아가 이어진다.
    트리사기온(Trisagion) - 거룩하신 하나님, 거룩하고 강한, 거룩하고 영원하신 하나님이 우리에게 자비를 베푸신다 - 를 여러 번 반복한다.
  C. **성경봉독**
    프로키메논(Prokimenon) - 시들, 통상 시편으로부터
    서신서
    알렐루야 - 성경으로부터 온 삽입된 시와 더불어 9번 혹은 종종 10번 노래함.
    복음서
    설교(종종 예배의 끝으로 옮겨진다.)
  D. **교회를 위한 중보기도**
    열렬한 기원
    죽은 자를 위한 기도
    세례후보자들의 기도 및 이들을 보냄.

Ⅲ. 성만찬
  A. 두 개의 짧은 신자들의 대입장(the Great Entrance)으로 인도한다. 이것은 그후 탄원의 기도로 이어진다.

B. 평화의 입맞춤과 니케아 – 콘스탄티노플신조(the Creed)
  C. 성만찬적 기도
     여는 대화
     감사 – 마지막 만찬과 그리스도의 말씀 "이것은 나의 몸이다. 이것은 나의 피다."에 관한 이야기에서 절정에 이른다.
     아남네시스(Anamnesis) – 회상과 헌신의 행동
     사제는 그리스도의 죽음과 장사지냄, 부활, 승천, 그리고 재림을 회상한다. 그리고 그는 하나님께 거룩한 선물들을 봉헌한다.
     성령초대의 기도(Epiclesis) – 거룩한 선물들 위에 성령의 강림을 기원 혹은 호소
     교회의 모든 구성원들에 대한 위대한 기념 : 하나님의 어머니, 성자들, 죽은 자들, 산 자들.
     기원의 기도, 이어서 주기도문이 뒤따른다.
  D. 봉헌된 선물들에 대한 들어올림(고양)과 빵의 절단
  E. 성직자와 성도의 교제
  F. 예배의 맺음 : 감사와 마지막 강복, 안티도론(Antidoron)의 분배

예배의 첫 부분인 준비의 직무는 **성찬준비**(Prothesis)를 하는 예배당에서 사제와 부제에 의해 개인적으로 이루어진다. 그리고 예배의 공적 부분은 두 부분으로 나누어진다. Synaxis(찬송, 기도, 그리고 성경봉독)와 적절한 성만찬. 원래 Synaxis와 성만찬은 종종 분리되어서 거행되었다. 그러나 4세기 이래로 이 두 가지는 자연스럽게 하나의 예배로 융합되었다. Synaxis와 성만찬은 각각 대소 입장(the Little and the Great Entrance)으로 알려진 하나의 행렬을 가지고 있다. 복음서들은 소입장시에 행렬을 지어서 교회 주변을 돌고 운반되었다. Synaxis의 시작 전에 준비된 빵과 포도주는 대입장시에 행렬을 지어서 성찬준비 예배당에서 제단으로 옮겨졌다. 소입장은 서방의 미사에서 초입경(Introit)에 상응한다(원래 소입장은 예배의 공적 부분의 시작을 표한다. 그러나 현재는 다양한 기도와 찬송들이 그것에 선행하게 되었다.). 대입장은 비록 정확하지는

않지만, 서방의 봉헌 행렬(Offertory Procession)에 상응한다. Synaxis 와 성만찬은 다같이 확실하게 표시된 절정을 가지고 있다 : Synaxis에서는 복음서의 봉독, 성만찬에서는 성령의 초대의 기도.

  성만찬에 관한 동방정교회의 믿음은 성만찬적 기도의 과정 가운데 아주 명백하게 된다. 사제는 성만찬(Thanksgiving : 성만찬의 감사부분 - 역자주)의 첫 부분에서 최후의 만찬에서 그리스도께서 하신 말씀에 이르기까지 낮은 목소리로 감사의 첫 부분을 읽는다(몇몇 곳에서는 지금 큰 소리로 암송되고 있다.). "이것은 나의 몸이니 받아 먹으라. 이것은 너희 모두를 위한 나의 피니 이것을 마시라." 이 말씀들은 항상 회중의 귓가에 큰 소리로 읽혀진다. 한번 더 낮은 소리로 사제는 아남네시스(Anamnesis)를 암송한다 :

    십자가, 무덤, 삼일 만의 부활, 하늘에 오르심, 우편에 앉으심, 그리고 두 번째 영화로운 다시 오심을 기념합니다.

  그는 큰 소리로 계속한다 :

    우리는 모든 것들 속에 모든 것을 위해, 당신 자신으로부터 오신 당신 자신을 당신께 봉헌합니다.

  그후 통상 신도들의 귀에 들리지 않게 올려지는 **성령초대**(Epiclesis)의 기도가 있다. 그러나 이것은 때때로 회중이 충분히 들을 수 있도록 올려지기도 한다 :

    당신의 성령을 우리와 이 선물들 위에 내려 주소서.
    그리고 이 빵을 귀하신 당신의 그리스도의 몸으로 만드소서.
    그리고 이 컵 속에 있는 것을 귀하신 당신의 그리스도의 피로 만드소서.
    당신의 거룩한 성령으로 그들을 변화시켜 주소서. 아멘. 아멘. 아멘.[5]

사제와 부제는 이제 봉헌된 거룩한 선물들 앞에 즉시로 공손히 절하거나 엎드려 부복한다.

'봉헌의 순간'은 동방정교회와 로마 가톨릭교회에 의해 다소 다르게 이해되는 것은 분명하다. 중세 라틴신학에 따르면 봉헌은 "이것은 나의 몸이다.……", "이것은 나의 피다."라고 하는 제정의 말씀에 의해 실행된다. 동방정교회의 신학에 따르면, 봉헌의 행위는 **성령초대의 기도**(Epiclesis)로 완성된다. 이 같은 **성령초대의 기도** 없는 거룩한 선물에 대한 예배는 동방정교회에 의해 '빵 예배'(artolatry)로 비난받는다. 그러나 동방정교회인들은 봉헌이 성령초대에 의해서만 유일하게 완수된다고 가르치지 않는다. 또한 그들은 제정의 말씀을 우연적이고 중요치 않은 것으로 생각하지 않는다. 반대로 그들은 완전한 성만찬적 기도가 단일하고 나누어질 수 없는 전체를 형성하고 있는 것으로 본다. 그 결과 기도의 세 가지 주된 분야 – 감사, 회상(Anamnesis), 성령초대의 기도(Epiclesis) – 는 모두 하나의 봉헌행동의 통합적 부분을 형성한다. 그러나 만약 우리가 '봉헌의 순간'을 정한다면, 이러한 순간은 **성령초대 기도의 아멘**(Amen of the Epiclesis)이 끝났을 때이다.

성만찬에서 그리스도의 현존. 성령초대의 기도가 충분히 분명하게 올려질 때, 동방정교회는 봉헌 이후에 빵과 포도주는 진실로 그리스도의 몸과 피가 된다고 믿는다. 그들은 단순한 상징이 아니라 실재이다. 그러나 동방정교회가 항상 변화의 **실재**를 주장하지만, 결코 변화의 **방법**을 설명하고자 하지는 않는다. 예배에서 성만찬적 기도는 단순히 중립적 용어인 **메타발로**(metaballo) – 즉, '방향을 전환하다'(to turn about), '변화하다'(change), 혹은 '바꾸다'(alter) – 를 사용한다. 17세기에 개인적

---

5. 여기에서 인용된 **아남네시스**와 **성령초대**는 성 요한 크리소스톰의 제의로부터 왔다. 성 바질의 제의에서는 그들은 약간 다르다.

인 동방정교회 작가들과 1627년 예루살렘 공의회와 같은 동방정교회의 공의회들은 본질(substance)과 속성들(accidents) 사이의 스콜라적 구별과 더불어 라틴 용어인 '화체설'(transubstantiation : 그리스어로 metousiosis)[6]을 사용하였다. 그러나 동시에 예루살렘의 교부들은 이것은 신비이며 항상 이해할 수 없는 것으로 있어야 하기 때문에, 이 용어들의 사용은 변화의 방법을 설명하지 못한다고 조심스럽게 덧붙였다.[7] 그러나 이러한 거부에도 불구하고, 다수의 동방정교회인들은 예루살렘은 너무 솔직하게 자신을 라틴 스콜라주의의 전문용어에 내맡겼다고 느꼈다. 그리고 1838년 러시아 교회가 화체설이라는 단어를 계속 주장하면서, 예루살렘의 결정내용(Acts)을 번역했을 때, 그것은 본질과 속성들이라고 하는 전문적인 용어들을 사용하지 않는 방식으로 그 구절의 나머지 부분을 주의 깊게 풀어서 설명한 것은 중요하다.[8]

오늘날 소수의 동방정교회 작가들은 아직도 화체설이라는 단어를 사용하지만, 그들은 두 가지 점을 주장한다. 첫 번째로 봉헌을 묘사하기 위해서 동일한 정당성을 가지고 사용될 수 있는 다수의 다른 단어들이 있다. 그리고 그들 가운데 화체설이라는 용어는 유일하거나 결정적인 권위를 누리는 것은 아니다. 두 번째로 그것이 사용될지라도 신학자들이 아리스토텔레스의 철학적 개념들을 수용하도록 허락하지 않는다. 전

---

6. 중세 철학에서 실체(substance) 혹은 본질(essence ; 하나의 사물을 구성하는 것, 그것은 현재의 그것을 만드는 것이다.), 그리고 실체에 종속된 속성들(accidents) 혹은 특질(qualities ; 감각에 의해 지각될 수 있는 크기, 무게, 모양, 색깔, 맛, 향기, 기타 등등) 사이에 하나의 구별이 있어 왔다. 실체는 스스로 존재하는 어떤 것이다(ens in alio).
이러한 구별을 성만찬에 적용하여 우리는 화체설의 교리에 도달한다. 이 교리에 의하여 미사에서 성만찬 순간에 실체의 변화가 있다. 그러나 속성들은 이전과 같이 존재한다. 빵과 포도주의 실체는 그리스도의 몸과 피로 변하지만, 빵과 포도주의 속성들 – 즉, 색깔, 맛, 향기, 그리고 기타의 특질들 – 은 기적적으로 존재하고 감각으로 인지할 수 있다.
7. 의심할 바 없이 대부분의 로마 가톨릭 교인들은 동일하게 말한다.
8. 이것은 교회가 지역공의회의 교령들을 받아들임에 선택적이라는 흥미있는 본보기를 보여 준다(이 책의 pp. 246-248을 보라.).

체적 문제에 있어서 동방정교회의 일반적 입장은 모스크바의 메트로폴리탄 필라레트(Philaret : 1782-1867)에 의해 기록된「긴 교리문답서」(*Longer Catechism*) 속에 명백히 요약된다 :

> 질문 : 우리는 어떻게 화체설이라는 단어를 이해하는가?
> 대답 : 화체설이라는 단어는 빵과 포도주가 주님의 몸과 피로 변화하는 방식을 정의하는 데 사용될 수 없다. 왜냐하면 하나님 이외에 누구도 이것을 이해할 수 없기 때문이다. 그러나 빵은 진실로, 정말로, 그리고 본질적으로 주님의 참된 몸이 되며, 포도주는 주님의 참된 피가 된다는 사실을 의미한다.[9]

그리고 그 교리문답서는 다마스커스의 요한으로부터 인용을 가지고 계속된다 :

> 만약 당신이 이것이 어떻게 일어나는지 알고자 한다면, 당신은 그것이 성령을 통하여 일어난다는 사실을 충분히 알 수 있다.…… 하나님의 말씀은 진실하고 활동적이며 전능하시다. 그러나 하나님의 말씀의 작용방법에 있어서는 신비이다. 우리는 이 이상 아무것도 알지 못한다.[10]

모든 동방정교회의 교구교회에서 강복된 성만찬(the Blessed Sacrament)은 보존장소에 대한 엄격한 규칙이 있음에도 불구하고, 일반적으로 대부분 종종 제단의 성궤(tabernacle) 속에 보관된다. 그러나 동방정교회인들은 보관된 성만찬(the reserved sacrament) 앞에서 공적인 헌신예배를 주장하지 않는다. 보관된 성만찬은 로마 가톨릭의 진열(Exposition)과 축성(Benediction)에 해당하는 기능을 지니고 있지 않다.

---

9. English traslation in R. W. Blackmore, *The Doctrine of the Russian Church*(London, 1845), p. 92.
10. *On the Orthodox Faith*, Ⅳ, 13(*P.G.* xciv, 1145A).

다른 목적을 위해서가 아니라 교제(communion)가 병자들에게 주어지기 위하여 성만찬(the sacrament)이 보관된다. 사제는 예배 중에 성만찬을 가지고 백성들을 축복한다. 그러나 결코 예배 이외에서는 할 수 없다. 성만찬은 본질적으로 식사이다. 그래서 봉헌된 요소들의 의미는 만약 그들이 먹고 마심의 맥락 밖에서 사용된다면 왜곡되어진다.

희생제사로서의 성만찬. 동방정교회는 성만찬은 하나의 희생제사라고 믿는다. 그리고 여기에 다시 기본적인 동방정교회의 가르침은 명백히 제의적 맥락에서 설명된다. "우리는 당신 자신으로부터 온 당신 자신을 당신께, 모든 것 속에서 모든 것을 위해서 봉헌합니다"(Your own from Your own we offer You, in all and for all.).

(1) **우리는 당신 자신으로부터 온 당신 자신을 봉헌합니다.** 성만찬에서 제사되어진 희생제물은 그리스도 자신이시다. 우리가 빵과 포도주를 제물로 드리는 것은 그리스도 자신의 자기 제사로 취해져서 그의 몸과 피로 변형된다. (2) **제사는 제2차적인 방식으로 당신 자신이시다.** 그리스도는 제사된 희생제물일 뿐만 아니라, 그분은 진실로 깊은 의미에서 제사의 행위를 수행하는 분이시다. 그분은 희생제물인 동시에 제사장이시고, 제물인 동시에 제물을 드리는 분이시다. 집례자는 대입장(Great Entrance) 전 그리스도께 기도로 다음과 같이 말한다. "당신은 제물을 드리시는 분이시며 제물로 드려지신 분이십니다." (3) **우리는 당신에게 봉헌합니다.** 1156~1157년에 열린 콘스탄티노플 공의회에 따르면, 성만찬은 삼위일체에게 드려진다. 말하자면, 그것은 그리스도에 의해 성부 하나님에게 봉헌되는 것이 아니라, 그리스도에 의해 신성(Godhead)의 모든 세 위격들에게 봉헌된다 – 그리스도는 자기 자신과 성부 및 성령에게 드리는 것이다. 그래서 만약 우리가 "성만찬의 희생은 **무엇**인가?", "**누구에 의해** 그것이 제물로 드려지는가?", "**누구에게** 그것이 드려지는가?"를 묻는다면, 각 경우에 있어서 대답은 그리스도이시다(세 번째 경

우, 우리는 그리스도께서 희생제물을 받으실 때 신성이 나누어지지 않기 때문에, 그분은 삼위일체의 다른 두 구성원들과 연합 속에서 이것을 받는 것이다.).

(4) 우리는 모든 자들을 위하여 희생제물을 드린다. 동방정교회 신학에 따르면, 성만찬은 산 자와 죽은 자를 위하여 드려진 화해의 희생제물(그리스어로 thysia hilastirios)이다.

성만찬에서 우리가 제사하는 희생제사는 그리스도의 희생이다. 그러나 이것은 무엇을 의미하는가? 신학자들은 이 주제에 관하여 여러 다양한 이론들을 주장했고, 지금도 계속적으로 주장하고 있다. 교회는 이 이론들 가운데 일부를 부적합하다고 거부한다. 그러나 교회는 성만찬적 희생제사에 대한 어떠한 특별한 설명에 결코 매이지 않는다. 니콜라스 카바실라스(Nicolas Cabasilas)는 표준적인 동방정교회의 입장을 아래와 같이 요약한다 :

> 첫 번째로, 희생은 단순한 표상이나 상징이 아니라 참된 희생제사이다. 두 번째로, 희생제물이 되어진 것은 빵이 아니라 그리스도의 참된 몸이다. 세 번째로, 하나님의 어린양은 모든 시간을 위해 유일회적으로 희생되었다. 성만찬에서의 희생은 실재적이고 피묻은 어린양의 산 제물(immolation)이 아니라, 빵이 희생된 양으로 변형되어 존재한다.[11]

성만찬은 그리스도의 희생제사에 대한 단순한 기념이나 상상의 표현이 아니라, 참된 희생제사 그 자체이다. 그러나 한편으로 어린양은 모든 시대를 위해 유일회적으로 희생되었기 때문에 그것은 새로운 희생이나 갈보리 위에서의 희생에 대한 반복도 아니다. 그리스도의 희생사건 – 성육신, 마지막 만찬, 십자가에 달리심, 부활, 승천[12] – 들은 성만찬 속에서

---

11. *Commentary on the Divine Liturgy*, 32.
12. 그리스도의 희생은 그의 죽음 이외에 많은 것들을 포함하고 있음을 주목하라. 이것은 교부적이고 정교회적 가르침에 있어서 가장 중요한 점이다.

반복되지 않는다. 그러나 그것들은 **현재화한다**. "예배 중에 우리는 신적인 능력에 의해 영원성이 시간을 가로지르는 지점에 내던져진다. 그리고 이 지점에서 우리는 우리가 기념하는 사건들과 참으로 **동시대인**"이 된다.[13] "교회의 모든 거룩한 성만찬은 다락방에서 있던 하나의 영원하고 유일한 그리스도의 만찬 이외에 아무것도 아니다. 이 동일한 신적 행위는 역사 속에서 특별한 순간에 일어나고, 항상 성례전 속에서 드려진다."[14]

성만찬(Holy Communion). 동방정교회 안에서 성직자 뿐만 아니라 평신도도 항상 두 종류의 성만찬(이종배찬)을 받는다. 성만찬은 약간의 포도주와 함께 작은 조각의 거룩한 빵을 담은 스푼으로 평신도에게 주어진다. 이것을 서서 받는다. 동방정교회는 성만찬이 있기 전에 엄격하게 금식을 주장한다. 그리고 아침에 일어난 후에 아무것도 마실 수 없다.[15] 다수의 동방정교회인들은 현재 성만찬을 그렇게 자주 받지 못한다 - 아마도 1년에 세 번 혹은 네 번 정도. 그 이유는 성만찬에 대한 무시 때문이 아니라, 그들이 어린아이 때부터 오랜 준비와 주의 깊은 준비 이후에만 접근할 수 있도록 가르침을 받았기 때문이다. 그러나 최근 몇 년 동안 빈번하게 성만찬을 드리는 일이 - 일부의 교구에서 매주일 - 그리스, 러시아, 루마니아에서 서방과 같이 보다 광범위하게 퍼졌다. 이것은 초대 기독교인들의 실천에로의 환영할 만한 복귀이다.

---

13. P. Evdokimov, *L'Orthodoxie*, p. 241.
14. Ibid., p. 208.
15. "당신은 황제를 그들의 집에 초대하는 자들이 우선 그들의 집을 깨끗이 한다는 사실을 안다. 그래서 만약 당신이 하나님을 당신의 삶의 계몽을 위하여 당신의 몸에 초대하기를 원한다면, 당신은 우선 금식으로 당신의 몸을 정화시켜야 한다"(from the Hundred Chapters of Gennadius). 병자 혹은 참으로 곤궁한 경우에 고백자는 이 교제적(communion) 금식으로부터 면제받을 수 있다.

성만찬예전이 마지막 강복과 함께 끝난 후, 사람들은 – 어쨌든 부분적으로는 이 빵으로부터 봉헌될 빵을 취함에도 불구하고 – 강복되었으나 봉헌되지는 않은 **안티도론**(Antidoron)이라 불리는 조그만 빵조각을 받기 위해 앞으로 나아간다. 대부분의 동방정교회 교구들에서 예배에 참석한 비동방정교회인들은 기독교인의 교제와 사랑의 표현으로 **안티도론**을 받도록 허락되었고, 진실로 이것을 받도록 격려를 받는다.

회 개

동방정교회의 어린이들은 유아 시절에 성만찬(communion)을 받는다. 그들이 일단 선과 악을 구별하고, 죄가 무엇인지 이해하기에 충분한 연령 – 아마도 6~7세 정도 – 이 되면 그들은 또 다른 성례를 받을 수 있다. 즉, 회개(고해성사: Repentence, Penitence, 혹은 Confession, 그리스어로 메타노이아⟨*metanoia* 혹은 *exomologisis*⟩)이다. 이 성례를 통하여 세례 후에 지은 죄들을 용서받고, 죄인은 교회와 화해된다. 그러므로 이것은 종종 '제2의 세례'라 불려진다. 사제들은 사면(absolution) 뿐만 아니라 영적 충고를 할 수 있기 때문에 성례들은 동시에 영혼 치료를 위한 치료제로 작용한다. 모든 죄는 하나님 뿐만 아니라 우리의 이웃과 공동체에 대적하는 죄이기 때문에, 초대교회에 있어서 고해성사(Confession)와 참회권징(penitential discipline)은 공적인 사건이었다. 그러나 여러 세기 동안 동방과 서방에 있어서 기독교세계의 고해성사는 사제와 고해자(penitent) 사이의 사적인 '만남'(conference)의 형태로 행해졌다. 사제가 고해성사시에 들은 것을 제3자에게 알리는 것은 엄격하게 금지되었다.

동방정교회에 있어서 고해성사는 고해신부(confessor)와 고해자(penitent)를 분리하는 창살을 지닌 밀폐된 곳에서 행해지는 것이 아니라, 교회의 편리한 장소에서 일반적으로 아이코노스타시스(iconostasis) 앞의 개방된 장소에서 행해진다. 종종 사제와 고해자는 제단의 칸막이 뒤에 서 있거나, 혹은 교회 안에 고해성사를 위한 특별한 방에 있었다. 서방에서는 사제들이 앉아 있고 고해자들은 무릎을 꿇고 있는 반면, 동방정교회에서 그들은 모두 서 있는다(혹은 때때로 그들은 모두 앉아 있다.). 고해자들은 종종 십자가와 구세주의 형상과 복음서들을 올려놓는 책상을 향해 바라본다. 사제는 한 측면에 비스듬하게 서 있다. 이 외적 배열은 고해성사에 있어서 사제는 단지 증인과 하나님의 대리인이며, 심판자는 사제가 아니라 하나님이심을 강조한다. 또한 이 점은 러시아인들의 관습 속에서 사제가 고해자에게 처음에 이야기하는 말들 속에서도 강조되었다 :

> 나의 자녀들아, **그리스도께서 여기에 비가시적으로 계시며 너희의 고해성사를 받으심을 눈여겨보아라.** 그러므로 부끄러워하거나 두려워 말라. 나에게 아무것도 숨기지 말고, 주저없이 너희가 행한 모든 것들을 나에게 말하라. 그러면 너희는 우리 주 예수 그리스도로부터 용서받을 것이다. 보라, 그의 형상이 우리 앞에 계신다. 그러므로 **나는** 너희가 나에게 이야기해야 하는 모든 것을 그의 앞에 증거하는 **단지 증인이다.** 그러나 만약 너희가 나에게 어떤 것일지라도 숨기면, 너희는 큰 죄를 범하게 될 것이다. 그러므로 너희는 치료받을 수 없는 육체의 죄에 빠지지 않도록 주의하라.

그 후에 사제는 고해성사를 듣는다. 그리고 만약 필요하면 질문을 한다. 그리고 난 후 조언을 한다. 고해자는 모든 것을 고백한 후, 무릎을 꿇고 그 혹은 그녀의 머리를 구부려 인사를 한다. 사제는 고해자의 머리 위에 그의 스톨(epitrachilion)을 올려놓은 다음, 그 스톨 위에 그의 손을 얹고 사면(absolution)의 기도를 한다. 그리스의 기도서들 속에 사면의 규정이 탄원의 형태로 기록되어 있다(삼인칭으로, "하나님이여, ……을 용서하소서."). 그러나 슬라브어로 된 기도서들 속에는 직설법적으로 되어 있다(일인칭으로, "내가 ……을 용서한다."). 그리스의 형식은 다음과 같다.

당신이 나의 비천한 인격에게 이야기한 것이 무엇이든지, 그리고 무지에서든 소홀함을 통해서든 당신이 이야기하지 못한 것이 무엇이든지, 그것이 어떠하든지, 하나님이여, 이 세상과 내세에서 이 사람을 용서하소서! 더 이상 근심하지 말아라. 평화스런 마음을 가지고 가라.

이 정식은 슬라브어로는 다음과 같다 :

우리 주 하나님 예수 그리스도여, 인류를 향한 은혜와 사랑의 관대함으로 나의 자녀(이름)의 모든 죄를 용서하소서! 그리고 무가치한 사제인 나는 그분께서 나에게 주신 힘을 통하여 모든 당신의 죄로부터 당신을 용서하고 사면합니다.

'나'를 사용하는 이 형식은 원래 우크라이나에서 라틴의 영향 아래 모길라의 피터에 의해 동방정교회의 예배모범책들 속에 도입되었고, 18세기에 러시아 교회에 의해 채택되었다. 다수의 동방정교회인들은 동방 기독교인들의 전통적인 성례전적 실천으로서의 이 출발을 유감스럽게 여긴다. 왜냐하면 다른 경우에 있어서 사제는 일인칭 단수로 말하지 않기 때문이다.

사제는 만약 어떤 경우에 그가 현명하다고 생각되면 가벼운 벌(epitimion)을 부과한다. 그러나 이것은 성례의 본질적 부분은 아니며 자주 생략된다. 대다수 동방정교회인들은 필수적으로 그들의 교구사제가 아닐지라도, 그들이 정규적으로 고해성사와 영적 충고를 받을 특별한 '영적 아버지'를 지니고 있다.[16] 동방정교회 내에 얼마나 자주 고해성사

---

16. 동방정교회 내에서 안내(guidance)는 안수례받은 사제 뿐만 아니라, 종종 안수례받지 않은 수도사나 수녀에게 주어진다. 일반적이지는 않지만 다수의 남녀 비-수도사적 평신도들은 '영적 아버지들' 혹은 '영적 어머니들'로 활동할 수 있다. 이러한 경우에 그들은 참회자의 고백을 듣고 상담을 하며, 하나님의 이름으로 참회자에게 신적 용서를 확증한다. 그러나 그들은 엄격한 교회법적 의미에서 성례전적 사면을 집행하였다고 간주되지는 않는다.

를 해야 하는지에 관한 엄격한 규정은 없다. 러시아인들은 그리스인들보다 더 빈번히 가는 경향이 있다. 성만찬이 자주 거행되지 않는 곳에서 - 예를 들면, 1년에 4~5번 - 신자들은 매번의 성만찬 전에 고해성사를 하기를 기대한다. 그러나 성만찬이 자주 행해지는 그룹에서 사제는 모든 성만찬(communion) 전에 고해성사가 이루어지기를 기대하지는 않는다.

거룩한 직제들의 서품성례

동방정교회 내에는 감독, 사제, 그리고 부제(副祭)라는 세 가지 '주요(major) 직제들'과 부부제, 독경사라는 두 가지 '작은(minor) 직제들'이 있다(예전에는 기타 다른 '작은 직제들'이 있었으나, 현재 이 두 가지를 제외한 모든 것은 대부분 폐지되었다.). 주요 직제들에 대한 안수례(ordinations)는 항상 예배(Liturgy)의 과정 중에 거행되고, 항상 개별적으로 행해져야 한다(로마와 달리 비잔틴의 제의⟨rite⟩는 단지 한 명의 부제, 한 명의 사제, 그리고 한 명의 감독만이 하나의 성만찬예전⟨any single Liturgy⟩에서 안수례를 받도록 규정되었다.). 감독만이 안수할 권한을 가지고 있고,[17] 새로운 감독의 서임(consecration)은 한 사람의 감독에 의해 결코 수행될 수 없고, 셋 혹은 적어도 두 명의 감독에 의해 수행된다. 감독직(episcopate)은 특성상 '동료적'(collegial)이기 때문에 감독의 서임은 '동료 감독들'에 의해 수행된다. 안수례가 감독에 의해 수행되지만, 또한 하나님의 **전체** 백성들의 승인을 필요로 한다. 그래서 특별한 경우에는 예배에서 모인 회중들이 '*Axios!*'(그는 가치가 있다.)를 외침으로 안수례를 인정한다.[18]

---

17. 필요한 경우에 감독의 대리인으로 행동하는 Archimandrite 혹은 대사제가 독경사(Reader)를 안수할 수 있다.
18. 만약 그들이 '*Anaxios*'를 외치면 무슨 일이 일어나는가?('그는 무가치하다.') 이것은

동방정교회 사제들은 두 개의 구별되는 집단들, 즉 '흰' 혹은 결혼한 사제와 '검은' 혹은 수도사들로 구분된다. 안수례를 받는 사람들(ordinands)은 안수례받기 전에 그들이 속하기 원하는 집단에 그들의 마음을 정해야만 한다. 왜냐하면 그가 '주요 직제'에 안수례를 받은 후에는 누구도 결혼할 수 없는 것이 엄격한 규칙이기 때문이다. 그러므로 결혼하기 원하는 자는 그들이 부제(副祭)가 되기 전에 결혼하여야 한다. 결혼을 원하지 않는 자는 통상 그들의 안수례 전에 수도사가 되도록 예정되었다. 그러나 오늘날 동방정교회 내에서 지금은 형식적인 수도사 서약을 하지 않는 다수의 독신 사제들이 있다. 그러나 이 독신 사제들은 후에 그들의 마음을 바꾸고 결혼하기로 결심한다. 만약 사제의 아내가 죽으면, 그는 다시 결혼할 수 없다.

과거에 교구성직자는 거의 변함없이 결혼한 사람들이었다. 그러나 오늘날 수도사 - 사제(a monk - priest)가 교구의 책임자가 되는 것이 상당히 보편화되었다. 6~7세기 이후 감독은 독신이어야 했고, 적어도 14세기 이후부터는 그는 수도사적 서약 속에서 살아야 했다. 그러나 홀아비는 만약 그가 수도사의 직책을 받았다면 감독이 될 수 있다. 오늘날 다수의 동방정교회들의 수도원주의가 이런 상태에 있기 때문에 감독직에 적합한 후보자들을 발견하는 것은 쉽지 않다. 그리고 성장하는 다수의 동방정교회들은 감독직을 수도사적 성직자로 제한하는 것은 현대의 조건 아래서는 더 이상 바람직하지 않다고 생각한다. 그러나 아마도 그 해결방법은 감독들이 수도사가 되어야 한다는 현재의 규칙을 바꾸는 것이 아니라, 수도사적 삶 자체를 다시 활기차게 만드는 것이다.

초대교회에서 감독은 종종 교구민, 성직자, 평신도들에 의해 선택되

분명하지는 않다. 몇 가지 경우에 콘스탄티노플 혹은 그리스에서 현세기 중에 회중들은 효과가 없음에도 불구하고, 사실상 이런 방식으로 그들의 거부를 표현한다. 어쨌든 일부는 이론적으로 만약 평신도들이 동의를 표현하지 않으면 안수례와 성직수임은 일어날 수 없다고 주장한다.

었다. 오늘날 동방정교회에서 감독이 공석인 교구에 감독들을 지명하는 것은 일반적으로 각 자치(autocephalous)교회 안에 있는 총회 (Governing Synod)이다. 그러나 여러 교회들 - 예를 들면, 안디옥, 키프러스 - 의 경우, 아직도 평신도들에 의한 대중적 선택이 변형된 모습으로 존재한다. 1917~1918년의 모스크바 공의회는 러시아 교회에서 그 이후의 감독들은 교구의 성직자와 평신도들에 의해 선출되어야 한다고 규정하였다. 이 규정은 파리의 러시아인들과 아메리카의 OCA가 계승되었다. 그러나 공산주의 아래의 소련에서는 이러한 선출은 명백한 이유들로 인해 불가능하였다. 종교가 러시아에서 다시 한번 자유롭게 되었으므로 1917~1918년의 모스크바의 결정은 - 이것이 아직은 시행되어 본 적이 없었지만 - 분명히 적용될 수 있다.

동방정교회에서 부제는 단지 사제직으로 가는 디딤돌이 아니라 원칙상 항존직이다. 그리고 보다 높은 서열로 나아가고자 하는 기대를 가지고 있지 않은 다수의 동방정교회의 부제들이 존재한다. 성만찬예전을 위하여 충분한 부제들이 필요하며, 모든 교구는 가능하면 자신의 부사를 갖고자 한다(물론 이들은 전임 세속적 직업을 가지고 있다.). 그러나 사실상 부제들은 여러 지역에서 희귀해졌다. 오늘날 동방정교회에는 부제직이 재평가되고, 다시 활기를 띠어야 한다는 점증하는 요청이 있다.

오늘날 동방세계에 있어서 여성 안수문제에 대한 입장은 무엇인가? 동방정교회인들은 여성이 주요한 직제들의 첫 번째인 부제직(diaconate)에 안수받을 수 있음을 분명히 받아들인다. 고대교회에 있어서 여성은 여성 집사로서 봉사했다. 그리고 서방에서 이 여성 집사직이 통상적으로 안수례받은 직무라기보다 평신도(lay)로서 간주되어 왔지만, 동방 기독교인들에게 있어서 그들은 남성 집사들과 같이 동일한 기도와 정확히 동일한 의식에 따라 강복을 받았다. 그렇기 때문에 동일한 성례적 차원에서 그들을 위치시킬 건전한 이유가 있다. 그들은 거룩한 성만찬의 거행에서 설교하거나 도와 준 것 같지는 않지만, 특별히 성인 여성의 세례식을 도와 주었고, 또한 여성 회중들 가운데 목회적 사역을 감당하였다. 여성 집사직은 동방정교회에서 결코 소멸되지는 않았다. 그러나 6~7세기 이후 그것이 계속적으로 오용되었고, 마침내 11세기경부터 사라져 가고 있다. 오늘날 다수의 동방정교회는 우선적 과제로 여성 부제직이 부활하기를 바란다.

만약 여성이 부제직에 안수받을 수 있다면, 그들은 또한 사제직에 안수받을 수 있지 않겠는가? 대다수의 동방정교회는 이것이 불가능하다고 생각한다. 그들은 우선적으로 과거 2천 년 간의 변화하지 않은 교회의 실천(practice)에 호소한다. 그들이 주장하는 것처럼, 만약 그리스도가 여성이 사제가 되기를 원했다면, 그분은 그의 사도들에게 당연히 그것을 가르쳤을 것이다. 그리고 사도들은 순종했을 것이다. 여성의 사제직 안수는 성경(Scripture)과 전통(Tradition) 속에서 모든 근거를 결여하고 있으며, 2천 년이 지난 후에 우리는 이 중요한 문제를 개선할 권리를 가지고 있지 않다. 소수의 동방신학자들은 또한 일부의 로마 가톨릭인들에 의해 발전된 '상징'(symbolic) 혹은 '형상'(iconic) 논쟁들을 사용한다. 성만찬(Eucharist)에서 사제는 그리스도를 대표한다. 그리고 그리스도는 남성이었기 때문에 사제는 이와 같이 남성이어야 한다. 그러나 다른 동방정교회인들은 여성의 사제직에 반대하지만, 이 '형상' 논쟁이 사실과 다름을 발견하고 단순히 전통에 호소하기를 좋아한다.

그러나 전체적인 문제는 그것이 필요로 하는 엄격하고 철저한 연구를 동방정교회 감독들과 열정적인 신학자들에 의해 제공받아야 한다고 강력하게 느끼는, 적지만 성장해 가고 있는 소수의 사람들이 동방정교회 내에 존재한다. 아주 극소수 동방정교회인만이 지금 여기에서 제한없이 여성을 사제직에 안수하는 데 찬성한다고 말한다. 그러나 이러한 안수에 반대하든 찬성하든, 훨씬 발전된 논쟁들이 매우 부적합하다고 느끼는 다수의 집단이 있다. 그들은 오늘날 동방정교회가 기본적 주제들에 대하여 전체적 범위를 재숙고해야 할 필연적 요구에 직면해 있다고 믿는다. 사제란 무엇인가? 어떻게 우리는 초대교회에서 발견되는 직제의 풍성한 다양성을 다시 활성화시킬 수 있을까? 참된 신학적 원리들이라기보다 우리의 상속된 문화적 고정관념에서 기원한 직제에 관한 우리의 현재의 견해가 어느 정도까지 여성과 남성 각자에게 적절한가? 영적인 차원에서 우리는 여성과 남성 사이의 성적 차이와 보완에 어떤 의미를 부여해야 하는가? 여기에는 우리가 거의 탐구를 시작하지 않은 신비가 존재한다.

만약 우리 동방정교회가 큰 용기와 상상력을 가지고 이 신비를 탐구하고자 한다면, 그것은 분명히 동방정교회의 남성들에 의해 행해질 수 없다. 동방정교회의 여성의 목소리가 우리의 교회의 삶에서 지금까지 일어나지 않은 방식으로 들려져야 한다. 다행히 그들은 지금 동방정교회 내에서 보다 많은 활동적인 역할을 수행하기 시작하였다. 예를 들면, 그리스(Greece)와 러시아에서 여학생들의 수가 급격히 증가하고 있으며, 미국에서는 사제의 아내들의 활동적이고 목소리를 높이는 연합들이 존재한다. 이 모든 것은 분명히 환영되어져야 한다. 왜냐하면 만약 동방정교회가 20세기에 창조적인 증거를 갖고자 한다면, 동방정교회의 남성 뿐만 아니라 여성들의 은사들이 최대한 사용되어져야 하기 때문이다.

결 혼

다양성 속에서 통일성의 삼위일체적 신비는 교회론 뿐만 아니라 결혼에 관한 교리에도 적용된다. 인간들은 삼위일체의 형상으로 만들어졌고, 특별한 경우를 제외하고 그들은 하나님에 의해 혼자가 아니라 가족 속에서 살도록 의도되어 있다. 하나님께서 아담과 이브에게 생육하고 번성하라 명령하심으로써 처음 가족을 축복하신 것처럼, 오늘날 교회는 남자와 여자의 결합에 축복을 제공한다. 결혼은 자연의 상태 뿐만 아니라 **은혜**의 상태이다. 수도사의 삶과 마찬가지로 결혼의 삶도 성령으로부터 특별한 선물 혹은 은사를 필요로 하는 특별한 부르심이다.

결혼예배는 두 부분으로 나누어지는데, 전에는 분리되어 별개로 거행되었으나 지금은 곧바로 연속으로 거행된다 : 즉, 준비의 시간인 **약혼식 예배**(Office of Betrothal), 그리고 성례를 구성하는 **혼례성사**(Office of Crowning). 약혼예배에서 주요 의식은 축복과 반지의 교환이다. 이것은 두 당사자가 그들 자신의 자유의지와 승낙으로 결혼한다는 외적 징표이다. 왜냐하면 양측의 자유로운 승낙 없이 그리스도인의 결혼성례는 있을 수 없기 때문이다. 예배의 두 번째 부분은 제관식(coronation)에서 절정에 이른다. 신부와 신랑의 머리 위에 사제가 왕관 – 그리스인들은 나뭇잎과 꽃으로 만들었고, 러시아인들은 은과 금으로 만들었다 – 을 씌워 준다. 성례의 외적이고 가시적인 표지인 이것은 부부가 새로운 가족 혹은 가정적 교회를 발견하여 떠나기 전에, 성령으로부터 받은 특별한 은혜를 의미한다. 왕관은 기쁨의 관이지만, 모든 참된 결혼이 양측 모두에게 자기 희생을 내포하기 때문에 그것은 또한 순교의 관이다. 예배의 끝 부분에 새롭게 결혼한 부부는 갈릴리 가나 혼인잔치의 기적을 회상하며 동일한 잔으로 포도주를 마신다. 이 공동의 잔은 그 후로 그들이 서로 더불어 공동의 삶을 공유할 것이라는 사실의 상징이다.

동방정교회는 우리 주님이 말씀하신 마태복음 19 : 9의 본문을 그 권위로 인용하여 이혼과 재혼을 허락한다. "……누구든지 **음행한** 연고 외에 아내를 내어 버리고 다른 데 장가드는 자는 간음함이니라"(마 19 : 9)(개역). 마태의 설명에 따르면, 그리스도는 결혼의 불변성에 대한 그의 일반적 규범에 예외를 인정하였기 때문에, 동방정교회는 또한 예외를 기꺼이 인정한다. 확실히 동방정교회인들은 원칙적으로 결혼의 결합을 오랜 기간 동안 변하지 않는 것으로 간주한다. 그리고 동방정교회는 결혼의 파기를 인간의 약함과 죄에서 기인한 비극으로 간주한다. 그러나 이 죄를 정죄하지만, 교회는 아직도 고통당하는 인간들을 돕고 그들에게 두 번째의 기회를 주기를 바란다. 그러므로 결혼이 완전한 현실이 되기를 멈추고자 할 때, 동방정교회는 합법적 사실로 보존할 것을 고집하지 않는다. 이혼은 타락한 세상에서 우리가 살아갈 때, 타락한 우리 인간에게 예외적이며 피할 수 없는 양보로 보인다. 그러나 타락 후에 남자와 여자들이 다시 일어나도록 도움에도 불구하고, 동방정교회는 두 번째 결합이 첫 번째와 정확히 동일한 특징을 지닐 수 없다는 사실을 알고 있다. 그리고 두 번째 결혼을 위한 예배에서 몇 가지의 기쁨에 찬 의식을 생략하고, 참회기도에 의해 대치한다. 그러나 사실상 이 두 번째 결혼예배는 거의 이용되지 않는다.

동방정교회의 교회법(Canon Law)은 두 번째, 심지어 세 번째 결혼을 허락하지만, 절대적으로 네 번째의 결혼은 금한다. 이론상 교회법은 오로지 간통의 경우에 한하여 이혼은 허락한다. 그러나 사실상 이것은 다른 경우에 있어서도 허락된다.

동방정교회의 신학의 관점에서 시민법정에서 국가에 의해 허락된 이혼은 불충분하다. 교회 안에서의 재혼은 오로지 교회 당국이 이혼을 허락했을 때 가능하다.

성관계는 하나님으로부터 온 선물이지만, 혼례성사에 의해서만 남자와 여자 사이에 이용되도록 주어진 선물이다. 이러한 이유로 동방정교회는 혼외정사를 인정할 수 없다. 교회는 동일한 성을 가진 사람들 사이의 성적인 결합을 승인하지 않는다. 그러나 동성연애의 특수한 상황에서 우리는 물론 최상의 목회적 감각과 관대한 동정심을 표시하여야 한다. "죄를 지은 한 형제가 사제에 의해 출교되었다. 그러나 아바 베싸리온(Abba Bessarion)은 그에게 다가가 말하길 '나 또한 죄인이다.' 라고 말하였다."[19]

피임약과 다른 형태의 산아제한에 관하여 다양한 견해들이 동방정교회 안에 존재한다. 과거에 산아제한은 일반적으로 강력하게 비난받았으

---

19. *Apophthegmata*(P.G. lxv), Bessarion 7.

나, 오늘날 좀 덜 엄격한 견해가 서방 뿐만 아니라 전통적인 동방정교회 국가들 안에서도 유행하고 있다. 다수의 동방정교회 신학자들과 영적 교부들은 결혼 내에서의 피임약의 책임 있는 사용은 본질적으로 죄가 아니라고 한다. 그들의 관점에서 한 부부가 몇 명의 자녀를 가져야 하며, 그 간격은 얼마나 되어야 하는가의 문제는 그들 자신의 양심의 인도에 따라 당사자들 스스로에 의해 최선으로 결정되어야 한다.

한편, 낙태는 동방정교회의 도덕적 가르침 속에서 분명하게 저주를 받는다. 우리는 인간의 생명을 파괴할 권리를 가지고 있지 않다.

병자에 대한 도유 (로마 가톨릭교회의 종유성사 ; Anointing)

그리스어로 *evchelaion*, 즉 '기도의 기름'(the oil of prayer)이라 알려진 이 성례는 성 야고보에 의해 기록되었다. "너희 중에 병든 자가 있느냐? 저는 교회의 장로들을 청할 것이요, 그들은 주의 이름으로 기름을 바르며 위하여 기도할지니라. 믿음의 기도는 병든 자를 구원하리니 주께서 저를 일으키시리라. 혹시 죄를 범하였을지라도 사하심을 얻으리라"(약 5 : 14 - 15) (개역). 이 구절이 지시하는 것처럼, 이 성례는 두 가지 목적을 지니고 있다. 그것은 육체만의 치유가 아니다. 왜냐하면 인간은 영혼과 육체의 결합이고, 그러므로 육적이고 영적인 질병 사이의 날카롭고 경직된 구별은 있을 수 없기 때문이다. 동방정교회는 물론 도유(Anointing) 후에 반드시 건강의 회복이 있어야 한다고 믿지는 않는다. 참으로, 종종 **기도의 기름**(evchelaion)은 환자의 육체적 회복을 돕지만, 다른 경우에 있어서 그것은 죽음을 위한 준비로 봉사한다. 세르기우스 불가코프(Bulgakov)가 말한 것처럼, "이 성례는 두 얼굴을 가지고 있다. 하나는 치료를 행하고, 다른 한편으로는 죽음에 의해 질병으로부터 해방을 받도록 한다."[20]

동방정교회는 도유성례를 결코 단지 죽어 가고 있는 사람만을 위해서

의도된 '최종적인 도유'(Unction)로 간주하지 않는다. 이것은 어떤 육체적 혹은 정신적 질병으로부터 고통받는 모든 사람들에게 유효하다. 다수의 동방정교회 교구들과 수도원들에서 거룩한 주일, 수요일 저녁 혹은 목요일 아침에 교회에서 기도의 기름을 거행하는 것이 관습이다. 그리고 참석한 모든 사람들은 육체적으로 질병이 있든지 없든지 성유를 위한 모임에 초대된다. 왜냐하면 우리가 몸의 치료를 필요로 하지 않을지라도, 우리는 모두가 우리의 영혼이 치료의 필요 속에 있기 때문이다. 동방정교회 내에서 너무나 자주 병자에 대한 성유는 잊혀진 성례가 되었다. 우리 동방정교회는 그것에 대하여 훨씬 더 사용할 필요가 있다.

---

20. Sergius Bulgakov, *The Orthodox Church*, p. 135.

동방정교회의 예배 Ⅲ
- 축일, 금식일, 그리고 개인적 기도 -

> 기도의 참된 목적은 하나님과의 대화로 들어가는 것이다. 그것은 그날의 특정한 시간에 제한되지 않는다. 기독교인은 자신이 개인적으로 하나님의 현존 속에 있음을 느껴야 한다. 기도의 목표는 정확히 항상 하나님과 함께 있는 것이다.
> ―게오르게스 플로로브스키(Fr. Georges Florovsky)

기독교의 교회력

만약 누군가 영국성공회의 공적 예배들을 따라가고자 하면, 어쨌든 이론상 두 권이면 충분할 것이다 - 성경과 공동기도서(the Book of Common Prayer ; 혹은 the Alternative Service Book). 유사하게도 로마가톨릭교회에서도 단지 두 권의 책이 필요하다 - 미사경본(the Missal)과 성무일과(the Breviary). 그러나 동방정교회에서는 예배들이 너무나 복잡하여 약 19권 혹은 20개의 보조적 책이 있는 작은 도서관이 필요하다. J. M. Neale이 동방정교회의 예배모범서들에 관하여 "적당히 계산하여 보니, 이 책들은 모두 4절판으로 빽빽히 인쇄되어 5,000페이지가 된다."¹⁾고 말하였다. 그러나 이 책들은 첫눈에는 너무나 다루기 힘들지만, 동방정교회의 최고의 보물들 가운데 하나이다.

이 20권 속에는 기독교의 축제일들을 위한 예배들을 포함하고 있다 - 즉, 교회 안에서 성육신과 그것의 수행을 기억하는 매년 연속되는 축일과 금식일. 교회력은 9월 1일에 시작한다. 모든 축일 가운데 가장 으뜸은 부활절이다. 이것은 탁월성에 있어서 홀로 서 있다. 중요성에 있어서 두 번째는 12개의 대축일들이 있는데 일반적으로 다음과 같이 계산된다 :

하나님의 어머니의 출생(9월 8일)
존경스럽고 생명을 주시는 십자가의 고양(혹은 들림 - 9월 14일)
하나님의 어머니의 성전 입성(11월 21일)
그리스도의 탄생(크리스마스 - 12월 25일)
요단강에서 그리스도의 세례(신현절 혹은 현현절 - 1월 6일)
우리 주님의 만남(성전 안에서 그리스도의 나타나심 ; 서방에서 성촉절 〈Candlemas〉- 2월 2일)
하나님 어머니의 수태고지(서방의 성모마리아 주일 ; Lady Day - 3월 25일)
우리 주님의 예루살렘 입성(종려주일 - 부활절 한주 전)
우리 주 예수 그리스도의 승천(부활 후 40일)
오순절(서방에서 성령강림절로 알려져 있으나, 동방에서는 삼위일체주일로 알려짐 - 부활절 후 50일)
그리스도의 변형(8월 6일)
하나님의 어머니의 잠드심(Falling Asleep or Dormition - 8월 15일)

그러므로 열두 개의 대축일들 가운데 세 개는 부활절에 의존하고 있으며, 이것들은 유동적이다. 그러나 나머지는 고정되어 있다. 일곱 개는

---

1. *Hymns of the Eastern Church*, third edition(London, 1866), p. 52.

주님의 축일이며, 다섯 개는 하나님의 어머니의 축일이다.[2]

동방정교회에는 또한 중요성에 있어서 다양한 다수의 다른 축일들이 있다. 다음의 것들이 보다 두드러진 것들이다 :

그리스도의 할례(1월 1일)
세 대 성직자들(the Three Great Hierarchs – 1월 30일)
성 세례 요한의 탄생(6월 24일)
성 베드로와 성 바울(6월 29일)
성 세례 요한의 참수(8월 29일)
하나님의 어머니의 보호하는 베일(The Protecting Veil of the Mother of God – 10월 1일)
감탄할 만한 사역자 성 니콜라스(12월 6일)
모든 성자들(오순절 후 첫 주일)

그러나 이 축일 이외에도 금식일들이 있다. 동방정교회는 인간을 영혼과 육체의 결합으로 간주하면서, 영혼 뿐만 아니라 육체도 훈련과 징계를 받아야 한다고 항상 주장한다. "금식과 자기 제어는 첫 번째 미덕이며, 모든 선의 어머니, 뿌리, 원천, 그리고 기초이다."[3] 1년 중 네 개의 중요한 금식기간들이 있다 :

(1) **대금식일**(사순절) – 부활절 7주 전에 시작한다.
(2) **사도들의 금식일** – 오순절 8주 전 월요일에 시작하여, 성 베드로와 바울의 축일 전야인 7월 28일에 끝난다. 기간에 있어서 1주와 6주 사이로 다양하다.
(3) **Dormition 금식일** – 8월 1일부터 14일까지 2주간 계속된다.
(4) **크리스마스 금식일** – 11월 15일부터 12월 24일까지 40일 간 지속된다.

---

2. 이 모임(2월 2일)은 종종 주님의 축일로 계산된다. 이 경우에 주님의 주일은 8개가 되며, 하나님의 어머니는 4개가 된다.
3. Kallistos and Ignatios Xanthopoulos, in *The Philokalia*, Vol. 4(Athens ,1961), p. 232.

이 4개의 중요한 기간들에 추가하여 모든 수요일과 금요일 – 그리고 일부 수도원에서는 월요일까지 – 은 금식일이다(크리스마스와 현현절 사이를 제외하고, 부활절 주간과 오순절 이후 주간중에). 십자가에 달리신 날, 세례 요한의 참수일, 현현절 전야들 또한 금식일이다.

동방정교회에서 금식의 규례들은 다수의 서방 기독교인들을 놀라게 하고 섬뜩하게 할 만큼 엄격하다. 예를 들면, 대사순절(Great Lent)과 수난주간(Holy Week)의 대부분의 날들은 고기 뿐만 아니라 포도주, 그리고 기름과 더불어 물고기와 모든 동물들의 생산물(라드, 달걀, 버터, 우유, 치즈)이 금지되었다. 그러나 사실상 다수의 동방정교회인들은 – 특별히 서방세계에 있어서 – 현대적 삶의 조건 아래에서 전통적 규례들을 정확하게 이행하는 것이 더 이상 불가능하다는 사실을 발견하였다. 그리고 마음속에 여러 다른 외적 상황들을 고안하였다. 그래서 특별한 시행들(dispensations)이 허락되었다. 그러나 대사순절 – 특별히 첫 주간과 수난주간 – 은 아직도 경건한 동방정교회인들에게 있어서 진정한 고행과 일련의 육체적 훈련의 기간이다. 모든 완화와 면제들을 고려할지라도, 20세기 동방정교회인들이 – 수도사들 뿐만 아니라 평신도들 – 아마도 가장 엄격한 종교적 명령(Religious Orders)을 제외하고, 서방 기독교세계와 비교될 수 없는 엄격성으로 금식을 하는 것은 사실이다.

1년 중 다양한 순간들이 특별한 의식으로 지켜진다 : 현현절(Theophany)에 위대한 물의 강복(종종 문 밖의 강이나 해안에서 행해졌다.), 변형(Transfiguration)시의 과일의 강복, 9월 14일 십자가의 장엄한 고양과 경배, 성직자와 백성들이 서로의 앞에 무릎을 꿇고 서로의 용서를 구하는 사순절 바로 직전 주일에 행해지는 용서의 예배. 그러나 본질적으로 동방정교회의 예배에서 가장 활동적이고 인상적인 순간들은 날과 시간이 지남에 따라 교회가 주님의 수난 속으로 들어갈 때 일어난다. 수난주간은 먼저 *Epitaphion*의 과정(사망한 그리스도의 형상이 무덤에 안장됨) 속에서, 그후 부활절 한밤중에 환호하는 부활의 아침기도 속에서 그

절정에 이른다. 누구도 이 우주적 기쁨에 사로잡히지 않고는 이 한밤중의 예배에 참석할 수 없다. 그리스도는 세상을 그것의 옛 속박과 이전의 공포들로부터 해방시켰고, 전교회는 어둠과 죽음을 이기신 그리스도의 승리를 자랑스럽게 축하한다.

우리가 교회력의 주제에서 떠나기 전에, 우리는 **교회력**에 대한 난처한 질문에 관하여 이야기해야 한다. 제1차 세계대전 말미에, 전체 동방정교회인들은 아직도 옛 스타일 혹은 줄리안 교회력(Julian Calendar)을 사용하였다. 이것은 서방에서 따르고 있는 새로운 혹은 그레고리안 달력보다 13일이나 늦은 것이다. 1923년 콘스탄티노플에서 동방정교회의 전부가 아니라 일부가 모인 정교회의 내적 모임이 열렸다. 이 모임은 모든 실천적 목적을 위하여 새로운 혹은 그레고리 달력에 상응하도록 줄리안 달력의 개정을 시작하기로 결정하였다. 새로운 스타일로의 변화는 1924년 콘스탄티노플과 그리스에서 시작되었다. 그러나 이것은 매우 논쟁적이었고, 모든 장소에서 채택되지는 않았다. 현재 개정된 줄리안 달력은 콘스탄티노플, 알렉산드리아, 안디옥, 루마니아, 불가리아, 키프러스, 그리스에서 사용되고 있다. 그러나 예루살렘, 러시아, 세르비아, 게오르기아와 폴란드에서는 아토스의 거룩한 산과 더불어, 옛 스타일 혹은 개정되지 않은 줄리안 계산법을 계속적으로 따르고 있다.[4] 이것은 어렵고 혼란스러운 상황을 초래했는데, 사람들은 이 결과들(계산법이 다른 것 - 역자주)이 곧 끝날 것을 희망하고 있다. 러시아인들이 그것을 13일 후인 1월 7일(새로운 스타일)에 지키는 반면에, 현재 아토스와 예루살렘 밖에 있는 그리스인들은 크리스마스를 서방과 같은 12월 25일(새로운 스타일)에 지키고 있다. 그리스인들은 1월 6일에 현현절을 지키고, 러시아

---

4. 그러나 폴란드의 동방정교회의 일부 교구들은 새로운 스타일을 사용한다. 또한 디아스포라 상태로 모스크바의 관할 아래 있는 다수의 교구들도 사용한다. 새로운 스타일은 또한 OCA에 의해 사용된다.

인들은 1월 19일에 지킨다. 기타 등등이 있다. 그러나 실제적으로 모든 동방정교회는 개정된 줄리안 달력을 고려함 없이, 옛 스타일에 따라 주야 평분점(the equinox)을 계산하여 동시에 부활절을 준수한다. 이것은 사실상 동방정교회의 부활절이 때로는 서방과 일치하며, 때로는 1주 혹은 4주 – 경우에 따라 5주 – 후에 있음을 의미한다. 서방세계에 있어서 핀란드와 소수의 교구들은 항상 서방의 날짜에 부활절을 지킨다.

교회력에서의 개혁은 특별히 그리스에서 큰 반대에 부딪쳤다. 이 곳에서는 '옛 달력주의자들'(Old Calendarists) 혹은 *Palaioimerologitai*의 집단들이 공적인 새로운 교회력과 관계를 단절하고, 그들 자신의 분리된 조직체를 세웠다. 1930년대와 1940년대에 그리스 시민 당국들에 의해 박해를 받았음에도 불구하고, 그들은 그들 자신의 감독들과 수도원들을 가졌으며, 약 800개의 교구와 아마도 백만 명의 지지자들에게 명령을 했다. 그러나 아주 최근에 그들은 여러 개의 경쟁집단으로 분열되었고, 대부분 그들의 영향력을 상실하였다. 키프러스와 루마니아에도 옛 달력주의자들이 있다. 아토스의 수도사들은 옛 스타일을 고수하면서, 거의 콘스탄티노플 총대주교와 그리스의 공식적 교회들과 교제를 유지하고 있다. 옛 달력주의자들은 교회력의 변화를 금세기에 동방정교회들의 주된 흐름을 부패시켜 온 일련의 혁신들 가운데 가장 으뜸가는 것으로 본다. 그들은 그렇게 믿는다. 그들의 관점에서 위험에 처해 있는 것은 단지 13일이라는 기계적인 문제가 아니라 동방정교회 신앙의 순수성이다. 그들은 특별히 서방 기독교세계와 재연합을 향하여 에큐메니칼 총대주교와 다른 자들에 의해 취해진 주도권에 반대한다.

개인적 기도

공적 예배기도와 나란히 가정에서 드리는 개인적 기도가 있다 – 매일의 기도들은 전가족이 함께 모이든, 각자가 개인적으로 하든, 성상 앞에서 아침과 저녁에 이루어진다(recited). 이 매일의 기도를 위해서는 특별한 지침서들이 존재한다. 대부분의 자료들은 공적 예배에서 사용하는 예배모범서들로부터 직접 가져온 것이다. 그러므로 혼자 있을 때일지라도 우리는 여전히 셀 수 없이 많은 교구교회들과 수도원들에서 낭송되고 있는 말들을 사용함으로 **교회와 더불어** 기도하고 있는 것이다. "개인적 기도는 공동체의 맥락에서만 가능하다. 어떤 사람도 혼자 기독교인일 수 없다. 오직 몸의 지체일 뿐이다. 외딴 장소, 침실일지라도 기독교인은 구속된 교회공동체(a redeemed community)의 구성원으로서 기도한다. 그리고 교회 속에서 그는 그의 헌신적 실천을 배운다."[5] 자연히 지침서들은 단지 일반적 안내서로 의도되었다. 그리고 사람들은 자유롭게 그들 자신의 말로 자발적으로 기도한다.

본보기를 위하여 지침서로부터 두 개의 기도를 선택해 보자. 첫 번째로 한 날의 시작을 위한 기도는 아마도 모스크바의 메트로폴리탄 필라레트(Philaret)에 의해 기록된 것으로 서방적 모델에 기초하고 있다 :

> 오 주님! 제가 평화 속에서 도래하는 날을 만나게 허락해 주십시오. 모든 것들 속에서 당신의 거룩한 뜻에 의지하도록 도와 주십시오. 매순간마다 저에게 당신의 뜻을 보여 주십시오. 저를 둘러싸고 있는 모든 사람들과의 관계를 강복해 주십시오. 영혼의 평화로, 당신의 뜻이 모든 것을 지배한다는 확고한 확신으로, 하루종일 저에게 다가오는 모든 것들을 대할 수 있도록 가르쳐 주십시오. 저의 모든 행위와 말들 속에 있는 생각과 감정을 인도해 주십시오. 미리 알 수 없는 사건들 속에 있는 모든 것이 당신으로부터 왔음을 잊지 않도록 해주십시오. 다른 이들을 괴롭히거나 귀찮게 하는 일 없이, 확고하고 지혜롭게 행동할 수 있도록 가르쳐 주십시오. 저에게 도래하는 날의 피로를 견딜 수 있도록 힘을 주십시오. 저의 의지를 지도해 주시

---

5. G. Florovsky, *Prayer Private and Corporate*('Ologos' publications, Saint Louis), p. 3.

고, 제가 기도하도록 가르쳐 주십시오. 당신께서는 제 안에서 기도합니다. 아멘.

그리고 아래의 것은 밤기도에서 이루어진 일반적 간구로부터 온 약간의 구절들이다 :

오, 모든 사람들을 사랑하시는 주님이시여, 우리를 싫어하고 우리에게 잘못을 범하는 자들을 용서해 주십시오. 우리의 은인들에게 보답해 주십시오. 우리의 형제자매들에게 그들이 구원을 위하여 간구하는 모든 것을 허락해 주십시오. 병자를 방문하여 치료해 주십시오. 투옥된 자들을 석방시켜 주십시오. 바다에 있는 사람들을 인도해 주십시오. 여행하는 자들과 함께 동행해 주십시오.…… 무가치한 우리에게 기도하도록 책임이 주어진 자들 위에 당신의 커다란 자비를 따라 자비를 베풀어 주십시오. 오 주님! 우리의 사별한 부모들과 형제들, 그리고 자매들을 기억해 주시고, 그들에게 당신의 얼굴의 광채가 비취는 곳에서 쉬게 해주십시오.

반-종교개혁기 이래로 서방에서 광범위하게 사용된 개인기도의 한 유형이 있다. 이것은 결코 동방정교회의 영성의 특징 - 하나의 '방법'에 따라 만들어진 형식적 '명상' - 은 아니다. 이것은 이그나티안(Ignatian), 설피시안(Sulpician), 살레지안(Salesian), 혹은 일부의 다른 것들과 구별된다. 동방정교회인들은 성경과 교부들을 천천히, 그리고 사려 깊게 읽도록 고무되었다. 그러나 이러한 실천은 모두 뛰어난 것으로 생각되었지만, 기도를 구성하는 것으로 생각되어지지 않았고, 하나의 '방법'으로 체계화되거나 환원되지 않았다. 각자는 그 혹은 그녀가 가장 유용하게 발견한 방식으로 읽도록 권고되었.

그러나 동방정교회인들은 산만한 명상을 실행하지 않지만, 여러 세기 동안 동방정교회의 삶 속에는 특별히 중요한 역할을 해온 또 다른 유형의 개인적 기도가 있다 - 즉, 예수 기도(the Jesus Prayer) : **하나님의 아**

들 주 예수 그리스도는 우리에게 자비를 베푸소서. 동방정교회인들이 성육신한 그리스도의 인격에 충분한 주의를 기울이지 않았다는 이야기가 종종 들리기 때문에, 이 예수 기도는 – 확실히 모든 동방정교회의 기도들 가운데 가장 오래됨 – 본질적으로 그리스도 중심적 기도이며, 주 예수에게 향해진, 그리고 그에게 집중된 기도임을 지적할 만하다. 예수 기도의 전통 속에서 성장한 자들은 결코 한순간일지라도 성육신의 중심성을 잊도록 허락되지 않는다.

예수 기도를 암송하는 데 있어서 하나의 도움으로 동방정교회인들은 구조에 있어서 서방의 염주(rosary)와 같은 화관(chaplet) 혹은 기도 – 끈을 사용한다. 동방정교회인들의 기도 – 끈은 일반적으로 양모 혹은 삼실로 만들어졌으며, 구슬끈과 달리 소리가 나지 않는다.

예수 기도는 놀라울 만큼 융통성이 있는 기도이다. 그것은 초신자들을 위한 기도이지만, 동일하게 묵상생활의 깊은 신비들로 인도한다. 그것은 누구든지, 언제든지, 어떤 장소에서든지 사용할 수 있다 : 줄을 서 있든지 걸어가든지, 버스나 기차로 여행을 하든지 일을 하든지, 밤에 잠이 오지 않을 때든지, 특별한 근심에 싸여 다른 종류의 기도에 집중할 수 없을 때든지. 물론 모든 기독교인들이 이러한 방식으로 자투리 시간에 예수의 기도를 이용할 수 있지만, 그것을 좀더 계속적으로 암송하고, 그것과 연결되어 있는 육체적 실천들을 행하는 것은 별개의 문제이다. 동방정교회의 영적 작가들은 예수의 기도를 체계적으로 이용하는 사람들은 가능하다면 경험이 있는 지도자의 지도 아래 자신들을 위탁해야지, 그들 자신이 주도권을 가지고는 아무것도 하지 말아야 한다고 주장한다.

일부 사람들에게 예수 기도는 마음속으로 들어오면 그것은 더 이상 의도적인 노력에 의해 암송되지 않고, 그 자체가 저절로 암송된다. 심지어 어떤 사람이 이야기를 하거나 글을 쓰고 있을지라도 계속 암송되며, 그의 꿈속에서도 나타나고, 아침에는 그를 잠에서 깨운다. 시리아인 성

이삭은 다음과 같이 말하였다 :

> 성령이 어떤 사람 속에 내주할 때, 그는 기도하기를 멈추지 않는다. 왜냐하면 성령이 그 안에서 끊임없이 기도하시기 때문이다. 그리고 그가 잠들거나 깨어 있을지라도, 기도는 그의 영혼으로부터 결코 단절되지 않을 것이다. 그러나 그가 먹고 마실 때, 그가 누워 있거나 어떠한 일을 행할 때, 심지어 잠에 잠겨 있을지라도 기도의 향기는 그의 마음속에서 자발적으로 숨쉬게 될 것이다.[6]

동방정교회인들은 하나님의 능력이 예수의 이름에 현존하기 때문에, 이 신적인 이름의 초대는 하나님의 활동의 효과적인 징표로서 작용하며, 성례전적 은혜를 지니고 있는 것으로 믿는다. "인간의 마음속에 나타나는 예수의 이름은 그것(마음)을 신성화시키는 능력을 전달한다.……마음을 통하여 비추이는 예수의 이름의 빛은 모든 우주를 밝게 한다." 예수의 기도를 계속적으로 암송하는 자와 단지 경우에 따라 이용하는 자들에게 예수의 기도는 재확신과 기쁨의 원천이 된다. 순례자를 인용해 보자.[7]

> 그리고 이것이 지금 내가 해야 할 방법이다. 그리고 이 세상에서 어떤 것보다도 나에게 귀중하고 즐거운 것은 끊임없이 예수 기도를 반복하는 것이다. 때때로 나는 하루에 43마일 혹은 44마일이나 여행한다. 그러나 나는 전혀 걷고 있다고 느끼지 않는다. 나는 나의 기도를 말하고 있다는 사실만을 알았을 뿐이다. 지독한 감기가 나를 파고들었을 때, 나는 나의 기도를 좀더 진지하게 말하기 시작했다. 그리고 나는 금방 전신이 따뜻해졌다. 굶주림이 나를 압도하였을 때 나는 좀더 자주 예수의 이름을 불렀고, 음식에 대한 나의 소망을 잊어 버렸다. 약해져 나의 등과 다리에 관절염이 걸렸을

---

6. *Mystic Treatises*, edited by Wensinck, p. 174.
7. S. Bulgakov, *The Orthodox Church*, pp. 170-171.

때, 나는 나의 생각들을 예수의 기도에 고정시켰다. 그러자 고통은 사라졌다. 누군가 나를 해한다면, 나는 '예수 기도가 얼마나 달콤한지!' 를 생각해야만 한다. 상처와 분노는 함께 사라지고, 나는 그 모두를 잊었다.…… 나는 내가 지금 서신서에서 들은 말씀(쉬지 말고 기도하라-살전 5 : 17)의 의미를 이해하고 있음을 하나님께 감사한다.[8]

---

8. R. M. French, *The Way of a Pilgrim*, pp. 17-18.

동방정교회와 기독교인들의 재연합

> 성자들은 그들의 영적 삶의 최고점에서 우리를 분리시키는 벽을 뛰어넘지 않았을까? 키예프의 메트로폴리탄 플라톤의 고상한 말에 따르면, 이 벽은 하늘에까지 올라가지 않겠는가?
> — 메트로폴리탄 유로지(Evlogy)

> 일치는 이미 주어졌고, 우리가 달성해야 할 것이다.
> — 세르기우스 불가코프(Fr. Bulgakov)

> 가장 귀중하고 가장 소망이 있는 에큐메니칼적 미덕은 인내이다.
> — 게오르게스 플로로브스키(Fr. Georges Florovsky)

"하나의 거룩한 보편적 교회"(One Holy Catholic Church) : 우리는 이것으로 무엇을 의미하는가?

동방정교회는 자신이 니케아-콘스탄티노플신조가 말하고 있는 "하나의 거룩한 보편적이고 사도적 교회"임을 매우 겸허하게 믿는다. 이것은 다른 기독교인들과의 관계 속에서 동방정교회인들을 인도하는 근본적인 확신이다. 따라서 기독교인들 가운데 분열이 있지만 교회 그 자체는 나누어지지 않았으며, 영원히 나누어질 수 없다.

동방정교회의 이 배타적인 주장은 동방정교회와 다른 기독교인들 사이에 일련의 에큐메니칼적 대화와 재연합을 위한 동방정교회의 건설적인 작업을 배제하고 있는 것처럼 보인다. 그러나 이러한 결론을 내리는 것은 잘못이다. 왜냐하면 충분히 역설적으로, 지난 70년 동안 다수의 고무적이고 열매가 풍성한 접촉들이 있었다. 수많은 장애물들이 아직도 남아 있지만, 또한 화해를 향한 실제적 진보가 있다.

만약 동방정교회인들이 하나의 참된 교회를 건설하고자 주장한다면, 그들은 그들의 공동체(communion)에 속하지 않는 기독교인들의 지위(status)가 무엇이라고 생각하는가? 다양한 동방정교회인들은 다양한 방식으로 대답할 것이다. 왜냐하면 거의 모든 정교회인들은 교회에 관한 그들의 근본적인 가르침에 동의함에도 불구하고, 그들은 이 가르침으로부터 나오는 실제적 결과들에 관하여 동의하지는 않기 때문이다. 우선 보다 중도적 집단이 있는데, 이들은 다른 기독교인들과 긴밀한 개인적 접촉을 가진 대부분의 동방정교회인들을 포함한다. 이 집단은 동방정교회를 교회(the Church)라고 말하는 것이 진리이지만, 동방정교회인들이 아닌 자들은 아마도 교회에 속할 수 없다고 결론내리는 것은 잘못이라고 주장한다. 교회의 구성원이 되는 다수의 사람들은 그렇게 가시적이지 않다. 비가시적 연대가 외적 분리에도 불구하고 존재한다. 이레니우스가 말한 것처럼, 하나님의 영은 그분이 선택하시는 곳에서 불어온다. 성령이 존재하는 곳에 교회가 존재한다. 우리는 교회가 어디에 있는지 알지만, 그것이 어디에 없는지 확신할 수 없다. 코미아코프가 주장한 것처럼, 이것은 우리가 비-동방정교회 기독교인들에 관하여 판단을 삼가야 한다는 것을 의미한다 :

> 지상적이고 가시적 교회는 주님께서 모든 피조물들의 최후 심판 때에 나

타나기로 약속된 전체 교회(the whole church)만큼 충만하고 완전하지 못하다. 교회는 단지 자신의 한계들 속에서만 행동하고 인식한다. 교회는 인류의 나머지를 판단하지 않고 단지 배제된 자들, 말하자면 교회에 속하지 않고 스스로를 배제한 자들을 바라본다. 교회로부터 소외되었든지, 혹은 하나님께서 교회에게 계시하고자 하시지 않은 끈으로 교회에 연합되어 있든지, 교회는 인류의 나머지를 위대한 심판의 그날(the great day)에 맡겨 둔다.[1]

 오직 하나의 교회가 있지만, 이 하나의 교회와 관련을 맺는 여러 다양한 방식들이 있고, 이 교회로부터 분리되는 여러 다양한 방식들이 있다. 일부 비-동방정교회인들은 사실상 동방정교회와 매우 가깝지만, 나머지들은 그렇지 못하다. 즉, 일부는 동방정교회와 친밀하지만, 나머지는 무관심하거나 적대적이다. 하나님의 은혜에 의해 동방정교회는 충만한 진리를 소유하고 있다(그래서 그 구성원들은 믿음으로 연합되어 있다.). 그러나 동방정교회의 참된 가치를 크거나 적은 정도로 소유하고 있는 다른 기독교공동체들이 있다. 이 모든 사실들이 고려되어져야 한다. 우리는 단지 모든 비동방정교회인들이 교회 밖에 있다고, 그리고 그 점에서 교회를 떠나 있다고 말할 수 없다.
 이러한 것은 보다 온건한 집단의 견해이다. 그러나 또한 동방정교회 안에는 보다 엄격한 집단이 존재한다. 이들은 동방정교회는 교회(the Church)이기 때문에 동방정교회인이 아닌 사람은 교회의 구성원이 될 수 없다고 주장한다. 그래서 러시아 밖에 있는 러시아 동방정교회의 수장이며, 현대 러시아 신학자들 중 가장 뛰어난 사람들 가운데 하나인 메트로폴리탄 Antony Khrapovitsky는 그의 「교리문답서」에서 다음과 같이 기록하였다 :

---

1. *The Church is One*, section 2(italics not in the original).

질문 : 도대체 교회나 교회들 가운데에 분열이 일어날 수 있다고 인정하는가?
대답 : 결코 아니다. 이단과 분리주의자들은 항상 하나의 나누어질 수 없는 교회로부터 떨어져 있으며, 그렇게 행함으로써 그들은 교회의 구성원이 될 수 없다. 그러나 교회 자체는 결코 그리스도의 약속에 따라 일치를 상실할 수 없다.[2]

(이 엄격한 집단은 이렇게 덧붙였다.) 물론 하나님의 은혜는 다수의 비-동방정교회인들 가운데 당연히 활동하신다. 그리고 만약 그들이 하나님에 대한 그들의 사랑에 있어서 신실하다면, 우리는 하나님이 그들에게 자비를 베푸실 것이라고 확신한다. 그러나 그들은 그들의 현상태에서 교회의 구성원이라고 불려질 수 없다. 이 엄격파를 자주 만나지 않고 기독교의 일치를 위하여 일하는 사역자들은 이러한 견해들이 오늘날 커다란 거룩성과 사랑스런 애정을 지닌 동방정교회인들에 의해 주장되고 있음을 잊지 말아야 한다.

동방정교회인들은 자신들의 교회가 참 교회라고 믿기 때문에, 그들은 모든 기독교인들은 동방정교회와의 화해라는 오직 하나의 궁극적 소망을 가질 수 있다. 그러나 동방정교회인들이 다른 기독교인들에게 특별한 힘과 사법관할권의 중심에 복종할 것을 요구한다고 생각해서는 안 된다. 세르기우스 불가코프(Bulgakov)는 다음과 같이 말하였다. "동방정교회는 어떤 개인이나 집단의 복종을 바라지 않는다. 그것이 각자에게 이해되기를 바랄 뿐이다."[3] 동방정교회는 구조에 있어서 탈집중화된 자매교회들의 모임(a family)이다. 이것은 분리된 공동체들이 그들의 내적인 자치권을 상실함 없이 통합될 수 있음을 의미한다. 동방정교회는 획일화가 아닌 다양성 속에서 일치, 흡수가 아닌 자유 안에서 조화를 열망한다. 동

---

2. Italics not in the original.
3. Sergius Bulgakov, *The Orthodox Church*, p. 24.

방정교회 내에는 다수의 다양한 문화적 형태들, 다수의 다양한 예배방식들, 심지어 다수의 다양한 외적 조직체계들을 위한 공간이 있다.

그러나 하나의 분야에서 다양성이 허락되어질 수 없다. 동방정교회는 신앙의 문제에 있어서 일치를 주장한다. **기독교인들 가운데 재연합이 있기 전에, 먼저 신앙 안에서 충분한 동의가 있어야 한다는 것이다.** 이것은 모든 그들의 에큐메니칼적 관계들에 있어서 동방정교회인들을 위한 기본적 원칙이다. 문제는 조직화된 일치가 아니라 신앙 안에서 일치이다. 그리고 교리에 있어서 타협을 희생하고 조직의 일치를 확보하는 것은 호두의 씨앗을 내어던지고 껍질을 취하는 것과 같다. 동방정교회인들은 몇 가지에 있어서 동의를 확보하고, 그밖의 모든 것들은 사적인 판단에 맡기는 '최소'의 재연합계획(minimal reunion scheme)에 참여하고자 하지 않는다. 연합을 위하여 오직 하나의 기초만 - 신앙의 **충만성** - 이 있다. 그러나 동시에 우리가 처음에 주장한 것처럼 전통과 전통들, 본질적 신앙과 신학적 견해들 사이에 생생한 구별이 존재한다. 우리는 견해들과 관습들 속에서가 아니라 사도적 신앙 안에서 일치를 추구한다.

이 기본적 원칙 - 신앙의 일치 없는 재연합은 없다 - 은 중요한 결과를 지닌다. **신앙 안에서 일치가 성취될 때까지 성례들 속에서 교제는 있을 수 없다.** 주님의 식탁에서의 교제(대다수 동방정교회인들이 믿는다.)는 신앙 안에서 일치를 확보하기 위한 수단으로 이용될 수 없고, 이미 달성된 일치의 결과와 절정으로서 와야만 한다. 동방정교회는 분리된 기독교 지체들 사이의 '교파 간의 성만찬 교제'(intercommunion : 상호 성만찬)의 개념을 거부한다. 그리고 충만한 성만찬 교제에 미치지 못한 성례전적 친교의 형태를 허락하지 않는다. 교회들이 서로 성만찬적 교제 속에 있거나 그렇지 않거나이지, 어중간한 것은 존재할 수 없다. 영국성공회와 구 가톨릭교회들은 동방정교회와의 성만찬적 교제 속에 있다고 생각될 수 있으나, 이것은 사실상 그렇지 않다. 다른 기독교인들 - 성공회와 구 가톨릭, 로마 가톨릭과 개신교도들 - 과 친교를 나눌 수 없다는 우리의 깊은 슬픔에도 불구하고, 우리 동방정교회인들은 성례전적 사귐이 있기 전에 먼저 해결해야만 하는 심각한 교리적 어려움들이 있음을 믿는다.

이러한 것은 교파간 성만찬 교제에 대한 기본적 동방정교회인들의 입장이다. 그러나 실제로 그것은 다양한 방식들로 이해된다. 동방정교회는 이 미묘한 문제에 관하여 모두가 획일적이지는 않다. 작지만 의미있는 소수의 동방정교회인들은 성례전들의 나눔에 관한 그들 교회의 공식적 입장이 지나치게 완고하다고 느낀다. 그들은 기독교의 일치를 향한 급격한 진행과 더불어, 지난 30년 간 로마 가톨릭과 성공회 내에서 있었던 것과 같은 보다 개방된 정책이 채택되어야 한다고 확신하고 있다. 대부분의 동방정교회인들은 이보다 자유로운 접근에 동의하지는 않는다. 그러나 그들은 아마도 '에큐메니칼적'이지는 않지만, 개인적이고 목회적 이유들로 일반적 금지에 예외적인 경우들을 허락할 것이다. 당연히 모든 동방정교회인들은 "교파간 상호 경제적 성만찬 교제"(economic intercommunion : 상호 성만찬)[4)]라 명명된 것을 허락한다. 비-동방정교회인들은 그들 자신의 교회의 직무로부터 단절되었을 때, 경제적 상호 성만찬에 의해서 동방정교회의 사제들로부터 성만찬(communion)을 받도록 허락된다 - 특별한 허락과 함께 - 그러나 그 반대도 가능한가? 가까이에 그들 자신의 교구를 가지고 있지 않은 고립된 동방정교회인들이 - 그리고 이러한 상황은 서방에서 빈번하였다 - 성만찬을 위하여 비동방정교회인들에게 접근할 수 있는가? 대부분의 동방정교회 당국은 "이것은 아니다. 이것은 불가능하다."고 대답한다. 그러나 사실상 일부의 상황에서 이것은 침묵 혹은 심지어 동방정교회 감독의 명시적 강복과 더

---

4. 동방정교회의 교회법 속에 '경제'(economy)라는 용어는 특별한 인간들의 구원을 돕기 위하여 교회의 규범들로부터 이탈하는 것을 의미한다.

불어 일어난다. 또한 타종교와의 결혼문제가 있다. 이것은 제단(the Altar : 종교 교파)의 분리가 특별한 상처가 되는 인간 상황 속에서 일어난다. 여기에서 다시 교회의 경계선을 가로지르는 교파간 상호 성만찬 교제의 몇 가지 방책이 비록 정규적으로는 그렇지 않다 할지라도 경우에 따라 허용된다. 그러나 대다수 동방정교회인들은 특별한 경우에 있어서 유연성을 지니고 있음에도 불구하고, 기본적 원칙은 아직도 유효하다고 주장한다. 신앙 안에서 일치는 성례전 안에서 교제에 앞선다.

동방정교회와 다른 공동체들과의 관계 : 기회들과 문제들

비-칼세도니안 교회들. 재연합에 대해 생각할 때 동방정교회(Eastern Orthodox)는 주로 서방이 아니라 동방에 있는 그들의 이웃들, 즉 오리엔탈 정교회를 바라본다. 콥틱과 다른 비-칼세도니안들은 역사적 경험, 교리와 영성에 있어서 서방의 어떤 기독교 교파보다도 우리와 가깝다. 동방정교회가 전념하고 있는 모든 현재의 대화들 가운데 비-칼세도니안들과의 대화는 가까운 미래에 실제적 행동들 속에서 최상의 열매와 훨씬 더 쉽게 결론에 이를 수 있을 것으로 증명되고 있다.

1964년 덴마크의 Aarhus와 1967년 영국의 브리스톨에서 개최된 비공식적 협의들(consultations)은 양측에서 지도적인 신학자들이 참석하였다. 1970년 제네바와 1971년 아디스 아바바에서 보다 발전된 모임들이 있었다. 결과는 기대 이상으로 긍정적이었다. 역사적으로 분열로 이끈 문제-그리스도의 위격에 관한 교리-에 관하여 사실상 실제적 불일치는 없었다. Aarhus에서 진술된 차이는 표현의 차원에 불과했다. 대표들은 다음과 같이 결론내렸다. "우리는 서로 교회의 하나의 정통신앙(the one Orthodox faith of the Church)을 인정한다.……기독론적 교리의 본질에 관하여, 우리는 스스로 충분한 일치 가운데 있음을 발견하였다." 브리스톨 협의회는 다음과 같이 말하였다. "우리 가운데 일부는 두 본성, 의지, 에너지가 한 분 주 예수 그리스도 안에서 위격적(hypostatically : 삼위일체의 제2위격의 성육신이신 예수 그리스도 안에서 - 역자주)으로 연합되어 있음을 주장한다. 우리들 가운데 일부는 동일한 그리스도 안에 하나로 연합된 신 - 인적 본성, 신 - 인적 의지와 신 - 인적 에너지를 주장한다. 그러나 양측은 그리스도의 두 본성이 혼동없이, 변화없이, 나눔없이, 분리없이 연합되었음을 말한다."[5] 이 4개의 부사가 우리의 공통된 전통에 속한다. 양측은 한 분 그리스도 안에 있는 신성과 인성의 역동적인 영속성을 주장하면서, 이 한 분 그리스도 안에서 신성과 인성이 각각의 특성들(properties)과 기능들(faculties)을 유지하고 있다고 확신한다.

이 4개의 비공식적 대화들이 1964~1971년 중에 있은 후, 두 교회가족들을 대표하는 공식적 연합위원회의 모임이 있었다. 이것은 1985년 제네바, 1989년 이집트의 Amba Bishoy 수도원, 그리고 다시 1990년 제네바에서 열렸다. 비공식적 협의들에서 도달된 교리적 일치들이 재확정되었다. 그리고 각측은 이제 과거에 상대방에게 행한 모든 저주들과 비난들을 철회하도록 권고되었다. 양측의 모든 사람들이 동일하게 그 대화에 긍정적이지 않았기 때문에 아직도 어려움들은 남아 있다. 예를 들면, 칼세돈과 레오의 교서를 '네스토리안'으로 계속적으로 생각하는 일부 비 - 칼세도니안들이 있는 것처럼, 그리스(Greece)에 일부의 사람들이 오리엔탈 정교회를 '단성론 이단'으로 계속 생각하고 있다. 그러나 동방정교회와 비칼세도니안들의 공식적 견해가 1989년 모임에서 명백히 표현되었다. "동방정교회들의 두 가족들이 서로 오랫동안 교제를 갈망하였기 때문에, 이제 우리는 우리의 공통의 신조 속에서 고백하고 분열되지 않은 초대교회의 사도적 신앙에 기초한 그 성만찬적 교제를 하나님 안에서 회복하기를 기도하고 믿는다." 이 성만찬적 교제의 충분한

---

5. 여기 브리스톨 협의회는 칼세돈 공의회(451)의 언어를 사용하고 있다. 앞의 pp. 33 - 34를 보라.

회복이 곧 성취된 사실이 되기를 빈다!

동방교회(The Church of the East). 비-칼세도니안과의 관계에서 이렇게 희망찬 진보가 있다면, 동방정교회와 동방교회(Assyrians) 사이의 고대적 분열을 치유하는 유사한 치료책이 있지 않겠는가? 분리는 교리적 이유들보다는 역사적 이유들로 - 직접적 신학논쟁보다 상호 접촉의 결여를 통하여 - 일어났다(물론 에베소 공의회〈431〉와 **하나님의 어머니**〈Theotokos〉의 명칭에 대한 문제가 있음에도 불구하고).[6] 이제 화해를 위한 순간이 오지 않았는가? 어려움은 앗시리안들이 이제 구성원들의 감소를 겪었다는 것이다. 왜냐하면 그들은 터키인들의 손에 1915~1918년에 있은 대량학살을 경험했기 때문이다. 해외에 혹은 그밖의 장소에 흩어져 수많은 억압 아래 살아가고 있는 그들은 - 비록 아직도 이라크와 이란의 그들의 고향에서 있을지라도 - 신학적 대변인을 결여하고 있다. 사실상 동방교회와 동방정교회 사이의 부분적 재결연은 1898년 Urmia의 Mar Yonan과 그의 다수의 추종자들이 러시아 교회와의 친교를 받아들였을 때 일어났다.[7] 앗시리아인들은 이 경우에 있어서 **하나님의 어머니**를 받아들이는 데 어려움을 발견하지 않았던 것 같다. 의심할 바 없이 정치적 요소들이 1898년에 역할을 했다. 그러나 한 세기가 지난 지금은 세속적 압력들로부터 자유한 신선한 연합행동이 있을 수 있시 않겠는가?

---

6. 앞의 pp. 35-36을 보라.
7. 이에 관하여 특히 J. F. Coakley의 매혹적인 책, *The Church of the East and the Church of England : A History of the Archbishop of Canterbury's Assyrian Mission*(Oxford, 1992)의 pp. 218-233을 보라. 1960년 뉴욕에서 가까운 Spring Valley에 있는 러시아인들의 수도원을 방문하였을 때, 나는 1898년의 연합으로 생존한 자인 Mar Yonan이라 불리는 사람을 만나는 기쁨을 누렸다. 원래 결혼한 사제인 그는 그의 아내가 죽은 후 감독이 되었다. 내가 수녀에게 그가 몇 살이나 먹었는지 물었을 때, 나는 "그가 102살이라고 말하는 것을 들었다. 그러나 그의 자녀들은 그가 이보다 더 많이 먹었음에 틀림없다."고 말하였다.

로마 가톨릭교회(The Roman Catholic Church). 동방정교회는 서구 기독교인들 가운데 영국성공회와 지난 백 년 동안 가장 충실한 관계를 유지하고 있다. 그러나 우리는 로마 가톨릭교회와 훨씬 더 많은 공통점을 지니고 있다. 물론 동방정교회와 로마 사이에 명료함이 요구되는 교리적 교회법적 문제들이 있다. 무엇보다도 필리오케와 교황의 법적 주장들, 일부 동방정교회인들은 **필리오케**와 교황의 주장들에 연옥과 무흠잉태를 추가한다. 종종 그들 자신의 편에서 로마 가톨릭인들은 동방정교회인들의 이혼에 대한 관습과 하나님의 본성과 에너지 사이의 팔라미스파(Palamite)의 구별을 문제삼는다. 덜 명시적이지만, 아마도 신학적 정신성과 방법 속에 있는 차이들이 동일하게 중요하다. 동방정교회인들은 종종 라틴학파적 신학이 법적 개념을 너무 많이 사용하고 있으며, 합리적 범주들과 삼단논법적 논쟁에 지나치게 의존하고 있다고 느낀다. 반면에 그들의 편에서 라틴인들은 빈번하게 동방정교회의 신비적 접근이 너무 모호하고 나쁘게 규정되어 있음을 발견하였다. 교리와 신학적 방법에 있어서 차이를 넘어, 또한 결코 간과되어지지 말아야 할 심리적 장애물들이 있다. 현세기 중에 가톨릭인과 동방정교회인들은 폴란드, 체코슬로바키아, 크로아티아, 우크라이나에서 서로 대항하고 있으며, 서로의 손에서 폭력과 심지어 죽음까지도 경험하고 있다. 이것은 다수의 사람들의 기억 속에서 아직도 생생하다. 이 쓰라린 투쟁들은 1990년대에도 계속되고 있다.

그러나 충분한 관용이 이 모든 것(투쟁)을 위해 만들어질 때, 양측이 공유하고 있는 광대한 공통지반의 영역이 없어지지 않고 남게 된다. 우리 양측은 하나님을 삼위일체로, 예수를 성육신한 하나님으로 믿는다. 우리 양측은 성만찬을 구세주의 참 몸과 피로 받아들인다. 우리는 하나님의 어머니와 성자들에 대한 공통의 헌신을 가지고 있다. 그리고 우리 양측은 죽은 자들을 위해 기도한다. 동방정교회인들은 우크라이나 L'vov의 그리스 로마 가톨릭 메트로폴리탄인 안드레이 셰프티트스키

(Andrei Sheptytsky : 1865-1944)와 Amay-sur-Meuse(이것은 1939년 Chevetogne로 옮겼다.)에서 1925년 "연합수도원"(Monastery of Union)을 설립한 Dom Lambert Beauduin(1873-1960)과 같은 로마 가톨릭 개척자들의 평화적인 주도권을 감사함으로 인정할 수 있다. 이것은 구성원들이 라틴과 비잔틴 제의들(rites)에 따라 예배드리는 '이중의 제의 공동체'(a double rite community)이다. 그것은 다수의 동방정교회 방문자들, 친구들을 가지고 있으며, 가치 있는 정기 간행물인 「평화문서」(Irénikon)를 발행한다. 동방정교회 신학은 또한 헤아릴 수 없이 많은 로마 가톨릭교회 내의 교부적 연구의 갱신으로부터 혜택을 받았다. 앙리 드 루박(Henri de Lubac), Jean Danielonu와 Hans Urs 폰 발타자르와 같은 학자들의 작업을 통해서.

변화들이 로마 가톨릭교회의 제2차 바티칸 공의회(1962-1965)에서 일어났다. 이 공의회에서는 공식적 차원에서 로마와 동방정교회 사이의 점진적 **친선**(rapprochement)을 가능하게 만들었다. 1964년 1월에 교황 바오로 6세와 총대주교 아테나고라스는 예루살렘에서 역사적 만남을 가졌다. 이것은 교황과 에큐메니칼 총대주교가 플로렌스 공의회(1438-1439) 이래로 얼굴과 얼굴을 마주한 첫 번째 사건이었다. 1965년 12월 7일 1054년의 저주들은 로마는 바티칸 공의회에서, 콘스탄티노플은 거룩한 대회(Holy Synod)에서 동시에 거행된 의식들에서 엄숙히 철회되었다. 이것은 단지 상징적 행동이었다. 왜냐하면 이것은 본질적으로 양측 사이의 성만찬적 교제를 재확립하지는 못했기 때문이다. 그러나 상호 신뢰를 회복하는 상징적 행동의 가치는 과소평가되지 말아야 한다.

1980년 동방정교회와 로마 사이의 신학적 대화를 위한 연합국제위원회(the Joint International Commission)의 개회모임이 그리스 섬들인 밧모와 로데스에서 개최되었다. 그리고 1982년과 1988년 사이에 이 위원회는 교회, 성례전들, 그리고 사도적 승계를 포함한 세 가지 중요한 합의문서를 만들었다. **필리오케** 혹은 교황의 주장들을 직접적으로 다룸

없이, 이 두 문서들은 논쟁되고 있는 두 문제들의 미래의 논의를 위하여 견고한 기초를 제공하였다. 불행하게도, 1980년대 후반에 위원회는 우크라이나와 그밖의 장소에서 동방정교회인들과 동방 가톨릭교인들(the eastern Catholics) 사이의 점증하는 긴장으로 어려움에 빠져들어 갔다. 그리고 1992년 계획된 모임은 취소되어만 했다. 양측은 이것을 단지 일시적 연기로 보았다. 명백히 이 대화는 아직도 초기 단계에 있다.

동방정교회와 로마 사이의 결정적인 문제는 확실히 교회 내에서 교황의 직무에 대한 이해이다. 우리 동방정교회인들은 1870년에 공포된 교황의 무오성과 최상의 보편적 사법관할권에 관하여 제1차 바티칸 공의회의 정의들을 받아들일 수 없다. 이 정의들은 제2차 바티칸 공의회에 의해 단호하게 재확정되었다. 그러나 동시에 제2차 바티칸 공의회는 감독들의 동료성(the collegiality of the bishops)을 주장함으로 새로운 맥락 안에 교황의 주장들(the Papal claims)을 놓았다. 동방정교회는 로마가 초대교회 시대에는 참 신앙에 대한 확고한 증거에 있어서 탁월하였음을 인정한다. 그러나 우리는 그의 가르침의 직무에 있어서, 교황은 그의 동료 감독들에게는 허락되지 않은 특별한 은사 혹은 은혜의 선물을 소유하고 있다고 믿지는 않는다. 우리는 교황을 첫 번째로 인정한다 - 그러나 그는 오로지 동등한 자 가운데 첫 번째(the first among equals)이다. 그는 최상의 통치자가 아니라 맏형이다. 우리는 교회의 처음 10세기에 교황은 동방 기독교인들 내에서 직접적이고 즉각적인 사법권할권을 가지고 있다고 생각하지 않는다. 그러므로 우리는 오늘날 그에게 이러한 권한을 허락하는 것이 불가능하다는 사실을 안다.

로마 가톨릭인들의 귀에 이 모든 것은 부정적이고 도움이 안 되는 소리로 들릴 것이다. 그래서 우리는 동방정교회인들이 받아들이지 **않을** 것을 이야기하는 대신에, 교황의 수위권(primacy)의 본질이 무엇인가에 대한 동방정교회인의 관점에서 긍정적인 용어들로 이야기해 보자. 확실히 우리 동방정교회인들은 재연합된 기독교세계에 있어서, 단지 명예상의 선임권이 아니라 모든 포괄적인 사도적 돌봄(care)을 교황에게 기꺼이 양도해야 할 것이다. 우리는 전체 기독교세계의 호소들을 받아들일 권한 뿐만 아니라, 어느 장소에서든 기독교인들 가운데 위기와 투쟁이 일어날 때 그 해결의 방법을 추구함에 있어서 주도권을 행사할 권한을 교황에게 기꺼이 양도하여야 한다. 우리는 이러한 경우에 있어서 교황은 고립 속에서가 아니라, 항상 그의 형제 감독들과의 긴밀한 협력(collegiality) 속에서 행동해야 한다고 생각한다. 우리는 법적인 용어보다 목회적인 용어들로 고찰된 그의 직무를 보기 원한다. 그는 강제보다는 협의, 강요보다는 격려를 할 것이다.

1024년 콘스탄티노플의 총대주교 유스타티우스(Eustathius)는 교황 요한 19세에게 로마의 수위권과 에큐메니칼 총대주교의 수위권 사이의 차이와 관계하여 다음과 같은 공식을 제안하였다. "로마가 세계에 걸쳐 보편적인 것처럼, 콘스탄티노플 교회는 그녀 자신의 영역에서 보편적(universal)이라고 불려지고 간주되도록 합시다."[8] 동방정교회와 로마 가톨릭의 연합위원회(the Orthodox/Roman Catholic Joint Commission)는 이것을 미래의 모임에서 논의를 위한 근거로 삼을 수 있지 않겠는가?

구 가톨릭 신자들(The Old Catholics). 구 가톨릭교회의 기원들은 18세기 초기까지 거슬러 올라감에도 불구하고, 구 가톨릭교회는 오직 1870년대와 1880년대에 지금의 형태를 띠었다. 이 때는 교황권에 대한 제1차 바티칸의 결정들을 받아들일 수 없다고 느끼는 약간의 로마 가톨릭 신자들이 참가했을 때이다. 훗날의 교황의 부가물(accretuions) 없이, 고대의 분열되지 않은 교회의 신앙에 호소하면서, 구 가톨릭 신자들은 자연히 동방 기독교인들을 동정심을 가지고 보았다. 구 가톨릭 신자들과 동방정교회 사이에 중요한 회의(conference)가 1874년과 1875년에 본

---

8. Raoul Glaber, *Historiarum libri quinque* iv, 1(Patrologia Latina cxlii, 671A).

(Bonn)에서 개최되었다(또한 영국성공회 교인들이 참가하였다.). 여기에서, 그리고 1931년 본에서 있은 동방정교회인들과 구 가톨릭 신자들의 모임에서 양측은 자신들이 그들의 관점에 있어서 매우 근접해 있음을 발견하였다. 국제적 차원에서 두 교회들을 대표하는 연합신학위원회(A joint theological commission)는 1975년과 1987년 사이의 모임들에서 삼위일체, 기독론, 교회론, 그리고 성례전들에 관하여 상세하고도 이해할 수 있는 합의(agreement)에 이르렀다. 그럼에도 불구하고 아직 가시적 일치를 확립할 구체적 단계들을 취하지 않고 있다. 동방정교회의 관점에서 복잡한 요소는 구 가톨릭 신자들과 영국성공회 사이에 1931년 이래로 존재하고 있는 충만한 성만찬 교제의 관계이다. 따라서 구 가톨릭/동방정교회의 연합문제는 고립 속에서는 해결될 수 없다. 동방정교회가 영국성공회와의 이해에 도달할 때에만 동방정교회는 구 가톨릭 신자들과의 합의를 이행할 수 있다.

영국성공회(The Anglican Communion). 1981년 이후 국제적인 동방정교회 - 루터파의 대화(an international Orthodox - Lutheran dialogue), 국제적인 동방정교회 - 개혁교회의 대화(an international Orthodox - Reformed dialogue)가 있어 왔다. 한편, 1992년 동방정교회 - 감리교 사이의 대화가 준비되기 시작하였다. 그러나 동방정교회에 있어서 보다 중요한 것은 영국성공회와의 오랜 관계성이다. 일찍이 17세기 초 이후로 어떤 성공회 사람들은 16세기 여왕 엘리자벳 제1세 통치 아래서의 종교개혁적 해결이 미봉책에 불과하여, 구 가톨릭 신자들과 마찬가지로 보편공의회들(the General Councils), 교부들, 그리고 분열되지 않은 고대교회의 전통에 호소하였다. 우리는 다음과 같이 호소한 감독 존 피어슨(1613 - 1686)에 대하여 생각한다. "초기에 그것이 어떠했는지 연구하라. 그리고 나서 근원으로 가 보아라. 고대를 바라보라." 또한 감독이며 비선서자인 토마스 캔(Ken : 1637 - 1711)이 다음과 같이 말한 것을 생각해 보자. "나는 동방과 서방의 분열 전에 전체 교회에 의해 고백된 거룩하고 보편적(Catholic)이고 사도적인 신앙 안에서 죽는다." 고대로의 이 호소는 다수의 성공회 교인들로 하여금 동정심과 흥미를 가지고 동방정교회를 바라보도록 하였다. 그리고 동일하게 이것은 다수의 동방정교회인들로 하여금 흥미와 관심을 가지고 영국성공회를 바라보도록 하였다. 윌리엄 팔머(1811-1879),[9] J. M. Neale(1818-1866), 그리고 W. J. Birkbeck(1859-1916)와 같은 영국성공회 교인들의 개척자적 사역의 결과로서 앵글로-동방정교회(Anglo-Orthodox)의 확고한 유대가 19세기 말에 확립되었다.

특별히 Neale의 주도하에 동방교회연합(the Eastern Church Association)이 1863년 영국에서 세워졌다. 그리고 이것이 영국성공회와 동방교회들의 연합(the Anglican and Eastern Churches Association)으로 알려지자, 이것은 정기적으로 「동방교회들의 소식지」(Eastern Churches News Letter)를 발행하고, 순례여행과 모임들을 통하여 영국성공회 교인들과 동방기독교인들 사이의 접촉을 촉진시킨다. 보다 최근의 단체, 즉 1928년 기독학생운동(SCM)의 한 분파로 설립된 성 알반과 성 세르기우스의 단체는 유사한 목적을 추구하고 있다. 그것은 런던에서 영구적인 중심인 성 바질의 집(St. Basil's House)[10]을 가지게 되었으며, 내용이 풍부한 잡지인 「소보르노스트」(Sobornost)를 발행한다. 과거에는 불가코프, 로스키, 그리고 플로로브스키와 같은 지도적인 동방신학자들과 영국성공회측에서는 동방정교회에 대한 비판적 찬미자임에도 불구하고 완고한 대 감독 미카엘 람세이(Ramsey: 1904-1988)가 이 곳의 연차회의에 참석하였다. 그리고 그 곳은 친밀한 개인적 우호관계를 통하여 기독교적 일치가 추진되는 대화의 광장(forum)으로 계속 남아

---

9. 1855년 로마 가톨릭교회로 받아들여졌다.
10. St. Basil's House, 52 Ladbroke Grove, London w11 2PB.

있다.[11]

영국성공회와 동방정교회들 사이에 중요한 공식회의가 1930년과 1931년 사이에 런던에서, 그리고 1935년 Bucharest에서 개최되었다. 후자는 영국성공회-동방정교회의 **친선**에 있어서 여러 측면에서 절정을 나타내었다. 대표자들은 모임의 말미에 다음과 같이 진술하였다. "견고한 기초가 동방정교회와 영국성공회의 공동체 사이에 확정됨으로 충분한 교리적 동의가 준비되었다."[12] 돌이켜보면 이 용어들이 지나치게 낙관적인 것으로 나타났다. 그리고 영국 교회와 러시아 교회 사이에 1956년 열린 회의는-1930년대의 모임들에서는 그 대표들이 제대로 참석하지 않았었으나-눈에 띄게 조심스러웠다.[13]

전쟁기간 중에 동방정교회인들은 영국성공회의 직제들의 문제에 상당한 관심을 기울였다. 교황 레오 13세가 1896년 그의 회람서신 *Apostolicae Curae*에서 영국성공회의 안수례받은 직제에 대하여 비난한 후, 다수의 영국성공회 교인들은 동방정교회인들이 그들의 사제직과 감독직의 타당성을 인정하도록 설득함으로 이것을 상쇄시키기를 희망하였다. 1922년 에큐메니칼 총대주교 Meletios 4세는(Metaxakis) 영국성공회의 직제는-동방정교회의 관점에서 필수불가결하다고 주장되는 모든 본질적인 것들이 그들 안에서도 발견되는 만큼-로마와 구 가톨릭과 아르메니아 교회들의 직제들이 소유하고 있는 것과 동일한 타당성을 소유하고 있다고 진술하는 선언을 발행하였다.[14] 유사한 용어로 긍정적

---

11. Nicolas와 Militza Zernov, *The Fellowship of St. Alban and St. Sergius : A Historical Memoir*(Oxford, 1979)를 보라.
12. E. R. Hardy(ed), *Orthodox Statements on Anglican Orders*(London/Oxford, 1946), p. 35.
13. H. M. Waddams (ed.), *Anglo-Russian Theological Conference : Moscow, July* 1956(London, 1958).
14. Hardy, *Orthodox Statements on Anglican Orders*, p. 2.

인 진술들이 예루살렘(1923), 키프러스(1923), 알렉산드리아(1930), 그리고 루마니아(1936) 교회들에 의해 나왔다. 그러나 이들 교회 가운데 어느 교회도 이 상호 승인의 결정들을 실제적으로 실천에 옮기지는 못한 것 같다. 동방정교회에 들어온 영국성공회 성직자가 만약 동방정교회의 사제직에서 섬기도록 소명을 받으면 항상 다시 안수를 받았으나, 반면에 동방정교회인이 되는 로마 가톨릭 성직자의 경우에 항상 이러한 재안수는 없었다.

전쟁 이후 다른 동방정교회는 영국성공회의 직제들에 관하여 호의적인 선언을 하지 않았다. 1948년 모스크바 총대주교는 다음과 같이 진술함으로 부정적인 결론에 도달하였다. "동방정교회는 일반적으로 성례전들과 특별히 거룩한 직제(Holy Order)의 성례에 관한 영국성공회의 가르침의 권한을 인정하는 데 동의할 수 없다. 그러므로 동방정교회는 영국성공회의 안수례들의 타당성을 인정할 수 없다." 그러나 미래를 위하여 하나의 희망이 베풀어졌다. 동방정교회가 충분히 정교회적이라고 인정할 수 있는 신앙고백을 영국성공회가 정규적으로 승인한다면, 문제는 다시 개방될 수 있고 승인은 아마도 가능해질 것이다.[15]

이 선언 속에서 모스크바 총대주교가 타당성이 있는 직제들의 문제를 고립시켜 다루기를 거부하고, 영국성공회의 전체적 신앙의 맥락 안에서 그 문제를 논하고자 한 것은 의미있는 일이다. 동방정교회인들에게 안수례받은 직제들의 타당성은 단순히 어떤 전문적인 조건들(사도적 승계의 외적 소유, 정확한 형태, 질료, 그리고 의도)에 의존하지 않는다. 동방정교회인들은 또한 질문한다. 문제가 되고 있는 기독교공동체(the Christian body)에 대한 일반적 성례전적 가르침은 무엇인가? 또한 영국

---

15. Paul B. Anderson (ed.), *Major Portions of the Proceedings of the Conference of Heads and Representatives of Autocephalous Orthodox Churches*······ 8-18 *July* 1948(Paris, 1952), p. 239.

성공회는 사도적 승계와 사제직의 내적 의미에 관하여 무엇을 믿느냐고 동방정교회는 묻는다. 영국성공회는 성만찬적 현존과 희생을 어떻게 이해하는가? 이 문제들이 대답되어질 때만이 안수례받은 직제들의 타당성에 관하여 하나의 결정이 내려질 수 있다. 타당한 직제들에 관한 문제를 고립시켜 논하는 것은 막다른 골목을 가는 것이다. 이것을 깨닫고 영국성공회와 동방정교회는 1950년대 이후로 그들의 논의 속에서 타당한 직제들의 문제를 대부분 옆으로 미뤄 놓았고, 보다 본질적이고 중심적인 교리적 신앙에 관한 주제들에 집중하였다.

모든 동방정교회와 전체 영국성공회 공동체를 포괄하는 공식적인 신학적 대화가 1973년에 출발하였다. 일부 성공회 교회들 속에서의 여성 사제직의 안수로 인하여 1977~1978년 중에 대화에 있어서 위기가 있었다. 그럼에도 불구하고 대화는 아직도 지속되고 있다. 두 가지 합의된 진술이 1976년 모스크바에서, 1984년 더블린에서 작성되었다. 예를 들면, 성경과 전통, 공의회들, 성자들의 교제, 그리고 성상에 관한 놀라울 만한 구절들이다. 그러나 이 두 진술들이 지금까지 겨우 서면으로 남아 있고, 전체적으로 두 교회의 삶에 실망스럽게도 거의 영향을 주지 못하고 있음이 고백되어져야 한다. 가끔 영국성공회-동방정교회의 대화는 공허하게 이루어지고 있는 것처럼 보인다.

동방정교회의 입장에서 볼 때 영국성공회 공동체와의 밀접한 관계를 이루는 데 주된 장애물은 영국성공회주의의 포괄성, 성공회의 의식서들의 극단적 모호성, 이 의식서들이 허용하는 해석의 광범위한 다양성 등이다. 영국성공회 내에서 그의 신앙이 실질적으로 동방정교회인들의 신앙과 차이가 없다고 생각하는 개인적인 영국성공회 회원들이 있다. 또한 영국성공회 내에는 기독교의 교리적, 도덕적 가르침 속에 있는 근본적 요소들을 공공연히 거부하는 극단의 자유주의자들이 있다. 이것이 영공성공회주의 내에서 영국성공회-동방정교회의 관계를 갑자기 너무 희망스럽고, 반대로 너무 곤란하게 만드는 당혹스런 다양성이다.

개개의 영국성공회 회원의 동방정교회 신앙과의 친밀성은 Derwas Chitty[16]의 「동방정교회와 영국의 회심」(*Orthodoxy and the Conversion of England*), 그리고 H. A. 하지의 「영국성공회주의와 동방정교회」(*Anglicanism and Orthodoxy*)라는 두 가지 두드러진 소책에서 증명되었다. 두 저자는 성 알반과 성 세르기우스의 활동적이고 영향력 있는 구성원들이었다. 하지 교수는 다음과 같이 결론내렸다. "에큐메니칼적 문제는 서방을 건전한 정신과 건강한 삶으로 되돌리는 문제로 보인다. 그리고 에큐메니칼적 문제는 동방정교회에게 동방정교회의 신앙-즉, 동방정교회의 교부들이 증언하고, 동방정교회가 그 신앙의 수호자요 보관자이지만-이 그것의 참되고 본질적 형태에 있어서 기독교 신앙이라는 것을 의미한다."[17] 그러나 이 두 저자들이 얼마나 영국성공회주의를 대표하고 있는가? 그러나 재연합의 오랜 열망을 깊게 간직하고 있는 동방정교회는 영국성공회인들이 그들 자신의 신념들에 관하여 명백히 하지 않는 한, 영국성공회 공동체와의 밀접한 관계로 들어갈 수 없다. 알렉산더 키레프 장군(1832-1910)의 말들은 20세기 초와 마찬가지로 오늘날에도 사실이다 : "우리 동방인들은 진실로 위대한 영국성공회에 대한 이해에 도달하기를 갈망하고 있다. 그러나 이 행복한 결과들은 영국성공회 자체가 동질적(homogeneous)이 되지 못하는 한, 그리고 성공회 내의 여러 다양한 교리적 입장들이 통일성을 갖지 못하는 한 얻어질 수 없다."[18]

세계교회협의회(The World Council of Churches). 성만찬예전이 시작

---

16. 1947년에 초판이 발행되었다. Edward Every(The Anglo-Orthodox Society : Colchester, 1990)에 의해 새롭게 편집.
17. *Anglicanism and Orthodoxy*(London, 1955), pp. 46-47.
18. Olga Novikoff (ed.), *Le Général Alexandre Kiréeffeet l'ancien-catholicisme*(Berne, 1911), p. 224.

될 때마다(Divine Liturgy) 동방정교회 기독교인들은 '전세계의 평화와 모든 이들의 일치를 위하여' 기도한다. 또 다른 동방정교회의 기도는 다음과 같다. "오 그리스도여! 당신은 당신의 사도들을 사랑의 일치 속에서 연합시키셨고, 당신의 신뢰하는 종들인 우리를 동일한 유대로 당신과 연합시키셨으며, 모든 신실함 속에서 우리가 당신의 계명을 이행하고 서로서로 사랑하도록 허락하셨습니다." 일치와 상호 사랑에로의 이 위탁은 다수의 동방정교회인들로 하여금 세계교회협의회(WCC)와 다른 형태의 에큐메니칼운동들에 활동적으로 참여하도록 인도하였다. 그러나 에큐메니즘을 향한 동방정교회의 입장은 반대감정이 병존한다. 현재 거의 모든 동방정교회들이 WCC의 정회원임에도 불구하고, 각 지역교회 안에서 이러한 회원권은 하나의 참된 그리스도의 교회라는 동방정교회의 주장을 양보했다고 강력하게 느끼는 일부의 사람들이 있다. 이 소수의 견해에 의하면 – 이것은 상당히 의미가 있다 – 동방정교회인들이 세계교회협의회에서 모두 철수하거나, 혹은 적어도 옵저버로서만 참여하는 것이 바람직하다고 주장한다.

20세기 초부터 에큐메니칼 총대주교는 기독교의 화해에 특별한 관심을 나타내었다. 1902년 총대주교 요아킴 3세는 그의 즉위식에서 회람서신을 독립적인(autocephalous) 동방정교회들에게 보냈다. 이 서신에서 그는 특별히 다른 기독교 지체들과의 관계에 대한 그들의 견해에 대하여 물어보았다. 1920년 1월 에큐메니칼 총대주교는 이어서 "모든 그리스도의 교회들에게, 그들이 어디에 있든지 간에"라는 대담하고 예언자적인 서신을 보냈다. 이 서신에서 그는 분열된 기독교인들 사이의 밀접한 협력을 재촉하고, 새롭게 설립된 국제연맹(League of Nations)에 필적하는 '교회들의 연맹'(League of Churches)을 제안하였다. 이 서신 속에 있는 여러 사상들은 WCC 내에서의 연속적인 발전을 예기하였다. 몇몇의 다른 동방정교회들과 더불어 콘스탄티노플은 1927년 로잔과 1937년 에딘버러에서 열린 신앙과 직제 세계대회(the Faith and Order

Conferences)에 참여하였다. 에큐메니칼 총대주교는 또한 1948년 암스텔담에서 개최된 WCC의 첫 모임에 참석하였다. 그리고 그 이후로 내내 WCC 사역의 일관된 지지자가 되었다.

WCC를 향한 매우 상이한 태도가 1948년 같은 해에 개최된 모스크바 회의에서 표현되었다. 대표자들은 퉁명스럽게 "세계교회협의회(WCC)의 규정에 의하면, 에큐메니칼운동의 목적은 동방정교회에 의해 이해되고 있는 기독교의 이념 혹은 그리스도 교회의 목적과 일치되지 않는다."[19] 그러므로 WCC에의 모든 참여는 비난받아야 한다. 이러한 입장에는 신학적 이유들이 있었지만, 당시에 국제적 긴장들이 - 그 때에 '냉전'이 최고조에 달했다 - 또한 고려되어야 한다. 그러나 1961년 모스크바 총대주교는 WCC의 회원권을 신청하였고 받아들여졌다. 이것은 공산주의 세계에 있는 다른 동방정교회들이 회원이 되는 길을 열었다. 그때 이후로 WCC에서 동방정교회의 대표권이 더욱 충분히 표현되었다.

그러나 WCC에 참여하고 있음에도 불구하고 동방정교회인들은 가끔 그들의 회원권에 문제가 있다고 생각한다. 처음 몇 회의 모임에서 그들은 WCC의 주요 결의문들을 서명할 수 없다고 느끼고, 별도의 선언서를 제출하였다. 특별히 1954년 에반스톤에서 동방정교회의 대표자들에 의해 만들어진 선언서가 중요하다. 1961년 이후 동방정교회인들은 별도의 진술들을 만들지는 않았지만, 일부는 초기의 실천으로 돌아가고 싶어한다. 동방정교회인들은 통상적으로 자신들이 다수의 개신교도들에 의해 투표에서 패배함을 발견하고, 교리적 문제들이 단순히 다득표에 의해 결정되어질 수 없다고 주장한다. 그들은 또한 다수의 WCC 모임들에서 행해지는 기도와 영성에 대한 깊은 사고의 결여를 유감스럽게 생각하여 왔다. 동방정교회 대변인은 최근 수년 동안 중요한 신학적 논의를 희생하고 사회경제적 문제들에 관하여 지나치게 강조하는 WCC의 부적절한

---

19. Anderson, *Major Portions of the Proceedings*, p. 240.

'수평주의'(horizontalism)로 보이는 것을 거부한다. 그들은 끊임없이 WCC의 원래의 목적을 회상하도록 시도하여 왔다. 이 목적은 **교리적 일치**에 근거하여 **기독교의 일치의 회복**을 추구하는 것이다.

WCC가 그 기초와 주장들에 대한 공식적 정의에서 "세계교회협의회는 성경을 좇아 주 예수 그리스도를 하나님과 구세주로 고백하고, 성부, 성자, 성령의 한 분 하나님의 영광을 위하여 그들의 공통의 소명을 함께 이행하도록 추구하는 교회들의 친교이다."라고 정의한 것은 동방정교회인들에게 결정적으로 중요하다. 만약 그리스도의 신성과 하나님의 삼위일체적 본성 속에서 이 명백한 신앙의 표현이 어떠한 방식으로든지 감소된다면, 동방정교회인들이 정회원으로서 계속 유지하는 것을 어렵게 만들 것이다.

동방정교회에 특별히 중요한 또 다른 문서는 1950년 WCC의 중앙위원회가 토론토에서 채택한 것이다. 이것은 주의 깊게 다음과 같이 주장하였다. "세계교회협의회의 회원이 된다고 하는 것은 교회일치의 본질에 관한 특별한 교리를 받아들여야 함을 의미하지 않는다.…… 회원권은 각 교회가 다른 회원교회들을 참되고 충만한 의미에서 교회들로 생각해야만 한다는 것을 의미하지 않는다." 이것은 동방정교회가 홀로 충만한 신앙을 가지고 있는 하나의 참된 교회라는 신념을 거부함 없이 WCC에 속함을 가능케 했다. WCC의 회원권을 반대하는 동방정교회인들은 에큐메니칼운동의 참여는 모든 교파들이 동등한 발판 위에 서 있다고 하는 에큐메니즘의 '범–이단'(pan–heresy ecumenism)에 떨어지는 것이라고 주장했다. 그러나 토론토 진술의 빛 속에서 WCC의 회원권은 그러한 종류의 것임을 암시할 필요가 없다는 것이 명백하게 되었다. WCC 모임들에서 동방정교회의 대표자들은 사실상 반복적으로 동방정교회가 하나의 유일한 참된 교회라고 주장하였다. 이것은 종종 다른 사람들의 분노를 샀다.

WCC에의 동방정교회의 참여는 에큐메니칼운동을 위하여 기본적으로 중요한 요소이다. 동방정교회의 현존으로 인하여 세계교회협의회가 단순히 범-개신교 연맹으로 나타나지 않게 되었다-그리고 이보다는 낮은 정도에 있어서, 구 가톨릭 신자들과 영국성공회 신자들의 현존도 그러하다. 하지만 에큐메니칼운동은 또한 동방정교회를 위하여 중요하다. 에큐메니칼운동은 다양한 동방정교회들로 하여금 서로서로 만나게 하고, 비-동방정교회 기독교인들과 살아 있는 접촉을 가지도록 함으로써 그들이 상대적 고립으로부터 벗어날 수 있도록 도와 왔다. 우리 동방정교회인들은 우리 자신들이 믿는 것을 증거할 뿐 아니라 다른 사람들이 말하는 것을 듣기 위해서 에큐메니칼운동에 참여하고 있다.

서로서로에게서 배우기. 코미아코프는 그의 편지들 가운데 하나에서 비유를 사용하여 다른 기독교인들에 대한 동방정교회 교인들의 태도를 묘사하였다. 어떤 스승이 그의 세 제자들에게 자신의 가르침을 남기고 길을 떠났다. 최고의 연장자는 충심으로 그의 스승이 그에게 가르친 것을 조금도 변화시키지 않고 반복하였다. 나머지 둘 중의 하나는 그 가르침에다 추가하였고, 그 나머지는 그것을 감소시켰다. 스승은 돌아오자, 누구에게도 화를 내지 않고 두 젊은이에게 말하였다. "너의 맏형에게 감사하라. 그가 없이는 너희들은 내가 너희에게 전해 준 진리를 간직하지 못했을 것이다." 그리고 그는 장자에게 말하였다. "너의 젊은 동생들에게 감사하라. 너는 그들이 없이는 내가 너에게 맡긴 진리를 이해하지 못했을 것이다."

동방정교회는 모든 겸손 속에서 자신들을 장자의 위치에 있는 것으로 본다. 그들은 하나님의 은혜에 의해 그들이 어떠한 것을 추가하거나 감소시키지 않고, 손상되지 않은 참 진리를 간직하고 있다고 믿는다. 그들은 고대교회, 사도적 전통, 그리고 교부들과의 살아 있는 연속성을 주장한다. 그리고 그들은 분열되고 당황하는 기독교세계 속에서 변하지 않고, 항상 젊고 살아 있고, 새로운 이 계속적인 전통을 증거하는 것이 그들의 의무라고 믿는다. 오늘날 서방 교회에는 가톨릭이나 개신교 양측에서 16세기의 화석화에서 벗어나고자 노력하고, 종교개혁과 중세를 알고자 하는 다수의 사람들이 있다. 또한 성서의 모든 기본적 가르침들을 의심하는 극단적 자유주의에 반대하고, 역시 엄격한 근본주의를 피하고자 하는 다수의 서방 기독교인들이 있다. 동방정교회인들이 도울 수 있는 곳이 바로 정확하게 여기이다. 동방정교회는 서방 기독교인들이 과거 8세기 동안 움직인 사상들의 범주 밖에 있다. 그것은 스콜라적 혁명과 종교개혁, 그리고 반-종교개혁을 경험하지 않았다. 그러나 동방정교회는 아직도 서방에서 다수의 사람들이 회복되기를 바라는 교부들의 오랜 전통 속에서 살고 있다. 그러므로 이것이 동방정교회의 에큐메니칼적 역할이다. 즉, 서방 라틴, 중세, 그리고 종교개혁기의 공인된 정의들에 이의를 제기하는 것이다. 동시에 성서의 외적 문자에 의존하지 않고, 성서가 시대들을 통하여 교회에 의해 경험되고 살아온 방식에 의존하는 동방정교회는 근본주의자들의 문자주의와 극단적 자유주의자들의 반-불가지론 사이의 중간의 길을 제공할 수 있다.

그리고 만약 우리 동방정교회인들이 이 역할을 적절히 수행하려면, 과거에 행한 것보다 우리 자신의 전통을 보다 더 이해하여야만 한다. 그리고 반대로 우리가 이것을 행하도록 도울 수 있는 것은 서방이다. 우리 동방정교회인들은 우리의 젊은 형제들에게 감사해야 한다. 왜냐하면 서방의 다른 기독교인들과의 접촉을 통하여 우리는 동방정교회의 새로운 비전을 얻고 있기 때문이다.

양측은 이제 막 서로서로를 발견하기 시작하였다. 그리고 각자는 배워야 할 많은 것을 가지고 있다. 과거에 동서방의 분리가 양측에 커다란 비극과 비통한 상호 빈곤화의 원인으로 증명된 것처럼, 오늘날 동방과 서방 사이의 접촉의 재갱신은 이미 상호 풍요로워짐의 원천임이 증명되고 있다. 비평적 기준들, 성서적이고 교부적 학문성을 가진 서방은 새로운 방식으로 동방정교회로 하여금 성서의 역사적 배경을 이해하고, 향상된 정확성과 분별력을 가지고 교부들을 읽도록 할 수 있다. 반대로 동방정교회인들은 서방 기독교인들이 교부들을 살아 있는 실재로 보게 함으로, 전통의 내적 의미를 새롭게 인식하도록 할 수 있다(**필로칼리아**의 루마니아판은 서방의 비평적 기준들과 전통적인 동방의 영성이 얼마나 적절하게 결합될 수 있는가를 보여 준다.). 동방정교회의 기독교인들이 빈번한 교제를 회복하고자 노력할 때, 그들의 서방 자매형제들의 본보기는 그들에게 하나의 용기로서 작용한다. 반대로 다수의 서방 기독교인들은 동방정교회의 성상, 예수 기도, 그리고 비잔틴의 예전과 친숙해짐으로써 비교될 수 없을 정도로 깊어진 그들 자신의 기도와 예배를 발견한다. 과거 70년 동안 러시아와 그 밖의 장소에서 박해받던 동방정교회는 서방에게 순교의 중심적 의미를 생각나게 하는 자로서 봉사하였고, 창조적인 고통의 가치에 대하여 살아 있는 증거를 했다. 이전의 공산주의자들의 영토에 있던 동방정교회들이 스스로 복잡한 상황에 있음을 발견한 이상 - 그리스(Greece)의 교회는 일찍이 점증하는 세속화에 직면하였다 - 서방의 경험은 확실히 동방정교회인들로 하여금 콘스탄틴 이후 산업사회(a post-Constantinian industrialized society)에서의 기독교인의 삶의 문제들과 싸우는 데 도움을 줄 것이다.

우리는 서로 계속적으로 대화를 함으로 얻을 모든 것들을 가지고 있다.

부록

더 읽기

초대교회와 비잔티움

Alexander Schmemann은 「동방정교회의 역사적 길」(*The Historical Road of Eastern Orthodoxy*, NewYork, 1963)에서 동방정교회인들의 관점으로 생생한 개요를 제공한다. 성 블라디미르 신학교 출판소는 여러 권으로 된 동방정교회의 역사를 계획하고 있다. 첫권인 John Meyendorff의 「제국의 일치와 기독교의 분열 : 교회 A.D.450 - 680년」 (*Imperial Unity and Christian Divisions : The Church 450 - 680 A.D*, New York, 1989)에 의해 높은 기준이 세워졌다. J. M. Hussey의 「비잔틴제국에서 동방정교회」(*The Orthodox Church in the Byzantine Empire*, Oxford, 1986)는 성자들의 삶과 백성들의 신앙에 거의 관심을 기울이지 않지만, 전반적으로 건전한 개관이다. George Ostrogorsky의 「비잔틴 국가의 역사」(*History of the Byzantine State*, second ed., Oxford, 1968)는 가장 일반적인 역사로 남아 있다. 교회의 자선에 관해서는 Demetrios J. Constantelos의 「비잔틴의 인류애와 사회적 복지」

(Byzantine Philanthropy and Social Welfare, new ed., New Rochelle, 1991)를 보라.

교부신학과 비잔틴신학

John Meyendorff의「비잔틴 신학 : 역사적 흐름과 교리적 주제들」(Byzantine Theology : Historical Trends and Doctrinal Themes, New York, 1974)은 가장 일반적인 입문서이다. 또한 Jaroslav Pelikan의「기독교 전통 : 교리의 발전사」(The Christian Tradition : A History of the Development of Doctrine, vols. 1-2, Chicago, 1971-1974)와 비교해 보라. 20세기의 뛰어난 신학자 가운데 한 사람에 의해 고전적으로 다루어진 것을 보기 위해서는 Georges Florovsky에 의해 세 권으로 이루어진「4세기의 동방교부들」(The Eastern Fathers of the Fourth Century) ;「5세기의 비잔틴 교부들」(The Byzantine Fathers of the Fifth Century) ; 그리고「6세기부터 8세기의 비잔틴 교부들」(The Byzantine Fathers of the Sixth to Eighth Centuries)을 보라. 이들은「선집」(The Collected Works)으로서 7~9권(Vaduz Belmont, 1987)을 형성한다. 그러나 불행하게도 이것들은 전적으로 참고문헌과 각주를 결여하고 있다. 기독론에 관해서는 John Meyendorff의「동방 기독교사상 속에서 그리스도」(Christ in Eastern Christian Thought, New York, 1975)를 참고하라. 이 책에서 그는 훌륭한 진술이지만 Dionysius를 과소평가하고 있다. Andrew Louth의「기독교 신비전통의 기원들 : 플라톤에서 데니스까지」(The Origins of the Christian Mystical Tradition : From Plato to Denys, Oxford, 1981)는 훌륭하다. 개개의 교부들에 관해서는 다음과 같은 것들이 추천되어질 수 있다 :

Jean Daniélou와 Herbert Musurillo의「영광에서 영광까지 : 니싸의 그레고리의 신비적 저작들로부터의 본문들」(From Glory to Glory : Texts from Gregory of Nissa's Mystical Writings, London, 1962).

Andrew Louth, 「아레오파고스의 재판관 데니스」(Denys the Areopagite, London, 1989).

Lars Thunberg, 「소우주와 중보자 : 고백자 막시무스의 신학적 인간학」(Microcosm and Mediator : The Theological Anthropology of Maximus the Confessor, Lund, 1965). 이것은 동일한 저자에 의해 보다 대중적인 논법으로 보충되었다. 즉, 「인간과 우주 : 고백자 성 막시무스의 비전」(Man and Cosmos : the Vision of St. Maximus the Confessor, New York, 1985).

새 신학자 성 시메온의 저작물들을 위해서는 C. J. deCatanzaro(The Classics of Western Spirituality, New York, 1980)가 번역한 「담화들」(The Discourses), Paul McGuckin(Cistercian Studies 41, Kalamazoo, 1982)이 번역한 「실천적이고 신학적 장들과 세 개의 신학적 담화들」(The Practical and Theological Chapters and the Three Theological Discourses), George A. Maloney(Denville, 날짜는 없음)가 번역한 「신적 사랑의 찬송」(Hymns of Divine Love)을 보라. 시메온의 가장 믿을 만한 표현은 Basil Krivocheine의 「그리스도의 빛 속에서 : 새 신학자 성 시메온」(In the Light of Christ : St. Symeon the New Theologian)이다. 그리고 H. J. M. Turner의 「새 신학자 성 시메온과 영적 부성」(St. Symeon the New Theologian and Spiritual Fatherhood, Leiden, 1990)과 George A. Maloney의 「불과 빛의 신비 : 새 신학자 성 시메온」(The Mystic of Fire and Light : St. Symeon the New Theologian, Denville, 1975)은 읽을 만하지만 피상적이다.

성 그레고리 팔라마스로부터의 발췌물인 「세 개 한벌」(The Triads)은 Nicholas Gendle(The Classics of Western Spirituality, New York, 1983)에 의해 번역되었다. 헤시케시즘에 대한 간결하지만 이해하기 쉬운 설명은 John Meyendorff의 「성 그레고리 팔라마스와 동방정교회의 영성」(St. Gregory Palamas and Orthodox Spirituality, New York, 1974)

에 의해 제공된다. 그의 중요한 작품인 「그레고리 팔라마스에 관한 연구」(A Study of Gregory Palamas, London, 1964)는 아직도 기본적인 것으로 남아 있다.

오리엔탈 정교회들

Aziz S. Atiya의 「동방 기독교의 역사」(A History of Eastern Christianity, second ed., Millwood, 1980)는 초대와 중세시대를 포함하고 있다. W. H. C. Frend의 「단성론파 운동의 등장」(The Rise of the Monophysite Movement, Cambridge, 1972)은 상세한 역사적 논법이다. Karekin Sarkissian(현재 Catholicos of Cilicia)의 「칼세돈 공의회와 아르메니아 교회」(The Council of Chalcedon and the Armenian Church, London, 1967)는 비-칼세돈파에 의한 칼세돈에 대한 거부가 어떻게 주로 비-신학적 요소들에 의해 결정되었는지를 보여 준다. 또한 Paulos Gregorios, William H. Lazareth와 Nikos A. Nissiotis의 「칼세돈은 분열시키는가 혹은 연합시키는가?」(Does Chalcedon Divide or Unite?, Geneva, 1981)를 비교하라. 시리아의 영성에 관하여는 Robert Murray의 「교회의 신조들과 왕국 : 초기 시리아 전통 속에서의 연구」(Symbols of Church and Kingdom : A Study in Early Syriac Tradition, Cambridge, 1975)와 Sebastian Brock의 「기도와 영적 삶에서 있어서 시리아 교부들」(The Syriac Fathers on Prayer and the Spiritual Life, Cistercian Studies 101 : Kalamazoo, 1987)을 보라. 콥틱에 관하여는 Otto F. A. Meinardus의 「기독교 이집트 : 신앙과 삶」(Christian Egypt : Faith and Life, Cairo, 1970)을 참조하라. Dana Miller(Holy Transfiguration Monastery, Boston, 1984)에 의해 번역된 「시리아인 성 이삭의 금욕적 훈계」(The Ascetical Homilies of St. Isaac the Syrian)는 원문인 시리아어 뿐만 아니라 그리스어 번역을 참고하였다. 또한 Mary Hansbury에 의해 번역된 「금욕적 삶에 관한 니네베의 성 이삭」(St.

Isaac of Nineveh on Ascetical Life, New York, 1989)과 비교해 보라.

동방과 서방 사이의 분열

신학보다는 역사에 관하여 잘 문서화된 사실적 이야기에 관해서는 1204년까지의 시대를 포함하고 있는 Steven Runciman의「동방 분열」 (*The Eastern Schism*, Oxford, 1955) ; Francis Dvornik의「비잔티움과 로마의 우위권」(*Byzantium and the Roman Primacy*, second ed., New York, 1979)과 비교해 보라. R. W. Southern의「중세시대의 서구 사회와 교회」(*Western Society and the Church in the Middle Ages* : Pelican History of the Church, vol. 2 : Harmondsworth, 1970, 1990년 펭귄에서 재인쇄함)의 53~90쪽은 비록 그것이 포티우스에 관하여 침묵하고 있음에도 불구하고 간결하지만 통찰력이 있다. 포티우스에 관한 고전적 연구는 역시 Francis Dvornik의「포티우스 분열 : 역사와 전설」 (*The Photian Schism : History and Legend*, Cambridge, 1948)이 있다. 9세기의 **필리오케**에 관하여는 Richard Haugh의「포티우스와 카롤링 사람들 : 삼위일체 논쟁」(*Photius and the Carolingians : The Trinitarian Controversy*, Belmont, 1973)을 보라. 이것은 논쟁되고 있지만 드보르니크보다는 평화적이지 못하다. **필리오케** 문제에 관한 재평가를 위하여서는 루카스 비셔가 편집한「하나님의 영, 그리스도의 영」 (*Spirit of God, Spirit of Christ*, Geneva, 1981)을 보라. Joseph Gill의 「플로랜스 공의회」(*The Council of Florence*, Cambridge, 1959)는 역사적 측면에서는 풍성하고 학문적이지만, 이상하게도 동방정교회의 신학적 관점에 대해서는 무감각하다. 호의적인 로마 가톨릭인들에 의해 강조되고 있는 문제들을 보다 더 분석하기 위해서는 Yves M. -J. Congar의 「900년 이후」(*After Nine Hundred Years*, New York, 1959)를 보라. 동방정교회인에 의한 보다 엄격한 평가는 Philip Sherard의 책들인「동방 그리스와 서방 라틴」(*The Greek East and the Latin West*, London,

1959)과 「교회, 교황, 그리고 분열」(Church, Papacy and Schism, London, 1978)을 보라.

터키 시대

그리스 자료만의 제한된 사용임에도 불구하고 영어로 된 가장 훌륭한 일반적 개관은 Steven Runciman의 「포로 속에서의 위대한 교회 : 터키의 정복 전야부터 그리스의 독립전쟁까지 콘스탄티노플 총대주교좌에 관한 연구」(The Great Church in Captivity : A Study of the Patriarchate of Constantinople from the Eve of the Turkish Conquest to the Greek War of Independence, Cambridge, 1968)이다. Theodore H. Papadopoullos의 「터키 지배하의 그리스 교회와 백성들의 역사와 관계된 연구들과 문서들」(Studies and Documents relating to the History of the Greek Church and People under Turkish Domination, Brussels, 1952)은 보다 기술적이다. 동방정교회인들과 로마 가톨릭인들에 관하여서는 Charles A. Frazee의 「가톨릭인과 술탄인 : 교회와 오토만제국, 1453-1923」(Catholics and Sultans : The Church and the Ottoman Empire, 1453-1923, Cambridge, 1983)과 디모디 웨어의 Eustratios Argenti : A Study of the Greek Church under Turkish Rule(Oxford, 1964)을 보라. George A. Maloney의 「1453년 이후 동방정교회의 신학사」(A History of Orthodox Theology since 1453, Belmont, 1976)는 세부적 사항에서 항상 정확하지는 않지만, 그리스인들 뿐만 아니라 슬라브인과 루마니아인들을 포함하고 있는 개척자적 연구이다.

루터파와 총대주교 예레미야스 2세 사이의 서신은 George Mastrantonis에 의해 「아우구스부르크와 콘스탄티노플」(Augsburg and Constantinople, Brookline, 1982)로 번역되었다. Colin Davey의

「일치를 향한 개척자」(Pioneer for Unity, London, 1987)는 Kritopoulos에 관한 고도의 정보이다. 쟈씨에서 개정된 모길라의 피터의 「신앙고백서」에 관하여는 J. J. Overbeck(편집함)의 「보편적이고 사도적 동방교회의 정교회적 신앙고백」(The Orthodox Confession of the Catholic and Apostolic Eastern Church, London, 1898)을 보라. 도시테우스(그리고 루카리오스)의 신앙고백에 관하여는 J. N. W. B. Robertson(편집함)의 「예루살렘 공의회의 법률과 교령들」(The Acts and Decrees of the Synod of Jerusalem, London, 1899)를 보라. 동방정교회인들과 비-선서자 사이의 교제에 관하여는 George Williams의 「18세기 동방의 동방정교회」(The Orthodox Church of the East in the Eighteenth Century, London, 1968)를 보라. G. P. Henderson의 「그리스 사상의 부활 1620-1830」(The Revival of Greek Thought 1620-1830, Edinburgh/London, 1971)은 신학보다 철학에 더 관심을 기울였다.

　Turcocratia(터키 통치하-역자주) 기간 중의 영적 삶에 관하여는 유용한 시리즈 "근대 동방정교회 성자들"(Modern Orthodox Saints)에서 Constantine Cavarnos의 연구물들인 St. Cosmas Aitolos(Belmont, 1971) ; St. Macarios of Corinth(Belmont, 1972) ; St. Nicodemos the Hagiorite(Belmont, 1974)를 보라. Nomikos Michael Vaporis는 St. Kosmas의 설교들을 「가난한 자들의 사도인 교부 코스마스」(Father Kosmas the Apostle of the Poor, Brookline, 1977)로 번역하였다. 거룩한 산의 성 니코데무스의 개인적 가르침에 관하여는 Peter A. Chamberas(The Classics of Western Spirituality, New York, 1989)에 의해 번역된 그의 작품 「영적 상담의 핸드북」(A Handbook of Spiritual Counsel)을 보라. 종종 목격자들에 의한 새로운 순교자들에 관한 설명은 Leonidas J. Papadopou los와 Georgia Lizardos(번역함)의 「터키의 멍에 아래 새로운 순교자들」(New Martyrs of the Turkish Yoke, Seattle, 1985) 속에 주어졌다.

근대 그리스

에큐메니칼 총대주교좌가 자치권(autocephaly)을 허락하는 대로 인도하는 사건들에 관하여는 Charles A. Frazee의 「동방정교회와 독립 그리스」(The Orthodox Church and Independent Greece, Cambridge, 1969)를 보라. Peter Hammond의 「마라의 물」(The Waters of Marah, London, 1956)은 비록 종종 이상화되었지만, 1940년대 후반의 그리스 교회의 유동적이고 아름답게 기술된 모습을 제공한다. Mario Rinvolucri의 「하나의 교회에 대한 해부 : 오늘날의 그리스 정교회」(Anatomy of a Church : Greek Orthodoxy Today, London, 1966)는 견고한 세속화의 침투를 보여 준다. 가장 최근의 발전들에 관하여는 Kallistos Ware의 "교회 : 변화의 시간"(The Church : A Time of Transition)과 Richard Clogg(편집함)의 「1980년대의 그리스」(Greece in the 1980s, London, 1983) 208 – 230쪽을 참조하라.

그리스 디아스포라

Theodore E. Dowling과 Edwin W. Fletcher의 「영국에서의 헬레니즘」(Hellenism in England, London, 1915)은 흥미롭지만, 불완전하고 종종 부정확하다. Theodore Saloutos의 「미합중국 내에서의 그리스인들」(The Greeks in the United States, Cambridge, Massachusetts, 1964)은 매우 철저하다. 또한 George Papaioannou의 「아메리카에서 헬레니즘의 오딧세이」(The Odyssey of Hellenism in America, Thessaloniki, 1985)와 Charles C. Moskos의 「그리스 아메리카인들 : 투쟁과 성공」(Greek Americans : Struggle and Success, second ed., New Brunswick, 1989)을 보라.

러시아

Georges Florovsky의 「러시아 신학의 여러 유형들」(Ways of Russian Theology, in The Collected Works, 5-6권, Belmont/Vaduz, 1979, 1987)은 종종 당파적임에도 불구하고 기본적이다. Nicolas Zernov의 「러시아인들과 그들의 교회」(The Russians and their Church, London, 1945)는 생생하고 대중적인 설명이다. G. P. Fedotov 의 「러시아인의 영성의 보고」(A Treasury of Russian Spirituality, London, 1950)는 원문에 대한 훌륭한 선택을 가지고 있다. 동일한 저자 에 의해(2 vols., Cambridge, Massachusetts 1946, 1966) 10세기에서 15 세기까지를 담고 있는 「러시아인의 종교적 정신」(The Russian Religious Mind)은 부분적으로 시대에 뒤떨어졌으나 아직도 여전히 중 요하다. Dimitri Obolensky의 「비잔틴세계 : 동부 유럽, 500-1453」 (The Byzantine Commonwealth : Eastern Europe, 500-1453, London, 1971)은 슬라브인들의 회심에 관하여 (많은 다른 문제들과 마찬가지로) 훌 륭하다. John Meyendorff는 「비잔티움과 러시아의 등장」(Byzantium and the Rise of Russia, Cambridge, 1981)에서 14세기에 관하여 신빙성 있게 서술하였다. 수도원 전통에 관하여는 Sergius Bolshakoff의 「러 시아 신비주의자들」(Russian Mystics, Cistercian Studies 26 : Kalamazoo, 1977) ; Muriel Heppell의 「키예프 동굴수도원의 아버지」 (The Paterik of the Kievan Caves Monastery, Harvard, 1989) ; Pierre Kovalevsky의 「성 세르기우스와 러시아 영성」(St. Sergius and Russian Spirituality, New York, 1976)을 보라. 우크라이나인들에 관한 설명은 Ivan Wlasowsky의 「우크라이나 동방정교회의 개략적 역사」 (Outline History of the Ukrainian Orthodox Church, vol. 1, 988-1596, Bound Brook, New Jersey, 1956)를 보라.

총대주교 니콘을 포함한 16세기의 논쟁에 관하여는 Paul

Meyendorff의 「러시아, 제의, 그리고 개혁」(Russia, Ritual, and Reform, New York, 1991)을 보라. 대회기간(Synodal period) 중 교회의 외적 조직은 Gregory L. Freeze의 「러시아의 레위인들 : 18세기 교구 성직자」(The Russian Levites : Parish Clergy in the Eighteenth Century, Cambridge, Massachusetts, 1977)와 「19세기 러시아에서의 교구성직자 : 위기, 개혁, 반-개혁」(The Parish Clergy in Nineteenth-Century Russia : Crisis, Reform, Counter-Reform, Pr inceton, 1983) 에 의해 잘 망라되어 있다. 내적 삶에 관하여는 Nadejda Gorodetsky 의 감성적인 연구물인 「성 티콘 자돈스키 : 도스트예프스키의 영감자」 (Saint Tikhon Zadonsky : Inspirer of Dostoevsky, London, 1951)와 「근대 러시아 사상 속에서 겸손한 그리스도」(The Humiliated Christ in Modern Russian Thought, London, 1938)를 보라.

St. Paissy Velichkovsky에 관하여는 Fr. Seraphim(Rose)의 「복자 페이시우스 벨릭코브스키」(Blessed Paisius Velichkovsky, St. Herman of Alaska Brotherhood, Platina, 1976) ; cf. Sergius Chetverikov의 「장로 페이씨 벨릭코브스키」(Starets Paisii Velichkovskii, Belmont, 1980)와 함께 J. M. E. Featherstone이 번역한 그의 자서전 「페이씨 벨릭코브스키의 생애」(The Life Paisij Vely ckovs'kyj, Harvard, 1989) 를 읽으라. 개인적이기는 하지만, 사로브의 성 세라빔에 관한 충격적인 설명은 Iulia de Beausobre의 「눈 속에서의 불꽃」(Flame in the Snow, London, 1945)에 의해 제공된다. 좀더 사실적으로 다루기 위해서는 Valentine Zander의 「사로프의 성 세라빔」(St. Seraphim of Sarov, London, 1975)을 보라. 예수의 기도에 대한 익명의 변증서인 「순례자의 길」(The Way of a Pilgrim, London, 1954)은 R. M. French에 의해 번역되었다. 옵티노의 *startsy*에 관하여는 Iulia de Beausobre에 의해 편집된 Macarius의 *Russian Letters of Direction 1834-1860*(London, 1944)과 John B. Dunlop의 *Staretz Amvrosy : Model* *for Dostoevsky's Staretz Zossima*(Belmont, 1972)를 보라. 주제별로 잘 정리된 크론스타트의 성 요한의 「그리스도 안에서 나의 삶」(*My Life in Christ*)으로부터의 추출물들은 W. Jardine Grisbrooke가 편집한 「교부 크론스타트의 요한의 영적 상담들」(*Spiritual Counsels of Father John of Kronstadt*, London, 1967), 감독 알렉산더(Semenoff-Tian-Chansky)의 「교부 크론스타트의 성 요한 : 하나의 삶」(*Father John of Kronstadt : A Life*, London, ?1978)을 참고하라.

Nicolas Zernov의 「20세기 러시아 종교의 부흥」(*The Russian Religious Renaissance of the Twentieth Century*, London, 1963)은 부분적으로 갱신운동 속에서 지도적 구성원들과의 개인적 접촉에 근거하고 있다. Alexander Schmemann이 편집한 「궁극적 질문 : 근대 러시아 종교사상 선집」(*Ultimate Questions : An Anthology of Modern Russian Religious Thought*, New York, 1965) 속에 자료의 훌륭한 선택이 있다. 현세기 초기의 가장 독창적인 러시아 신학자 가운데 한 사람에 대한 훌륭한 설명은 Robert Slesinski의 「파벨 플로렌스키 : 사랑의 형이상학」(*Pavel Florensky : A Metaphysics of Love*, New York, 1984)을 보라. 볼셰비키 혁명 바로 직전의 교회의 상황에 관하여는 John Shelton Curtiss의 「러시아에서의 교회와 국가 : 제국의 마지막 시대 1900-1917」(*Church and State in Russia : The Last Years of the Empire 1900-1917*, New York, 1940)과 James W. Cunningham의 「정복된 희망 : 러시아에서의 교회갱신운동 1905-1906」(*A Vanquished Hope : The Movement for Church Renewal in Russia 1905-1906*, New York, 1981)을 보라.

공산주의 통치하에서의 교회

가장 오래된 해설은 Walter Kolarz의 「소비에트연방에서의 종교」(*Religion in the Soviet Union*, London, 1961)와 Nikita Struve의 「오늘

날 러시아에서의 기독교인들」(Christians in Contemporary Russia, London, 1967)이 있다. Dimitry Pospielovsky의「소비에트 통치하에서의 러시아 교회 1917-1982」(The Russian Church under the Soviet Regime 1917-1982, 2 vols., New York, 1984)는 철저하지만 러시아 이주민들을 다룸에 있어서 편파적이다. Jane Ellis의「러시아 정교회 : 오늘날의 역사」(The Russian Orthodox Church : A Contemporary History, London, 1986)는 1965~1985년의 기간을 포함하고 있지만 균형이 잡혀 있고 객관적이며, 깊게 관심을 기울이고 있다. 솔제니친에 관한 다수의 책 가운데 Olivier Clément의「솔제니친의 정신」(The Spirit of Solzhenitsyn, London, 1976)은 뛰어난 동방정교회 사상가에 의해 기록된 이점을 지니고 있다. 최근의 변화에 대하여서는 Michael Bourdeaux의 잘 알려진 책「고르바초프, 글라스노스트, 그리고 복음」(Gorbachov, Glasnost and the Gospel, London, 1990)을 보라. 그러나 동부 유럽의 현재 상황에 관한 것은 그것이 출판되기 전에 시대에 뒤진 것이 되었다.

러시아인들의 선교 동방정교회

그리스인들을 포함한 건전한 개관은 James J. Stamoolis의「오늘날 동방정교회의 선교신학」(Eastern Orthodox Mission Theology Today, Maryknoll, 1986)을 보라. 알래스카 선교에 관하여는 Paul D. Garrett의「아메리카로의 성 이노센트의 사도」(St. Innocent Apostle to America, New York, 1979)와 Michael Oleksa의 잘 선택된 선집「알래스카 선교의 영성」(Alaskan Missionary Spirituality, New York, 1987)을 보라.

러시아인들의 이주

일반적 모습을 위해서는 Marc Raeff의「해외의 러시아 : 러시아인들의 이주문화사 1919-1939」(Russia Abroad : A Cultural History of the

Russian Emigration, 1919 - 1939, New York/Oxford, 1990)를 참조하라. 파리에서의 러시아인들의 종교적 운동에 관하여는 Donald A. Lowrie 의 「파리에서의 성 세르기우스 : 동방정교회 신학연구소」(*St. Sergius in Paris : The Orthodox Theological Institute*, London, 1954), Aidan Nichols의 「러시아 디아스포라 신학 : 니콜라이 아파나스예프에서의 교회, 교부, 성만찬」(*Theology in the Russian Diaspora : Church, Fathers, Eucharist in Nikolai Afanas'ev*⟨1893 - 1966⟩, Cambridge, 1989)이 있다. 하나의 중요한 연구로는 James Pain과 Nicolas Zernov가 편집한 「불가코프 선집」(*A Bulgakov Anthology*, London, 1976), Nicolas Berdyaev의 「꿈과 현실 : 자서전 속에서의 하나의 에세이」(*Dream and Reality : An Essay in Autobiography*, London, 1950)를 보라. 결혼한 러시아 교구사제의 경험들에 관하여서는 동방정교회의 목회신학에 대한 비공식적 소개로 유명한 Alexander Elchaninov의 「러시아 사제의 일기」(*The Diary of a Russian Priest*, London, 1967)를 보라. Sergei Hackel의 「대단한 가치의 진주 : 어머니 마리아 스콥트소바의 생애」(*Pearl of Great Price : The Life of Mother Maria Skobtsova*⟨1891 - 1945⟩, London, 1981)는 제2차 세계대전 중에 파리에서 살고 있는 유대인들을 보호하고 라벤스부르크의 가스실에서 죽은 러시아 수녀의 삶을 자세히 이야기하고 있다. 미국에서의 러시아인들(그리고 다른 사람들)에 관하여는 Constance J. Tarasar이 편집한 「아메리카 동방정교회인들 1794 - 1976」(*Orthodox America 1794 - 1976*, New York, 1975)을 참조하라. 아메리카 문화와 대화하는 러시아 동방정교회에 관하여서는 Anthony Ugolnik의 「영감을 주는 성상」(*The Illuminating Icon*, Grand Rapids, 1989)을 보라.

동방정교회의 신학

일반적 연구물들

Vladimir Lossky의 「동방교회의 신비신학」(The Mystical Theology of the Eastern Church, London, 1957)은 가장 가치있고 자주 읽을 만하다. 또한 로스키의 다른 책들인 「하나님의 비전」(The Vision of God, London, 1963)과 「하나님의 형상과 모양으로」(In the Image and Likeness of God, New York, 1974)를 보라. Kallistos Ware의 「동방정교회의 길」(The Orthodox Way, London, 1979)은 단순한 방식으로 동일한 다수의 주제들을 망라하고 있다.

성서신학

Veselin Kesich의 「그리스도의 복음의 형상」(The Gospel Image of Christ, new ed., New York, 1992)과 John Breck의 「진리의 영 : 요한 전통에서의 성령」(Spirit of Truth : the Holy Spirit in Johannine Tradition, vol. 1, New York, 1991)과 같은 일부의 유용한 기여가 나타나기 시작하였지만, 20세기에 동방정교회는 이 분야에서 뛰어나지는 않다. Georges Florovsky의 선집에 나오는 「성경, 교회, 전통 : 동방정교회의 관점」(Bible, Church, Tradition : An Eastern Orthodox View, in The Collected Works, vol. 1, Belmont, 1972)은 기본적 지침서의 명인다운 요약이다.

교회

W. J. Birkbeck의 「러시아와 영국 교회」(Russia and the English Church, London, 1895) 속에 있는 알렉시스 코미아코프의 에세이, "교회는 하나다"는 지상과 천상교회 사이의 일치에 관한 인상 깊은 진술이다. Sergius Bulgakov의 「동방정교회」(The Orthodox Church, London,

1935)는 성직자와 평신도 간의 상호 의존과 교회공의회의 수용에 관하여 도움을 준다. 「성경, 교회, 전통」의 37~55쪽에 있는 플로로브스키의 에세이 "교회의 보편성"은 대부분의 저자들이 여러 권으로 말한 것보다 19페이지에서 더 많은 것을 말하고 있다. '성만찬적 교회론'에 관하여는 John Meyendorff가 편집한 「베드로의 우선권」(The Primacy of Peter, new ed., New York, 1992) 속에서 유창하지만 표현에 있어서 지나친 Nicolas Afanasieff의 "사랑 속에서 주재하는 교회"를 보라. 그러나 이것은 '성만찬적'이고 '보편적'인 교회론 사이를 지나치게 대조시키고 있다. 중요한 정점이 John D. Zizioulas의 「성만찬적 존재 : 인격성과 교회 속에서의 연구들」(Being as Communion : Studies in Personhood and the Church, London/New York, 1985)에 의해 제공되었다. 루마니아인의 접근은 Dumitru Staniloae의 「신학과 교회」(Theology and the Church, New York, 1980)를 보라. John H. Erickson의 「우리의 과거의 도전」(The Challenge of our Past, New York, 1991)은 동방정교회 교회법에 관한 훌륭한 소개서이다.

창조신학과 생태학적 위기

Paulos Mar Gregorios의 「인간 현존 : 생태학과 성령의 시대」(The Human Presence : Ecology and the Age of the Spirit, new ed., New York, 1987)는 그리스 교부들에 대한 다수의 언급을 하고 있다. Philip Sherrard의 「인간의 약탈과 자연 : 현대 과학의 기원과 결과들에 관한 하나의 연구」(The Rape of Man and Nature : An Enquiry into the Origins and Consequences of Modern Science, Ipswich, 1987)는 강력하게 주장되었으나 현대 과학에 관하여 과도하게 부정적이다.

인간 본성, 성, 결혼

Christos Yannaras의 「도덕성의 자유」(The Freedom of Morality,

New York, 1984)는 금욕주의에 관한 동방정교회의 가르침에 대한 고무적이고 논쟁적인 재평가이다. Philip Sherrard의 「기독교와 에로스」(*Christianity and Eros*, London 1976)와 비교해 보라. Panayiotis Nellas의 「그리스도 안에서 신화 : 인간 인격의 본성에 관한 동방정교회의 전망」(*Deification in Christ : Orthodox Perspectives on the Nature of the Human Person*, New York, 1987)은 특별히 하나님의 형상과 타락에 관하여 다루고 있다. 결혼의 신학에 관하여는 Paul Evdokimov의 「사랑의 성례전 : 동방정교회 전통 속에서 결혼의 신비」(*The Sacrament of Love : The Nuptial Mystery in the Light of Orthodox Tradition*, New York, 1985)에 의한 도전적 논의를 보라. 그리고 보다 사실적으로 다룬 John Meyendorff의 「결혼 : 동방정교회의 전망」(*Marriage : An Orthodox Perspective*, second ed., New York, 1975)을 보라. 양자는 결혼예식을 포함하고 있다.

성례전적 신학

이 분야에서 Alexander Schmemann의 다수의 작품들 가운데 「세상의 삶을 위하여 : 성례전들과 동방정교회」(*For the Life of the World : Sacraments and Orthodoxy*, New York, 1973)는 특별히 가치가 있다. 또한 「세의석 신학 입문」(*Introduction to Liturgical Theology*, London, 1966), 「대사순절」(*Great Lent*, New York, 1969), 「물과 성령에 대하여」(*Of Water and the Spirit*, New York, 1974), 그리고 사후에 출판된 그의 마지막 작품 「성만찬 : 왕국의 성례전」(*The Eucharist : Sacrament of the Kingdom*, New York, 1988)을 보라. '동방교회의 한 수도사'(Lev Gillet)에 의한 오래된 연구인 「동방정교회의 영성」(*Orthodox Spirituality*, new ed., London, 1978)은 단순하지만 심오하다. 비잔틴에 대한 가장 훌륭한 취급은 C. J. deCatanzaro가 번역한 St. Nicolas Cabasilas의 「그리스도 안에서의 삶」(*The Life in Christ*, New York,

1984)이다. 거룩한 산에 있는 우리와 동시대인인 수도원장 Archimandrite Vasileios의 「입례송 : 제의와 동방정교회에서의 삶」(*Hymn of Entry : Liturgy and Life in the Orthodox Church*, New York, 1984)은 모든 사물이 어떻게 성만찬 속에서 그들의 통일성을 발견하는지 보여 준다.

고해성사에 관하여는 V. Palachkovsky의 「동방정교회 내에서의 죄」(*Sin in the Orthodox Church*, New York, 날짜는 없음)와 John Chryssavgis의 「동방정교회 내에서의 회개와 고해성사」(*Repentance and Confession in the Orthodox Church*, Brookline, 1990)을 보라. 사제직에 관하여는 Joseph J. Allen의 「교회의 교역직 : 목회적 치료의 형상」(*The Ministry of the Church : the Image of Pastoral Care*, New York, 1986)을 참조하라. 여성의 사제직 안수에 관한 두 가지 동방정교회의 논의들에 관하여는 - 첫 번째는 반대, 두 번째는 임시적인 찬성 - Thomas Hopko가 편집한 「여성과 사제직」(*Women and the Priesthood*, New York, 1983)과 Elisabeth Behr-Sigel의 「교회 내에서의 여성의 교역직」(*The Ministry of Women in the Church*, Redondo Beach, 1991)을 보라.

성만찬예배(Liturgical Worship)

전통적 언어로 성만찬예전(the Divine Liturgy)에 대한 번역에 대하여는 필라델피아의 감독 헤르만(Herman)이 편집한 「동방정교회의 예배모범서」(*Service Books of the Orthodox*, 2 vols., St. Tikhon's, South Canaan, 1984)를 보라 ; 현대의 영어로는 「성만찬 예전모범」(*The Order of the Divine and Holy Liturgy*, Brookline, 1987)을 보라. Hugh Wybrew의 「동방정교회의 성만찬예전」(*The Orthodox Liturgy*, London, 1989)은 예전의 역사에 관하여 분명한 도움을 준다 ; 보다 상세한 연구를

위해서는 Hans-Joachim Schultz의 「비잔틴 성만찬예전」(The Byzantine Liturgy, New York, 1986)을 이용하라. 성만찬예전에 대한 충분하고도 믿을 만한 역사는 Robert E. Taft에 의해 집필되고 있는 중이다. 그의 「대입장」(The Great Entrance, Orientalia Christiana Analecta 200 : Rome, 1975)과 자매편을 보라. "동방 교회의 한 수도승"의 「기쁨으로 주님을 섬겨라」(Serve the Lord with Gladness, New York, 1990)는 예전에 관한 명상을 짧지만 아름답게 표현하고 있다. 고전적인 비잔틴의 해설을 위해서는 St. Nicolas Cabasilas의 「성만찬 예전에 관한 주석」(A Commentary on the Divine Liturgy, tr. J. M. Hussey and P. A. McNulty, new ed., London, 1978)을 보라.

Isabel Florence Hapgood가 번역한 「거룩한 정교회적-보편적 사도적 교회의 예배모범서」(Service Book of the Holy Orthodox-Catholic Apostolic Church, second ed., New York, 1922)는 모스크바의 성 티콘이 아메리카에서 러시아 대주교로 있는 동안 축복하여 준비한 광범위한 자료모음집이다. 이것은 아직도 영어를 말하는 동방정교회인들에 의해 광범위하게 이용되고 있다. 미국에 있는 안디옥 대관구(Antiochan Archdiocese)에 의해 발행된 「성만찬예전 : 사제와 부제를 위한 예배모범」(The Liturgikon : the Book of Divine Services for the Priest and Deacon, Englewood, 1989)은 번역과 배열에 있어서 Hapgood보다 우수하다. 크리스마스, 현현절, 그리고 7개의 다른 대 축일들을 위한 본문들은 Mother Mary와 Archimandrite Kallistos Ware가 번역한 The Festal Menaion(London, 1969)에 포함되어 있다. 사순절 예배를 위해서는 동일한 번역자가 번역한 「사순절 전통」(The Lenten Triodion, London, 1978)을 보라. 부활절을 위해서는 The Pentecostarion(Holy Transfiguration Monastery, Boston, 1990)을 보라. "동방교회의 한 수도사"의 「주님의 은혜의 해」(The Year of Grace of the Lord, New York, 1980)는 교회력을 통하여 주일과 대 축일들을 위한 성경읽기에 관하여

논평한다. 한편, 메트로폴리탄 Anthony(Bloom)의 「하나의 주제에 관한 명상 : 영적 여행」(Meditations on a Theme : A Spiritual Journey, London/Oxford, 1972)은 특별히 사순절 이전에 복음서들을 다루고 있다.

저녁 기도시간과 Presanctified Liturgy에 관하여는 N. D. Uspensky의 「동방정교회의 저녁예배」(Evening Worship in the Orthodox Church, New York, 1985)를 읽으라. 교회음악에 관한 기본적 연구는 여전히 Egon Wellesz의 「비잔틴 음악과 찬송가학의 역사」(A History of Byzantine Music and Hymnography, second ed., Oxford, 1961)이다 ; Johann von Gardner의 「러시아 교회의 찬송」(Russian Church Singing, vol. 1)을 「동방정교회의 예배와 찬송가학」(Orthodox Worship and Hymnography, New York, 1980)과 비교해 보라.

매일 가정에서 사용된 기도서에 관해서는 「동방정교회의 기도 지침서」(A Manual of Eastern Orthodox Prayers, The Fellowship of St. Alban and St. Sergius, London, 1945) (또한 신앙고백의 제의를 포함한다.), 「기도서」(Prayer Book, Holy Trinity Monastery, Jordanville : revised ed., Jordanville, 1986), 「동방정교회인들을 위한 매일의 기도」(Daily Prayers for Orthodox Christians, ed. N. M. Vaporis, Brookline, 1986)를 보라.

내적 기도

다수의 기본적 본문은 「필로칼리아」(The Philokalia)에서 발견되어진다. 이 저서는 G. E. H. Palmer, Philip Sherrard, Kallistos Ware에 의해 (그리스어로부터) 새롭게 번역된바, 그것의 vols. 1 - 3(London 1979 - 1984 : 2 vols. to follow)을 보라. 2 vols에는 E. Kadloubovsky와 G. E. H. Palmer에 의해 성 테오판의 러시아 본문으로부터 선택된 일부의 초기 번역이 있다. 즉, 「필로칼리아로부터 마음의 기도에 관한 글들」(*Writings from the Philokalia on Prayer of the Heart*, London, 1951), 「필로칼리아로부터의 초기 교부들」(*Early Fathers from the Philokalia*, London, 1954). 주로 St. Theophan the Recluse와 St. Ignaty Brianchaninov로부터의 추출물들로 구성된 발라모의 Igumen Chariton의 「기도의 방법 : 동방정교회의 선집」(*The Art of Prayer : An Orthodox Anthology*, London, 1966)은 필로칼리아보다 쉽고 필로칼리아에 대한 소개서로서 사용된다. Philokalic전통 속에 있는 핀란드 정교회 출신의 근대 작가들에 관하여서는 Tito Colliander의 「금욕의 길」(*The Way of the Ascetics*, new ed., London/Oxford, 1983)을 보라.

예수 기도에 대한 최고의 입문서는 "동방교회의 한 수도사"의 「예수 기도」(*The Jesus Prayer*, new ed., New York, 1987)이다. Irénée Hausherr의 「예수의 이름」(*The Name of Jesus*, Cistercian Studies 44 : Kalamazoo, 1978)은 박식하지만 동시에 완고하다. 그 기도에 대한 실천적 사용에 관하여서는 Kallistos Ware의 「그 이름의 능력 : 동방정교회 영성에 있어서 예수 기도」(*The Power of the Name : The Jesus Prayer in Orthodox Spirituality*, Fairacres Publication 43, new ed., Oxford, 1986)를 보라.

수도원주의

이집트와 팔레스타인에서 수도원주의의 초기 역사에 관하여는 Derwas J. Chitty의 「사막, 그것은 도시」(*The Desert a City*, Oxford, 1966)는 유대 광야를 사랑하는 한 전문가의 작품이다. Peter Brown의 「육체와 사회 : 초대교회에 있어서 남성, 여성, 그리고 성적 포기」(*The Body and Society : Men, Women and Sexual Renunciation in Early Christianity*, London, 1989)는 광대한 문화적 맥락에서의 눈부신 분석이다. 기본적 자료들은 R. C. Gregg(The Classics of Western

Spirituality : New York, 1980)에 의해 번역된 St. Athanasius의 「안토니의 생애」(The Life of Antony), 「사막 교부들의 이야기」(The Sayings of the Desert Fathers), Sister Benedicta Ward(new ed., London/Oxford, 1981)가 번역한 「알파벳 순서에 따른 모음집」(The Alphabetical Collection)(the Apophthegmata - 특별히 중요하다.), W. K. Lowther Clarke가 번역한 「성 바질의 금욕적 저작들」(The Ascetic Writings of St. Basil, London, 1925), R. M. Price(Cistercian Studies 114 ; Kalamazoo, 1991)가 번역한 Cyril of Scythopolis의 「팔레스타인의 수도사들의 삶」(Lives of the Monks of Palestine), Colm Luibheid와 Norman Russell(The Classics of Western Spirituality, New York, 1982)에 의해 번역된 St. John Climacus의 「신적 상승의 사다리」(The Ladder of Divine Ascent)를 포함하고 있다. N. F. Robinson의 「동방정교회에서의 수도원주의」(Monasticism in the Orthodox Churches, London, 1916)는 수도원적 신앙고백 제의를 포함하고 있다. 장로(the geron 혹은 starets)의 직무에 관하여는 Irenee Hausherr의 「동방의 초대 기독교에서 영적 방향」(Spiritual Direction in the Early Christian East, Cistercian Studies 116 : Kalamazoo, 1990)을 보라.

아토스 산

수도사의 내적 이상을 강조하는 최고의 입문서는 Philip Sherrard의 「아토스 : 거룩한 산」(Athos : The Holy Mountain, London, 1982)이다. Emmanuel Amand de Mendieta의 「아토스 산 : 매우 거룩한 정원」(Mount Athos : The Garden of the Panaghia, Berlin, 1972)은 역사적 측면에서 훌륭하다. 한편, R. M. Dawkins의 「아토스의 수도사들」(The Monks of Athos, London, 1936)은 성상과 기적과 관계되어 다수의 수도원적 전통에 관하여 재진술하고 있다. St. Silouan의 삶과 저작을 위해서는 그의 제자 Archimandrite Sophrony에 의한 책 「아토스 사람 성

실로안」(*St. Silouan the Athonite*, Tolleshunt Knights, 1991)을 보라.

성상들

성상에 관한 신학과 영성, 그리고 예배에서의 성상의 위치에 대하여 영어로 사용할 수 있는 세 개의 훌륭한 연구는 Leonid Ouspensky와 Vladimir Lossky의 「성상의 의미」(*The Meaning of Icons*, new ed., New York, 1982), Leonid Ouspensky의 「성상 신학」(*Theology of the Icon*, new ed., 2 vols., New York, 1992), Paul Evdokimov의 「성상 예술 : 미의 신학」(*The Art of the Icon : A Theology of Beauty*, Redondo Beach, 1990)이다. 단순한 입문을 위해서는 Michel Quenot의 「성상 : 하나님 나라에로 뚫린 창문」(*The Icon : Window on the Kingdom*, London, 1992) 혹은 John Baggley의 「인식의 문들 – 성상, 그리고 그들의 영적 중요성」(*Doors of Perception – icons and their spiritual significance*, London/Oxford, 1987)을 보라. 성상 페인팅의 실제적 기술에 관하여는 Egon Sendler의 「성상 : 불가시적인 것의 형상」(*The Icon : Image of the Invisible*, Redondo Beach, 1988)을 보라.

성상파괴 논쟁에 관하여는 Jaroslav Pelikan의 「하나님의 형상 : 성상에 대한 비잔틴의 변호」(*Imago Dei : The Byzantine Apologia for Icons*, New Haven, 1990)를 참조하라. 일차 사료를 위해서는 David Anderson(New York, 1980)에 의해 번역된 다마스커스의 St. John의 「하나님의 형상들에 관하여」(*On the Divine Images*) 및 Catharine P. Roth에 의해 번역된 Theodore the Studite의 「성상에 관하여」(*On the Holy Icons*, New York, 1981)를 보라. 787년 공의회의 결정들은 Daniel J. Sahas의 「성상과 로고스 : 8세기 성상파괴론 자료들」(*Icon and Logos : Sources in Eighth – Century Iconoclasm*, Toronto, 1986)에 번역되어 있다. Gervase Mathew의 「비잔틴 미학」(*Byzantine Aesthetics*,

London, 1963)은 흥미롭지만 종종 모호하다. 우리의 탈신성화된 사회에서 긴급한 성상의 적절성에 관하여는 Philip Sherard의 「삶과 예술에서 신성」(The Sacred in Life and Art, Ipswich, 1990)을 보라.

재연합

Nicholas Lossky와 다른 사람들이 편집한 「에큐메니칼운동 사전」 (Dictionary of the Ecumenical Movement, Geneva/Grand Rapids, 1991)은 동방정교회에 관한 동방정교회인들의 다수의 논문들을 내포하고 있다. 14세기경부터 재연합계획에의 동방정교회의 참여에 관한 것은 Georges Florovsky와 Nicolas Zernov에 의해 「에큐메니칼운동사 1517-1948」(A History of the Ecumenical Movement 1517-1948)에서 묘사된다. 이것은 Ruth Rouse와 Stephen Charles Neil(3rd ed., Geneva, 1986)에 의해 번역되었다. 플로로브스키의 본문에 대한 완벽한 번역은 그의 「선집」(Collected Works, vols. 2 and 4, Belmont, 1974, 1975) 중 vols. 2와 4를 보고, 또한 vols. 13~14(Vaduz/Belmont, 1989)를 참고하라. Methodios Fouyas의 「동방정교회, 로마 가톨릭, 그리고 영국성공회」(Orthodoxy, Roman Catholicism, and Anglicanism, London, 1972)는 풍성한 문헌들을 가지고 있지만, 만약 보다 충분한 관용이 역사적이고 문화적 자리를 위하여 만들어졌다면 보다 더욱 빛났을 것이다. 로마와 동방정교회의 관계에 관하여서는 Edward Kilmartin의 「재연합을 향하여 : 로마 가톨릭과 동방정교회들」(Toward Reunion : The Roman Catholic and the Orthodox Churches, New York, 1979)과 Robert Barringer가 편집한 「로마와 콘스탄티노플 : 사랑의 대화 속에서 에세이」(Rome and Constantinople : Essays in the Dialogue of Love, Brookline, 1984)를 보라. 문헌에 관하여는 E. J. Storman이 편집한 「분열의 치유를 향하여 : 로마와 콘스탄티노플 교구」(Towards the Healing of Schism : The Sees of Rome and Constantinople, New York, 1987)를 보라. 영국성공회와의 관계에 관하여는 추기경 Newman(London, 1882) 이 편집한 William Palmer의 「1840, 1841년 러시아 교회 방문에 관한 기록」(Notes on a Visit to the Russian Church in the Years 1840, 1841)을 보라. 이것은 탐구적 여행의 생생한 개인적 이야기이다. 중요한 코미아코프-팔머의 교제를 포함하고 있는 W. J. Birbeck의 「러시아와 영국 교회」(Russia and the English Church, London, 1895), J. A. Douglas 의 동방정교회와 영국 교회의 관계」(The Relations of the Anglican Churches with the Eastern-Orthodox, London, 1921)는 상호 성만찬 교류에 관한 문제를 논의하고 있다. 유용한 요약인 V. T. Istavridis의 「동방정교회와 영국성공회주의」(Orthodoxy and Anglicanism, London, 1966), 「영국성공회-동방정교회의 대화 : 더블린 합의 진술」(Anglican-Orthodox Dialogue : The Dublin Agreed Statement 1984, London, 1984). 또한 모스크바 합의 진술(the Moscow Agreed Statement, 1976)과 여성 사제안수에 관한 아테네 보고서(1978)를 포함하고 있다. 동방정교회와 세계교회협의회에 관하여는 Constantine G. Patelos가 편집한 「에큐메니칼운동 속에서 동방정교회 : 문서들과 성명서들」(The Orthodox Church in the Ecumenical Movement : Documents and Statements 1902-1975, Geneva, 1979)을 보라.

참고목록

영어로 된 책들은 위에서 제시되었다. 더 많은 참고목록(Bibliographies)은 아래를 참조하라.

비잔틴 기독교 : Hans-Georg Beck의 「비잔틴제국에서의 교회와 신학적 문헌」(Kirche und Theologische Literatur im Byzantinischen Reich, Munich, 1959) ; J. M. Hussey(ed.), 「캠브리지 중세사」(The Cambridge Medieval History, vol. 4, parts 1-2, The Byzantine Empire(Cambridge 1966-1967) ; Alexander P. Kazhdan(ed.), 「비잔틴 옥스퍼드 사전」(The Oxford Dictionary of Byzantium(3 vols., New York/Oxford, 1991).

콥틱 : Aziz S. Atiya(ed.), 「콥틱 백과사전」(The Coptic Encyclopedia, 8 vols., New York, 1991).

터키 시대 : Gerhard Podskalsky의 「1453-1821년 터키 지배시대의 그리스 신학」(Griechische Theologie in der Zeit der Tükenherrschaft 1453-1821, Munich, 1988).

근대 그리스 : Mary Jo Clogg와 Richard Clogg의 「그리스」(Greece, World Bibliographical Series, vol. 17, Oxford, 1981).

초기 러시아 교회 : Gerhard Podskalsky, 「키예프 러시아에서의 기독교와 신학적 문헌」(Christentum und Theologische Literatur in der Kiever Rus', Munich, 1982).

A. Martinos에 의해 출판된 12권의 그리스어 작품 Thriskevtiki kai Ithiki Enkyklopaideia(Athens 1962-1968)는 비록 한결같지는 않지만 정보의 보고이다. the Dictionnaire de Spiritualité(Paris : 아직도 진행 중에 있음)의 후기 책들은 동방 기독교세계에 관한 우수한 논문들을 지니고 있다.

오늘날의 동방정교회에 관한 사실들과 모습들에 관하여서는 Ronald

G. Roberson의 「동방 기독교 교회들 : 간결한 연구」(*The Eastern Christian Churches* : *A Brief Survey*, Pontifical Oriental Institute : 3rd ed., Rome, 1990)를 참조하라. 동방정교회 감독들의 이름과 주소에 관하여서는 Nikolaus Wyrwoll가 편집한 *Orthodoxia 1992-1993*(*Ostkirchliches Institut*, Regensburg, 1992)을 보라.

◈ ♦ ◈

동방정교회의
역사와 신학

발행 · 1999년 8월 30일 / 2008년 12월 10일 · 2쇄 인쇄
지은이 · **디모데 웨어**
옮긴이 · **이 형 기**
펴낸곳 · **한국장로교출판사**
주소 · 110-470/서울 종로구 연지동 135
한국교회100주년기념관(별관)
전화 · (02)741-4381~2/팩스 · (02)741-7886
인터넷 홈페이지 · www.pckbook.co.kr
등록 No. 1-84(1951. 8. 3.)
ISBN 89-398-0071-0 / Printed in Korea

값 15,000원